高等院校市场营销专业系列教材
浙江省独立本科院校工商管理省级重点专业(zzb09014)
浙江省新世纪教改课题一类项目"新浙商创业管理精品案例开发及其应用研究"(项目编号:YB2010037)阶段性成果

市 场 营 销 策 划

张国良　张付安　著

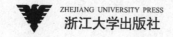

ZHEJIANG UNIVERSITY PRESS
浙江大学出版社

序

  人生无处不策划,生活事事有营销。一个漫长的人类发展史,也就是一个策划的创造史和实践史。策划无时无处不闪烁着人类智慧的火花,从战天斗地赢得生存,到国家的治理,民族的振兴;从领兵作战,克敌制胜,企业经营到发展经济;从人际交往,外交活动到创作构思,体育竞技……一个高明的策划所起到的作用和带来的影响,其价值是无限的,所以现代流行的说法把策划叫做"智能原子弹"。它是一切思维成果的最初萌芽和最富价值之所在,是一切创造思维主体最宝贵的思维结晶和生命价值的体现。

  人类最美丽的花朵——创造性思维的火花就开放在这一时刻!闪烁着智慧火花的策划,照亮了我们前进的征程!

  市场营销,策划先导。"三思而后行","先谋后事者昌,先事后谋者亡";从哲学原理上看,策划是思维与行动、主观与客观必不可少的联系环节。策划的过程就是认识的过程,就是发挥主观能动性的过程,符合客观实际的策划,必然所正确指导人们的实践,最终走向成功。

  营销策划,贵在实践。市场营销是指以消费者为中心的企业整体经营活动。它是一个系统工程,有着明确的目的性,其涉及的范围非常广,需要运用人类丰富的知识和智谋,对整个活动过程进行系统筹划。在企业市场营销活动中,策划是必不可少的。

  市场营销策划提供的是一套有关企业营销的未来方案,以未来的市场趋势为背景,以企业的发展目标为基础设计企业的行动措施,这些措施包括环境分析、企业现状诊断、营销定位、营销组合策划、预算等内容。

  由于市场营销策划是一种超前决策,不可能详尽地预先考虑到未来发生的一切因素,所以必然会或多或少地出现策划方案与现实脱节的情形。因此,任何策划方案都不会是完美的,需要在实施过程中根据实际情况加以补充与完善,以实现预期的营销目标。

  在现代商务活动中,营销策划已是交易的前奏曲,营销策划是销售的主旋律。可以毫不夸张地说,从事商业经营活动搞市场营销,除了策划你别无选择。面对强手如林的营销策划的对手,只有真正掌握商务营销策划理论的方法、技巧,才能在市场营销中运筹帷幄、稳操胜券。

  本书主要从市场营销策划概述、市场营销策划的准备工作、市场营销战略策划、产品策划、价格策划、营销渠道策划、促销策划、营销策划书、市场营销策划方案的实施与控制等方面全面阐述市场营销策划理论,并从实战的角度开展案例分析,做好理论与实际的有机结合。该书主要特点是:总体架构合理,内容生动鲜活,形式灵活多样。既注重理论和知识的系统性、新颖性,又突出内容的实用性与实战性。诗语点睛更是本书的一大特色,不学诗,无以言。诗以言志,诗以咏物,诗以抒情,引发思考,启迪心智。

　　本书可作为普通高等学校市场营销策划的教材或教学参考书,也适合营销策划人士阅读借鉴。

浙江省社会科学联合会名誉主席

原浙江工商大学书记、校长

浙江省企业管理研究会名誉会长博士生导师胡祖光教授

2013 年元月于杭州

前　言

　　赢得竞争优势，夺取领先地位，获得更大效益，成为全球经济竞争的新景观。策划是人们十分熟悉而又非常神秘的字眼。数年来，它伴随着人类社会的实践而产生，伴随着人类思维的进化而发展，多少聪明过人者为思奇谋、想良策而绞尽脑汁，又有多少仁人志士为实现一个个市场营销锦囊妙计而身先士卒，勇于实践。现代社会，人人都离不开策划，你不策划别人，别人就要策划你。策划既是一门科学，又是一种艺术。其含义是思维主体运用知识和能力进行思考运筹的过程。"凡事预则立，不预则废"。预，实际上是事先做好准备，并进行必要的策划。主意诚可贵，思维价更高，经典策划可点石成金。头脑是银行，策划是财富，意识能量是财富的种子，财富是意识能量的果实。创意就是创造性的意念，虽然是一个小小的意念，犹如一粒树种，条件适当可长成参天大树。

　　国内市场国际化，国际市场国内化，世界经济一体化，是当今全球经济发展的基本趋势。任何企业都必然面临着更加激烈的市场竞争，能否及时、准确地了解、把握和应对自己所面对的目标市场，同时规划企业营销活动，并谋划营销活动的具体环节已经成为企业的必然行为，而这正是市场营销与策划要解决的问题。

　　市场营销，策划先导。本课程要达到的主要目标：一是使学生系统掌握营销策划的基本理论与原则；二是通过本课程的讲授与训练，培养学生应用这些理论与原则的实际动手能力；三是在学生学完本课程后，能够胜任一般营销项目的策划工作。

　　根据课程目标，本教材突出以下几个特色：

　　(1)体系与内容的统一。作为教材要体现理论的系统性，因此在编写本教材的过程中，我们尽可能将营销策划的理论条理化，使得学生能够系统地掌握营销策划的知识框架。同时为了保证内容的新颖性，我们从学生的认知习惯出发，首先介绍了常用的营销策划方法，并根据营销实践的发展和最新的理论研究成果，加入一些新知识。

　　(2)理论与实践的统一。在内容取舍上，本书在讲清基本概念、基本原理的基础上，把市场营销与策划的理论和方法与企业的营销管理实践紧密结合，尤其是通过营销策划案例的学习和讨论，使得本书具有很强的可读性和可操作性。此外，本书既重视教师课内精讲，又重视学生课外的实际训练，全面提升学生分析问题和解决问题的能力。

　　(3)形式与内容的统一。本书力求以新颖、独特而有效的形式把中国本土化的营销与策划知识和技能教授给学生。因此，在编写体例上，本书做了如下安排：

　　学习目标——能够让学生在预习的时候掌握本章的重点内容。

　　背景案例——以一个简洁的案例为引子，引起学生对本书学习的兴趣。

　　主要内容——每章的系统理论介绍。

　　本章小结——总结本章的重点知识与内容，起到复习总结的作用。

本章习题——让学生在总结的基础上学会运用知识解决问题。

诗语点睛——诗以言志,诗以咏物,诗以抒情,不学诗无以言。引发思考,启迪心智。

在本书编写过程中,我们不敢稍有懈怠,详细查阅和参考了同行的资料和研究成果,在此一并表示感谢。由于编写时间仓促和作者水平有限,书中疏漏之处仍难避免,欢迎广大读者批评指正,以便进一步修改和完善。

营销寄语

市场无处不营销
神机妙算要精明
奇谋巧智出良策
经典策划石成金
经商悟道皆妙理
核心理念诚为本
滚滚财源东逝水
货畅其流利自生

作　者

2012 年 11 月

目　　录

第一章

市场营销策划概述 ≫ ≫ ≫　≫

【学习目标】

掌握策划与市场营销策划的含义及特点；

理解市场营销策划的作用；

理解市场营销策划的内容及原则；

了解市场营销策划学科的特点及研究对象。

【引导案例】　创出自己事业的新天地——浙江农林大学学生宋雅丹的创业之路

我于2008年4月份在淘宝平台上开设了一家属于我自己的网店,取名为木木家(网址 http://mumuhome.taobao.com/),用我平时省下来的300元零花钱去杭州四季青面料市场进了布料,自己设计制作了几款衣服放在网店里出售,没想到一下子卖出去了,而且还有很多顾客想买我的衣服。我就继续进面料,设计制作衣服出售。就这样,淘宝店的生意越做越好,第一年我就赚到了我人生的第一桶金300万元。

木木家经过两年的快速发展,设计、生产、销售环节的不断完善,至今已达到平均日销售1500件的水平,2009年销售额达到1400多万元,2010年第一季度已基本完成销售额1000多万元。今年我将抓住发展的机遇,推进网店公司化进程,打造自己的服装品牌文化。木木家经过两年的发展,设计部、客服部、发货部和仓储部均得到了快速的发展,并开始稳定完善。

木木家设计部:木木家从自己一个人设计开始,发展到拥有自己的服装设计部。2009年木木家陆续从社会上招聘服装设计师,组建属于自己的服装设计部,至今已拥有5名专业的服装设计师,其中主设计师曾在全国服装设计大赛中多次获奖,拥有时尚、多元的服装设计理念。木木家服装设计部的成立,通过各种交流培训学习,每月设计服装款式近百款,大大丰富了mumu home女装的款式,给广大顾客增加了选购的余地。

木木家客服部:木木家因发展需要,通过不断扩招,至今已拥有客服工作人员20名,其中工作一年以上的客服有5人,半年以上的客服有7人。客服部设置客服经理1名,店长1名。客服部拥有严格的日常考核制度,年轻的团队管理模式,到位的培训学习机制。通过不断发展完善,客服部的接待能力不断增强,平均日销售1500件。

木木家发货部:木木家现发货中心共占地3亩,发货中心工作人员共12名。前期对发货部门进行了整改,规范了发货流程,引进了上海管易软件有限公司的发货系统,邀请专业人才对发货员进行了专业培训,大大提升了发货速度和准确率,平均日发货数量达到了

1200 多票。

　　木木家仓储部：木木家仓储部共两层,占地 3 亩,仓储部工作人员共 20 名。仓储部负责面料的采购,加工原料的配发,成衣进库的质检和仓库管理配发。

　　回顾我创业的历程,总结了一下,我的创业共经历了五个阶段：

　　第一阶段(2008 年 4 月至 2008 年 9 月),淘宝创业初期。

　　在淘宝网成功开设店铺之后,销售了第一批由自己设计制作的成衣,受到广大顾客的青睐,这就大大坚定了我的信念,网络服装销售坚持原创。当时,店铺内的所有工作均由我一个人完成,包括服装款式的设计、面料的采购和衣服的销售等,后来由于订单太多,我就找了学校附近的一家裁缝店帮忙加工。那时基本上除了上课,其余的时间都在设计、制作和销售衣服。

　　第二阶段(2008 年 10 月至 2009 年 3 月),店铺完善阶段。

　　店铺经过六个月的发展,已拥有一部分稳定的客源,每天的订单都在增加,店铺所有的工作都由我一个人来做实在来不及,那时候我就想到了要招聘客服人员,成立我自己的客服团队。商品拍摄开始尝试聘请模特、摄影师和化妆师进行外拍,商品的描述上了一个台阶,更好地阐述了我们的商品,顾客对此反映很好,销售额进一步提高。

　　第三阶段(2009 年 4 月至 2009 年 8 月),快速发展阶段。

　　店铺各方面已基本完善,在同等级别店铺中已经遥遥领先,但销售额面临着一个瓶颈阶段。为了进一步扩大消费群体,提高销售额,此时我们采取了与顾客进行互动,提高顾客凝聚力,店铺留言区成了我们互动区,顾客可以在留言区跟我进行交流互动,将一些宝贵的意见建议搜集起来,为下一步服装设计销售打下基础。同时,采取培训学习的方法提高客服的服务态度和水平,店铺进入了快速发展阶段。

　　第四阶段(2009 年 9 月至 2010 年 2 月),店铺提升阶段。

　　店铺的快速发展,仅凭我一个人设计根本来不及满足顾客对衣服款式的需求,于是招聘了 4 名专业服装设计师加入我的团队,在产品的丰富度上有了明显的改善。同时,跟淘宝网有了进一步的合作,签订了大量的广告合同,大规模的广告投入使得店铺的销售额、收藏人气等多方面指数快速增加,销售额也跨越性地增长。

　　第五阶段(2010 年 2 月至今),网店公司化阶段。

　　在经历前期快速发展之后,店铺的发展已初具规模,单靠网店的管理模式已经无法满足当前发展的需要,将网店公司化运作迫在眉睫。首先进行公司的注册和女装品牌的注册,其次将公司内各部门进行明细分工,出台公司各类考核等一系列制度,公司化的模式运用于我的网店。公司化运作进一步提高了网店的正规化建设和木木家女装品牌的竞争力,对将来品牌的进一步发展打下坚实的基础。

　　(根据本人自述改编)

案例点评：

　　一个超前的创业项目,是成功的一半。现在创业不像十年前创业这么简单,肯花时间去做大部分都能成功;现在如果没有一个好的项目,恐怕你再怎么努力都是白费时间。如果你在准备创业之前就能选择一个超前的项目,那我就恭喜你了,你已经成功了一半。宋雅丹创业之前就看准了电子商务的发展前景,网购将会快速发展,其次我揣摩了女孩穿衣怕撞衫的心理,最后我选择了在淘宝这个网购平台上开创了自行设计衣服款式进行销售的项目。

一个优秀的工作团队,是成功的支柱。创业初期你一个人把所有的事情都搞定也没有问题,但是当你的事业发展到一定阶段,仅靠你一个人的力量是远远不够的,这时候就要靠你的团队来一起完成所有的工作。我的事业之所以能走到现在,我的团队是一个很大的支柱,团队中的每一个人我都非常了解,我能合理地分配他们工作,发挥一个团队最大的能力。

一套正确的营销策略,是成功的关键。我们做所有事情的目的就是要成功销售自己的商品,你能否成功销售你的商品是衡量你成功的标准,这时候你就需要一套量身定做的营销策略。我们要抓住我们服务的对象,设身处地地思考,如果你是一名顾客,什么样的衣服最吸引你,我选择了主动去跟顾客沟通,跟顾客做好互动,了解顾客最需要的,我们的营销策略是我们成功的关键。

【本章导读】

策划是一种借助脑力进行操作的理性行为。换句话说,策划就是预先决定做什么、何时做、何地做、何人做及如何做。因此,策划是一个纽带,它将现在和将来有机地连结起来了。市场营销策划作为策划的一种,对企业的发展起着至关重要的作用,因此,对该学科的研究能够帮助企业在策划时知己知彼,因时、因人、因地制宜,为企业实现利润最大化提供帮助。

【诗语导读】

营销伦理是圣经
经营道德乃为魂
君子求财亦有道
仁义礼智信为本
至诚至善品自高
人格力量大无穷
商誉无价胜黄金
和气生财利自生

第一节　策划和市场营销策划

从表面来看,市场营销似乎只是企业为实现营销目标而参与交换的一个过程。然而,要使交换双方能从交换中获得双赢,满意地完成这个交换过程,并非易事,需要具有一定的技巧、策略和手段。优秀的企业家善于在市场中寻找到桥梁与纽带,将市场之中的消费者和潜在消费者吸引到自己的阵营内,运用与之相适应的市场营销策略,开展相应的市场营销业务活动,一方面使企业满足了消费者的需求,另一方面也使自身所获取的经济效益最大化。可见,市场竞争不单纯体现在产品形式和质量上的竞争,更重要的是各个企业在市场营销策略上的竞争。

一、策划

1. 策划的含义

策划是对未来将要发生的事情所做的当前决策,其本质是一种借助脑力进行操作的理性行为,其结果是要找出事物的因果关系,以决定未来可采取的策略。在现代理性的社会活动中,人们为了达到某种预期的目标,借助科学方法、系统方法和创造性思维,对策划对象的生存和发展的环境因素进行分析,重新组合和优化配置所拥有的资源和可开发利用的资源而进行的调查、研究、分析、创意、设计,并制定行动方案的行为。换句话说,策划就是预先决定做什么、何时做、何地做、何人做及如何做。因此,策划是一个纽带,它将现在和将来有机地连结起来。

策划最早始于军事领域,在古希腊神话和我国古代史的军事战例中,就有策划的雏形。如战国时的"完璧归赵"、汉初时的"鸿门宴"等。在现代,军事策划日趋成熟,如第二次世界大战中的诺曼底登陆,就是一则军事策划成功的著名范例。第一次世界大战以后,"策划"一词由军事领域发展到文化、政治等领域,出现了政治策划、文化策划和新闻策划。如国外竞选总统,都要经过周密的策划,甚至成立专门的策划班子,这是典型的政治策划之一。

策划是现代社会最常见的经济活动之一。在现代的商业战争中,企业家们需要策划来帮助他们打赢这场没有硝烟的战争。被誉为"美国企业世界巨子"的亚科卡,曾成功地策划推出"野马"车,创下当年销售的最高纪录。美国市场营销学权威菲利浦·科特勒也在其名著《营销管理》新版中,将军事理论用于营销战略。尽管他们没有明确提出营销策划一词,但所阐述的这些内容都属营销策划的范畴。20世纪90年代以来,随着市场竞争的日益激烈,营销策划更成为企业关心的热点。美国营销专家艾尔·里斯和杰克·屈劳特所著《市场营销战》一书,成功地将军事原理应用于市场营销战中。美国一些咨询公司,有的就是专门从事市场营销策划工作,他们为企业出谋划策,帮助企业战胜竞争对手,把产品推广到市场。日本著名的野村研究所,在帮助日本企业走向国际市场过程中,也曾开展过许多成功的市场营销策划,为日本企业成功拓展国际市场立下汗马功劳。我国从20世纪80年代后期,在广州、深圳、上海、北京等地,也相继出现专职的市场营销策划公司。目前,市场营销策划正越来越为我国企业界所注重。

一部漫长的人类发展史,也就是一部策划的创造史和实践史。策划无时无处不闪烁着人类智慧的火花,从战天斗地赢得生存,到国家的治理,民族的振兴;从领兵作战,克敌制胜,企业经营到发展经济;从人际交往,外交活动到创作构思,体育竞技……一个高明的策划所起到的作用和带来的影响,其价值是无限的,所以现代流行的说法把策划叫做"智能原子弹"。

从理论上说,策划是指人们为了达到某种预期的目标,借助科学方法,系统方法和创造性思维,对策划对象的环境因素进行分析,对资源进行重新组合和优化配置,而进行的调查、分析、创意、设计并制定行动方案的行为。策划作为一种程序,在本质上是一种运用知识和智慧的理性行为。策划又是具有前瞻性的理性行为,它要求对未来一段时间将要发生的事情做当前的决策。策划就是找出事物的主客观条件和因果关系,选择或制定出可采用的对策,作为当前决策的依据。即策划是事先决定做什么、如何做、何时做、由谁来做的系统方案。

市场营销,策划先导。策划是人们十分熟悉而又非常神秘的字眼。数年来,它伴随着人类社会的实践而产生,伴随着人类思维的进化而发展,多少聪明过人者为思奇谋、想良策而绞尽脑汁,又有多少仁人志士为实现一个个锦囊妙计而赴汤蹈火,英勇献身。

现代社会,人人都离不开策划,你不策划别人,别人就要策划你。策划既是一门科学,又是一种艺术,其含义是思维主体运用知识和能力进行思考运筹的过程。"凡事预则立,不预则废"。预,实际上是事先做好准备,并进行必要的策划,主意诚可贵,思维价更高,经典策划可点石成金。意识能量是财富的种子,财富是意识能量的果实。头脑是银行,策划是财富。著名的策划大师科维这样宣言:"我要做有意义的冒险。我要梦想,我要创造,我要失败,我也要成功……我不想效仿竞争者,也要改变整个游戏规则。"

策划是中国 20 世纪 90 年代最时兴、最热门的职业。可是,作为创意大师、策划人,前途却充满了机遇、风险和挑战。我国加入 WTO,国内市场国际化,国际市场国内化,世界经济一体化是当今全球经济发展的基本趋势,赢得竞争优势,夺取领先地位,获得更大效益,成为全球经济竞争的新景观。良好的选择,是成功的一半。策划要追求"四佳":最佳选择,最佳组合,最佳创意,最佳效益。创意为整个策划提供一条全新的思路。创意就是创造性的意念;虽然是一个小小的意念,犹如一粒树种,在条件适当时可长成参天大树。它是一切思维成果的最初萌芽和最富价值之所在,是一切创造性思维主体最宝贵的思维结晶和生命价值的体现。

人类最美丽的花朵——创造性思维的火花就开放在这一时刻！闪烁着智慧火花的策划,照亮了我们前进的征程！

具体来讲,策划的作用有以下几点:

(1)策划是"智能原子弹"。它是实践活动取得成功的重要保证,运筹帷幄,决胜千里。如 20 世纪 70 年代中国联产承包是农民精心策划;中美历史性的建交,是周总理的"乒乓外交"策划,小球推动大球。

(2)策划为行动提供指南纲领。"三思而后行"。先谋后事者昌,先事后谋者亡。从哲学原理上看,策划是思维与行动、主观与客观必不可少的联系环节。策划的过程就是认识的过程,就是发挥人的主观能动性的过程。符合客观实际的策划,必然将正确指导人们的实践,使之最终走向成功。

(3)策划是对各种有利因素、有利资源进行了优化组合,可以使这些因素、资源发挥更大的效用,也提高了竞争力。洛杉矶奥运会策划净赚 1.5 亿美元;"泰坦尼克"电影大策划收入 20 亿美元;法国世界杯大策划,地球围绕足球转。中美乒乓球大策划,架起了太平洋桥梁,伸出了大洋彼岸友谊的手。海湾战争大策划,产值超 1000 亿美元。

凡人+策划=名人;知识+策划=力量;战争+策划=胜利;产品+策划=名牌;名牌+策划=市场;市场+策划=财富。这一切的一切都离不开策划。策划虽然不是万能的,但没有策划是万万不能的！

⬅【小案例 1-1】

赚了大钱的"幸子裙"

看电视是再平常不过的事了，可是有人却从中找到赚钱的信息。当年，湖南台播放日本电视剧《血疑》时，大多数人仅为幸子的生命担忧。但是，有的人却独具匠心，发现不少少女学生对幸子颇有好感，马上意识到单纯、爱美的女学生肯定会"爱屋及乌"，喜爱上幸子所穿的裙子。于是，他们根据这一信息，顺应了人们的心理，赶紧仿制并推出了"幸子裙"，结果，《血疑》尚未播完，街头就开始流行"幸子裙"了。到了秋冬季，有的厂家又相继向市场推出所谓的"光夫衫"、"理惠服"、"大岛茂风衣"。这些时装一时风靡市场，几乎压倒其他秋冬季服。

（资料来源：市场营销策划案例经典大全，www.lodoeshop.com）

2.策划的一般程序

策划是依据一定的程序进行的智力操作。它可分为三个阶段：

第一阶段——问题识别阶段。这一阶段的重心是确定问题所在，提出策划的目标，其主要任务是信息搜集和情景监控。

第二阶段——诊断阶段。这一阶段的核心任务是发现、探索和拟定各种可能的行动方案。

第三阶段——方案选择阶段。这一阶段的工要任务是从各种可能方案中选出最合适的方案。

二、策划类型

根据人类有目的的系统策划，可将策划分为 6 种基本类型。

（1）实体策划。它的标志是对有形的物质实体策划。比如厂房设计、建筑设计、产品设计、时装设计等。

（2）组织策划。这主要是对活动的编排，组织结构的设计与更改，以及信息交流通道的建立等与组织有关的策划。

（3）程序策划。它的主要目标是建立某种作业的步骤和方法。如建立一条生产线，所以又称为"作业策划"，它注重工作的步骤而不重视物体的排列，它注重动作次序而不计较各种客体的关系。

（4）财务策划。它的内涵为在适当的时机获取适量的资金，并且处理手头的资金以免闲置，以及在可接受的风险之下求得投资的最大回报。简言之，财务策划是针对一个组织的全体或部分单位对资金的需求，而提供的最良好而有效的服务。

（5）功能策划。其策划对象是一个组织的某一重要功能。比如一个企业的促销策划、公关策划、广告策划、形象策划等。通常，功能策划包括实体策划、财务策划、组织策划和程序策划等。

（6）全面策划。该策划也称作总策划，它是一个组织的总体规划，统御所有的功能策划。它一般包括前面所述 5 种策划，是前面 5 种策划的有机整合，是一种全方位、立体的大型策划。

⇨【小案例 1-2】

天气预报里也能"觅"出经济效益

从"天气预报"中能听出效益,这不是奇闻,而是金城哈尔滨公司和金城百货大楼的亲身经历。不久前,哈尔滨公司派团到俄罗斯与一家公司洽谈业务。洽谈期间,他们从当地气象台的天气预报中得知,俄罗斯某地区近期有历史上罕见的寒流。他们灵机一动,马上组织了一大批羽绒服出口该地区,很快被当地居民抢购一空。

有一年 6 月,哈尔滨要召开一个商品洽谈会。会议临开的前一天,金城百货大楼的有关人员从天气预报中获知开会这天有中雨,而参加洽谈会的中外来宾有 3000 余人,开幕剪彩仪式要到外边广场进行,他们眉头一皱,赶在雨前组织人员运去各种雨具,很快在现场销售一空。事后,他们风趣地说:我们这是从天气预报中听出来的效益。

(资料来源:市场营销策划案例经典大全,www.lodoeshop.com)

三、市场营销策划

1. 市场营销策划的含义

策划作为一种行为我国古已有之,在古汉语中有策画、壁画、策划的记载。策划实质上就是计划、打算、安排的意思,是未来的筹划、谋划,是制定计谋和办法的过程。但策划作为一种专职业务,并作为专门用于企业营销活动的专业业务,则是 20 世纪 50 年代以后的事,对专业性的策划也赋予了特定的内涵。

现代企业的策划是对企业的某一项活动或行动的方向、目标、内容、程序等进行全面和周详的预先安排和设定。

那么,何为策划?策划即是对未来将要发生的事情所做的当前决策。具体表现为一种借助脑力进行操作的理性行为,也就是对未来各种活动出主意、想办法、制定行动方案。换句话说,策划即是预先决定要做什么、何时做、何地做、何人做、如何做的问题。策划既是科学又是艺术,既是技术又是文化,可以说它是一门涉及许多学科的综合性科学和艺术。

市场营销策划就是企业对未来将要进行的营销活动进行整体、系统筹划的超前决策。市场营销是指以消费者为中心的企业整体经营活动。它是一个系统工程,有着明确的目的性,其涉及的范围非常广,需要运用人类丰富的知识和智谋,对整个活动过程进行系统筹划。在企业市场营销活动中,策划是必不可少的。

市场营销策划提供的是一套有关企业营销的未来方案,以未来的市场趋势为背景,以企业的发展目标为基础设计企业的行动措施,这些措施包括环境分析、企业现状诊断、营销定位、营销组合策划、预算等内容。

由于市场营销策划是一种超前决策,不可能详尽地预先考虑到未来发生的一切因素,所以必然会或多或少地出现策划方案与现实脱节的情形。因此,任何策划方案都不会是完美的,需要在实施过程中根据实际情况加以补充与完善,以实现预期的营销目标。

2.市场营销策划层次

(1)按市场营销策划的性质划分

①基础策划。所谓基础策划,是指为保证市场营销运作所必需的基础工作的策划,一方面包括市场调研策划,另一方面包括企业战略策划。市场调研策划可以为企业市场营销运作策划提供起点和基础,企业战略策划可以为企业市场营销运作策划提供方向和基本框架。

②运行策划。市场营销运行策划是指保证市场营销运行的设计行为,其任务是把战略性营销管理的任务落到实处,并做到万无一失。市场营销运行策划的主要内容包括战略方针的策划、战术原则的策划和主要措施的策划。

③发展策划。如果说运行策划是对市场营销日常运行的设计行为,那么发展策划就是对企业开发或业务提升的设计行为。因为企业不仅要有日常运行,还要发展壮大,才能增强竞争力并充分利用资源,这包括市场开发策划、产品开发策划等。

(2)按市场营销策划的时间划分

①战略策划。为了实现长期的战略目标而进行的策划,是一个长期策划。

②战术策划。为了一个或几个短期目标而进行的策划,是一种短期行为。

3.市场营销策划的特点

(1)目的性

市场营销策划本身就是一种有目的的行为.即为了达到某种目的而进行市场营销策划。对任何企业来说,只有明确发展目标才有发展的动力,才可能据此制定出科学有效的方案。因此,确立正确的营销目标如利润目标、市场目标、增长目标等,是企业营销策划的首要任务,而这恰恰体现出市场营销策划具有明确的目的性的特点。只有目标明确,才能进一步考虑达到目标的最佳途径,以及应由何人在何时何地采取什么样的行动措施。

企业确定营销目标时应遵循针对性和适用性的原则。企业在某一时期因竞争需要而确立的目标可能有很多项,但为了提高效率,应该抓住主要矛盾,解决最急迫、最关键的问题。此外,还要充分考虑企业现有的经济实力,企业的经济实力是一切目标的出发点。离开这个基础,目标就会缺乏实用性。因此,策划时制定的目标,必须是根据企业实力,使其通过营销努力方能达到才有意义。

(2)超前性

市场营销策划是对未来环境的判断和对未来行动的安排,是一种超前的行为。市场营销策划是一种准确的判断。这个判断是借助组织起来的形象系统和概念来实现的。前者是凭借现实世界的各种形象思维所作出的未来预测,后者是凭借抽象世界中间接化和概括化了的理论资料,通过逻辑思维作出的未来预测,这就构成了市场营销策划的前提。没有这个前提,市场营销策划就变成了盲目的冒险行为。

市场营销策划又是一种巧妙的安排。这种安排是借助组织起来的经验系统和创新来完成的,前者是借助丰富的经验将各种营销要素进行传统的组合而形成的优化模式,这种方法的安全性和保险系数较高,但容易受制于经验的框子,效用可能稍差;后者是借助高超的创造力将各种营销要素进行前所未有的创新组合而成的优化模式,虽然这种方法具有很大的风险性,操作得当却能产生最佳效果。

(3)系统性

市场营销策划是关于企业营销的系统工程,其系统性首先表现在时间的前后响应上。

市场营销策划的每一个环节总是环环相扣,一个活动的结束,就意味着下一个活动的开始,循环往复,构成了营销活动链。缺乏前后响应的营销活动链的市场营销策划必然会短命,当然也不会有效果。其次表现在空间上的立体组合上。单一的产品销售模式,或称平面销售模式,与策划时代的营销要求是不适应的。企业的市场营销活动,总是多种营销要素的立体组合,通过这种组合才能形成综合推动力,去推动产品或劳务的销售。

（4）复杂性

市场营销策划的复杂性指的是企业策划时所考虑因素的复杂性。企业在设计市场营销策划时必须考虑如下三类因素,即环境因素、企业自身的客观条件因素和企业主观目标因素。其中的每一类因素又由许多子因素构成,而且这些因素都是随时间的推移不断变化演进。因此,营销策划所要解决的问题必定是复杂的。

市场营销策划是一种非常复杂的智力操作工程。首先,市场营销策划要求引入大量的间接经验。一项优秀的营销策划方案.要求引入经济学、管理学、市场学、商品学、心理学、社会学等多种学科知识,并且还要能非常灵活地将其运用到策划之中去。所以,对市场营销策划人的要求至少有两项:一是必须具有广博的知识,以此构成策划的支持系统;二是能将这些广博的知识灵活运用到策划之中。这是因为有了广博的知识,并不能保证它们必然能发挥作用,而只有将这些知识消化,灵活地运用到策划活动中,才能造就出一流的方案。其次,市场营销策划要求引入大量的直接经验。间接知识的最大缺陷就是它的滞后性,而市场营销策划主要针对当前和未来的形势,这就要求策划人必须具备大量的直接营销经验,一个连市场都不了解的策划人根本不可能策划出有水准的营销方案。第三,市场营销策划需要对庞杂的信息进行处理。在策划之初,便要对收集到的关于政治、法律、文化及各类市场信息进行综合处理,并从中筛选出有效的信息。在整个过程中涉及许多复杂的问题,如怎样收集各种信息、收集什么信息、筛选什么信息、用什么方式收集信息、如何检验信息处理结果等等,这些都是十分复杂的劳动。第四,市场营销策划还是一项复杂的高智商的脑力操作。策划人一方面要将各种营销信息摄入短时记忆系统暂储,另一方面要从长时记忆系统中检索大量知识和经验进入短时记忆系统。这些汇入短时记忆系统的信息,经思维的分析、综合、比较分类、抽象概括,最后加工裂变出新的思想,这些思想在复杂的智力激荡中被系统化、语言化、文字化,最后才以方案的形式凝结下来。由此可见,市场营销策划的确不是一件容易的事情。

（5）适应性

企业市场营销策划是建立在现有的主观因素和客观条件基础上的,一切从现有起点出发。也就是说,营销策划必须易于操作,要结合企业自身条件和环境状况来制定切实可行的策划。一个完整的营销策划案不仅要对企业营销目标做出明确的规定,还要明确战略重点方针、策略和实施步骤,体现企业整体的可操作性和现实性。

任何营销策划活动,都非一成不变,必须留有一定余地,具有一定的弹性,能因时、因地、因机制宜。因为事物总是变化着的,大至天体,小至分子、原子,无时无刻不在运动变化着,这是一个普遍规律。作为营销策划操作空间的市场,更是瞬息万变,反复无常。如果没有集灵活性和变通性于一体的市场营销策划,就不可能适应当今商战的特别需要。

市场营销策划的调适性主要表现在两个方面:一是在营销策划之初,就要充分设想到未来形势的变化,让方案具备相应的灵活性,能适应变化的环境;二是在方案执行的过程中,可以根据市场反馈及时修正、调整方案,使其充分贴近市场,取得预期效果。

(6)竞争性

企业营销策划也像军事战略部署一样,其目的就是为了克敌制胜,赢得市场竞争的胜利。为此,企业营销策划必然带有对抗性和学习性。对抗性就是要针对对手的行为制定和采取应对性的措施,学习性是指企业对竞争对手的了解和向竞争对手的学习。企业通过针对性学习,一方面可做到知己知彼,从而熟知自己的相对长处与短处;另一方面,可学习竞争对手的长处,以在知识和技能方面更好地充实和提高自己,达到更好的克敌制胜效果。

(7)风险性

企业营销策划的制定为企业的发展明确了方向,便于组织齐心协力地前进。但这本身就隐含着风险:由于策划的长远性和相对稳定性,就会使企业对战略形成路径依赖。这样,当外界发生变化时,企业营销方式在原策划的指导下可能会离正确的轨道越来越远。也就是说,企业营销策划往往是一把"双刃剑"。

(8)创新性

"物竞天择,适者生存"。环境是企业赖以生存的空间。市场营销最重要的一个规律就是企业必须适应环境变化才能生存和发展,而适应环境变化的关键则在于不断地变革、创新。营销策划的创新性源于企业内外部环境的发展变化,因循守旧的企业战略是无法适应时代潮流的。企业未来的环境、市场、顾客、竞争对手及企业自身,都不可能是现在的重复或简单的延伸。未来的种种变化之迅猛、突发,变动的幅度、频率及变动的内容等,都是用现有的经验和知识所难以驾驭的。唯一的办法是以变应变,以创新求生存、求发展。美国学者彼得·德鲁克说过一段关于企业经营创新的话,他说:"这个要求创新的时代中,一个不能创新的已有企业是注定要衰落和灭亡的,一个不知道如何对创新进行管理的管理者是无能的,不能胜任其工作。对创新进行管理将日益成为企业管理者,特别是高层管理者的一种挑战,并且成为他的能力的一种试金石,企业家的职能是创新。"

4. 市场营销策划的作用

近年来,市场营销策划之所以会成为市场营销管理的热点,是因为市场营销具有其特别重要的作用。

(1)强化企业市场营销目标

通过市场营销策划,可以使企业确立明确的营销目标。从管理心理学角度看,目标对行为者有牵引力,而行为者又有朝向目标的趋近力。两种力的综合作用,不仅可以加速企业营销由现实状态迁跃,而且可以减少许多迂回寻找目标造成的无效劳动。有了目标,企业的营销活动就有了方向,就可以进行人力、物力、财力的优化配置,采取措施调动职工的积极性和创造性,朝向目标不断努力。

(2)加强企业营销的针对性

在现实的市场中,单纯靠提高产品质量或实施相对独立的营销策略已很难取胜,必须要找准自己在市场中的位置,并据此借助各种营销要素去占领它,才能获得营销的成功。市场营销策划的一个基本任务就是要找到市场的切入点,并为企业进行市场定位,即根据竞争者现有产品的市场现状,针对消费者或用户对该产品某种特征或属性的重视程度,为企业产品塑造出与众不同的、个性鲜明的形象,并把这种形象生动地传递给顾客,从而使本企业产品在市场上确立适当的位置。一旦明确定位,企业便可以围绕这一定位展开定向营销,从而完全争取这一目标市场内的现有顾客和潜在顾客,并建立起自己的顾客网络。这样,市场营销策划就使得企业营销更有针对性了。

(3)提高企业营销活动的计划性

市场营销策划,就是要确立未来营销的行动方案,成为未来营销的行动计划,未来的各项营销操作都可以依照计划执行,使企业的各项工作有章可循、有条不紊。

(4)降低营销费用

企业营销活动经过精心策划,可以用较少的费用支出取得较好的效果。因为营销策划要对未来的营销活动进行周密的费用预算,并对费用的支出进行最优化组合安排,这就有效地避免了盲目行动所造成的巨大浪费。据美国布朗市场调查事务所的统计,有系统营销策划的企业比无系统营销策划的企业在营销费用上要节省 2/5—1/2,由此可见市场营销策划的作用。

⏬【小案例 1-3】

时新商场对折销售何以成功

湖北十堰市时新商场是一个以经营纺织品为主的商场。近几年来,由于受纺织品销售不景气的大气候的影响,生意比较平淡。尤其是大批的鞋类积压,使商场举步维艰。其中仅旅游鞋就占用了 40 万元资金。为了摆脱被动局面,1993 年 11 月份商场用半个月的时间对折销售旅游鞋。该店在十堰市最具影响的《车城文化报》上宣称:此举措是以加速资金周转、盘活资金为目的,商场将亏损 10 万元。

当这个消息传播出去以后,该店鞋柜每天顾客熙熙攘攘,鞋柜前里三层外三层,这种情况持续了 15 天,该店销售的旅游鞋不仅有仿皮鞋(40 元)、普通鞋(60 元),也有名牌鞋,如狼牌、火炬牌,定价也只有 70 元。这些鞋全部销售一空。结果,该店不仅没有亏损,反而赚了 5 万元。

[试析]

时新商场经营成功的原因。

[分析]

现代经营学是从买主出发,将市场看作主要是卖方的活动,认为市场是实现现实和潜在交换的一切活动。市场=人口+购买力+购买意向,也就是说市场是人口、购买力和购买意向的集合。由此可见,看一种商品有没有市场,或者说市场是否已经形成,就要看是否具备这三个要素,三要素缺一,就不能形成市场,只有三者具备,这个市场才有经营取胜的可能。

十堰市时新商场经营旅游鞋之所以成功,从市场概念来看,主要是该店根据当时形成市场的三要素同时具备的情况大胆开拓市场,采取了灵活的营销方式。

第一,人口是形成市场的首要的也是最重要的因素。人口的多少,在一定程度上决定了市场的大小。因此,看某一商品是否有销路,首先要看能够接受这种商品的消费者有多少。十堰市属中小型城市,人口是足够多的,不成问题的。

第二,购买力。有了人口,不一定就能形成一定的市场,还要看这些人口有无购买力,有购买力的人口有多少。十堰市旅游鞋销售困难,其主要原因是价格贵,超过了大多数消费者的货币支付能力。时新商场针对这种情况,果断地运用了对折降价售卖的招数,立即吸引了成千上万的顾客,由于符合市场购买力状况,形成了抢购热潮。

第三,从购买意向来看,旅游鞋具有舒适耐穿、容易清洁、品质高级、式样高雅,而且冬天穿着保暖的特点。人人都希望拥有旅游鞋,只是价格太高,有些顾客只能望鞋兴叹。时新商场价格对折,正好迎合顾客之需,符合消费者的购买意向。总之,从现代市场概念来看,时新商场抓住了形成市场的三个要素,看准了市场,大胆开拓,终于取得了成功。

（资料来源:市场营销策划案例经典大全,www.lodoeshop.com）

第二节　市场营销策划的内容及原则

一、市场营销策划的内容

市场营销策划的内容是相当广泛和丰富的,依据不同的标准可做如下归纳。

第一,以策划的对象为标准可以分为企业策划、商品策划和服务策划等。企业策划是对企业整体所进行的策划,主要目的在于树立良好的企业形象;商业策划是对商品的开发和销售所进行的策划,主要目的在于推出新商品和扩大销路;服务策划是从更好地满足顾客需要出发而进行的策划,主要目的在于提高信誉。

第二,以市场发展程序为标准可分为市场选择策划、市场进入策划、市场渗透策划、市场扩展策划、市场对抗策划、市场防守策划、市场撤退策划等。市场选择策划是对如何有效地择定目标市场所作的策划;市场进入策划是为产品成功地进入市场所作的策划;市场渗透策划是为争取现有市场增加购买所作的策划;市场扩展策划是为扩大现有产品的市场面、开拓新市场而作的策划;市场对抗策划是关于怎样与主要竞争对手相抗衡的策划;市场防守策划是怎样抵制竞争产品、巩固现有市场的策划;市场撤退策划是怎样有计划地退出现有市场的策划。

第三,以市场营销过程为标准可分为市场定位策划、产品策划、品牌策划、包装策划、价格策划、分销策划、促销策划等。市场定位策划是为产品确定适当的市场位置所作的策划;产品策划是对产品的开发、创新、改进、提高所进行的策划;品牌策划是对产品品牌怎样赢得顾客欢心所作的策划;包装策划是关于怎样进行科学包装、艺术装潢,使包装更加美观、方便、安全、经济所作的策划;价格策划是确定恰当的价值策略的一种策划;分销策划是有效地选择分销路线的一种策划;促销策划是关于开展人员推销、广告、公共关系、企业推广的策划。

第四,以市场营销的不同层次来划分,可分为市场营销的基础策划与运行策划。市场营销的基础策划包括作为市场营销运行基础的市场调研策划和企业战略策划。市场调研也叫市场营销研究,它是市场营销人员根据企业战略策划、市场营销运行策划的需要,以科学的方法系统地收集、记录、整理和分析有关情况,提出问题和解决问题的建议的过程。任何策划,都不应只是灵机一动,而必须依托于详实、可靠的信息。从这个意义上讲,市场调研及其策划,是市场营销及其策划的起点和基础。企业战略策划分为总体战略策划与经营战略策划两个层次:一般来说,总体战略策划的任务,是从企业整体的角度明确企业任务,区分战略经营单位,决定企业的投资组合战略和成长战略;经营战略策划的任务,则是站在战略经营单位的角度分析形势,制定目标和计划。总体战略为经营战略指明方向,经营战略则为各职能战略建立一个基本框架。市场营销的运行策划,包括战略方针层次的策划与战术原则层次的策划。市场营销人员依据经营战略的要求进行的市场机会研究、市场细分、目标市场选择和市场定位策划,叫战略性市场营销策划。其任务在于明确市场营销职能的运行方向。市场营销人员在战略性市场营销策划的基础上,对市场营销的产品、价格、分销以及促销即市场营销手段,所进行的组合策划和个别策划,属于战术性市场营销策划,其目的在于把战略性市场营销规定的任务落到实处。

　　本书采用的是第三种划分方法,即以市场营销过程为标准将全书分为市场定位策划、产品策划、价格策划、分销策划、促销策划等主要章节进行讨论。

▷【小案例 1-4】

　　在澳大利亚一家发行量颇大的报纸上,某日刊出一则引人瞩目的广告,告知众人某日某时某广场上将空投手表,拾到者免费奉送。这则广告引起了人们的极大关注。空投当天,直升飞机如期而至,数十块手表从天空天女散花般地纷纷落下,早已等候多时的来自四面八方的人们沸腾了,那些捡到了从几百米高空扔下的手表的幸运者发现手表依然完好无损,走时准确,因而兴奋不已,一个个奔走相告。西铁城的这一创举成为各新闻媒介报道的一大热点:从此,西铁城手表世人皆知,西铁城手表的质量更是令人叹服。

　　(资料来源:市场营销策划案例经典大全,www.lodoeshop.com)

二、市场营销策划的原则

　　市场营销策划不是单纯的、即时的投机谋划,而是企业的一种战略性决策,是一种系统推出产品乃至企业的全方位决策。策划的原则主要包括以下几方面。

　　1.战略性原则

　　(1)全局性

　　以企业营销全局为出发点和着眼点。它是企业发展的整体蓝图,它关心的是"做对的事情"(do the right things),注重对企业未来总体方向的谋划,而不是仅仅"把事情做对"(do the things right),纠缠眼前的细枝末节。因为"把事情做对"只是"效率"的好坏而已,唯有"做对的事情"才会产生长远的效果。

　　一个完整的营销策划,是企业未来进行营销决策的依据,将对企业未来的营销工作起指导作用。因此,一个优秀的策划方案,要在对市场情况、产品情况、管理状况、生产情况、发展趋势等进行全面了解和考察的基础上,站在战略高度作出规划。企业营销策划方案的确定,既要考虑到营销环境的影响,又要考虑企业内部各部门间的能力与协作。只有全面综合地分析每一个可能影响营销策划方案实施的因素并加以控制,才不会导致营销资源的浪费。

（2）长远性

营销策划的立足点是谋求提高企业的市场竞争力，使企业兴旺发达、长盛不衰，谋求的是企业的可持续发展，而不是追逐短暂的虚假繁荣。要强化战略思考力和组织设计，不要仅仅追求眼前财富的积累。企业的营销策划不是短期的权宜之计，而是经过长期的、细致的调研和设计，是为企业的长远战略目标服务的。营销策划一旦完成，就成为企业在相当长一段时间内营销工作的指导方针，要求企业中的每一个部门、每一名员工，无论是经理阶层，还是普通员工阶层，都必须严格执行。

（3）方向性

市场营销策划规定企业未来一定时期内的经营方向，"它关心的是船只航行的方向而不是眼下遇到的波涛"。大海航行靠舵手，舵手靠的是船上的舵。经营战略就是企业的命运之舵。

战略性营销策划是企业管理的"顶尖石"，是企业的宏观管理，是统御企业活动的纲领。它为企业的发展指明了基本方向和前进道路，是各项管理活动的精髓，也是生产经营活动的中心。它有利于调动职工的积极性、主动性和创造性，使广大员工心往一处想，劲往一处使，为实现企业的目标而做出不懈努力。战略管理虽然不是万能的，但没有战略却是万万不能的！

（4）稳定性

战略是解决长远性、全局性的问题，影响面大。因此，要保持其相对的稳定性，不能朝令夕改。只有企业的外部环境和内部条件发生重大变化后才能作战略性调整、转移。而战术则是指解决局部问题的原则和方法。它具有局部性、短暂性、灵活性、机动性等特点。毛泽东曾指出："研究全局性的战争指导规律是战略学的任务，局部性是战术、战役学的任务"，在战略上要藐视敌人，在战术上要重视敌人。"一策而转危局，一语而退千军，一计而平骚乱，数言而定国基"，这里讲的就是战术的作用。

战略与战术两者的关系是：战略是战术的灵魂，是战术运用的基础。战略如果错了，就无所谓战术上的对与错。战术的运用是战略的深化和细化，它要体现既定的战略思想。两者的出发点相同，都是为了制定和实现企业的既定目标。一个系统完整的营销策划方案是为企业长远的发展目标服务的，虽要有一定的适应性，但更要保持相对的稳定性，不能朝令夕改。营销策划方案应该在科学的调查和预测的基础上，形成比较稳定的框架和一个长远的企业战略目标。若稍遇风吹草动，就对方案妄加更改，则必然导致营销资源的巨大浪费。

2. 信息性原则

信息是市场营销策划的基础。营销策划是对已获得各种信息的充分利用，缺乏信息的营销策划像空中楼阁一样是危险的策划。

当今世界已进入信息时代，信息同能源、材料一起成为社会发展的基本支柱。对信息的收集、整理、分析和管理水平的高低已成为衡量企业营销及竞争能力高低的一个重要标志。一些发达国家的知名企业之所以在世界各地建立庞大的信息网络，不惜花巨资来收集和处理各种信息，是因为信息已成为企业的资源、企业的财富及企业的竞争力。美国前总统卡特在他的《照亮了道路》一文中说："信息就像我们呼吸的空气一样，同样是一种资源。精确有用的信息就如同我们身体所需要的氧气。"作为以信息操作为中心的营销策划，就更离不开信息。

3. 系统性原则

营销策划的系统性原则是指任何营销策划都必须站在企业全局经营的高度来系统地设计和实施。不管是在对企业组织结构、企业的发展史、企业的营销环境等因素进行分析,还是在营销策划方案的制订、实施、监控过程中,都要系统地进行研究,只有做到这一点才能保证营销策划的成功。

(1)从企业内部看

营销只是企业经营的一个环节,而不是企业经营的全部。尽管现代营销理念认为营销贯穿于企业整个生产经营活动的始终,强调营销是企业经营的龙头,但它仍只是企业全部工作的一部分,营销策划只能作为企业的某一主要职能而在企业组织中存在。因此,营销策划必须兼顾企业的全部经营战略,把营销策划纳入到生产经营中来考察,而不能将它与生产管理割裂开来。在营销策划中,需要企业各部门积极配合,如新产品开发主要由研发部门负责,产品生产由生产部门负责,人员调配由人力资源部门协调,资金由财务部门安排,生产需要的原材料及设备等由供应部门采购,产品质量技术标准要由有关生产技术部门来制定。只有企业各个部门联合行动,形成整体力量,才能使营销策划方案真正得以实施。如果营销策划仅围绕销售部门来设计,就会大大减弱方案的实施效率。

(2)从企业外部看

企业的营销环境不是单一的,而是一个多层次、多因素的复杂系统。这个环境中的政治、经济、文化、法律、宗教、种族、风俗、习惯、心态等因素都对企业的营销产生巨大的影响,甚至于会制约企业的发展。因此,企业只有对这些影响其生存和发展的各种因素进行系统的分析研究,并将其恰到好处地加以利用,才能保证策划的成功。

(3)从策划方案来看

由于企业所面对的市场不是平面的,而是一个立体的,因此营销策划方案也是立体的。营销策划要根据不同层次的顾客需求设计出与之相适应的内容和方式,逐步形成由一系列能够系统、综合、全面地反映出错综复杂的市场营销活动方案的营销策划方案丛。

4. 效益性原则

效益性原则是说营销策划必须以最少的投入产生最大的收益。营销策划的直接目的就是经济效益,如果投入太大或收益太小,都会导致利润太低,显然这有悖于策划的初衷。遵循此原则有以下几点要求。

(1)开源节流

这里所说的节约是指减少不必要的开支,而不是降低必要开支使营销效果降低,这恰恰是一种营销资源的浪费。

(2)要求有详尽的预算

在策划方案中必须有详尽的预算,只有预算详尽,才能使每一次投入都以计划为依据,使资金投入最少化,效果最优化。只有每一分钱的投入都发挥了它的最大的功能,营销的投入才是真正最经济的。

(3)要求营销策划必须产生经济效益

营销策划不只是追求与公众沟通、树立企业形象,还要求营销策划方案实施之后必须产生直接的经济效益。没有经济效益的营销策划是失败的策划。经济效果的高低已成为评价营销策划方案优劣的最主要标准。

5.权变性原则

大量营销策划实践表明,在策划的设计和实施过程中,经常会遇到一些对策划产生巨大影响甚至影响企业生存和发展的因素发生变化,这些因素的变幻莫测,是企业想不到和难以控制的,若不能很好地适应,则会直接影响到策划的实施及效果。因此,企业在策划方案设计和实施之前,应尽量对各种可能的因素进行预测分析,设法增加营销策划方案的灵活性,使之对突发事件有足够的应变能力,做到因时而变、因势而变、因地而变。

➡【小案例 1-5】

1963 年 2 月 28 日——这个世界照相史上划时代的日子,柯达公司发明并上市了新相机(别名“傻瓜机”),可就在柯达的“傻瓜机”大为走俏的时候,柯达作出了出人意料的惊人之举。公司宣称:我们不要独占“傻瓜机”的专利,其技术全部都可以提供给世界的每个制造厂商。其实,柯达公司公开“傻瓜机”技术正是该公司策划权变性的体现。原来,柯达因“傻瓜机”的问世,当年营业额超过了 20 亿美元,纯利润 3 亿多美元,所花费的 600 万美元开发费已带来巨额利润。与此同时,世界上相机拥有量已有数千只,而由日本自行研究的“傻瓜机”也行将问世。即使不公开其技术,其他公司也可模仿研制出同类产品。另一方面,相机是耐用品,可以重复使用,而胶卷软片是一次性使用的,其市场需求越来越大。正是鉴于以上考虑,柯达公司才采取权变的策划措施,公布了“傻瓜机”技术,公布的结果使日本的独立开发与其他公司的模仿开发均变得一钱不值,公司不费吹灰之力就拥有了柯达提供的技术。而最重要的是,其他公司“傻瓜机”生产得越多,胶卷软片的需求就越大,而柯达这时正好可以节省精力,全力生产高质量的胶卷提供给市场,公司照样财源滚滚。无疑,柯达公布“傻瓜机”技术是企业营销策划具备权变性的最佳说明。

(资料来源:市场营销策划案例经典大全,www.lodoeshop.com)

第三节　市场营销策划学科的特点和研究对象

市场营销策划是一门复合型的学科,它是由多门学科知识综合、交叉、碰撞而形成的新的应用知识体系。它秉承市场营销学的特点,是综合思维的科学与精湛的经营艺术的结合。市场营销策划既是一门科学,也是一门经营艺术。

一、市场营销策划学科的特点

1.市场营销策划是创新思维的学科

市场营销策划实质上是一种经营哲学,是市场营销的方法论,因而是一门创新思维的学科。

市场营销策划是从新的视角,用辩证的、动态的、系统的、发散的思维来整合市场营销策划对象所占有和可利用的各类显性资源和隐性资源,使其在新的排列组合方法指导下,各种生产要素在生产经营的投入产出过程中形成最大的经济效益。它主要包括四个方面的内容：创新思维路线的选择，企业经营理念的设计，资源的整合，市场营销操作过程的监督和管理。

市场营销策划作为创新思维的学科，特别强调将单线性思维转变为复合性思维，将封闭性思维转变为发散性思维，将孤立的、静止的思维转变为辩证的、动态的思维，将具有浓厚的小农经济色彩的"量入为出"的思维转变为"量出为入"的市场经济的思维。市场营销策划所要达到的最终目的是通过对企业各类资源的整合，使营销策划的对象以崭新的面貌出现在市场上，并在特定时空条件的市场上具有唯一性、排他性和权威性。只有达到这"三性"，才是一个优秀的市场营销策划，才能满足市场竞争的创新需要，也才能使营销策划的对象在市场竞争中产生"先发效应"和"裂变效应"，以抢占市场的先机和拥有市场核裂变能量，为企业拓展广阔的市场空间和实现企业综合经济效益最大化的目标。

营销创新是提高企业市场竞争力最根本、最有效的途径。众所周知，企业在市场上要面对的主要竞争对手有产业内现有企业、潜在加入者和替代品厂商等三类。与同行业现有厂商共争市场是企业参与市场竞争的主要形式，适应这种竞争的挑战，企业面对市场上众多实力雄厚的销售同一种类商品的竞争对手，与广告战、价格战、营业推广战等营销手段相比，创新是最有威力、最有功效的营销手段。通过创新，可以不断地研制出适销产品投放市场，达到"人无我有"的状态，进而比对手赢得更多的顾客，获得较大的市场份额，获得巨大的效益。对潜在加入者来说，企业的创新制胜是招致其进入本行业成为竞争者的诱因（潜在加入者从企业的成功中看到了该行业的诱人之处），也同样是与其争夺市场的有效手段。因为营销创新不仅仅使企业设计、生产出优于竞争对手的产品，而且，还可以实现企业联合（组织创新），与现有的主要同行业厂商一起，共同高筑限制潜在竞争者进入的屏障，进而保持已有的市场份额。营销创新对企业在与替代品，厂商竞争获胜上也有不可估量的魔力。由于与替代品厂商竞争是整个行业所有企业与替代品厂商竞争企业间竞争变得更加复杂，通过创新，企业科学合理地组合各种新资源，可以生产出不仅在本行业领先而且还能替代替代品的适销产品。如此创新，企业不仅能稳定，而且还能提高自己的市场占有率。

⬡⇨【小案例 1-6】

黄金与水

美国巨富亚默尔在少年时代只是一名种地的小农夫。在他 17 岁那年，加州传来发现黄金的消息，于是，很快掀起了一股找金热。亚默尔也被这一浪潮所席卷，他历尽千辛万苦，来到加州，一头扑进山谷，投入到寻金者的行列。

山谷里气候干燥，水源奇缺，寻找金矿的人最感痛苦的就是没有水喝，他们一面寻找金矿，一面不停地抱怨："要是有一壶凉水，老子给他一块金币。""谁要是让我痛饮一顿，老子出两块金币也干！"这些话只不过是找金矿人一时发的牢骚，没有人在意，说过之后，人们又埋头找起金矿来。但在这一片"渴望"声中，亚默尔那具有企业家素质的头脑第一次开始转动。这些抱怨对于他来说，无疑是一个小小的、但却非常有用的信息。他想，如果把水卖给这些人喝，也许比挖金子更能赚钱。于是，亚默尔毅然放弃了找矿，把手中的铁锹掉了个方向，由挖掘黄金变为挖水渠,他把河水引进水池,经过细沙过滤,变成清凉可口的饮用水。然后,他便把水装在桶里、壶里,卖给找金矿的人,立即受到找金矿者的欢迎,那些唇干口燥的人们发疯似的向他涌来,一块块金币也投向他的怀中。

当时不少人都嘲笑他:"我们千辛万苦到加州,就是为了挖金子、发大财,如果要干这种蝇头小利的生意,哪儿不能干,何必离乡背井跑到加州来呢?"对于这些挖苦,亚默尔根本不介意,继续卖他的饮用水。结果,在很短的时间里,亚默尔靠卖水就赚了6000美元。这在当时不算个小数目。亚默尔受到鼓舞,继续坚持卖水,后来,当许多人因找不到金矿而忍饥挨饿,流落他乡时,亚默尔已经成为一个小小的富翁了。

[试析]

亚默尔是如何从一名种地的农夫变为一个小富翁的?

[分析]

经营企业,关键在于掌握信息。而信息的价值在于新,在于快,在于独家所有,这就要靠企业家处处做有心人,从各种渠道去寻找,去挖掘,哪怕是一次普通的私人谈话,也要细心留意。亚默尔本来是去挖金的,但他从挖金人的抱怨中找到有价值的信息,即找水比挖金更能赚钱,他便毅然由挖金改为找水。结果,他成功了。

(资料来源:市场营销策划案例经典大全,www.lodoeshop.com)

2.市场营销策划是市场营销工程设计学科

市场营销策划实质上是运用企业市场营销过程中所拥有的资源和可利用的资源构造一个新的营销系统工程,并对这个系统中的各个方面根据新的经营哲学和经营理念设计进行,轻、重、缓、急的排列组合。在这个市场营销系统工程的设计中,经营理念的设计始终处于核心和首要的地位。

在市场营销策划中,营销理念设计是其他一切营销活动设计的前提,而市场营销活动则是营销理念的原型。营销理念设计是统率、指导和规范其他市场营销系统工程设计的核心力量,并渗透于整个市场营销策划过程中。

3.市场营销策划是具有可操作性的实践学科

市场营销策划是一门实践性非常强的学科。市场营销不是空洞的理论说教,它要回答企业在现实的市场营销活动中提出的各种疑难杂症,不仅仅回答这些问题出现的原因,即回答为什么、是什么,而更重要的是如何开拓市场、营造市场以及如何在激烈的市场竞争中获取丰厚的利润。市场营销策划就是在创新思维的指导下,为企业的市场营销拟定具有现实可操作性的市场营销策划方案,提出开拓市场,营造市场的时间、地点、步骤及系统性的策略和措施,而且还必须具有特定资源约束条件下的高度可行性。市场营销策划不仅要提出开拓市场的思路,更重要的是在创新思维的基础上制定市场营销的行动方案。

4.市场营销策划是系统分析的学科

市场营销策划是一项系统工程设计,其主要任务是帮助企业利用开放经济中丰富的各种资源,区域性资源、国内资源和全球性资源,显性资源和隐性资源、可控资源和不可控资源等,用系统的方法将其进行新的整合,使其在市场营销过程中产生巨大的"核裂变"效应。市场营销策划是用科学、周密、有序的系统分析方法,对企业的市场营销活动进行分析、创意、设计和整合,系统地形成目标、手段、策略和行动高度统一的逻辑思维过程和行动方案。因而,作为智慧火花的市场营销点子,不能说市场营销策划仅只是市场营销策划中的创意。

市场营销策划强调对既有资源和可利用的资源进行整合。整合是系统论的一个基本范畴和重要原理;系统论是 20 世纪中期发展起来的一种科学理论,它认为:凡是由相互联系和相互作用的诸因素所组成并具有特定功能的总体,都是一个系统。任何系统都不是它的组成因素的简单加总,而是这些因素在特定联系方式和数量配比下形成的有机总体。总体具有不同于组成因素或子系统的新功能、总体"大于"各组成部分的孤立属性的简单集合。市场营销策划就是依据系统论的整合原理,寻求市场营销活动的 1+1>2 的投入产出比。市场营销策划,是建立在点子、谋略的整合,是建立在点子和谋略之上的多种因素、多种资源、多种学科和多个过程整合而成的系统工程。因此,作为理论,市场营销策划是一门系统科学;作为实践,市场营销策划是一项系统工程。

二、市场营销策划学科的研究对象

市场营销策划是一门涉及多种学科的综合性应用科学,其研究对象是市场营销策划过程中的市场进入障碍分析、营销资源的配置、营销创意、营销理念设计和制定市场营销策划方案等的基本方法、技巧及其一般规律。

市场营销策划是在现代市场营销观念的指导下,以市场营销管理为土壤,从市场需求入手,深入市场调查研究,认真分析市场营销环境,竞争对象,企业市场竞争条件,以及实现目标市场顾客群达到满意状态的条件,因时、因地、因人制宜地提出"创意——构架——行动"的系统工程。虽然,各个市场营销方案存在着千差万别,各有其创新的特色和营销要素整合的技巧,但不论是哪种性质的市场营销策划,哪种层次的市场营销策划或哪个行业的市场营销策划,其策划的过程、基本方法、基本技巧都具有一定的规律性和共同的持点,只是因时间、地点、行为和产品的差异而各有侧重。例如,每一个成功的市场营销策划都是以顾客满意度为出发点,其最终目标或结果必然是顾客满意的实现和达到企业盈利的最大化的"双赢规则";每一个市场营销策划都必须坚持 1+1>2 的资源投入产出优化配置等等。研究市场营销策划,不仅要学习和掌握市场营销策划的方法和技巧,更重要的是认识和掌握市场营销策划的一般规律性。并以创新思维为灵魂,遵循市场经济的客观规律,更好地开展市场营销策划实践活动。

第四节　中国营销策划发展历程

改革开放以来,我国经济快速发展、竞争日益充分,我国的营销策划业也发展得非常迅速,其发展水平已不亚于任何一个发达国家,充分展现出市场经济条件下商业竞争中的东方智慧。历经风雨,中国营销策划业从 20 世纪 80 年代初开始已经走过了 40 余载。从策划的发展阶段来看,大致经历了三个阶段。

第一阶段:初始发展(1978—1994 年)

中国第一代营销策划人开启了策划行业的初始发展时期,其代表为郑新安、何阳等人。他们靠的是"个人智慧",为企业提供的是"点子激活市场"的策划。"点子时代"的中国策划业就像一张白纸,只要在上面点上一个"点",就会创造一个市场"奇迹"。因为任何营销创新,甚至只要大胆敢想就能超出别人,就能让消费者感到激动,让市场生命力勃发。这个时期策划业的发展影响了中国一大批后来的策划人,中国策划行业如雨后春笋迅速发展。伴随着我国市场经济的日益开放和卖方市场向买方市场过渡,策划人的成长也存在着众多遗憾,营销策划过于随意,常常是经验式的拍脑袋式的决策,缺乏对市场整体的洞察、理解与整合。

第二阶段:快速发展(1995—2000 年)

20 世纪 90 年代中后期,随着越来越多的外资企业进入中国,迎来了策划业的第二个春天。中国营销策划业的环境发生了巨大变化,策划业也从混乱走向规范,专业化、职业化、行业化,同时策划人的优胜劣汰竞争日益明显,基本结束了靠"单打独斗"的时代,出现了真正意义上专门从事营销策划的公司。该时期的营销策划的显著特点:一是专业化程度高,国外归来的学者创办策划公司;二是规模较小,品牌弱;三是市场发育落后,先天不足;四是国外咨询公司的进入,如盖洛普、麦肯锡等,基本上成为国内咨询市场的主力。

对于策划人而言,随着一些策划人的漫天要价和不负责任,企业也逐步从非理性消费过渡到理性消费,主要表现为需求细分,对策划业的鉴别力有了明显提高。但是这个时期的营销策划依附于新闻炒作,热衷于炒作,难免会出现"泡沫"。营销策划也只是局限于对企业某一方面的策划,如广告热、公关热等,缺乏对企业整体的长远的策划。

第三阶段:整合发展(2000 年以后)

进入 21 世纪,由于国外跨国企业大举登陆我国市场,面对竞争的日益激烈,中国企业对营销策划的实际投入呈增长态势,营销策划的价值得到进一步认识,潜在的市场需求扩大。中国的营销策划逐渐走上了良性发展的轨道,开始出现对企业全方位的整合营销策划,包括战略策划、促销策划、广告策划、营销组织策划等。企业和策划公司开始建立战略联盟关系。国际知名咨询公司大举登陆后开始面临如何实行本土化的问题。咨询与实践脱节和咨询过度介入企业的现象逐渐得到解决,客观、公正、独立的咨询人员与组织正在形成,市场逐渐出现细分。这个时期,营销策划深入各行各业,IT、通信、医药、房产、影视、公益活动、娱乐、图书教育等各个领域到处活跃着策划人的身影。这个阶段的发展告诉人们,中国策划业在一个市场主导的新型商业环境下必须得到足够的重视,经济发展从没有像现在这样依赖于资源、科技和策划的投入。

⇨【策划人物链接】

王力——公关策划

做过记者的王力,1987 年创办了我国第一家公关策划咨询机构"恩波智业研究所"。当中国特色的市场经济向纵深发展时,经济生活中的各种问题越来越错综复杂地交织在一起,王力先生的"公关策划"开始从"点子市场"的低迷中脱颖而出。从"亚都公关"到"百龙矿泉壶大战",再到曾一度被称为百货业商战典范的"郑州亚细亚商战",王力都是强有力的介入者。

1989 年,王力对郑州亚细亚商场进行了公关策划,形成了被企业效仿及研究的"亚细亚现象":全体员工每日举行开店仪式,创办《亚细亚人报》与消费者沟通,"2·7"纪念13员工拜谒先烈,"3·5"纪念13员工上街学雷锋,部分男职员每月在特定公关目标区域跑步,提出"微笑服务"、"顾客是上帝"等口号并付诸实践等,这些举措在当时引起了极大的轰动效应。

王力的全程策划、全面介入的运作模式,开始促使国人的思维全面超越"点子思维"阶段。王力采用的交易和服务方式是将策划方案以标准的策划文本方式呈交给客户并全面而具体地指导运作,这种方式亦为中国咨询策划业确立了交易和服务模式。王力还第一次把咨询业以富有中国本土特色的词汇——"智业"命名,从而将咨询业在国人心目中的地位和档次提升到一个前所未有的高度。然而,"公关策划"毕竟是一种形式大于内容容易被人模仿的咨询服务,当"王力模式"在中国普及盛行因而效应骤减,更重要的是当中国市场发展到开始需要"营销"的阶段时,"公关策划"很快陷入休克状态。

(资料来源:孟韬,毕克贵《营销策划》,机械工业出版社2012年版)

⑤▷【本章小结】

1.**策划的含义**:策划是对未来将要发生的事情所做的当前决策,其本质是一种借助脑力进行操作的理性行为,其结果是要找出事物的因果关系,以决定未来可采取的策略。

2.**市场营销策划的含义**:现代企业的策划是对企业的某一项活动或行动的方向、目标、内容、程序等进行全面和周详的预先安排和设定。

3.**市场营销策划的内容**是相当广泛和丰富的,依据不同的标准可做如下归纳:第一,以策划的对象为标准可以分为企业策划、商品策划和服务策划等;第二,以市场发展程序为标准可分为市场选择策划、市场进入策划、市场渗透策划、市场扩展策划、市场对抗策划、市场防守策划、市场撤退策划等;第三,以市场营销的不同层次来划分,可分为市场营销的基础策划与运行策划,市场营销的基础策划包括作为市场营销运行基础的市场调研策划和企业战略策划;第四,以市场营销过程为标准可分为市场定位策划、产品策划、品牌策划、包装策划、价格策划、分销策划、促销策划等。

4.**市场营销策划的原则**:(1)战略性原则;(2)信息性原则;(3)系统性原则;(4)权变性原则;(5)效益性原则。

5.**市场营销策划学科的特点**:(1)市场营销策划是创新思维的学科;(2)市场营销策划是市场营销工程设计学科;(3)市场营销策划是具有可操作性的实践学科;(4)市场营销策划是系统分析的学科。

6.**市场营销策划学科的研究对象**:市场营销策划是一门涉及多种学科的综合性应用科学,其研究对象是市场营销策划过程中的市场进入障碍分析、营销资源的配置、营销创意、营销理念设计和制定市场营销策划方案等的基本方法、技巧及其一般规律。

【诗语点睛】

用兵之道计为首
智慧营销良谋高
待人诚心信为本
君子爱财亦有道

> 创造需求皆市场
> 顾客动心察秋毫
> 人无笑脸莫开店
> 温暖人心多微笑

⬡➔【本章习题】

一、名词解释

策划；

市场营销策划；

市场营销策划学科

二、简答题

1. 策划及市场营销策划的内涵是什么？

2. 市场营销策划的特点是什么？

3. 市场营销策划的作用是什么？

4. 市场营销策划的内容及原则是什么？

5. 市场营销策划学科的研究对象及特点是什么？

【小思考】 把木梳卖给和尚

有家大公司在招聘营销主管时，出了一道实践性的试题：把木梳尽量多地卖给和尚。绝大部分应聘者面对如此怪题感到困惑，纷纷离去，最后只剩下三个应聘者：小伊、小石和小钱。负责人向剩下的三人交待，从今日开始，以 10 日为限交卷。10 日期到，三人来到了公司，小伊汇报说，他只卖出了一把木梳，他讲述了历尽的辛苦，以及受到众和尚的责骂和追打的委屈。好在下山途中遇到一个小和尚一边晒太阳，一边使劲挠着又脏又厚的头皮。小伊总算说服他买了一把。小石比小伊成绩要好，他卖出了 10 把，他说一天他去了一座名刹古寺。由于山高风大，进香者头发都被吹乱了。小石找到了寺院的住持说："蓬头垢面是对佛的不敬。应在每座庙的香案前放把木梳，供善男信女梳理鬓发。"住持采纳了小石的建议，买下了 10 把木梳。轮到小钱了，他总共卖掉了 1000 把木梳。小钱介绍说，他来到一处颇具盛名的深山宝刹，这里朝圣者如云，施主络绎不绝。小钱对住持说："凡来进香者，多有一颗虔诚之心，宝刹应有所回赠，以做纪念，保佑其平安吉祥，鼓励其多做善事。我有一批木梳，你的书法超群，可刻上'积善梳'三个字，然后可做赠品。"住持大喜，立即买下了 1000 把木梳，并请小钱小住几日，共同出席了首次赠"积善梳"的仪式。得到"积善梳"的施主和香客，很高兴，一传十，十传百，由此朝圣者更多。住持主动要求小钱再多卖一些不同档次的木梳，以便分层次地赠给各种类型的施主与香客。但 10 日期限已到，小钱只好赶回了公司。考核结果自然是小钱争得了营销主管的位置。

问题：该案例说明了什么？从战略营销的角度看，小钱的销售思路有什么特色？

（资料来源：摘自《本周金融信息》总 310 期）

⬡➔【专题讨论】 战略营销策划制胜要诀探秘

战略营销作为企业职能战略的重要组成部分，要通过其战略谋划构建自己营销核心竞争力,战略营销是企业运营的龙头。马克思说:"商品价值的实现是惊险的跳跃",而战略营销是实现跳跃的关键。它是商品流通的前奏曲,最先吹奏起流通的号角;它是商品流通的桥梁,也是商品流通的必由之路;营销战略是助跳器,它决定着商品跳跃成绩的高低优劣;营销战略是导航船,只有经过它的疏通引导,商海中的商品滚滚洪流才得以畅通无阻。感悟战略,体验营销,细节制胜,必须把握"思"、"谋"、"算"、"看"要诀:

一"思",即精思,思维创意,出新求利,经典巧策划,点石可成金。

主意诚可贵,思维价更高,"人无远虑,必有近忧"。超前意识是创造性思维之母,企业立足的根本是创新经营。战略营销者要时刻把握住市场营销的方向,冷静地判断经济发展的新趋势,善于捕捉商机,制定出正确的决策。对于企业来说,超前思维是指企业家将企业的生产经营活动和企业赖以生存的环境,看作一个生生不息、不断向前、永无止境的运动过程。这一过程充满了机遇和挑战,成功与挫折。企业根据环境的变化,不断对自身的行为作出相应的调整,从而使企业在运动中生存、发展和壮大,战略远见才是成功的源泉。如今在我国许多地方,"小肥羊"被人们品得津津有味。"小肥羊"餐饮有限公司在 4 年的时间里悄然登上了我国餐饮业中餐第一把交椅,这家公司已发展起近 700 家连锁店,前年还进入美国市场,在四年多的时间内公司以 1519.93% 的增长速度超常规快速发展。2003 年 11 月,"小肥羊"公司被评为中国成长企业百强之冠。"小肥羊现象"也在中国餐饮界引起了很大的轰动!"小肥羊"当初的创意就是"迅速发展连锁店"!

创新敏感和把握商机是创业者永恒的主题。1999 年"小肥羊"创始人张钢与陈洪凯开始隐隐意识到了"不蘸小料涮羊肉"这一想法背后必蕴藏着巨大的商机,看到"小肥羊"具有成功的潜质!这就是超前思维,也是财富之源。企业家在决策时不但要向"钱"看,而且要向"前"看。精明的企业家要有"月晕而识风,础润而知雨"的敏锐目光。"春来水暖鸭先知",捷足先登,能见前人所未见,想今天所未想,能从现状看到未来。

二"谋",即经营谋略,不谋全局,不足谋一域;不谋长远,不足谋眼前

一是谋全局。它以企业战略营销全局为出发点和着眼点。制定战略营销与企业发展的整体蓝图,它关心的是"要做对的事情",注重对企业未来总体方向的谋划,而不仅仅只是"把事情做对"。二是谋长远。战略营销的立足点是谋求提高企业的市场营销竞争力,使企业兴旺发达、长盛不衰,谋求的是企业的可持续发展,而不是追逐短暂的虚假繁荣。战略营销规定企业未来一定时期内的市场营销方向,"它关心的是船只航行的方向而不仅仅是眼下遇到的波涛"。大海航行靠舵手,舵手靠的是船上的舵,战略营销是企业经营的命运之舵。1999年诞生的"蒙牛"是一个"三无公司":一无市场,二无工厂,三无奶源。然而,就是在这种条件下"蒙牛"几乎一夜之间成为全国知名的乳品企业。六年多中,蒙牛销售收入从 1999 年的 0.37 亿元飙升至 2003 年的 40.7 亿元,后者是前者的 110 倍!年平均发展速度高达 323%!在中国乳制品企业中的排位由 1116 位上升为第 2 位,创造了在诞生之初 1000 余天里平均一天超越一个乳品企业的营销奇迹!在 6 年的时间内,伊利与蒙牛的销售收入比例由 1999 年"伊利:蒙牛>30:1"缩小为 2004 年的"伊利:蒙牛≈1.2:1",而且蒙牛液态奶市场占有率在 2003 年就跃居全国第一。2004 年销售收入再创历史新高,达 90 多亿元。蒙牛牛气冲天,这与其战略得当,采用"先建市场,后建工厂"的虚拟联合的经营模式,把企业的长期目标与短期目标,眼前利益与长远得益,局部利益与整体利益关系处理恰当是密不可分的,战略与策略两者相辅相成,"运用之妙,存乎一心"。从战略的角度讲,"蒙牛"成立伊始,便把打

造草原品牌,创造"中国乳都"作为自己的企业使命目标,打出了"追求天然,远离污染"的口号,顺应了当前绿色营销、绿色消费的需求。全体员工为此目标作出了不懈的努力并取得了巨大的成功。2004年6月10日"蒙牛乳业"在香港上市,融资近14亿港元。蒙牛眼前的道路,越来越广阔,蒙牛已从"内蒙牛"变成了"中国牛"。此时,蒙牛正在成为"世界牛!"

三"算",即神机妙算,把握商机,面向未来,赢得主动

要学会先算、善算、妙算。"先算"定方略,"善算"知己彼,"妙算"得市场。

首先"先算"定方略。《孙子兵法》曰:"夫未战而庙算者胜,得算多也,多算胜,少算不胜,何况无算乎!"争"先"一着,出奇制胜。一个"先"字内涵深刻,突出表现出一种积极争取主动的思想,不仅表现在行动上,更主要表现在主观思维要先于计谋,先发制人。抓紧时间,神速取胜,是占领市场的主要营销策略。一是先声,首先在声势和声誉上高于对手,达到"不战而屈人之兵"的全胜效果;二是先占,抢在竞争对手之前进入市场,迅速占领市场;三是先机,掌握市场上的各种有利时机。捷足先登,一着领先,步步领先;四是先天,在新产品进入市场之前,一定要从产品质量、适用性、外观形状多方面先天优于竞争对手,产品"新"、"快"、"美"、"特",奇招迭出。俗话说"一朝鲜,吃遍天",特别是中小企业开发"冷门"产品,填补空缺,堪称一绝,有许多"妙棋":美国的"牛仔裤",日本尼西奇公司的"尿布";英国服装公司的"孕服"等等,都显示了中小企业在这方面的卓越才能。在开发"冷门"产品的创新活动中,要先算巧算,想方设法用新的产品去吸引消费者,刺激需求,以"新"求发,以"奇"引人,以"廉"取胜。

对于企业而言,"先"的含意就是销售额的快速增加,而对于乳制品这样的快速消费品而言,增加销售的最有效途径就是策划出强力刺激销售的营销活动,不管是"事件营销"还是"闪电创意",要想跑得快就得抢先制造和抓住一切机会。失落黄金有分量,错过商机无处寻。

2002年,蒙牛做了一个"给我个理由选择你"的策划,真可谓走遍天下与众不同。就全局来看,2002年蒙牛销售额达到16.69亿元,是2001年7.24亿元销售额的2.3倍!

2003年10月16日"神舟五号"顺利返回。6时46分,北京指挥控制中心宣布:中国首次载人航天飞行取得圆满成功!几乎与此同时,蒙牛总裁牛根生一声令下,举国沸腾。全国各大媒体、超市、报纸都在行动……几小时之后,伴随着"举起你的右手,为中国喝彩!"的口号,蒙牛"航天员专用牛奶"的广告,便铺天盖地出现在北京、广州、上海等地的路牌和建筑上,"忽如春风一夜来,千树万树梨花开",全国30多个城市的大街小巷蒙牛广告随处可见,立体轰炸,家喻户晓。一时间蒙牛宣传攻势锐不可当,产生轰动效应。

"神舟五号"载人航天,在中华民族发展史上是开天辟地的大事,举世聚焦,万众瞩目。对于战略营销来说,这是一次千载难逢的搭载机会,是本世纪以来最大的一笔垄断性资源,谁占有它,谁就拥有无可比拟的制高点。天下企业,惟有蒙牛抓住了这个机会。这一年,蒙牛的销售额高达40多亿元。"蒙牛速度"成为中国企业的一面旗帜。

其次,"善算"知己彼。知己知彼,百战不殆;知天知地,胜乃无穷。出门看气候,营销识环境,生意知行情,信息抵万金。战略营销必须对外部的经营环境和内部条件作基本的分析:社会客观大势研判——经济发展趋势。行业中观前景考察——行业未来态势;微观经营环境分析——竞争合作关系;市场营销需求透视——终端顾客行为。"处事识为先而后断之",兵书上的方法有:"以己度敌,反观而求,平衡推导,观往验来,察迹映物,投石问路,顺藤摸瓜,按脉诊痛"。就企业的战略营销而言,关注研究企业内外部环境的变化,把握环境变化

的趋势,及时有效地识别由于环境变化所带来的机会与威胁,是市场营销的首要职责。很多获得成功的日本企业,都花费许多时间、精力和资金去分析市场机遇,并对目标市场作深入的了解,研究消费者的心理,摸清组织市场营销活动的规律。如,索尼公司在进入美国市场之前,就先派出设计人员、工程师以及其他人员组成的专家组先去美国,调查研究如何设计其产品以适应美国消费者的爱好。然后,还招聘美国工业专家、顾问和经理等人员,帮助"索尼"分析如何进入市场。

在仔细地研究分析市场机遇,确定目标市场后,日本的企业将着手制定以产品价格、分销、促销、公共关系和政治权力运用等内容的市场营销战略规划。随后,产品进入目标市场,一发而不可收。

兵法曰:"兵者,诡道也。"当今市场如战场,市场作为一个开放露天的擂台,各种各样的因素都会促使新的竞争对手进入擂台与你较量,没有进入擂台者,也会不择手段,与你在看不见的战线上竞争。知市场,知己彼,知时政,审时度势,方可制胜。

再次,"妙算"得市场。在市场竞争日趋白热化的今天,企业营销战略的重点应着眼于创造市场,而不仅仅是瓜分市场。因为现代消费需求不仅是有多样性、发展性、层次性,而且还有可诱导性,一个善于开拓市场的经营者应该明察秋毫,捕捉和发现潜在的需求并主动去满足它。"王老吉"从2003年起的新广告,成功地将凉茶这种"清热解毒祛暑湿"的广东地方性药饮产品,重新定位为"预防上火的饮料",解除了药饮的消费群体的局限,以中国传统的"预防上火"概念,让国人普遍了解并接受了广东"凉茶"产品,"怕上火就喝王老吉",诱导需求,开拓市场的营销策略,真可谓神思妙算,结果使百年品牌实现了定位大转移,绽放出惊人的光彩! 相对于战略营销这个大工程来说,挖掘"卖点"无疑是一个"细节",但就是这个细节能起到"四两拨千斤"的作用。它是销售中的黄金切入点,只要把这个细节做好了,企业的整体营销水平就会大幅度上升。

菲利浦·科特勒曾指出:"市场营销是企业的这种职能;识别目前未满足的需求和欲望,估量和确定需求量的大小,选择在企业能最好地为它服务的目标市场,并且确定适当的产品、服务和计划,以便为目标市场服务。"具体说,营销职能有:开展市场调查,搜集信息情报;建立销售网络,开展促销活动;开拓新的市场,发掘潜在顾客;进行产品推销,提供优质服务;开发新的产品,满足顾客需要。

四"看",即要有战略眼光,并要用立体思维思考问题,从多角度、全方位观察市场。

一是远看;二是近看;三是粗看;四是细看。

1. 远看:看宏观、看企业战略营销发展的远景,即看企业的战略营销规划。战略管理强调的是"做对的事情"。要注重科技开发、技术改造与人才培养,增强企业的发展后劲,实施可持续发展战略。要有战略眼光,不要鼠目寸光,一叶障目,不见泰山;两耳塞豆,不闻雷霆,忽视战略,盲打盲从。

2. 近看:看微观、看近景。即看战略营销的目前运营状况,搞好日常经营管理。管理有序,经营有方,抓好市场营销及企业管理基础工作,万丈高楼平地起,夯实基础出效益。

3. 粗看:看主流、看企业战略营销整体素质和经营状况的主流,把握战略营销中的主要矛盾和总体发展态势,要看到优势,抓住机会,充满自信,鼓舞士气,加速前进。

4. 细看:看细节、看日常经营管理中的薄弱环节与毛病,防微杜渐,管理无小事,发展是大事,要看到劣势,规避威胁,扬长避短,谋求发展。

　　这近看、远看可以使人既注重脚踏实地的埋头苦干，又有今后的战略营销目标，防止盲目蛮干；这粗看、细看，则既看到主流和优势，抓住机遇，提高自信，又能规避威胁，迎接挑战，不因满足现有的成绩而故步自封。在战略营销中，要当一个勇敢而明智的将军，而不当胡撞乱碰的鲁莽家。

　　重视战略不能放弃细节，每个人都把细节做好，才是对战略的最大支持。否则，细节失误，执行不力，就会导致营销战略的面目全非。细节中的魔鬼可能将把营销果实吞噬。从营销的角度看，细节的意义远远大于创意，尤其是当一个战略营销方案在全国多个区域同时展开时，执行不力，细节失控，都可能对整体形成一票否决。"三株"集团总裁吴炳新在1995年10月15日的新华年会上，宣读了《争做中国第一纳税人》的报告，可这些话还没有从人们的耳畔散去，"三株"就被一场官司击倒了。如果把企业比作一棵大树，基础是树根，管理是养分，战略是主干，品牌是果实，细节就是枝叶，放弃细节就等于打掉枝叶，没有光合作用，企业这棵大树再也无法结出品牌的果实。天下难事，必做于易；天下大事，必做于细。从大处着眼，小处着手，感悟战略，体验营销，细节制胜，不可不察。

　　（资料来源：张国良：《经济论坛》2007年第6期，后被中国人民大学复印资料中心《企业家信息》2007年第12期全文转载）

　　试述：战略营销策划要诀给我们带来哪些启迪？

第二章

市场营销策划的准备工作　　≫ ≫ ≫ 　≫

【学习目标】

　　掌握市场营销策划机构的含义；

　　了解市场营销策划组织机构设计原则；

　　理解市场营销策划的组织机构形式；

　　理解营销策划经费预算原则；

　　掌握经费预算的内容；

　　理解收集信息的流程；

　　掌握收集信息的要点。

【引导案例】　日方向我国销售成套炼油设备的前期准备

　　20 世纪 60 年代初期，我国大庆油田的情况在国内外尚未公开。日本人只是有所耳闻，但始终未明底细。后来，在 1964 年 4 月 26 日《人民日报》上看到"大庆精神大庆人"的字句，于是日本人判断：中国的大庆确有其事。但他们仍然弄不清楚大庆究竟在什么地方。他们从 1966 年 7 月的《中国画报》上看到一张大庆工人艰苦创业的照片，根据照片上人物的衣着，他们断定大庆油田是在冬季为零下 30℃ 的中国东北地区，大致在哈尔滨与齐齐哈尔之间。1966 年 10 月，他们又从《人民中国》杂志上看到石油工人王进喜的事迹，从分析中知道：最早钻井是在北安附近着手的，而且从所报道的钻探设备运输情况看，离火车站不会太远。在事迹中有这样一句话："王进喜一到马家窑看到……"于是日本人立即找来伪满时期的旧地图：马家窑位于黑龙江海伦县东南的一个村子。在北安铁路上一个小车站东边 10 多公里处。这样他们就把大庆油田的位置彻底搞清楚了。搞清楚了位置，日本人又对王进喜的报道进行了分析。王进喜是玉门油矿的工人，是 1959 年 9 月到北京参加国庆之后自愿去大庆的。由此判定，大庆油田在 1959 年以前就进行了勘探，并且大体知道了大庆油田的规模。后来，他们又从《中国画报》上发现了一张大庆炼油厂反应塔的照片。根据反应塔上的扶手栏杆的粗细与反应塔的直径比例，得知反应塔的内径长为 5 米。到此，他们就比较全面地掌握了大庆油田的各种情报，揭开了大庆油田的一些秘密。

　　日方就是利用公开的新闻资料中的一句话、一张照片、一条消息，加以综合分析，完成了对我国大庆油田的调查，为商务沟通提供了可靠的依据。因而在向我国销售成套炼油设备的沟通中，日方谈判人员介绍只有他们的设备适合大庆油田质量、日产量，获得了较大的主动权，而我方采购谈判人因无别的选择只好向日方购买。

思考与讨论：

1.日方是如何揭开大庆油田的秘密的？

2.日方为什么能获取谈判的主动权？

3.本案例对开展商务谈判调查有何启示？

分析提示：

市场调查大致可分为两大类：一类是文案调查法；另一类是实地调查法。前者是间接调查，后者是直接调查。两种方式都可以获得相关的市场信息；日方尽管无法进行实地调研，但他们通过公开媒体资料(现有资料)，经过长时间的跟踪，基本掌握了我国大庆油田的生产情况，所以在向我国推销成套炼油设备的谈判中有备而来，有根有据，获得了谈判的主动权。此案例再次证明文案调查法是一种投资少、见效快、简便易行的商务谈判调查的首选方法，特别是在信息封锁时是一种可行的办法。

【本章导读】

营销策划的准备工作是营销策划工作的第一步，它包括营销策划机构的建立、经费预算和信息准备。营销策划机构的建立，着重介绍了市场营销策划组织机构的设计原则和营销策划组织机构的形式。营销策划经费预算是企业综合预算的重要内容，经费预算要遵循效益性、经济性、充足性、弹性原则。搜集、整理和筛选策划所需的资料信息，是为了解策划对象的过去和现在，作为判断其未来和发展趋势的基础，为市场营销策划提供充分的依据。

【诗语导读】

营销策划识环境

生意兴隆知行情

信息财富抵万金

知天知地胜无穷

宏观大势多研判

内部条件家底清

明察秋毫避风险

胜数运筹在心中

第一节　市场营销策划机构的建立

一、市场营销策划机构的组织

科学技术的进步和发展，使得所有企业都面临新时代的种种机遇和挑战，要想取得生存和发展机会，企业必须建立适应性强的市场营销策划组织机构，才能适应市场环境和营销渠道的新变化，不断提高企业的竞争能力，获得良好的经济效益。所谓市场营销策划机构，是指企业内部为实施市场营销策划业务活动而设计的相应职位及组织结构。市场营销策划机构是保证营销策划工作实现的组织手段,是企业为了实现营销策划目标、发挥市场营销策划功能,由有关部门和人员协作配合的有机的科学体系。企业的所有市场营销策划活动都应该是由市场营销策划组织机构来完成的,其主要任务是:制定市场营销策划机构组建的原则;选择市场营销策划机构的组织形式;协调市场营销策划部门与企业其他职能部门的关系。

二、市场营销策划组织机构设计原则

市场营销策划组织机构设计必须遵循如下原则。

1. 明确组织机构指挥系统原则

在策划组织机构设计中,首先要明确组织机构中各级关系,让每一位员工只有一个上级负责,服从命令,听从指挥。组织机构指挥系统的明确过程实质上是分权过程。能将职权自上而下逐步适当转移出去,实行权力分解,有利于建立有效的组织机构控制系统。

2. 统一命令与分层管理相结合的原则

在营销策划过程中,对于战略性、全局性的重大事项的管理控制权限应该集中在企业策划高层部门。有利于在实际经营管理中统一指挥、统一领导,避免多头领导,消除有令不行、有禁不止等现象,确保企业市场营销活动顺利开展。此外,为了提高管理效率,有必要实行分层管理,即针对营销实际状况,让营销策划系统中的每个部门的主管拥有一定的权力,承担一定的责任。也就是说,营销策划系统中各层市场营销管理组织在规定的权限范周内,能够灵活地处理与本部门相关的业务事项,使责任、权力和利益有机结合起来。

3. 合理分工,利于沟通与协调原则

市场营销策划机构的构建要本着有利于各部门沟通协调的原则,这些企业营销目标能否顺利实现关系极大。组织机构的选择要有利于组织各职能机构纵向协调和横向合作,尽可能有效地沟通和资源有效利用。

4. 精简与高效的原则

建立企业营销组织的目的是通过优化营销资源配置,以实现营销利润最大化。因此,企业营销系统的各部门和各环节都必须与其承担的职能相符。精简的组织机构才能创造出较高的效率。

5. 适度弹性原则

现代营销活动具有复杂化、知识化、智能化、专业化、科技化的特点,且影响营销活动的环境也难以预测,因此,企业的营销策划组织机构也应随着市场营销活动的动态变化而进行相应调整,以适应营销环境发展变化。设计时要有适度弹性伸缩,以提高策划机构应变能力。例如,企业为了实现某一特定的市场目标时,可以聚合有关专家,适时地组建临时性机构,并通过临时性授权以完成某项特定的目标任务。这种适度弹性,有利于提高企业策划组织机构战斗力,提高企业经济效益。

上述五方面的原则,在实际操作过程中,必须结合营销活动的内外部环境和企业目标来具体使用才能行之有效。

▱➩【小案例 2-1】

旧床单里的大市场

　　襄阳县第一提花织物厂厂长胡洪政,3 年前用一个大袋子装了几十条新床单登上了南下的列车。在广西茂林、在广州市、在武汉汉正街,胡洪政走街串巷,给人说好话。用他的新床单换别人家里的旧床单,只要他看中,就缠着别人换。出门时一大包新床单,回来时变成了塞得满满的旧床单。

　　"厂长这样干,亏得要卖裤子的。"在人们惊讶议论声中,胡洪政找来了技术科长、车间主任,在会议室拉上绳子,把旧床单一一挂在绳子上,然后关上门,胡洪政就向他的"大臣"们说:"这是全国畅销的床单,请大家来就是要发挥集体智慧,把我们厂床单花色品种变成全国最新颖的。"

　　这些"臭皮匠"们拆东补西,有的用边,有的用花,广泛收集整理几日,竟然搞出了 17 个市场上从没有过的花色品种。然后,胡洪政又从中选出 4 大规格、7 种花色、5 大系列的式样作为主导产品。

　　胡洪政吃了小"亏",却占了大"便宜"。

　　外贸部门和国家商检局的专家慕名到来。这些专家一进产品库,眼睛个个都瞪直了。这哪是商品,简直是花色品种的艺术陈列馆。信手翻开一卷织物,像翻开一幅幅画和线条构成的美的乐章。专家叹服:"这种产品出口是免检的。"

　　襄阳县第一提花织物厂的产品出口到韩国以及东南亚、美洲的一些国家和地区,创汇 50 万元。今年,出口产量将翻两番,出口额可突破 200 万元。

　　胡洪政一面盯住国际市场的大老板,一面盯住国内批发户,宁肯自己吃点小亏,也要把个体批发户吸引到厂里来。他通过多方联系,产品俏销 18 个省,其中个体批发户都是先付款后提货,使厂里流动资金比往年增加了 2 倍。

　　(资料来源:市场营销策划案例经典大全,www.lodoeshop.com)

　　[试析]

　　为什么说"胡洪政吃了'小亏',却占了大'便宜'"?

三、市场营销策划的组织机构形式

　　为了实现企业营销策划目标,选择形式适宜的市场营销策划组织机构是很重要的一环。一般来说,可以采取两种方式来建立市场营销的策划机构。

　　1."智囊团型"的策划机构

　　由企业抽调部分营销人员,并聘请专家管理顾问公司成立专门的策划班子,进行企业的市场营销研究,对企业的市场营销战略和策略做出规划和策划,然后通过企业的营销职能部门来组织实施策划方案。

　　这一策划机构的特点就在于它的灵活性和高效性。企业凭借"外脑"来策划营销方案,大大提高了市场营销策划的起点和水准,它通常是在企业经营的特定时期,如公司组织机构调整、业务经营范围发生重大变化、新产品上市、企业经营陷入困境等和面临重大事件时,在企业战略目标做出调整、行业内出现威胁性的竞争对手、竞争者采取了新的竞争策略等情况下设立并运作,完成特定任务后即刻解散。

2."家族型"的策划机构

企业内部以营销职能部门为策划的主体单位,借助企业原有的市场营销组织机构和人员来采集信息、制订营销方案并组织实施。

对于营销职能部门来说,在进行市场营销策划时必须考虑到企业营销组织机构的具体形式,以提高策划方案的针对性,并有利于组织实施。这种形式的策划机构契合在企业的营销职能部门中,具有稳定性和系统性的特点。

3.混合型的策划机构

许多企业将这两种形式的策划机构结合运用,由"家族式"策划机构承担企业营销活动过程中常规的策划任务,而以"智囊团型"的策划机构承担特定的营销策划任务,真正实现了营销策划组织机构的系统性、稳定性、灵活性和高效性。

2010 年中国营销策划公司排名

	名次	公司名称	最终得分
综合评比	第 1 名	北大纵横	95
	第 2 名	汉马传播	91
	第 3 名	正略钧策	87
公司规模	第 1 名	北大纵横	99
	第 2 名	和君咨询	98
	第 3 名	正略钧策	90
公司创意	第 1 名	汉马传播	98
	第 2 名	陈墨网络	95
	第 3 名	深圳采纳	90
媒体推广	第 1 名	汉马传播	99
	第 2 名	叶茂中	96
	第 3 名	零点研究	90
实际效果	第 1 名	北大纵横	96
	第 2 名	汉马传播	95
	第 3 名	和君咨询	89

资料来源:《互联网网民调查报告》。

第二节　市场营销策划经费的预算

一、市场营销策划经费预算

在营销策划中,必须对营销方案实施的预期效益进行分析,论证营销方案的优劣和可行性。营销策划经费预算是企业综合预算的重要内容。预期效益分析主要涉及两方面的问题:一是策划的营销方案所能带来的经济效益,如预期销量、目标利润、市场占有率等;二是实施营销方案所可能花费的成本,如产品开发费用、广告宣传费用、促销推广费用以及商品分销费用等。在一些情况下,还应当对实施某种营销方案所可能产生的机会成本加以说明,通过对不同方案的机会成本的比较求证该方案的经济可行性。营销策划对营销方案费用预算的影响很大,进行精心的营销策划后,各方面的费用都进行科学安排,才可以节省营销费用投入,而没有经过营销策划的自留型产品销售,必然导致一定程度的浪费。

⇨【小案例 2-2】

大出预料

日本一家家庭服务公司一夜之间关门倒闭,宣告破产。这家公司主要经营"寄存食品"。即把各种食品集于一箱,"寄放"在顾客家里,顾客不必先付钱,却可随意取用。一个月后结算一次。这是一种方便顾客的推销方法,并且填补了日本经营方式中的空白。经营伊始,公司从上到下,人人觉得这个主意新鲜而富有创新,为老百姓着想,一定能成功。经理也兴奋不已,身先士卒,顽强维持自己的业务。一箱又一箱的"寄存食品"走进了数以百计的家庭,其中茶叶、速食面、味精、糖、醋、油……应有尽有,质量上乘。一个月后,用作投资的 300 万日元化成箱箱食品,分居在各家各户。公司开始派员逐家检查存货,收回款项,补充食品。可结果却大出人们的预料,送去的食品箱都原封不动。公司顿时陷入困境。几个月后,公司囊空如洗,不得不黯然关门。这家公司为什么会遭此惨败呢? 就在于他们没有做到准确地分析顾客的心理,投其所好,日本妇女婚后大多待在家里,处理家务,带养孩子,生活颇为单调。逛街购物虽辛苦,但在她们的眼里并非一项负担,而是一种具有乐趣的活动,因为这样能使她们涉足外部世界,呼吸新鲜空气,猎取轶闻趣事。所以,她们并不欣赏"家庭服务公司"的这种做法。

(资料来源:市场营销策划案例经典大全,www.lodoeshop.com)

[试析]

该公司经营失败的原因。

二、营销策划经费预算原则

营销策划的经费预算是企业综合预算的重要内容,是调剂和控制经营活动的重要工具,也是营销策划方案顺利实施的具体保证。经费预算应尽可能详尽周密,各项费用应尽可能细化,尽可能真实反映策划方案实施的投入大小,力争将各项费用控制在最低成本上,以求获得最优的经济效益。一般来说,营销经费预算要遵循以下基本原则。

1. 效益性原则

即以最少的经费投入而产生最大的营销效益。也就是说,低营销效益或者没有营销效益的营销策划经费投入应当在预算中尽量避免产生。

2. 经济性原则

是指在营销策划方案实施中,在保证足够的营销经费的同时,又要尽可能节省不必要的经费开支。即在活动开展过程中,要考核其所得与所费的比值。要想取得好的经济效益,必须遵循经济性原则。

3. 充足性原则

充足性原则是指投入的营销策划经费能足够保证营销策划方案的全面实施。营销策划经费是企业投入的营销成本,直接影响企业利润的高低。营销策划经费高了会造成资源浪费,低了又影响营销效果,保证不了策划方案实施,甚至会使策划方案夭折。因此,企业应通过边际收益理论来对营销策划经费投入的充足性做出测算和评估。

4. 弹性原则

弹性原则是指对营销策划经费的预算要能根据未来环境的动态变化而表现出灵活机动性。企业营销活动受到营销环境变化的影响,当营销环境发生变化,原有的策划经费也应相应调整,与环境变化相适应,做出适当安排。只有这样,才能保证营销目标实现。

三、营销策划经费预算的内容

每一项营销策划都要投入一定资金。而具体投入多少,投入到什么地方,什么时候投入,需要有一个经费预算。经费预算是计划书的一项重要内容,详细、科学的经费预算能节约成本,使营销策划获得良好的经济效益。主要费用包括下面几项:

1. 市场调研费

要委托专业调查公司或雇佣专业调查人员进行调查。这是一笔重要开支,如果过少,资金不足,就会造成调研资料失真,结果有误差。因此,市场调研费一定要合适,根据规模大小和难易程度来准确预算费用多少。

2. 信息收集费

指信息检索、资料购置及复印费、信息咨询费、信息处理费等,主要根据二手材料和信息的搜集,规模大小和难易程度来确定。

3. 人力投入费

为了完成不同的分工,要投入一定的人力这个费用才可以比较准确地算出来。

4. 策划报酬

策划报酬分两种情况:一是由内部人员策划,则可节省这方面开支,而考虑通过奖金形式反馈给员工。二是委托"外脑"策划,创意策划是知识,是有价值的。要支付策划费,具体多少可以事先商定,也可根据实现结果来定。

第三节　市场营销策划的准备与信息收集

出门看气候,营销识环境,生意知行情,信息抵万金。企业是在发展中求得生存的。企业的生产经营如逆水行舟,不进则退。市场经济的海洋潮涨潮落,变化频繁。顺流善变者生,逆流不善变者亡。市场风云,变幻莫测,强手如林,各显神通。企业要把握千变万化的市场行情,以变应变,先谋后战,精心策划,高效动作,才能迎风取势,适应环境,夺取最后的胜利,直挂云帆济沧海。孙子曰:"知己知彼百战不殆;不知彼而知己一胜一负;不知己不知彼每战必殆"。据调查,世界上"长寿公司"的共同经验中有三点是与对环境的认识有关:第一,对环境变化要反应敏锐,适应环境,以变应变,谋求生存;第二,对环境变化要有强烈的认同感,快速反应,寻找机会,谋求发展;第三,对环境与管理的认识要审时度势,与时俱进,不断创新,运筹帷幄,决胜千里。

一、收集、分析信息

1. 直接信息收集
(1)对象:消费者、经销商、竞争对手、原料供应商等。
(2)方法:座谈调查、访问调查、抽样调查、观察法。
2. 间接信息调查
(1)书籍与报刊杂志。
(2)企业内部资料:客户资料、技术资料、财务资料、部门资料、工作计划与总结报告。
(3)政府部门资料:统计年鉴、政府出版物、政府工作报告等。
(4)现成的调查报告(索取或购买)。
3. 信息资料整理与分析
信息资料整理的具体方法是:
(1)将收集来的资料分别加以整理。
(2)按照所属类别加以细化。
(3)将有用信息筛选出来。

实例 2-1　第二次世界大战前,英国出版了一本名为《世界各国军务比较》的书,书中详细记载了德军兵力配备与各师团长的个人资料。希特勒读后误以为德军内部有奸细,经过调查后得知是编者根据报纸、杂志、广播等公开媒体上所得资料整理而成。

结论　资料整理使问题梳理、过滤、清晰。

实例 2-2　20世纪60年代,大庆油田还处于保密阶段,我国拟与日本就一些技术合作方面进行商谈。在谈判过程中,日本人通过报纸、画报等资料,找到了大庆位置、井口数、采油量、炼油能力,从而知道我国是急需这批炼油设备,使我国在这场谈判中处于被动。

结论　基于资料基础上的推理、判断,是发现问题要害的根本手段。信息资料分析整理的最终目标是做出 SWOT 分析。

二、收集信息流程

中国有句俗话,叫做"巧妇难为无米之炊",策划也是如此。因此,在确定策划主题之后,就要围绕这一主题展开相关的信息收集工作,就要去找"米"。否则,策划人再聪明,分析能力再强,如果没有信息,也只能是"无米的巧妇"。无论策划主题如何优秀也难以提出杰出的策划方案来。因此,信息收集工作是策划成功的关键,信息收集能力也是策划人员必须具备的基本要素。图 2-1 显示的就是收集信息的流程。

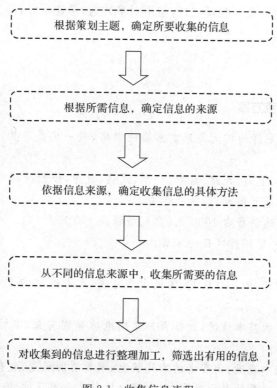

图 2-1　收集信息流程

1. 确定所要收集的信息

知己知彼,百战不殆。一个策划方案的成功,往往需要大量的信息作为支撑。这些信息不仅仅来自于市场,而且来自于我们生活中的各个方面。策划主题确定以后,就要立即着手收集各方面的信息来为主题服务。

2. 确定信息来源

信息依据其来源,可分为现有资料信息与市场调查资料信息两大类。

(1)现有资料信息。这类资料通常来自现成的书籍与报刊杂志,现成的企业内部资料、政府出版的普查与统计资料、现成的登记资料、现成的调查报告等,由于这些资料信息都是间接获得的,所以称之为第二手资料信息,或是次级资料信息。

(2)市场调查资料信息。这类信息均来自消费者、经销商、竞争同行、原料供应厂商,这些资料都是直接调查才能获得,所以称之为第一手资料信息,或是初级资料信息。

现成资料与市场调查资料的不同就在于取得的方式不同,前者现成取得,后者实施调查取得。

3.确定信息收集的方法

根据信息来源的不同,信息的收集方法也不一样。一般来说,一手资料的获得,需要策划人员亲自到现场去走访调查,而二手资料的获得,只需要查阅相关的资料即可。

没有调查就没有发言权,"一切结论应产生于调查的结尾而不在它的先头"。在市场经济的海洋里潮涨潮落,变化多端,不进行市场调查,不摸清市场行情,在市场经济时代好像"盲人骑瞎马,夜半临深池"。情况不明决心大,知识不多办法多,不经调研,盲目决策,必然要失败。面对市场,要吃一拿二眼观三,行情不对早转弯,迅速反应,马上行动,方可取胜。

⏵【小案例 2-3】

美乐电冰箱市场调查方案

一、调查目的:为了更好地扩大美乐电冰箱的销路,进一步提高其市场占有率和扩大声誉,特作此次调查。

二、调查地点:北京、上海、天津、南京、广州、武汉、青岛、合肥。

三、调查对象:以各地消费者、经销商为主。

四、调查人数:每地选消费者 1000 人(户)、经销商 100 家。

五、调查时间:200×年×月×日—×日。

六、调查内容:

1.当地主要经济指标:如人口数量、国民生产总值、人均收入、居民储蓄情况和消费支出情况等。

2.当地电冰箱销售的基本情况:如每百户家庭电冰箱拥有量、市场潜量;相对市场占有率等。

3.当地消费者的基本情况:消费者的家庭状况、消费者的职业、教育程度、收入水平等。

4.当地消费者对电冰箱的基本态度:如购买电冰箱的主要目的、有何要求和爱好等。

5.当地消费者对美乐产品的态度:如是否愿买美乐电冰箱,对该产品的名称、标志、质量、价格、广告等方面有何看法等。

6.当地经销商的经销情况和经销态度:如当地经销商销售电冰箱的数量多少、当地经销商的规模与类型、哪些经销商对经销美乐产品持积极态度等。

7.当地市场主要竞争产品的基本情况:如当地市场销量较大的主要有哪些产品、这些产品的不足之处何在等。

8.本产品与主要竞争产品的比较情况:如与主要竞争产品比较,本产品有何优势和不足等。

七、调查方式:以问卷式为主,配合采用查询式、摄影式等。

八、调查结果:写出书面调查报告。

[试析]

本调查方案的结构和优缺点并写出一份食品(以肉食品为例)市场调查方案。

（1）案头调查法

案头调查包括借助公开的信息的调查。其中包括报纸、杂志、政府的公告、互联网。特别值得一提的是，平时要注意收集和整理有关与本企业业务相关的资料，这些资料包括企业的生产运营活动的上线企业的相关资料，重点上线企业的竞争者的相关资料以及上线企业的相关高层管理人员的背景等相关资料。

（2）购买法

花钱购买相关的资料是商务活动中又一条获得资料信息的途径。目前我国这种为企业提供信息资源的服务性组织开展得很不普遍，应该在以后的经济生活中对此行业加大培养力度和给予扶持。这种信息资源的获得可以借助于服务性组织现有的相关数据资源，也可以委托相关组织作一项专门的情报收集和整理工作。

（3）观察法

观察法采取情报收集的组织亲身面对自己要得到情报的现场，观察自己要得到的数据资料，尤其是对要进行交易客体的环境进行调查。观察法还可以通过企业间的互访去观察对方企业的经营状况。一些非常典型的管理理念和方法借助于企业的外部行为和表现就可以轻而易举地得到。这种管理深层次的东西，对方企业想隐瞒做假象是做不到的。

（4）直接调查法

直接调查法是只要进行调查的企业组织相关的人力、物力和财力进行的一种有组织、有计划、有目的的调查研究工作。这种直接调查法的启用原因是由于社会相关信息提供组织不健全，企业无法获得要调查的信息内容。或者是企业要获得最真实的第一手资料，或者是从获得信息的成本角度考虑。

4. 信息收集

根据上一步确定的方法进行资料收集，在收集资料的过程中，要注意多种方法的相互补充和搭配组合。

5. 信息整理

信息收集完之后，要对其进行整理加工，在这个过程中，要注意以下几个方面：

（1）灵活使用获取的信息。有了明确的目标，还要带着"有没有可以当做策划暗示的信息"的心态去做收集信息的工作，这样，才能很容易地收集信息。但是，不管收集多少信息，信息本身不会产生价值，只有懂得活用信息于策划上，才能产生价值。

（2）资料必须严格合理处理。由信息收集到整理是一件辛苦的工作，但是信息的整理必须得由策划人员亲自动手完成，这是一个不变的原则。它的理由是资料收集者在整理资料的过程中，可重新检查一遍所收集的资料，在此过程中往往会产生意想不到的策划创意，一个有经验的策划人员是不会放过这种机会的。

三、收集信息要注意的要点

1. 迅速地发现新信息

欲推出一个畅销的策划方案，迅速地选择最新的材料（信息）是不可缺少的前提条件。策划者凭敏锐的感觉把握住最新信息，并尽快与策划案结合在一起，才能推出畅销的策划。

优秀的策划人员也是信息收集的"名人"，这句话的确是至理名言。被喻为优秀的策划人员，往往能想出别人无法模仿的信息收集方法，认真地去实践，并将其活用于策划之中，而获得成功。

2.敏锐地感知新信息

收集新鲜信息最重要的方法是要具有"信息精神"。不放过在工作时间内,在日常生活中任何一条信息,随时都有"能否为我所用"的准备。

信息如同时间,给所有的人均等的机会,但只有具有"信息精神"的人才能尽快掌握有利的信息,将其活用于策划方案之中,而得到成功。

3.明确目标

除了具有"信息精神"外,还必须有明确的目标。带着干劲十足的信息精神,却茫然无措地收集信息的话,目标就不明确。因此,在何种范围收集何种信息,事先要有明确的目标。信息收集的目标一旦决定下来,等于在目标的特定范围内装着感应度灵敏的天线,而此时宝贵的机会很有趣地显现出来。

4.不忽略任何小的信息

策划人员必须有敏锐的嗅觉,细心地去关注工作与日常生活中的一切,时刻去寻找具有策划价值的潜信息,有价值的信息并不是每个地方都有,只有随时随地带着"信息精神",才可确切掌握有利信息。

四、掌握有价值的信息

具有信息精神,带着明确的目的来进行信息收集,就可以收集很多的信息。但信息的质量却是一个不容忽视的问题,虽然能收集很多,可是一些毫无作用的信息却不足以当做策划立案的资料。所以,要努力发现有价值的信息。如何发现有价值的信息呢?以下有两种方法:

1.追踪使你心动的信息

当你看到某些现象、或听到某段谈话时,会让你心动的信息最为重要。具体而言,也就是下面所说的现象或信息;第一,跟以前不一样的现象或信息;第二,以前不曾发生过的有趣或快乐的现象或信息;这些现象或信息都有令人悸动的原因,对策划而言,这是非常重要的。

2.注意负面信息

有价值的第二个信息是来自市场的负面信息。在市场活动中往往会有消费者以各种形式对商品或服务提出抗议,对企业而言,抗议是不受欢迎的信息,但对策划来说却是很珍贵的。

抗议(负面信息)是企业重要的信息,有句"良药苦口"的俗谚,负面信息正是这个意思。企业得到称赞的美言(正面信息)当然会很高兴,但也不能忽略来自市场的负面信息,必须主动接受负面信息,将难以入耳的抗议视为谏言,以便随时修正商品的缺失,提供让消费者满意的商品。

⊞▷【策划人物链接】

何阳——点子策划

1988 年毕业于北京化工学院的何阳创办了"北京市和洋民用品技术研究所"并担任所长。后又设立"北京和洋咨询公司"并担任总经理。何阳以"点子"多并将其商品化而闻名,

2001年3月15日,何阳被银川市城区人民法院以诈骗罪判处有期徒刑12年。

一家塑料厂的一次性塑料杯大量积压,何阳出点子说,把京广铁路沿线站名印在茶杯上,再印个小地图,在京广铁路的火车上卖。塑料厂一试,果然大灵。一家灯具工厂的台灯卖不出去?何阳想起海湾战争中大显神威的爱国者导弹,便建议工厂设计一种爱国者导弹形台灯,样品拿到香港的博览会上居然脱销,何阳收到6万元酬金。军功章月饼、带吸管的生日蛋糕、女士香烟等也都是何阳策划的典型案例。

中国策划人神话时代发轫于何阳先生的点子。何阳的点子热销之时正是中国市场开始从卖方市场向买方市场过渡之时,随着市场竞争渐呈角逐之势,企业经营者们发现仅靠自己的点子不够了,于是开始借用别人的点子。何阳是第一位为自己的点子标出天价并成功实现销售的人。从某种意义上说,何阳的榜样作用催发了中国营销策划界的诞生和中国咨询业的萌芽。但是,这种"点子策划"主要是依赖于富有创意的促销策划,没有对企业及产品做出系统的、全面的调研和计划,虽然能够短期内刺激销售额的增长,但不能从实质上提升企业的营销能力。因而,何阳先生的没落和点子策划时代的终结是中国营销策划业前进历程中不可避免的结果。

(资料来源:孟韬,毕克贵:《营销策划》,机械工业出版社2012年版)

⊳【本章小结】

1.市场营销策划机构,是指企业内部为实施市场营销策划业务活动而设计的相应职位及组织结构。市场营销策划机构是保证营销策划工作实现的组织手段,是企业为了实现营销策划目标、发挥市场营销策划功能,由有关部门和人员协作配合的有机的科学体系。

2.市场营销策划组织机构设计必须遵循如下原则:①明确组织机构指挥系统原则;②统一命令与分层管理相结合的原则;③合理分工、利于沟通与协调原则;④精简与高效的原则;⑤适度弹性原则。

3.市场营销策划的组织机构形式:①"家族型"的策划机构;②"智囊团型"的策划机构;③混合型的策划机构。

4.营销经费预算要遵循以下基本原则:①效益性原则;②经济性原则;③充足性原则;④弹性原则。

5.经费预算的内容:①市场调研费;②信息收集费;③人力投入费;④策划报酬。

6.收集、分析信息:①间接信息调查;②直接信息调查;③信息资料整理。

7.收集信息流程:①确定所要收集的信息;②确定信息来源;③确定信息收集的方法;④信息收集;⑤信息整理。

8.收集信息要注意的要点:①迅速处理最新的信息;②敏锐的信息感知度;③明确目标;④不忽略任何小的信息;⑤掌握有价值的信息。

【诗语点睛】

市场如海有风浪

载舟覆舟水茫茫

产品是船凭质量

品牌如帆能远航
大海航行靠舵手
战略掌舵明方向
营销好风巧借力
直挂云帆过大江

➡️本章习题

一、名词解释

市场营销策划机构；

营销经费预算；

"家族型"的策划机构；

"智囊团型"的策划机构；

混合型的策划机构。

二、简答题

1. 请解释市场营销策划机构的含义是什么？

2. 市场营销策划组织机构设计必须遵循的原则是什么？

3. 市场营销策划的组织机构形式有哪些？

4. 营销经费预算应遵循的基本原则有哪些？

5. 收集、分析信息的方法是什么？

6. 收集信息的流程是什么？

7. 收集信息要注意的要点是什么？

➡️【案例分析】

王光英抢购二手车

1983年4月,光大实业公司董事长王光英收到下属报来的一条信息:南美智利的一家矿产公司破产,现将公司所有的1500辆大型矿山用卡车拍卖。这1500辆卡车全部是尚未使用过的新车,由于该矿产公司急于偿还债务,估计公司方面会以较低的价格将这批卡车卖出。

当时,我国矿山建设需要大批矿山用卡车。王光英对于这个情况是熟悉的。他当机立断,马上组织采购人员赶赴南美,与智利的矿山公司进行谈判。由于1500辆矿山卡车是个大批量,有购买势力的竞争对手并不多。在拍卖现场,经过一番激烈的争夺之后,仅以新车原价的38％将这批卡车买了下来。为国家节约了8500万美元的外汇。

在这次成功的交易中,充分掌握信息起了重要的作用。王光英对南美智利矿山公司对资金的需求情况和我国对矿山卡车的需求情况,以及国际市场上矿山用卡车的价格都十分清楚,因此及时做出了正确的决策。

思考:信息在现实社会中发挥的主要作用。

"康师傅"何以风靡大陆

近几年,在我国方便面市场上,"康师傅"、"统一面"和"一品面"已形成三足鼎立之势。三者相比,"康师傅"方便面更是抢滩占地,咄咄逼人。在儿童和旅游者中,"康师傅"方便面尤其受到青睐。在很多地方,"康师傅"简直成了方便面的代名词。"康师傅"发迹大陆好像就是昨天的事。的确,在方便面食品竞争日益激烈的中国市场上,能够一炮走红的品牌并不多见,难怪各营销研究机构对"康师傅"的发家史颇感兴趣,甚至连台湾的《中国时报》的记者也盯上了"康师傅"在大陆的发展,将其发迹的历程曝光揭秘。

据报道,首创"康师傅"方便面的是坐落在天津开发区的一家台资企业。其投资者是台湾的顶新集团,他们之中90%是彰化县永靖镇人,平均年龄40岁出头,大多数股东在台生产、经营工业用蓖麻油,并不熟悉食品业,而且在岛内也不那么风光,是一批"所谓名不见经传"的小业主。

根据顶新集团的一位董事透露,1987年底,他们原本计划到欧洲进行投资。然而就在他们决定动身前往欧洲时,台湾当局宣布开放大陆探亲,他们灵机一动,立即改变行程,决定在大陆市场寻求发展的契机。开始,他们并不知道也不清楚搞什么行当最能走红。经过大陆之行的实地调查后,他们发现改革开放后的大陆,经济建设搞得如火如荼,"时间就是金钱,效率就是生命"的口号遍地作响,人们的生活节奏日趋加快。于是,一个新点子便涌上了他们的脑海:为什么不适应大陆的快节奏,在快餐业上寻求发财的机会呢?当年,日本的日清公司抓住50年代后期日本经济腾飞的时机,开发出方便面而大获成功,他们为什么不去占领大陆的方便面市场呢?经过冷静的分析之后,顶新集团决定以开发生产新口味方便面作为进军大陆市场的拳头产品。

俗话说,名不正则言不顺。极富商品意识的台商,出师前冥思苦想要给新口味的方便面取一个专利的名字。思来想去,前后也征集了不少品牌,但终因不满意而淘汰了。后来,有人建议用"康师傅"这个名字。其寓意是:"师傅"在大陆是专对专业人员的尊称,其使用频率和广度不亚于"同志",并且大有取而代之之势。同时,顶新集团过去生产经营过"康莱蛋酥卷",有一定的知名度,方便面姓"康"与"康莱"可以称兄道弟。此外,"康师傅"方便面有个"康"字,也容易引起人们对"健康"、"安康"、"小康"等心理联想。后来的实践证明,"康师傅"这个取名的确是个好点子。"康师傅"方便面经广告媒体一阵爆炒,便不胫而走,"康师傅"三个字差不多成了方便面的别名。

新产品要名副其实,才能真正赢得市场。为了使"康师傅"在大陆市场上畅通无阻,必须在"大陆风味"上下工夫。在这一点上,顶新集团的策划者们采用了"最笨"、"最原始"的办法——"试吃"来研究方便面的配料和制作工艺。他们以牛肉面为首打面,先请一批人来试吃,不满意就改。待这批大陆人接受了某种风味之后,再找第二批大陆人品尝,改善配方和工艺后再换人试吃,直到有1000人吃过面以后,他们才将"大陆风味"确定下来。当新口味的"康师傅"方便面正式上市销售时,消费者几乎异口同声地说:"味道好极了!"一年后,"康师傅"在北京、天津、上海、广州等大城市火爆,台湾报纸惊呼顶新集团的创举,乃是"小兵立奇功"。

说顶新集团是"小兵",是相对于台湾食品业的巨子"统一集团"和"一晶集团"而言的。尤其是"统一集团",可以说是台湾食品业的龙头老大。然而,这位老大在大陆方便面市场上却不如"康师傅"风光。其实,"统一"与"顶新"差不多是同时进军大陆市场的,但是他们在营销策略上犯了一个错误:他们采取了"以货试市"的路线,先把岛内最畅销的鲜虾面端上来,想让大陆人尝尝"台湾风味",过过现代快餐食品之瘾。谁知道结果却是"剃头匠的挑子——一头热一头冷",大陆消费者对台湾风味的鲜虾面敬而远之。接着,他们又换上岛内第二、第三的方便面,依然是一厢情愿。在惊讶两岸同胞的口味差异如此之大之后,"统一"老大哥这才想起"入乡随俗"的古训,放下"台湾架子",进行"风味大陆化"的研究,并策划后来居上的市场营销方案,开发大陆化的产品。

"康师傅"方便面的发迹,首先与其名字的新颖性、独特性分不开,"康师傅"这个名字从社会消费心理出发,巧妙浓缩了"健康"和"师傅"这两个含义,独辟蹊径,圆了企业树立独特形象的美梦。

"康师傅"另一条值得借鉴的成功经验是企业产品的"入乡随俗"。一个企业的成功必须依赖于拳头产品,因地制宜、入乡随俗不失为一良策。"统一"集团的决策者认为只要把在台湾畅销的方便面端到大陆来,大陆人就一定欣喜若狂,争吃为快,其结果却是一厢情愿。"康师傅"面坚持"到什么山上唱什么歌"的原则,生动形象地演绎了"入乡随俗"的古训。

(资料来源:刘志迎:《市场营销》,中国商业出版社 2004 年版)

⑥➤【专题讨论】　流星民企的八大病症剖析

光阴似水,岁月如歌,民企之星,自生自灭,往事如梦,感悟如斯。企业像"宇宙之砖"构筑起无限的社会财富天体。恒星企业固然辉煌,"流星"民企也曾风光,往事不堪回首,成功已为失败之母。对流星民企的深刻反思,价值颇高,因为悲剧往往比喜剧有更大的震撼力和感染力,也有更丰富、更深刻的内涵。

一个个国内著名的民企,突然在它们的花样年华中无声无息地倒下了,如同鲜活少年生命的夭折一样,给人们带来了终身的遗憾。

据统计,中国企业平均寿命只有 7—8 岁。民营企业只有 2.9 岁,而跨国公司的平均寿命为 11—12 岁,世界 500 强的平均寿命为 40—42 岁,世界 1000 强的寿命为 30 岁。相比之下我国企业寿命短得可怜,英才早逝,前赴后继。1988 年我国权威部门评出了首届全国优秀企业家 20 名,16 年过去了,这被当时媒体称之为"改革敢死队"的成员作为我国企业改革的实践者和见证人,经历了昔日的辉煌,也历经各种坎坷。多数已折戟沉沙,销声匿迹。《中国企业家》杂志曾作过统计,首届 20 名全国优秀企业家中 1 人病故,1 人叛逃,3 人高升,5 人离退休,6 人辞职,免职、停职……原企业任职的仅剩 4 人! 他们真像刚刚掠过夜空的那场流星雨,虽然能够绚烂一时,却不能辉煌一世。在大变动时代,草莽也成英雄,于是,在企业家身上,一切都被神秘化了,颠倒过来了:粗鲁不叫粗鲁,叫男子汉气概;骂人不叫骂人,叫企业家风度;草率不叫草率,叫有魄力;随便一个决定便是果断;连无知无识,没有多少文化也成了吹嘘和包装;甚至连沙哑的嗓音也成了妙不可言的音乐……廉价的恭维和肉麻的吹捧劈头盖脸地向我们的企业家砸来,昏昏欲仙,飘飘然,不知道自己姓什么了。昔日响彻云霄传遍大江南北的长江音响不到 10 年"戛然而止";"秦池"集团"醉在 97"后便梦里不知身是客;曾经红火一时的豪门集团已"沦入"洋人的怀抱;郑州亚细亚集团也不到十年便不知"太阳从何升起"。民谣道:"太阳落山了,巨人倒下了,飞龙折翅了,三株入土了,威特卷刃了,长江阻塞了,幸福痛苦了,火腿骨折了"。这是对中国企业流星现象生动的写照。

企业是一个有机的生命体,自从诞生之日起,就面临着死的考验。那些因决策失误,管理不善,战略不当,执行不力的企业会过早地进入了"公司恐龙博物馆"。许多民企更是昙花一现,在新的经济时代变成短暂的,爆发式的企业"流星",是什么"病"使民企变成了"流星"?归纳起来"流星民企"有以下八大病症:

1. 狂想症:政治狂想,王者情结

人类不能没有联想,民企不能没有理想,企业家更不能没有创业激情。但理想不等于狂想。处于二十一世纪的中国,一不小心就发财了的时代已经一去不复返了。有人将改革开放经济转轨中的发财机会分为四个轮次:第一轮次是发政策财——天上掉馅饼;第二轮次是发关系财——幕后抱馅饼;第三轮次是发技术财——自己烙馅饼;第四轮次是发管理财——小饼变大饼。赢得竞争优势,夺取领先地位,获得更大效益也成为全球经济竞争的新景观。因此,商战中的民企越来越难赢。的确,根据社会在经济转轨时期,在一个幼稚的国度,用一种幼稚的方式凭运气运作企业,一不留神就发家致富了,甚至一夜之间就成了亿万富翁。所以,致使许多民营企业家的巨大雄心屡屡萌发,理念有惊人的相似:要么不干,要干就干第一。动不动就要"王天下"。怀揣政治狂想的中国式的"堂吉诃德"牟其中,曾把自己比作传说中的无脚鸟,只能不停地飞翔,一旦落地生命也将完结。从"大陆首富"到"大陆首骗",曾三度入狱,数次沉浮的牟其中咬定青山不放松,从不曾改变的就是对其政治狂想的抱负和坚定的追求,无论是想把喜马拉雅山炸个大缺口,让冰天雪地变成万亩良田沃土的牟其中;还是打算把雅鲁藏布江的水引进黄河,解决中原地区缺水问题的牟其中;无论是高举"为搞活大中型企业服务,振兴社会主义市场经济"旗帜的牟其中;还是坚信"世界上没有办不到的事,只有想不到的事"的牟其中……他始终都怀着一种激越的政治热情,他认为自己对国家最大的贡献就是"空手道"。

再看三株,总裁吴炳新在1995年10月15日的新华社年会上,宣读了《争做中国第一纳税人》的报告,报告预测:三株公司目前的发展速度是2000%,可到1997年的增长速度放缓到200%,1998年放缓到100%,1999年放到50%。曾设想这一世纪末就可以完成900亿到1000亿元,成为中国第一纳税人。可这些话还没从人们的耳畔散去,三株就被一场官司击倒了。总裁吴炳新反思时曾对史玉柱说:"不该你挣的钱别去挣,天底下的黄金铺地,不可能通吃。这个世界诱惑太多,但能克制欲望的人却不多"。真可谓击中要害,一语道破天机。曾有一位武汉大学毕业的农民之子陈天生,辗转于北京、武汉、广州等地,创业不成,但目标宏大。他对记者讲:"我要用3至5年的时间,使世界的每一块土地都用上肥力高,这样,年销售额将达到1.2万亿人民币。"这笔钱折合1446亿美元,顺便说一下,他将仅次于通用、福特,能在全球企业500强中名列第三。这真是吹牛不上税,狂想至极点,"人有多大胆,地就有多大产",其实质是典型的主观唯心主义。

再者,中国人太看重政治,具有强烈的政治情结,提到政治就兴奋,靠近政治就愉悦,企业里面玩政治,人生目标搞政治;经商只是为当官做准备——属中国传统价值观"当官才能光宗耀祖"的新时代折射。然而经验证明,政治是把双刃剑,一个优秀的企业家可以懂政治、学政治,但不可玩政治。同时他们又十分看重权力,太看准做"老大",家族制企业的成员中每个人都想当董事长、总经理,都想有拍板签字,发号施令的权力,指手画脚,甚至颐指气使。每个家族成员都不愿委曲求全,礼贤下士,"屈身下嫁"为别人服务。这种权力情结与"鸡头文化"相结合的顽症始终是民企发展的绊脚石。

2. 近视症：胸中无数　不讲战略

许多民营企业成长经历证明：一个不成熟的市场，利用经济体制转轨过程中的机会，去完成创业期的资本原始积累并不难，而最难能可贵的是可持续发展与长盛不衰。企业要经营，战略必先行。没有战略的企业就像断了线的风筝，没有战略的企业家头脑就像没有蜡烛的灯笼。许多民企缺乏战略意识，珠海"巨人"的坍塌、郑州"亚细亚"的沉浮，沈阳"飞龙"的反思，都说明单凭胆量和运气去运作企业迟早要栽跟头的。这些企业家的失误的症结在于"三盲"：一是"盲目"，战略目标不清，好高骛远，超越实际，盲动主义，甚至浮夸成风，好大喜功，同时，四处招兵买马，动辄搞跨越式发展，超常规跃进，1000万的资金要盖70层的高楼；10岁的公司提出5年赶超世界500强的目标；30万身价的老板幻想着激动人心的远景，小项目不愿做大项目做不了……人性的弱点放在民企身上，其结局就更显悲壮。二是"盲从"，一听说什么赚钱就一哄而上，又一哄而散。赶时尚，追潮流，今天做食品加工，明天做酒店连锁，后天做网络科技，大后天做文化传媒。总之什么高端、时髦搞什么，感觉越来越好，利润越来越少。这山望见那山高，熬红双眼操碎心，折腾来折腾去，元气大伤。什么赚钱就干什么，到头来什么都干不成。三是"盲打"，心中无数，不讲战略，四面出击，急于求成，主意太多，朝令夕改。看人头头是道，看己昏头昏脑。从来没有看清自己在行业中领先的关键因素，一段成功史，满脑糊涂账，因此从来没有清晰的战略规划。归根结底这些"三盲"企业家在战略决策上患了严重的"近视症"，很多民企老板不顾长远利益，没有战略眼光，他们把追求自身的眼前利益放在了价值取向的首位，片面追求利润，把现实的利润当成企业惟一重要的事情，不注重长期战略；一味压缩企业成本、降低员工待遇；忽视科研，不投入或少投入研发经费，甚至竭泽而渔，把许多民企拉下水。

河南"红高粱"快餐连锁有限公司，以羊肉烩面叫板麦当劳，乔赢对麦当劳的模仿还是创造了短时期的奇迹。1995年4月15日，在大洋彼岸的麦当劳建店40周年之时，"红高粱"快餐在郑州"二七广场"初次亮相，日营业额迅速从2000元突破了万元大关。随后以44万元资金起家的7家分店仅用了8个月的时间就滚动到了500万元。有人慨叹，"红高粱"造势的效率要比央视标王高出几万倍。"红高粱"这个曾打算于2000年在世界各地开2万家连锁店，与麦当劳一决高下的中式快餐店美梦难成，转瞬间灰飞烟灭。

3. 急躁症：决策急躁　管理粗放

孙子兵法曰："兵者，国之大事也，死生之地，存亡之道，不可不察"。战略决策事关企业生死存亡，真可谓"一着不慎，满盘皆输"，花钱容易挣钱难，一夜回到改革前。"三拍"式的决策葬送了不少民营企业，也葬送了不少民营企业家。太阳神在最初几年的迅速崛起时使自己积累了大量的资金，财富的急剧膨胀鼓动起决策者的盲目扩张的欲望。从1993年开始，太阳神一年内就向石油、房地产、计算机、酒店业等20多个项目投资3.4亿元，可惜隔行如隔山，结果是20多个项目无一获利，3.4亿元的投资几乎全部打了水漂。

1998年投资经营"太阳神足球俱乐部"，结果3年下来又赔了4000多万元，致使公司的财务状况进一步捉襟见肘，入不敷出。

还有许多民企具有投资极端主义。三月前兴奋地投下钱来，三月后沮丧地要抽身离去，前脚踩油门，后脚踩刹车，企业振荡，目标变幻，无所适从。有许多长期项目是决策大跃进，投资无底洞，工程马拉松。尤其在企业发展的关键时期，都要强调做强做大，经常处在一种急躁冒进，焦虑和不平衡的心态之中，从而导致了决策的盲目性。片面决策有之，危险决策有之,错误决策亦有之,后悔决策更有之。与此同时的并发症是管理粗放,经营不善,漏洞百出。飞龙总裁姜伟视察22家子公司,发现1994年广告费预算1.2亿元,实际支出1.7亿元;一名业务员缺钱花,两天报了100多件破损;哈尔滨7名客户承认欠款400万元,而分公司账目反映的只有几十万;总裁姜伟打过这样一个比方:"飞龙好比一个大球场,每个员工都是球员,裁判权力很大。于是两眼盯着裁判,趁他一不留神,就按自己的意图乱踢一气。"财大气粗的三株有300多家子公司,12000多家办事处,70000多个工作站,15万职工,机构重叠,人浮于事,层层官僚,层层造假。"贪污和浪费是极大的犯罪!"这话总裁天天讲,月月讲,而贪污和浪费的事天天有,月月有。后来审计发现,1995年3亿元广告费,有1亿属于完全无效,并查出违规金额1378万,一些人把花巨资印好的宣传品当废纸卖掉。一位企业家用"十天十地"来形容三株后期:"声势惊天动地,广告铺天盖地,分公司漫天漫地,市场昏天黑地,经理花天酒地,资金哭天喊地,经济缺天少地,职工怨天怨地,垮台同行欢天喜地,还市场蓝天绿地。"

4.多动症:多元扩张　财力分散

这表现在许多民企过早地进入多元化经营,即多元化经营时机不当,在未具基本条件的情况下进入目标行业。许多民营企业集团都把不相关多元经营当做自己的基本战略,不仅追求"科、工、技、金、房"一体化,而且还讲"产、供、销、农、工、商"一条龙发展,甚至涉足几十个不同行业,精力财力分散,欲速则不达。1995年6月,胡志标筹集80万元资金在中山市东升镇成立爱多公司,他看上了VCD项目,投产后1996年产值达到2亿元;1997年就猛蹿至16亿元。1997年底胡志标以2.1亿的标价成为CCTV98标王。1998年开始爱多着手实施多元化战略,通过采用事业部制,"爱多"一口气搞了六个子公司,以不同的产品划分,"爱多"摇身一变,成为"爱多集团"。1998年电话机项目正式上马,并宣布进入数码电视音响等领域。到1999年问题日趋明显,3月1日15秒的形象广告也在央视停播,由于"爱多"、"贪多"末代标王的皇冠终于坠地。多元化搞好了是馅饼,搞不好就是陷阱。盲目多元化,必然是陷阱重重。由于分散的资源配置方式,使企业资源财源紧张甚至严重不足,导致每个意欲发展的领域都难以得到充足的资源与资金的支持,从而难以形成规模经济和竞争优势。还更有甚者,一旦陷入资源或资金危机,使其众多经营项目需要的投入难以为继,供血不足,恶性循环。原规避经营风险的策略——"东方不亮西方亮,黑了南方有北方"反而变成了"东西南北全不亮",一片漆黑,企业陷入"多元化陷阱",欲生不成,欲死不行,两难选择,后果不堪设想。

5.盲信症:个人崇拜　迷信盛行

老子曰:道生一,一生二,二生三,三生万物,自然界的万事万物不都是起源于无吗?从零到无限就是一个十分诱人的过程,把握这一过程的脉动规律,无疑是件激动人心的事。许多民企老板白手起家,凭胆量和运气掘到了第一桶金,个人威信也逐步树立起来了,下属员工开始由"不信"到"迷信"再到"盲信"。在上新的项目时或决策时,主要表现在过度的自信"别人行,我也行"。"白手起家我都能创业成功,还有什么事我能干不好呢?""我们要干不成,谁能干成。"再加前后左右的职工或朋友见机行事,相互奉承,个人崇拜,迷信盛行。人人三呼万岁,事事溜须拍马,恭顺者提拔,意见者遭殃,"我的地盘我做主"。企业管理采用家长制的领导方式:一是决策独断,家长意志;二是恣意专行,唯我独尊;三是目无下属,作风霸道;四是文过饰非,推卸责任;五是为所欲为,排斥异己;六是深居简出,脱离下情。有些民企领导把那些平平庸庸,唯唯诺诺,会拍胸脯,但无点墨,言听计从只会围着自己转,没有一点开拓精神的人视为可靠对象,加以重用。这些人善于搞"三从四得":一从过去,轻车熟路;二从条件,不畏风险;三从上级,不担责任;四得:一得省心省事;二得稳妥可靠;三得中庸平和;四得领导欢心,量自身之心力,讨上司之欢心。对上阿谀奉承,吹吹拍拍;对下装腔作势,借以吓人。早请示晚汇报,看上去是至忠至诚,实际上是迷信盛行,害己害人。企业群体智慧和积极性难以发挥,使企业的各阶层都会出现人才危机,经营业绩滑坡,甚至发生巨额亏损,民企短命就会成为必然。

6. 唯亲症:任人唯亲　圈内圈外

古人云:"政以得贤为本,为政之本在于任贤。"民企领导者要任人唯贤,不能搞任人唯亲。然而,现在一些家族制企业进行选拔人才,说是"公开、公平、公正"面向社会,其实大部分是内招。即使个别招聘进去的也让你不好受,难以重用。结果是唯亲是举,任人唯亲。"亲朋老友是亲,顺我之心是亲,护我之私是亲,助我攻他是亲"。以"我"为圆心,以"亲"为半径画圈,这圈又有内圈外圈,大圈小圈,圈内圈外之分别。小圈之内是"直系"、"嫡亲",大圈之内是"旁系"、"朋亲"。因为亲有远近,友有薄厚之分。对圈内人恩宠有加,对圈外人冷酷无情,来个"排排坐,吃果果,你一个,我一个。"内圈大,外圈小,圈内有,圈外无。搞"近亲繁殖",一句顺口溜讥笑道:"父子处,夫妻科,外甥打水舅舅喝,孙子开车爷爷坐,亲家办公桌对桌。"除血缘亲姻之外,还拉老乡、同事、同学、战友等关系,树山头、结朋党、搞裙带关系。使企业邪气上升,正气消失,职工士气低落,如同一盘散沙。企业缺乏凝聚力,丧失了战斗力。这也是群体犯罪,腐败现象滋生的温床。现在许多企业的经济犯罪案件就是案中案、连环案,一旦"东窗事发"就"拔出萝卜带出泥",糖葫芦,穿一串儿。更有甚者表现为个人英雄主义,在民企我是核心,我才是红花,大家都是绿叶;在一个圈子里,我才是中心,大家都是配角。否则向内就会"怒从心中起,恶向胆边生";向外就会"全无兴趣,恕不奉陪",其后果是人才越来越难留,企业越来越难做,圈子越扯越多,路子也越走越窄。

7. 早衰症:市场炒作　品牌夭折

恒星企业注重一点一滴培育市场,逐步赢得信誉,使企业的品牌在消费者心目中不断得到巩固和强化,即创造市场。品牌是市场的敲门砖、铺路石,一个好的名牌精品应该是:质量优良可靠,品种适销对路,市场久畅不衰,企业服务周到,而且家喻户晓,信誉卓著。然而中国流星民企太急功近利,市场运作只注重炒作,集中在钟情广告效应,地毯式轰炸。广告只是培育品牌的一个表层因素,其结果是品牌的知名度提高了而寿命缩短了,品牌待有广告出,各领风骚两三年。要想提升品牌的耐久力,仅靠概念炒作是不行的。因为品牌的重要内涵是美誉度和消费者的忠诚度,这需要靠企业内部各环节的规范运营和各部门优质服务来支撑和培育,更需要民营企业家的韧性、悟性、理性与学识、胆识、见识。因为知识的增长,能力的蓄积,品牌的打造,文化的领会是组织中积累性学识的沉淀。然而,一些民企把广告作为品牌成长的催化剂,依赖单一的广告投入促使品牌的快速成长,广告投入大大超出企业的承受能力,通过巨额的广告投入来赌市场。结果是巨额广告投入后,企业并未取得预期的市场销量,造成企业入不敷出;或是在品牌成长的初期,靠广告投入取得了一定的市场效果,有时销售效果还会非常明显,这又会给企业造成错觉,并简单地推断广告投入会与销售量的增长呈现正比例关系,进一步加大广告的投入。这时广告对品牌开始产生负面影响,产品销售量反而下降,企业面临巨大的财务风险,最终拖垮企业,比较典型的如秦池、爱多等。盲目追求标王的媒体聚光效应,而最终导致惨败。企业一旦出事,全国媒体纷纷口诛笔伐,从而让企业的信任危机愈演愈烈,导致企业猝死,品牌夭折。

8. 缺钙症:文化乏力　理念苍白

知识是力量,经济是颜面,人才是关键,文化是灵魂。成功的企业背后必然有卓越的文化力。没有强大的企业文化,即价值观和哲学信仰,再高明的经营战略也无法成功。企业文化是企业生存的前提,发展的动力,行为的准则,成功的核心。好的企业文化是企业的根,职工的心,文化建设是民企成长的重要保证。由企业文化形成的核心价值观是企业做强、做实、做大的基础,万丈高楼平地起,夯实基础出效益。

然而,许多流星民企的共性问题是文化荒漠乏力、理念苍白无魂,就像人体缺钙一样,腰酸背痛,四肢无力,前进困难。有些民企只注重物质发展而不重视企业精神的培育,致使民企在认识上难以形成共同一致的战略愿景;在组织上难形成富有合作精神的团队群体;在行动上难以形成雷厉风行的执行合力。企业规模一大,人心涣散,很容易哗变和分化,各有各的嫡系部队,组织和部门全靠亲姻血缘和江湖义气维持,企业很难生存更谈不上发展了,民企短命现象在所难免。民企在经营理念上本应该体现着企业文化的差异,企业理念的识别和设计,要把突出企业的个性放在首位,体现本企业在经营宗旨,经营方针和价值观上的独特风格和鲜明个性。然而,缺乏个性的理念识别设计,“多企一理”,这正是中国企业的通病,民企也不例外。效仿别人,人云亦云,诸如“团结、拼搏、开拓、进取”之类。结果是理念公式化、大众化、定性化、雷同化。如三株集团、巨人集团面对成千上万的销售大军,只在收入提成上做文章,只注重物质激励,主要利用利益机制调节员工行为,忽视精神激励。只追求有形利益,换句话说就是只追求看得见的投入和产出,绝对的功利主义、实用主义和利润至上心态,有时候令企业丧失的不仅仅是形象,还包括企业的安全、长远的生命力等等。在组织上,必然导致散兵游泳式的乌合之众。有道是天时不如地利,地利不如人和。企业一时的亏损并不可怕,最可怕的是职工感情亏损,一旦职工对企业失去了信心和热情,这个企业是绝对没有希望的。试想在一个“窝里斗”的家族制企业里工作,人际关系紧张,人心难测,无所适从。甚至让人提心吊胆,不是人琢磨工作而是工作折磨人,企业缺乏凝聚力,必然毫无竞争力。一旦职工士气低落,就会涣散如沙,丧失战斗力。诸如上班混日子,出勤磨洋工的惰性文化;讲空话、讲大话、讲假话、走形式,轻实效的浮夸文化;摆阔气,讲排场,吃喝挥霍的奢侈文化;任人唯亲,拉帮结伙的宗派文化和“圈子文化”等等,必然会压抑能人,埋没人才,更留不住人才。“以人为本”也只能成“叶公好龙”而已,使民企人才结构变得年龄老化,头脑僵化,没有文化,还不听话,爱传闲话。这都是民企文化乏力,理念苍白的表现,也是致命弱点,甚至是不治之症。这也是民企“恒星”变“流星”,生命周期短暂的奥秘之所在。

总之,成功的民企是相似的,失败的民企各有各的不幸。上述八种病症是流星民企的通病。实际上,流星民企还有诸多疑难杂症,有待于进一步的诊治,揭示病症是为了引起患者治疗的注意。民企病症是由多方面因素造成的。但外因是变化的导火索,内因是变化的根据,外因通过内因才能起作用。从民企自身来说要内强素质,外塑形象,提高自身肌体的免疫力,最好的方略是预防为主,有病早治,防治结合,没病防病乃胜者胜也。作为民营企业家来说,更应该学真知,练内功,长才干,勤于思,慎于言,敏于行,掌握好统御之道,驾驭好民企的命运之舵,才能直挂云帆济沧海。此外,社会各界要广泛关注民企的疾苦,多给民营企业家一些人文关怀,为民企的发展创造宽松的政策条件与和谐的外部环境。“沉舟侧畔千帆过，病树前头万木春"。我们相信"流星雨"过后民企将会出现群星灿烂，恒星满天的新景观。民企也将会生生不息，恒亘千古，为社会财富天体注入新的生机与活力，数风流民企还看今朝。

（资料来源：张国良：《企业家天地》2006年第2期）

第三章

市场营销战略策划 ≫ ≫ ≫ ≫

【学习目标】

市场营销战略的含义、基本内容、原则以及策划的步骤；

市场细分、目标市场和市场定位的策划；

市场竞争的战略、企业形象战略和顾客满意战略策划。

【引导案例】 伊利战略营销策划"五步曲"

"赢得竞争优势，夺取领先地位，获得更大效益"，已成为伊利创业战略的新景观。内蒙古伊利集团 20 多年前还是利税仅 4.7 万元的街道小厂，而今已发展成为资产总额 20 多亿元，员工达一万余人的大型乳品生产创业企业。地处经济较为落后、信息较为闭塞的内蒙古地区，面对国内外诸多强势同行品牌在市场上的拼斗厮杀，伊利集团硬是越战越勇，已入围中国创业企业 500 强，并被评为中国驰名商标。伊利集团作为全国首家奶业上市公司（1996年上市），拥有近百条生产线，设备系世界一流。三大类产品液态奶、冰淇淋、奶粉，其中：液态奶、冰淇淋产量均为全国第一，奶粉产量全国第三。2002 年销售收入 40 多亿元，2004 年销售收入 80 多亿元，2005 年销售收入 120 多亿元，已成为名副其实的乳业龙头。伊利也被外界称为"北方的狼"。内蒙古伊利集团采用集中化战略，提升核心竞争能力，通过品牌经营、资本运作、科技创新、资源整合及先进的管理理念成功地将自己的资源优势转化为经济优势，在中国乳业中开创了一个全新的"伊利概念"，但伊利还有更长更远的目标，那就是让"中国伊利"进入国际市场去锻造。其创业发展历程可概括为伊利战略营销策划"五步曲"。

第一步：市场渗透法。十几年前"海拉尔"雪糕走俏东北市场，而当时的伊利还是一个刚刚起步的小型创业企业。主要生产一些具有民族特色的乳制品。为发展壮大自己的实力，当时他们根据有关规定及时从海拉尔乳品厂有偿引进吸收、优化配方，很快推出了"海拉尔伊利"雪糕，并迅速占领了呼市市场。并在主要街道墙上写着朴实无华的广告："伊利就是伊利，什么也无法代替"，逐步提高产品和创业企业的知名度。后来随着市场营销范围的逐渐扩大，雪糕包装纸上面"海拉尔"字样越来越小，而"伊利"两字越来越大，而且是红色的，后来逐渐将其取而代之。一支支雪糕就像一滴滴甘露，滋润着每个消费者的心田，又像毛毛细雨逐步渗透市场，润物无声。产品很快覆盖了呼和浩特市及其周边市场。

第二步：留有缺口法。西蒙曾经说过"管理的核心在经营，经营的核心在决策，决策的核心在创新"，创新就是创业，创新是创业企业的生命之源。1991 年、1992 年奶粉市场疲软，伊利人从蒙古族素有爱吃炒米、喝奶茶的饮食文化习惯中受到启发，率先开发出独具特色的

"伊利"牌奶茶粉,出乎意料的产品投放市场十分火爆,成了紧俏商品。在这种情况下,伊利人没有如人们所想的那样开足马力生产,尽量满足需求。有人不解:"发财机会到了,何不敞开生产?"伊利人却采用逆向思维营销策划:"绝对不能,如果吃够了、喝腻了又就像奶粉一样谁还买?"这种"缺口型"营销战略的实施,使伊利奶茶粉畅销不衰,牢固占领了内蒙、西北、东北及南方部分省市的市场,而且产品价格处于坚挺上扬状态。

第三步:让利领先法。为了实现"过黄河、跨长江销遍全中国"战略营销方案,为使伊利系列产品尽快占领南方市场,走向全国各地。伊利在各地一些有代表性的中心城市,占领营销制高点,采用了让利于民,占领市场的营销策略。1994年秋,伊利公司以草原文化和昭君出塞典故为底蕴,以"昭君回故里,伊利送深情"为主题,将经济与文化融为一体,向武汉市中小学生及部分市民赠送了100万支伊利雪糕。不吃不知道,一吃忘不掉,一传十,十传百,百传万,使产品迅速占领了武汉及中南市场,实现了过黄河、跨长江的战略营销方案,并且为创业企业文化写下了精彩的一笔。

第四步:避实击虚法。自古兵家无人不晓,水趋下则顺,兵击虚则利。1995年以后伊利的目标市场是北京,对于全国众多的乳品生产厂家来说,北京市场是商家争雄之地,当时面对北京市场几家实力雄厚的合资创业企业,伊利人深感正面营销竞争的困难。然而为了使伊利系列冷冻食品尽快打入北京市场,他们经过调查和精心的策划,决定采取避实击虚的战略营销方案,侧翼进攻,迂回包围。针对合资创业企业产品价位高、档次高、消费群体有限的问题,避开消费水平高的闹市区,在三环路以外有意识地发展销售网点,产品定位以中低档的产品为主。"茅台酒的品位,二锅头的价格",经过不懈的努力使伊利的产品以"星星之火"燃起燎原之势,从三环以外的地区逐步打入了二环、一环,销遍了北京城,走"农村包围城市"的道路,取得了战略营销又一伟大胜利。

第五步,"核能"扩散法。"核能"是指创业企业的核心能力,它是创业企业宝贵的战略资源,是通向未来市场的大门。伊利把创业企业核心能力视作一个"核能源",通过其扩散作用,将能量不断扩展到最终产品上,从而为消费者层出不穷、源源不断地提供新产品。伊利集团经过周密策划,卧薪尝胆三年,瞄准世界水平,投资5亿多元,启动了核心创业企业的技术改造工程。他们引进了代表世界科技水平的丹麦海耶公司的冰淇淋生产线、德国GEA集团无菌奶加工设备和瑞典利乐公司超高温无菌奶包装线,建立了符合国际标准的产品质量控制体系和新产品研发中心等。截至2000年10月,这些技改项目的竣工投产,使伊利集团从根本上完成从劳动密集型向科技效益型的转变。

而后,伊利集团在战略营销策划上又顺势而上,凭借自身的技术、资金、体制、市场、人才和品牌优势,在国内大规模地整合乳业资源:登陆京津沪,扎根黑土地,继上海、呼伦贝尔草原的成功办厂实践后,2000年9月一座年加工6万吨酸奶的工厂在北京密云县投产;年加工3万吨冰淇淋的工厂在老牌工业城市天津登陆;11月,投资1.5亿元的液态奶加工厂在草原钢城包头动工,我国乳品行业经过50余年奋斗,终于铸就了行业的龙头。龙头的摇动,为行业及相关产业创造了20多万个就业岗位。从此以后,伊利一路高歌猛进,从呼和浩特走出自治区,走向全国,迈向国际市场。如今,集团的主营业务收入已居国内乳品行业之首。内蒙古伊利集团正携其美誉与实力演绎连台好戏:扎根黑土地,登陆津京沪,稳步构筑伊利中国大市场,全面打造"中国伊利"——中国乳业的航母。伊利液态奶更是在全国范围内呈全面挺进之势,2002年再创产值翻番的历史新高潮。2004年金秋,《中国创业企业竞争力报告 2004》正式发布,中国石化、中国联通等大型创业企业集团入围中国上市公司竞争力百强。伊利股份有限公司作为国内乳业龙头创业企业,三大主要系列产品——液态奶、冷饮和奶粉——销畅全国市场。历年经营业绩也充分表明,拥有"伊利"品牌作为中国驰名商标的伊利公司,主营收入增长率一直以 30％递增,且一直保持较好发展势头。伊利昂起中国乳业龙头,已经铸就"中国乳品第一品牌"。

　　通过对伊利战略发展轨迹分析,可以得到这样的启示:现代战略营销策划中,市场是水,产品是船,品牌是帆,营销是风,战略是舵。水可载舟亦覆舟,有风没帆船不动,有风破帆船难行,有船无舵没方向。大海航行靠舵手,舵手靠的是船上的舵,经营战略就是创业企业的命运之舵。市场经济的海洋潮涨潮落,变化频繁,顺流善变者生,逆流不善变者亡。市场风云,变幻莫测,强手如林,各显神通。创业企业要把握千变万化的市场行情,以变应变,先谋后战,精心策划,高效运作,才能在商海中劈风浪,明方向,绕暗礁,过险滩,迎风取势,直挂云帆济沧海,夺取最后的胜利。

　　(资料来源:张国良:《企业研究》2001 年第 6 期,入选本书时,作者又作了一些补充修改)

　　思考与讨论:

　　1.伊利战略营销"五步曲"给我们的战略启示是什么?

　　2.市场营销策划对于企业来说起着关键性的作用。请围绕市场营销策划对与企业的重要性展开讨论,并思考企业在进行市场营销策划时,应该注意哪些要素。

【本章导读】

　　著名的市场营销学专家科特勒教授给市场营销战略的定义是:营销战略是业务单位期望达到它的各种营销目标的营销逻辑。营销战略的核心是把消费者的需求转化为企业的赢利机会。如何实现这一转化,则需要企业设定正确的营销目标,选择正确的营销战略措施,并通过营销战略管理过程来实现营销战略目标。实际上,这就是营销战略的谋划和实施过程。

【诗语导读】

战略营销是核心

策划程序必遵循

风险意识多树立

盲目乐观生陷阱

居安思危须谨慎

权衡利弊要认真

失落机会无处寻

顺势而断头绪清

第一节　市场营销战略策划概述

一、市场营销战略的含义

市场营销战略,顾名思义,是把营销和战略二者紧密结合起来。世界著名的营销学专家科特勒教授给营销战略下了这样一个定义:营销战略是由在预期的环境和竞争条件下的企业营销支出,营销组合和营销分配等决策所构成。我们可以这样来理解科特勒教授这段话:营销战略首先要确定一个营销战略目标,根据这个目标来决定合理的营销预算,有效地分派各种营销资源以安排各种营销活动,以此来达到营销目标的过程。

营销战略目标是营销战略的目的与任务。营销战略措施是实现营销战略目标的方法与手段。而企业的营销战略目标包括企业营销目标和顾客选择目标,只有把这两个目标统一起来才能实现企业的营销战略目标。能够统一这两个目标的途径是产品和服务。营销学的核心是"以消费者的需求为核心",所以营销战略的核心就是把消费者的需求转化为企业的赢利机会。企业只有研究和分析消费者的需求(包括潜在需求),根据需求生产出产品以满足消费者,才能使顾客选择目标和企业营销目标达成一致,从而实现企业的营销战略目标。因此,营销战略包括分析和研究消费者的需求;选择目标市场并设定企业的经营目标;生产出能够满足市场选择目标和企业经营目标的产品和服务;以最适当的方式、最强有力的宣传最大力地推介给消费者。

二、营销战略策划的基本内容

企业营销战略是企业的一种职能战略,它一方面通过营销职能贯彻企业的总体战略,另一方面通过具体的任务、目标、完成手段和控制方法,为企业营销人员以及其他相关人员提供行动的指南。营销战略策划包括以下几方面的内容:

第一,设定正确的企业营销战略目标。比如企业一定时期要达到的品牌知名度、市场占有率、市场覆盖率、销售额、利润额以及销售额和利润额的增长。

第二,选择正确的营销战略措施,确定营销活动的战略重点。比如目标市场、市场定位、营销卖点、竞争战略、企业形象战略以及顾客满意战略等。

第三,通过营销计划管理实现企业的营销战略目标。

这里需要特别注意的是,企业营销战略策划与企业营销战术策划并不能截然分开。在企业进行营销战略策划时,不能不考虑营销战术方面的内容。因为只有营销战术支持的战略才是可以实现的。二者的区别仅仅在于侧重点的不同。当一项营销策划的重点在于确定企业的营销目标与营销原则时,是营销战略策划。当一项营销策划的重点在于如何高效率地实现企业已经确定好的营销目标时,是营销战术策划。营销战略策划解决的是效力问题,而营销战术策划解决的是效率问题。

三、制定营销战略的原则

1.目标明确的原则

企业战略的目标一定要明确,这才能给执行目标的人以方向感,并且为营销战略执行的评估提供标准和依据。

2.统一原则

企业只有在统一的目标下才能统一行动,统筹策划,部门、分支机构间协调一致,发挥"整体大于部分之和"的作用。

3.创新的原则

出奇制胜,不走老路,在竞争者没有准备的情况下打出奇牌,往往会收到意想不到的效果。安农奈姆斯曾经说过:"有三种类型的公司:其一为事情发生者;其二为观望事情发生者;其三为惊讶于已发生事情者。"我们应该力图做"使事情发生的公司"。

4.机动应变的原则

市场是不断变化的,营销战略也要随着市场的变化而变化。选择正确的时机,采取机动、灵活的战术是极为必要的。

企业营销战略的制定受多种因素的影响,其核心的影响因素是目标顾客。企业要根据目标顾客的需求来制定营销战略,影响企业营销战略的客观因素包括供应商、中间商、竞争者和公众。企业身处这种营销环境中既受环境的影响,又可以通过自身行为去影响环境。影响企业营销战略的宏观因素包括人口因素、经济因素、自然因素、技术因素、政治因素、法律因素和社会文化等因素。这些宏观因素对企业来说是不可控因素,它既能给企业的发展提供机会,又能给企业造成威胁,影响企业的生死存亡、发展壮大。因此,企业营销战略的制定者应该熟悉这些因素,趋利避害,以保证营销战略目标顺利实现。

⇨【小案例 3-1】

林昌横的"量力而营"术

林昌横是一位华侨企业家。1958 年到巴黎继承父业,经过 20 多年的苦心经营,他把一个当时只有 6 名工人的小厂发展成为现今法国第二大皮件厂,产品不仅畅销法国,而且还远销德国、瑞士、以色列、非洲等地。林昌横生财有道,他制定产品销售价格的秘诀是,先算算顾客能从口袋里拿出多少钱,然后决定采取何种产品定价策略。他认为,中低档商品定价过高,顾客不敢问津,高中档产品定价过低,顾客反而认为质次也不愿意买。例如,他生产的皮带,就是根据法国人的高、中、低收入定价的。低档货适合低收入者的需要,就要 50 法郎上下,用料是普通牛、羊皮,这部分人较多,就多生产些。高档货适合高收入者的需要,就在 600 至 800 法郎范围内,用料贵重,有鳄皮、蟒皮,但是,这部分人较少,就少生产些。有些独家经营的贵重商品,定价就不封顶,因为有钱的人,只要他喜欢,价格再高他也会购买。中等货就定在 200 至 300 法郎上下。这样做,既扩大了市场,又能得到较多的盈利。

(资料来源:市场营销策划案例经典大全,www.lodoeshop.com)

［试析］

用市场细分原理分析林昌横经营取得成功的原因是什么？

［分析］

从市场细分策略原理分析林昌横经营取得成功的原因大致有两点：

1. 进行市场细分。市场细分就是根据消费者明显的不同特性，把市场分割为两个或更多的消费者群的过程。每一个消费者就是一个分市场，各个分市场都是由需要与愿望相同的消费者组成的。市场细分是企业经营的基础，细分标准有地理因素、社会经济因素、心理因素和购买行为因素。林昌横是根据社会经济标准中"收入"情况来细分市场，灵活经营的。他把消费者以收入不同划分三类，即高档需求、中档需求和低档需求，每一类就定为一个分市场，然后采用相应的产品价格策略来满足他们。

2. 采用差异性目标市场策略。差异性目标市场策略就是按照不同市场的需要，设计不同的产品和运用不同的营销策略为分市场服务。林昌横把皮件分为三个分市场后，就把这三个分市场全部作为其目标市场，用不同质地的原材料，生产出该市场所需的皮件，并灵活定价，以占领各个分市场。

四、营销战略策划的步骤

营销战略策划的步骤主要有以下几步，见图 3-1。

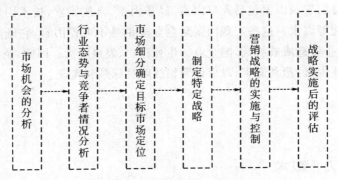

图 3-1　市场营销策划战略流程图

1. 市场机会的分析

企业应充分了解市场的现状与潜力，对市场进行正确客观的可行性分析。分析企业的内部因素和外部因素，以及这些因素给公司带来的机会与形成的威胁是什么。企业面对现实，客观地评价现有市场状况和企业自身状况。

2. 行业态势与竞争者情况分析

企业应了解整个行业达到一个什么样的水平，状况如何，企业在市场中处于什么样的位置，企业的竞争者有哪些，最主要的竞争对手是哪几个，公司现有的优势和劣势各是什么，竞争者的优势劣势各是什么？在确定的产品市场上，公司如何能获得长期的竞争优势？竞争者对环境的变化和公司的营销活动会做出什么样的反应？俗话说：知己知被，百战百胜。这第二步营销战略正是一个知己知彼的过程。

▷▶【小案例 3-2】

West 与 Purcd 的营销战略

有这样一个成功的管销案例充分说明了知己知彼的重要性。日本一家罐装咖啡企业生产一种叫做 West 的罐装咖啡,销路不畅,市场占有率排在第八位。该企业经过对市场占有率较高企业的分析,把排在第三位的 Purcd 牌罐装咖啡作为自己的竞争对手,详细分析了 Purcd 畅销的原因:首先 Purcd 的商标做得很鲜明,在自动售货机上有大大的鲜红的字音"P",代表了企业的形象,给人留下深刻的印象;其次,Purcd 咖啡有两种不同味道,一种偏甜一些,一种偏苦一些,能满足不同消费者的需要;再次,Purcd 的包装很吸引人,有醒目的商品名称,上面还有一个人的头像,这种包装吸引了不少罐装咖啡的消费者,给他们留下了很深刻的印象,他们甚至能随手画出该包装。而这三点恰恰是 West 公司做得不好的地方。针对这些情况,West 公司首先对产品换了包装,上面的图案是一个叼着烟斗的男人的头像。同时,还在口味上作了调整,并选择了新的模特(一位深受日本男人喜爱的女明星)作了电视广告,还围绕该产品推出了一系列的消费者参与性很强的营销活动。一年半之后,West 公司的市场占有率终于超过 Purcd 公司,成为日本罐装咖啡销量第三的企业。这个案例生动地说明熟知竞争对手的情况在营销战略中是非常重要的。

(资料来源:市场营销策划案例经典大全,www.lodoeshop.com)

3.市场细分,确定目标市场并定位

消费者的需求是存在差异的,并且这种差距日益增强。而企业的资源相对有限,不能满足全面的需求,这就使市场细分成为必要。市场细分是按照消费者需求的差异性把某一产品的整体市场划分为若干个子市场的过程。每个子市场都是由一群具有相同或相似的需求与欲望,购买习惯的消费者组成,属于不同子市场的消费者之间具有明显的差别。企业在细分市场前提下选择企业要进入的市场即目标市场,企业进而分析该目标市场消费需求,根据这一需求和企业自身特点,为企业产品设计和塑造一定的个性形象,并通过系列营销努力把这种个性或形象力传达给顾客,从而在市场上定位。

4.根据特定的市场状况制定战略

为特定的产品市场组合制定市场营销战略计划,制定具体的可操作的方案。当需求和竞争状况发生变化时,营销战略也随之调整。

5.实施和控制

要按营销战略计划组织企业有关部门去实施,在实施过程中对出现问题进行解决,使行动不偏离计划。

6.评估

对实施结果进行评估,看看是否达到营销战略目标。

第二节　市场营销战略的策划与制定

由于市场营销战略策划是对未来较长时期内市场营销活动的谋划,同时又关系到企业的全局和存亡,因此,企业市场营销战略的制定是企业高层领导普遍认为最重要也最为困难的事情。市场营销战略的策划和制定,一般可分为三个阶段,即调查分析阶段、战略制定阶段及实施评价阶段。

一、战略环境及内部条件分析

这是谋划与制定市场营销战略的前提。具体包括:

1. 战略环境分析

对宏观环境因素和产业环境因素的分析。宏观环境分析是对可能影响环境制定与实施的政治因素、经济因素、技术因素、社会因素和资源因素的状况及其变动趋势作出分析。产业环境分析是对市场因素和产业因素的分析。

2. 产品状况分析

本企业产品的性能、质量、价格、信誉、服务等基本情况及其消费者、用户的反映;本企业产品的竞争能力及其所处的生命周期阶段;本企业老产品改进和新产品开发情况等。

3. 市场竞争分析

主要分析竞争对手的情况及其所采取的竞争行为,进而找出本企业的优势和劣势以便扬长避短或取长补短。

4. 企业营销能力分析

本企业的市场占有率、销售增长率、销售渠道的选择、广告宣传现状以及营销人员素质情况等。

二、市场营销战略的制定

市场营销战略制定主要包括以下几个方面。

1. 确定市场营销战略目标

在对企业战略环境和内部条件分析的基础上,按照企业的市场营销战略思想及其战略方针,制定出一定时期应达到的总体营销战略目标,具体包括市场开拓目标、利润目标销售增长率目标和市场占有率目标等。企业的总体战略目标,还必须按照战略阶段的划分明确阶段性目标,以保证战略目标的分阶段实施和最终实现。

确定战略目标是制定市场营销战略的重要环节,因此应注意以下几个问题:

一是要使目标既具有先进性又具有可行性。战略目标应有所超越,使之具有吸引力和号召力,以振奋员工精神。如果目标定得较低,将失去战略目标的指导意义。反之,战略目标又必须切实可行,不能超越企业内部条件和外部环境因素的限定。

二是要使战略目标明确、具体。市场营销战略目标规定着企业一定时期内市场营销活动的内容和任务,同时又是制定企业市场营销战略计划的依据和前提。因此,战略目标必须明确、具体,尽可能量化,避免空洞抽象和含糊不清。

三是要处理好多目标之间的关系。企业的市场营销战略目标,实际上是由多个单项目标构成的目标体系,其中的各单项目标应相互一致,否则将为战略方案的选择和战略实施计划的制定造成困难。方法是:首先,确定战略重点及其重点目标,并据此确定相关目标;其次,尽可能减少战略目标的数量,删除那些有可能造成互相矛盾的次要目标;再次,借助数学模型和手段,将战略目标体系进行综合平衡,对必须保留而又与主要目标有矛盾的次要目标,进行适当调整。

2.编制市场营销战略计划

战略计划是实现战略目标的具体安排,是战略目标及战略对策的展开。战略对策,即为实现战略目标所采取的重要措施和手段。战略目标还需要分解为阶段性目标,并采取相应的措施,确保取得阶段性成果。

3.进行战略方案的选择

不论战略目标、战略计划或战略对策,在其拟定过程中,都应有几套备选方案,然后综合各种因素,进行对比评价,选择最佳方案。即所谓的战略决策。

对备选方案的对比评价,一般从以下几个方面进行:

(1)战略方案是否符合宏观环境因素的变化与发展;

(2)战略方案是否适应企业目标市场的需要;

(3)战略方案是否只有资源条件;

(4)战略方案拟采取的技术手段是否可行;

(5)战略目标实现的概率有多大;

(6)战略对策是否符合企业的实际而切实可行;

(7)战略方案在未来实施过程中的风险有多大及相应的防范措施;等等。

三、市场营销战略的实施与评估

市场营销战略实施的过程,就是战略目标的落实、战略计划执行、战略对策运用的过程。战略方案一旦选定,就应着手战略方案的实施、监督、控制及调整。对战略实施结果的评估,主要是看是否达到了营销战略目标。

【小案例 3-3】

于无声处听惊雷

美国著名约翰逊黑人化妆品制造公司经理的约翰逊是以经营冷门产品起家的。约翰逊童年时家境不好,十几岁便到一家公司当推销员,后来,他通过对市场的预测,决定独立门户,创办一家黑人化妆品公司。

这时,美国黑人化妆品市场几乎是一片空白,即使有一些产品,也都是白人黑人通用的,而且美国黑人中懂得化妆或是有能力使用化妆品的人也寥寥无几。人们认为这一行业市场太小,没有发展前途,都不愿将资金投入这一冷门行业。

约翰逊通过调查研究和大量资料的分析之后,认为美国黑人的民权运动必然会高涨,种族歧视将会有所消除和有所改善,因此,黑人的经济状况不久就会好转,他们的民族自觉意识也会逐渐抬头。凡是白人能够使用和享受的东西,黑人也一定不甘落后,再无过去那种自卑感,黑人化妆品市场的繁荣一定会来到。所以他认为,开发经营黑人专用的产品,将会有大的发展,前途是无量的。

至于当时黑人对化妆不感兴趣,约翰逊认为,爱美是人的天性,黑人自然也不例外,只要能唤醒他们爱美的潜在意识,教会他们如何打扮自己,这一行业是有希望的。他还认为,做冷门生意,没有竞争对手,只要把全部精力用于开拓市场就行了,用不着担心别人来抢自己的生意。

约翰逊四处游说,东拼西借,筹集到了470元钱,他花了200元买了一部旧的搅拌机,又将剩余的资金采购了生产原料。这样,约翰逊这家小小的公司便开张了。

经过短短几年时间的努力,约翰逊黑人化妆品公司得到很大的发展。不久,在约翰逊预料之中的黑人民权运动的高潮来到了。产品极为畅销,他的公司迅速扩大,成为美国最大的黑人化妆品公司。

(资料来源:市场营销策划案例经典大全,www.lodoeshop.com)

[试析]

约翰逊经营化妆品成功的关键原因是什么?

[分析]

约翰逊经营化妆品成功的关键原因是选择了竞争不激烈的冷门产品。经营冷门产品最大的好处就是竞争者少,对于一个企业来说,这是最优越的条件。首先,你可以把全部精力放在产品的经营、市场的开拓上,不必为企业家最头痛的事——对付竞争而费神;其次,生产厂家可以控制产品售价,使利润稳定;第三,能使势力单薄的小厂很快出名。

第三节　营销战略分析及策划

营销战略策划的主要内容是策划人员通过了解现状,预测未来,寻求和评价市场机会,对机会所显现的市场进行细分,并对各个细分市场进行优选以决定目标市场,同时,制定市场定位战略,市场竞争战略和企业形象战略,顾客满意战略等。本节主要介绍营销战略的STP分析,也就是市场细分(market segmentation)、目标市场的选择(market targeting)和市场的定位(market positioning)。

一、市场细分

1.市场细分策划概述

(1)市场细分的概念。这是美国市场学家温德尔·史密斯(Wendell R. Smith)于20世纪50年代中期提出来的。所谓市场细分就是指按照消费者欲望与需求把一个总体市场(总体市场通常太大以致企业很难为之服务)划分成若干具有共同特征的子市场的过程。因此,分属于同一细分市场的消费者,他们的需要和欲望极为相似;分属于不同细分市场的消费者,对同一产品的需要和欲望存在着明显的差别。

　　在市场营销中,很少有一个产品能够同时满足所有客户的需要。既然只能满足一部分客户,那么针对整个市场的营销就是一种浪费。因此,公司必须知道哪些客户对自己是最有价值的,他们的具体需求是什么,如何才能接近他们。市场细分的目的就是从各个细分的消费群当中,辨认和确定目标市场。然后针对客户的特点采取独特的产品或市场营销战略,以求获得最佳效益。

　　(2)市场细分的意义。之所以要进行市场细分,就是因为企业运用市场细分会得到如下好处:

　　①对于市场决策者而言,进行市场细分的目的是针对每个购买者群体采取独特的产品或市场营销组合战略以求获得最佳效益。

　　②市场细分有利于企业发现最好的市场机会,提高市场占有率。

　　③市场细分还可以使企业用最少的经营费用取得最大的经营效益,提高营销资源的使用效率。

　　④市场细分使营销更加容易,对于一组消费者的需求,将会更加容易定义,尤其是他们具有许多共同特征时(例如,寻找相同的利益,具有相同的年龄、性别,等等)。

　　⑤细分市场还有利于掌握潜在市场的需求,不断开发新产品,开拓新市场。

　　(3)市场细分的原则。企业可根据单一因素,亦可根据多个因素对市场进行细分。选用的细分标准越多,相应的子市场也就越多,每一子市场的容量则相对较小。相反,选用的细分标准越小,子市场就越小,每一子市场的容量则相对较大。如何寻找合适的细分标准,对市场进行有效细分,在营销实践中并非易事。一般而言,成功、有效的市场细分应遵循以下基本原则:

　　①可衡量性。指细分的市场是可以识别和衡量的,亦即细分的市场不仅范围明确,而且对其容量大小也能大致做出判断。有些细分变量,如具有"依赖心理"的青年人,在实际中是很难测量的,以此为依据细分市场就不一定有意义。

　　②可进入性。指细分出来的市场应是企业营销活动能够抵达的,亦即是企业通过努力能够使产品进入并对顾客施加影响的市场。一方面,有关产品的信息能够通过一定媒体顺利传递给该市场的大多数消费者;另一方而,企业在一定时期内可能将产品通过一定的分销渠道运送到该市场。否则,该细分市场的价值就不大。比如,生产冰激凌的企业,如果将我国中西部农村作为一个细分市场,恐怕在一个较长时期内都难以进入。

　　③有效性。即细分出来的市场,其容量或规模要大到足以使企业获利。进行市场细分时,企业必须考虑细分市场上顾客的数量,以及他们的购买能力和购买产品的频率。如果细分市场的规模过小,市场容量太小,细分工作烦琐,成本耗费大,获利小,就不值得去细分。

　　④对营销策略反应的差异性。指各细分市场的消费者对同一市场营销组合方案会有差异性反应,或者说对营销组合方案的变动,不同细分市场会有不同的反应。如果不同细分市场顾客对产品需求差异不大,行为上的同质性远大于其异质性,此时.企业就不必费力对市场进行细分。另一方面,对于细分出来的市场,企业应当分别制定出独立的营销方案,如果无法制定出这样的方案,或其中某个细分市场对是否采用不同的营销方案不会有大的差异性反应,便不必进行市场细分。

　　市场细分策划的标准。消费者和厂商对某种产品的全部需求,包括潜在需求和有效需求构成市场细分中的总体市场。由于消费者和厂商组织的经济能力、区位分布、购买习惯和消费心理存在较大的差别,既各有各的偏好,又存在种种制约条件。因此,如果企业不加分辨,以相同的产品和营销策略,就不能有效地针对目标对象,不利于最大限度地发挥企业的营销能力。

▷【知识链接】

消费者市场细分依据表

细分标准	细分变量因素
地理环境	区域、地形、气候、城镇规模、交通运输条件、人口密度等。
人口状况	年龄、性别、家庭人口收入、职业、教育、文化水平、信仰等。
消费者心理	生活方式、社交、态度、自主能力、服从能力、成就感等。
购买行为	购买动机、购买状况、使用习惯、对市场营销的感受程度等。

2. 市场细分策划

(1)市场细分策划的程序

美国市场学家麦卡锡提出细分市场的一整套程序,这一程序包括七个步骤。

①选定产品市场范围。即确定进入什么行业,生产什么产品,产品市场范围应以顾客的需求,而不是产品本身特性来确定。

②列举潜在顾客的基本需求。比如,房地产公司可以通过调查,了解到潜在消费者对于企业的产品住宅房的基本需求。这些需求可能包括:安全、方便、宁静、庭园设计优美,室内结构合理、工程质量好等等。

③了解不同潜在用户的不同要求。对于列举出来的基本需求,不同顾客强调的侧重点可能会存在差异。比如,经济、安全是所有顾客共同强调的,但有的用户可能特别重视生活的方便。另外一类用户则对环境的安静、内部结构等有很高的要求。通过这种差异比较,不同的顾客群体即可初步被识别出来。

④抽掉潜在顾客的共同要求,而以特殊需求作为细分标准。上述所列购房的共同要求固然重要,但不能作为市场细分的基础。如经济、安全是每位用户的要求,就不能作为细分市场的标准,因而应该剔除。

⑤根据潜在顾客基本需求上的差异方面,将其划分为不同的群体或子市场,并赋予每一子市场一定的名称。例如,西方房地产公司常把购房的顾客分为年轻人、老年人、新婚者等多个子市场,并据此采用不同的营销策略。

⑥进一步分析每一细分市场需求与购买行为的特点,并分析其原因,以便在此基础上决定是否可以对这些细分出来的市场进行合并,或作进一步细分。

⑦预测每一细分市场的规模。即在调查基础上、预测每一细分市场的顾客数量、购买频率、平均每次的购买数量等,并对细分市场上产品竞争状况及发展趋势作出分析。

☞【小案例 3-4】

一家航空公司的市场细分

一家航空公司对从未乘过飞机的人很感兴趣（细分标准是顾客的体验），而从未乘过飞机的人可以细分为害怕飞机的人、对乘飞机无所谓的人及对乘飞机持否定态度的人（细分标准是消费能力）。在持否定态度的人中，又包括高收入有能力乘飞机的人（细分标准是消费能力）。于是，这家航空公司就把力量集中在开拓那些对乘飞机持否定态度，只是还没有乘过飞机的高收入群体。

（资料来源：胡善珍主编：《市场营销策划》，中国物资出版社 2005 年版）

（2）市场细分策划的方法。企业在进行市场细分时，可采用一项标准，即单一变量因素细分，也可采用多个变量因素组合或系列变量因素进行市场细分。下面介绍几种市场细分的方法。

①单一变量因素法。就是根据影响消费者需求的某一个重要因素进行市场细分。如服装企业，按年龄细分市场，可分为童装、少年装、青年装、中年装、中老年装、老年装或按气候的不同，可分为春装、夏装、秋装、冬装。

②多个变量因素组合法。就是根据影响消费者需求的两种或两种以上的因素进行市场细分，如生产锅炉的企业，主要根据企业规模的大小、用户的地理位置、产品的最终用途及潜在市场规模来细分市场。

③系列变量因素法。根据企业经营的特点并按照影响消费者需求的诸因素，由粗到细地进行市场细分，这种方法可使目标市场更加明确而具体，有利于企业更好地制定相应的市场营销策略。

（3）市场细分策划的评估标准。评价有效的市场细分，需要通过如下的特征来判定：

①市场细分必须有足够的量，以保证其有利可图。

②细分市场必须是可以识别的。具体表现为可以用数据来描述。

③细分市场必须是媒体能够接触到的。

④不同的细分市场对营销组合应该有不同的反应，否则就没必要去做区分。

⑤细分市场应该是具有合理的一致性，即其中的成员应该尽可能以相似的行为方式细分。

⑥其大小而言，各细分市场应该是稳定的。

⑦细分市场不应该主要被竞争者占领，以免我们的产品遭到失败。

二、目标市场

1.目标市场的含义

（1）概念。目标市场选择策划是企业选择某一部分市场作为营销对象的决策，即在市场细分的基础上选择一个或者多个细分市场作为目标市场的方案及其措施。

（2）目标市场模式选择。企业在对不同细分市场评估后，就必须对进入哪些市场和为多少个细分市场服务作出决策。企业可考虑可能的目标市场模式，一共可采用五种模式。

①密集单一市场。最简单的方式是公司选择一个细分市场集中营销。大众汽车公司集中经营小汽车市场;理查德.D·伊尔文公司集中经营经济商业教科书市场。公司通过密集营销,更加了解本细分市场的需要。并树立了特别的声誉,因此便可在该细分市场建立巩固的市场地位。另外,公司通过生产、销售和促销的专业化分工,也获得了许多经济效益:如果细分市场补缺得当,公司的投资便可获得高报酬;同时,密集市场营销比一般情况风险更大,个别细分市场可能出现不景气的情况。

②有选择的专门化。采用此法选择若干个细分市场,其中每个细分市场在客观上都有吸引力,并且符合公司的目标和资源,但在各细分市场之间可以很少有或者根本没有任何联系。关键是每个细分市场都有可能赢利,这种多细分市场目标优于单细分市场目标,因为这样可以分散企业的风险,即使某个细分市场失去吸引力,企业仍可继续在其他细分市场获取利润。

③产品专门化。用此法集中生产一种产品,企业向各类顾客销售这种产品。例如,显微镜生产商可为大学实验室、政府实验室和工商企业实验室销售显微镜。企业专门向不同的顾客群体销售不同种类的显微镜,而不去生产实验室可能需要的其他仪器。通过这种专门化战略,在其专业产品方面树立起很高的声誉,并获得市场。

④市场专门化。是指专门为满足某个顾客群体的各种需要而服务。例如,企业可为大学实验室提供一系列产品,包括显微镜、示波器、酒精灯、化学烧瓶等。企业专门为这个顾客群体服务,而获得良好的声誉,并成为这个顾客群体所需各种新产品的销售代理商。

⑤完全市场覆盖。是指企业想用各种产品满足各种顾客群体的需求。只有大企业才能采用完全市场覆盖战略,例如,国际商用机器公司(计算机市场)、通用汽车公司(汽车市场)和可口可乐公司(饮料市场)。

2.目标市场策划

(1)目标市场选择。企业根据产品或服务的细分市场的数量、状况、分布以及各细分市场的特征,选择一两个或若干个细分市场作为企业主要的营销对象,这就是目标市场选择,选择哪些细分市场作为目标市场,既要依据细分市场的容量,潜力和环境因素,更重要的是细分市场的状况是否能最大限度地发挥企业的优势和营销能力。针对目标市场,具体可选择下列三种不同的战略思路,见表 3-1。

表 3-1　三种目标市场营销战略的主要区别

类型	特征	优点	缺点	适用
无差异	不考虑市场细分,面对整个市场实施一套组合策略	规模效益,降低成本	忽视市场需求的差异	同质,规模效益明显的产品
差异性	针对不同子市场,实施不同组合策略	考虑市场需求差异	加大成本,抬高价格	实力雄厚的大企业
集中性	针对某一子市场实施组合策略	专业化经营,降低成本	市场单一,风险较大	资源力量有限的小企业

⏩【小案例 3-5】

"小说旅馆"生意兴隆

在美国,有一家名叫西尔维亚奇的小旅馆,共有 20 间客房,其布置和摆设都极为奇特。每个房间的设计都以世界一位著名作家为主题。旅客通过房间中的摆设联想到不同作家名作品的精辟句子和情节,从而引起一连串遐想。这家"小说旅馆"吸引了众多爱好读书的游客,生意十分兴隆。

(资料来源:市场营销策划案例经典大全,www.lodoeshop.com)

[试析]

"小说旅馆"生意兴隆的原因是什么?

[分析]

"小说旅馆"生意兴隆的原因是这个旅馆与其他旅馆相比独具特色。由此,不禁使人想到那句"特色是金"的俗语。消费者由于其社会地位、经济收入、个人爱好的不同,形成了不同的消费层次和消费特点。依据消费者各不相同的消费需求,开设具有鲜明特色的服务项目,在市场竞争中具有独特的魅力。那些适应市场规律,真正满足了某一消费群体需求的"特色店",大多是能取得成功的。

要搞出特色,必须进行认真的市场调查和分析研究,切实掌握消费者心理,了解消费者需求。"小说旅馆"之所以生意兴隆,无非是由于其独特的经营策略满足了那些爱好读书的游客而已。我国是一个人口众多的大国,人们的消费需求各不相同,这为经营者提供了无数的商业机会,经营者理应在经营特色上多一些招数。

(2)目标市场的切入策划

①目标市场的切入方式选择

新产业的切入方式:

第一,以技术优势挺进市场

第二,以企业原有声誉进入市场

第三,填补市场空白的方式进入市场

原有产业的切入方式:

第一,收购现有的的产品或者企业进入市场

第二,内部发展的方式进入市场

第三,与其他企业合作进入市场

②目标市场的切入方法选择

广告宣传法。通过精心策划推出广告,使目标市场上的顾客知晓企业,了解产品,激起购买欲望,促成购买行为。

产品试销法。通过产品小批量生产,试销,广泛征求用户反馈的意见和建议,为改进产品及经营提供依据。这种方式可减少企业经营的盲目性及降低由此带来的风险。

公共关系法。通过各种形式的公关活动如专项活动,开业庆典、赞助公益事业、策划新闻等赢得目标市场上公众的信赖和支持。

感情联络法。人是有感情的,在做购买决策时势必要受到感情因素的影响,为此,企业切入目标市场就着重以感情联络的方式加强与目标市场受众的联系与交流,以期获得他们的认同。

利益吸引法。在利益上给购买者以实惠是切入目标市场的有效方法。

权威人士推介法。切入某个目标市场可以巧妙地利用名人效应,达到进入市场的目的。

除上述方法外,推介会、展销会等都是切入市场之有效的方法。策划者要根据目标市场的特点、产品特征,市场态势及竞争状况,费用高低等加以选用。

③目标市场的切入时间选择

准备时间:包括产品设计、试销、批量生产、推销培训、建立销售渠道等等在内应花费的时间。

调整时间:当市场形式发生变化时,应及时调整切入的时间,考虑提前或推迟切入目标市场。

切入时机:对于季节性强的产品或者具有消费对象的产品,选择时机非常重要。

三、市场定位及市场定位策划

1. 市场定位概述

(1)概念

市场定位就是策划人员在市场细分的基础上确定目标市场,通过种种途径和手段,为企业的产品及形象确定一个合理的竞争位置,并且制定一套详细的方案和措施的过程。

(2)市场定位的作用

①创造差异。有利于增强企业的竞争能力,是营销战略策划的前提。

②是实现市场营销组合策划的基础。市场营销组合策划是企业占领目标市场,进行市场竞争的基本手段,是市场定位战略策划的具体战术。

③是整合市场传播策划的依据。整合市场传播策划的最大优势在于用多样化的传播或促销手段向目标市场传达同一诉求,实现各种传播资源的合理配置,从而以相对较低的投入产出较高的效益。

④有助于树立企业及其品牌形象。以市场定位为依据,以在顾客心目中创立企业、产品或品牌的特定形象为中心。这是一种十分有效的方案及措施。

(3)市场定位的原则。进行市场定位策划需要遵循以下三个基本原则:

①可入性原则。指在营销策划中的目标市场是可以进入的,否则它就不能成为本企业的目标市场。

②现实性原则。市场定位作出的细分市场必须是现实的、可操作的,而不能是仅仅从理论上分析存在的那种市场定位。

③价值性原则。市场定位所选择的目标市场必须有可开发的价值。由此要考虑三个问题:第一,企业能否从中获取利润;第二,是否具有相对的稳定性,使企业在占领该市场后相当一段时间内不需要改变目标;第三,是否适应企业扩大发展的要求。

⊞→【小案例 3-6】

把功夫下在"小处"

几年前,宁波一家军工厂效益不好,厂长组织几个人到上海滩找生路,他们在市区租下一家十几平方米的门面房。卖什么呢?经理夏奇民苦苦思索,有人建议卖彩电。夏奇民偶尔走过南京西路上一仅有3平方米的小小店,门口人头拥挤,生意兴隆。一打听,这家店从解放初期一直到今天,专卖小小的"女人头饰",品种达400多种,不仅养活了家里几代人,而且收益相当可观,老板还准备拿出钱来再开几家连锁店。受到启发,夏奇民决定:东企公司专卖小机子"沃尔曼"。

一时间,十几平方米的东企公司成了上海滩"沃克曼发烧友"心中的圣地,几年间,小小的机子一共卖掉了90多万台。在小机子上,东企公司做足了文章,他们分别在市百一店、华联商厦、大中华交电家电商店、上海文化用品商店等大店名店设立"东企信誉连锁专柜";在市中心繁华地段——大世界附近设特约维修点;给消费者"信誉卡",凭卡延长保修期并终身享受免费修理。就这样,东企成功了,在小小的沃克曼机上赢得了信誉,树立了形象,当然也赚到了相当可观的利润。全国各地一些名牌家电厂纷纷找到东企公司,要求东企作为厂家江、浙、沪三地的经销总代理。

(资料来源:市场营销策划案例经典大全,www.lodoeshop.com)

[试析]

东企公司运用了什么市场经营原理? 该策略运用成功给我们什么启示?

[分析]

东企公司在经营中运用了集中性目标市场策略(也叫密集型目标市场策略)。即在公司刚创办之时,由于财力、物力不足,只选择经营"沃克曼"小机子这一产品,也正是这一小小的产品使公司闯开了市场,扩大了实力。

东企公司起步阶段营销策略的成功给我们如下启示。一个小企业在起步阶段,一定要有特色,要从"小"字做起。新开张一家小商店,要让消费者一眼就能从几万几十万家商店中认出你,你就必须有自己区别于别家的不同之处。总体上看你很小,但如果抓住了某一件商品,在这件商品上用足功夫,那在这点上说你就很大。

2. 市场定位策划

(1)市场定位策划的内容

①产品定位:产品定位是在产品定位策划时确定产品各种属性的位置、档次。具体包括:对产品质量、功能、造型、体积、色彩和价格的定位。

②市场定位:市场定位是指确定产品进入的目标市场,具体包括:市场的地域、气候;消费者的性别、年龄、文化、层次、职业、个性等方面的定位。

③企业定位:企业定位是对产品定位和市场定位的强化,它通过企业在市场上塑造和树立良好的形象,形成企业的魅力,产生"马太效应",推动企业的整体营销活功。

(2)市场定位策划的途径

①产品创新:在产品的功能、质量、结构、外观和包装等方面,创造与其他产品的不同

之处。

同一产业内不同企业所生产的产品,虽然其用途是基本相同的,但各企业的产品在设计产品的结构、功能、包装等方面,完全可以通过不同的创新形成产品的差别化,从而赢得购买者的偏好。比如,改进质量、完善产品的使用功能,改进特性,在产品大小、重量或附加物等方面改变或增加某些属性,扩大产品的适用性;改进产品的款式和包装,增加产品的美感,这些做法都能吸引消费者的注意。

②服务创新:企业除了向购买者提供产品以外,还可以向买方提供信息、服务、维修以及信用资助等。

比如利用帮助安装、进行调试、使用指导、分期付款、良好的维修服务和质量承诺等服务手段实现产品差异化,使购买者产生对本企业产品的偏好,从而提高企业产品的市场占有率。在这方面,财力较弱、行动迅速、反应灵敏的中小企业,其创新空间更为广阔。

③信息传递:企业通过声音、文字、图像等媒介,利用各种传播手段,将有关的特征等信息传递到目标市场,使顾客感到本产品与其他产品的差异,从而在顾客心目中树立该产品与众不同的形象。

(3)市场定位策略

①针锋相对:又称竞争性定位策略,是指企业选择在目标市场上与现有竞争者相靠近或者重合的位置定位。

②填补空缺:又称避强定位策略,是指企业竭力避免与其他实力较强的企业直接竞争,而将自己的产品定位于另一市场区域内,使自己产品的某些属性与较强的对手有明显的区别。

③重新定位:企业对已经上市的产品实施再定位就是重新定位策略。采用这种策略的企业必须改变目标消费者对其原有的印象,使目标消费者对其建立新的认识。一般情况下,这种定位目的在于摆脱困境,使企业重新获得增长与活力。

(4)市场定位方法:根据定位方法与产品的相关程度,将定位方法分为内部相关和外部相关两种。

①内部相关:用途定位法、外观定位法、特色定位法、档次定位法、使用者定位法、情景定位法、文化定位法。

②外部相关:利益定位法、竞争定位法、感情定位法、比附定位法。

(5)市场定位策划的过程

①市场定位过程的思路

明确潜在的竞争优势

第一,分析目标市场的顾客需求。

第二,分析竞争企业已满足的目标市场的需求。

第三,分析本企业能够满足的目标市场的需求。

选择相对的竞争优势

显示独特的竞争优势

第一,创造产品的独特优势。

第二,创造服务的独特优势。

第三,创造人力资源的优势。

第四,创造形象的独特优势。

②市场定位策划步骤

一般来讲,企划者可以按如下步骤进行策划:

第一,分析目标市场的现状与特征。主要通过对目标市场的调查,了解目标市场上的竞争者提供何种产品给顾客、顾客实际需要什么产品。一般是将本企业产品与主要竞争对手的产品,按照消费者最感兴趣的两个主要特征画在坐标轴上,然后寻找坐标轴上有利的位置,以确定产品开发的方向和目标。最常用的两个变量是质量与价格。

第二,目标市场的初步定位。在分析目标市场上的消费需求及企业产品差异,确定有效差异的前提下,策划者就要权衡利弊,初步确定企业在目标市场上所处的位置。

第三,目标市场的定价。如果对目标市场的初步定位比较顺利,没有发生什么意外,说明这个定位是正确的,可以将其正式确定下来。但是有些时候初步定位也需要矫正,需对质量、包装、广告等方面的策略做相应的改变,这就是重新定位。例如,专为年轻人设计的某种款式的服装在老年消费者中也流行开来,该服装就应因此而重新定位。

总的来说,市场定位策划是企业在寻找市场营销机会,选定目标市场后,在目标消费者心目中树立某一特定位置及形象的行为方案和措施。

☞【案例分析】

丢下西瓜捡芝麻

山东省乐陵市的乐港五金制品有限公司的前身是一家木器厂。1990 年 7 月,有人给木器厂介绍了一个与港商合资生产中高档箱包的项目。但是厂长宋国强与港商洽谈两个月后,签订的项目合同不是生产箱包,而是生产为箱包配套的小五金。

缘何弃大取小? 原来宋厂长在考察时发现,国内箱包厂家已经很多,而为箱包配套的五金厂却很少,产品质量也不过关。这使得众多中高档箱包厂不得不花高价从台湾进配件。可见,箱包五金配件虽小,却是大有市场前途的。

果然不出宋厂长所料,经过五年多的努力,其产品不仅覆盖了国内市场,而且在整个东南亚市场中占到 80% 以上的份额。

"弃箱包之大,取箱包五金配件之小,不为空名,但逐实利。"这个企业的发展思路确实很值得我们借鉴。

(资料来源:市场营销策划案例经典大全,www.lodoeshop.com)

[试析]

宋国强弃大取小,并取得了巨大的成功,这对我们有什么启示?

[分析]

宋国强的经营行为对我们的启示如下:

一是要根据市场的需要选择产品。产品不在大小,关键要符合市场的需要,为市场所接纳。不适应市场需要的产品,即使再大也将遭到淘汰。

二是要集中力量攻透一点。在我们国家,目前大多数的企业实力还不是十分雄厚,这包括资金、技术、人才等各种生产要素。凭借这样的实力,想贪大求洋,一口吃个胖子,结果往往往是消化不良,半途而废。相反,集中有限的实力,攻击一个很小的方面,形成局部的优势,站稳脚跟后持续发展。这样看似错了,其实才是走向成功的正途。

三是要创出牌子,形成优势。东港的箱包五金虽是"小"产品,但是立足于创牌子、扩效应,覆盖了国内市场,还占领了东南亚市场80%以上的份额。这就形成了强大的名牌效应,使企业发展有了一个坚固的根基。正所谓"深根固本而治天下",这正是企业发展的不败之路。

⇨【策划人物链接】

牟其中——"飞天策划"

牟其中于1988年9月成立南德经济集团(简称南德),1992年牟其中自称资产高达20亿元人民币,被称为中国首富。2000年5月30日,武汉市中级人民法院一审判决南德及牟其中等犯有信用证诈骗罪,判处牟其中无期徒刑,并剥夺政治权利终身;2003年9月,牟被改判为有期徒刑18年。

牟其中的成名得益于他的"飞天计划"。1989年,牟其中得知正面临解体的苏联准备出售一批"图—154"飞机,但找不到买主。他觉得这是一个值得冒险的生意,但是南德既没有外贸权,也没有航空经营权,更没有足够的现金,要做成飞机贸易简直是天方夜谭。当时四川航空公司(简称川航)准备购买飞机,牟其中认为银行担心三角债和资金沉淀,不敢放贷;大量国营企业日用品积压仓库,变不成效益;而苏联飞机过剩却急缺日用轻工业产品。牟其中认为潜在的优势和潜在的需求分散如沙,能够把它们有机地串联在一起就能赢利。经过运作,牟其中的"飞天计划"成功了,1991年中期,南德、川航与苏联方面达成协议,中方用价值4亿元人民币的500车皮日用小商品换购四架苏制图—154飞机。这笔贸易经媒体报道后,牟其中顿时成为全国热点人物,他自称从中赚了8000万~1亿元,更让他对自己的"空手道理论"深信不疑。在后来的10年里,牟其中把它的策划思路称为"99°+1°"理论,并把这个理论一再地付诸行动。他策划了一大堆"宏大计划",其中包括:计划将喜马拉雅山炸开一个宽50公里,深2000多米的口子,把印度洋的暖湿气流引入中国干旱的西北地区,使之变成降雨区,这个故事后来成为某喜剧电影里的笑料。

通过整合资源的方式在流通环节中获取利益,是营销策划人和企业家常用的"点石成金"的手段。然而,如果不考虑这种策划的可行性,或者缺乏规范的资本工具和商业道德,这些经营活动便往往会显得荒唐,甚至会因触犯法律而受到制裁。

(资料来源:孟韬、毕克贵:《营销策划》,机械工业出版社2012年版)

⇨【本章小结】

营销战略是由在预期的环境和竞争条件下的企业营销支出、营销组合和营销分配等决策所构成。

营销战略策划包括以下几方面的内容:第一,设定正确的企业营销战略目标;第二,选择正确的营销战略措施,确定营销活动的战略重点;第三,通过营销计划管理实现企业的营销战略目标。

制定营销战略的原则：1.目标明确的原则；2.统一原则；3.创新的原则；4.机动应变的原则。

营销战略策划的步骤主要有以下几步：①市场机会的分析；②行业态势与竞争者情况分析；③市场细分，确定目标市场并定位；④根据特定的市场状况制定战略；⑤实施和控制；⑥评估。

战略环境及内部条件分析：(1)战略环境分析；(2)产品状况分析；(3)市场竞争分析；(4)企业营销能力分析。

市场营销战略制定主要包括以下几个方面：(1)确定市场营销战略目标；(2)编制市场营销战略计划；(3)进行战略方案的选择。

市场细分策划概述：(1)市场细分的概念；(2)市场细分的意义；(3)市场细分的原则；(4)市场细分策划的标准。

市场细分策划：(1)市场细分策划的程序；(2)市场细分策划的方法；(3)市场细分策划的评估标准。

目标市场：(1)概念；(2)目标市场模式选择；(3)目标市场策划；(4)目标市场选择；(5)目标市场的切入策划。

市场定位概述：(1)概念；(2)市场定位的作用；(3)市场定位的原则。

市场定位策划：(1)市场定位策划的内容；(2)市场定位策划的途径；(3)市场定位策略；(4)市场定位方法；(5)市场定位策划的过程。

【诗语点睛】

战略管理成大势
长远谋划持久赢
市场细分变量多
营销定位贵精准
同中求异亚市场
异中求同顾客群
目标市场是靶心
一矢中的是精明

本章习题

一、名词解释
营销战略；
营销战略策划；
战略环境；
市场细分；
目标市场；
市场定位；
市场定位策划。

二、简答题

1. 营销战略策划的含义及内容是什么？
2. 制定营销战略的原则是什么？
3. 营销战略策划的步骤有哪些？
4. 市场营销战略制定主要包括哪几个方面？
5. 市场细分的原则及标准是什么？
6. 目标市场的含义及模式选择？
7. 市场定位的概念、作用及原则？
8. 市场定位的途径及方法？

▷【专题讨论 3-1】

企业使命管理精要探析

使命领导责任，责任完成使命。企业使命是企业的存在宣言，它阐明了企业存在的理由和根据，同时揭示企业存在的目的、走向何方以及生存的意义等根本性问题，也就是企业在社会进步和经济发展中所应担当的角色和责任。企业使命是企业核心价值观的一种载体与反映，更是企业一种根本的、最有价值的、崇高的责任和任务。企业使命回答的是"我们要做什么、为什么这样做"的现实问题。企业使命体现了企业全体员工的行为共识，是引导和激发全体员工持之以恒，为企业不断实现新的发展和超越而努力奋斗的动力之源；企业使命不仅包括了目前面临的任务，而且涵盖对过去的认识、反思以及对未来的期望和判断，揭示了企业成长的基本原则和思路。目前，国际上已经有越来越多的企业将确定企业使命视为自己竞争制胜的法宝。管理大师彼得·德鲁克曾说："一切工作源于使命，并与使命密切相关"，"明确企业宗旨和使命，是确定优先顺序、战略、计划和工作安排的基础"。在世界上的优秀企业和机构中，使命管理一直占据着重要地位。正是对于企业使命的有效管理，成就了沃尔玛、可口可乐、通用电气、福特汽车、强生、宝洁等企业的基业常青。

实践证明，那些继往开来走向辉煌的企业，关键是有一个全体员工共同高擎的战略旗帜——企业使命。当大家齐心协力都认准一个正确方向，树立使命，高擎战旗，结合群力，还有什么是不可战胜的呢？因此，当代企业必须在战略思考、使命定位方面多用些心思，因为它是企业长远发展的纲领和灵魂，也是成功的立身之本。有效的使命管理是组织取得长久的、持续的竞争优势的利器，是组织"长寿"的关键，需要不断地探索和实践。企业使命有效管理为企业定基调、指方向、拓思路、铸和谐、树形象。现探析如下：

1. 定基调

彼得·德鲁克认为，企业存在的主要目的是创造顾客，只有顾客才能赋予企业以存在的意义。顾客是企业的基础和生存的理由。因此，企业生存目的定位主要应该说明企业要满足顾客的什么需要，而不是说明企业要生产什么产品。对企业生存目的的具体定位要回答以下两个基本问题：一是企业的业务是什么？二是企业未来的业务应该是什么？松下公司的生存目的：作为工业组织的一个成员，努力改善和提高人们的社会生活水平，要使家用电器像"自来水"那样廉价和充足。美国电话电报公司将企业存在的目的定位于"提供信息沟通工具"，而不是"生产电话"。埃克森公司的使命强调"提供能源"，而不是"出售石油和天然气"。哥伦比亚电影公司则旨在"提供娱乐活动",而不是"经营电影业"。迪斯尼公司始终没有超越"给千百万人带来欢乐"的基本使命。下面我们用实例加以说明企业使命的定位与描述,见表3-2所示:

表3-2　企业生存目的定位

公司	生产的产品	满足的顾客需要
化妆品公司	化妆品	出售美丽和希望
复印机公司	复印机	帮助改进办公效率
化肥厂	化肥	帮助提高农业生产力
石油公司	石油	提供能源
电影厂	影片	经营娱乐
空调器厂	空调器	为家庭及工作地点提供舒适的气候

因为围绕着满足某种顾客需要可以开发出许多不同的产品和服务,所以将满足顾客需要作为企业生存的基础,可以促使企业不断开发出新技术和新产品,从而使企业在创新中不断得到发展。

2. 指方向

确定企业战略发展方向的第一项工作是明确企业使命。确定企业使命是选择和确定企业战略目标的前提。彼得·德鲁克指出:"一个企业不是由它的名字、章程和公司条例来定义,而是由它的任务来定义的。企业只有具备了明确的任务和目的,才可能制定明确和现实的企业目标。"而企业使命即是企业的任务和目的,是对企业存在的社会价值的思考,是规范和指导企业所有生产经营管理活动的最重要的依据。企业使命不仅是一个企业存在的目的和依据,更是一个企业长期发展的"导航灯"。企业使命规定了一个企业应该做什么,不应该做什么,应该朝哪个方向前行,不应该朝哪个方向前行。如红塔集团作为中国烟草行业的优秀代表,2008年集团完成税利达到了248亿元人民币,品牌营销初步形成规模。2009年上半年,集团境内销售卷烟为245.48万箱,同比增长5.37%,集团产销协调、卷烟结构以及品牌集中度得到了进一步提升。尽管身处烟草这样一个备受争议的行业,但红塔集团坚持生产绿色产品,善尽社会责任,通过有意义、有价值的劳动,共同创造财富,实现国家利益创造最大化,消费者需求价值最大化,员工发展空间最大化,为推进社会和谐繁荣贡献力量。创造财富、创造和谐、创造绿色、创造满意、创造平台从不同的角度诠释了红塔集团的企业使命,这不仅是红塔集团存在的目的和依据,更是红塔集团长期发展的"导航灯"。红塔集团的企业使命诠释了一个企业存在的根本意义和贡献价值。企业使命是一个企业长期发展的"导航灯",为企业发展指明了方向。

3. 拓思路

思路决定出路,出路决定财路,布局决定结局,胸怀决定事业。企业使命要回答的基本问题是:企业因为什么而存在,企业今年一段时间内怎样存在等事关企业发展的重大问题的思路。清醒、理智、具有远见卓识的企业经理人决不会当企业出现危机时,才开始考虑其使命,他们通常能居安思危、未雨绸缪,把这一关键问题事先运筹好。反思企业使命的最佳时机应该是企业经营最成功之时。这是因为,成功的喜悦容易使人骄傲自满,甚至忘乎所以,将大好的企业形势葬送掉。所以,成功的企业应该在其最成功之时就开始对使命和战略作重新思考,以明确企业进一步发展的方向和目标,其核心价值是树人为本、认知互动、上下同欲。自我超越精神,它是一个过程,一种终身修炼。任何事物的发展都需要一个过程,成功是一个过程,而不是结果,不可以因为结果而放弃过程,过程是永恒的,努力是永恒的,结果是暂时的。

中国移动的企业使命就是"创无限通信世界,做信息社会栋梁"。创无限通信世界体现中国移动通过追求卓越,争做行业先锋的强烈使命感;做信息社会栋梁则体现中国移动在未来的产业发展中将承担发挥行业优势、勇为社会发展中流砥柱的任务。大市场孕育大企业,大使命成就大事业。中国移动注定要承担起"创无限通信世界,做信息社会栋梁"的历史使命,这更是中国移动责无旁贷的历史选择。再如:日本松下公司企业使命是"产业报国,光明正大,和亲一致,奋斗向上,礼节谦让,适用同化,感激报恩。"

一个企业如果不能开发出令人充满信心、深受鼓舞的使命,将会失去为社会尽责、为公众尽力、为员工尽心的机会,也就失去了企业最重要的战略性资源——企业信誉、经营灵魂。持续发展就会成为"泡影"。

4. 铸和谐

修道弘德,取义明理,和谐治理,至诚至真,至善至美,达己达人,和为帅也。中华"和"文化源远流长,博大精深,为我们提供了最高真理和最高智慧,它是真善美的内在统一。"和"文化是中国传统文化的核心,也是当代先进文化之精髓。"和"文化超越时空,福泽民众,善达社会,具有普遍的指导意义。放之于世界,"和平与发展"是时代主题;放之于国家,构建和谐社会,政通人和是发展的根本前提;放之于民族,"和平崛起"是必由之路;放之于社区,讲睦修和,安定祥和是人心所向;放之于企业或单位,和气生财,事以人为本,人以和为贵;放之于家庭或个人,事理通达,心平气和,父慈子孝,兄友弟恭,夫妇和好,家和万事兴……,国家、民族、社会、企业、家庭和个人是一体相统,互为影响的。国以和为盛,家以和为兴,人以和为贵,企以和为本。以企业为例:日本佳友生命公司1985年调查了日本3600家公司,其中用"和谐、团结"为意的企业基本理念有549个。再如日本日立公司的企业理念:"和,诚,开拓"。和,广开言路,上下沟通,和谐团结;诚,讲信用,守信誉,重承诺;开拓,积极进取,自我超越,勇于挑战,不断创新。"和"文化始终是企业文化的核心。"和"文化就是生产力,使日本大和民族迅速崛起,成为世界经济强国。

制定使命宣言的信息必须来自于各个方面,如客户、供货商、上级主管部门、工作职责目标等,要追求各方利益的和谐。佛瑞德·大卫认为,企业使命应尽可能包含顾客、产品或服务、技术、公司哲学、自我认知、对公众形象的关心、对员工的关心、对生存、增长和盈利的关心等要素。一切组织都需要得到用户、员工与社会的支持,企业使命描述能够起到帮助企业实现与内外部环境利益相关者的有效沟通并赢得支持的作用。

从企业内部来讲,企业使命管理的核心是处理好人际关系,调动职工的积极性,结合群力,达致目标。人的成功实际上是人际关系的成功,完美的人际关系是个人成长的外在根源,环境宽松,和谐协调,关系融洽令人向往;生活安定,心情愉悦,氛围温馨,人的激情就能得到充分的发挥。试想在一个"窝里斗"的企业里工作,人际关系紧张,人心难测,无所适从,甚至让人提心吊胆,为自己担心,不是人琢磨工作,而是工作折磨人,这种环境是留不住人才的,"以人为本"也只能是"叶公好龙"而已。企业内部亲和力的存在才会使员工具有强烈的责任心和团队精神,组织富有朝气和活力,才能营造人格有人敬,成绩有人颂,诚信有人铸,和睦有人护的良好文化氛围。以和为贵,以诚相待才能激发员工的积极性与创造性,增强企业向心力。企业暂时的困难甚至亏损并不可怕,最可怕的是职工感情的亏损,一旦职工对企业失去了希望和热情,没有了愿景,失去了人心,这个企业绝对是没有希望的。有道是天时不如地利,地利不如人和,人和更离不开使命。以企业兴旺为己任,职工效忠企业,企业善待职工。愿景的"愿"字原来是我的心,是我的一种愿望,企盼是出自内心的动力,也就是信念。信念是世界上最伟大的力量,信念是生命,也是企业的使命。只有确立了企业使命理念,企业才有长久经营的志向,员工才可能将企业当做自己的人生舞台。缺乏使命理念的企业,如同缺乏生存的根本信仰和精神支柱,员工对于未来是茫然的,看不到光明的职业生涯前景,凝聚力必然很差。通过实施使命管理,确立、强化和履行企业使命,可以使企业员工形成共同的目标,组成企业的利益共同体,培养员工的团队合作精神,形成强大的凝聚力。

从企业外部来讲,通常情况下,公众比较关心企业的社会责任,股东较为关心自己的投资回报,政府主要关心税收与公平竞争,地方社团更为关心安全生产与稳定就业,这样他们就有可能会在企业使命与目标的认识上产生意见分歧与矛盾冲突。为此,一个良好的使命表述应能说明企业致力于满足这些不同利益相关者需要的相对关心与努力程度,注意协调好这些相互矛盾冲突目标之间的关系,对各种各样利益相关者之间所存在的矛盾目标起到调和作用。

5. 树形象

人美在心灵,鸟美在羽毛,企美在形象。企业形象是指企业以其产品和服务、经济效益和社会效益给社会公众和企业员工所留下的印象,换言之,也就是社会公众和企业员工对企业整体的看法和评价。它具体包括两方面的内容。第一,企业的客观形象。即指企业在生产经营过程中展现出来的整体面貌和基本特征。第二,公众对企业的主观印象。即是指人们头脑中对企业的评价和认定。每一企业在其特定的公众心目中,都有自己的形象。如顾客普遍认为IBM是电脑业的蓝色巨人,松下是生产高质量电子产品的企业,百事可乐则是年青一代的选择。

良好的企业形象意味着企业在社会公众心目中留下了长期的信誉,是吸引现在和将来顾客的重要因素,也是形成企业内部凝聚力的重要原因。因此,企业在设计自己的使命时,应把企业形象置于首位。一般地,企业形象定位可以通过企业识别系统(CIS)来体现,即通过理念识别(MI)、视觉识别(VI)、行为识别(BI)三个部分来体现。与此同时,在塑造企业形象时,由于行业不同,影响企业形象的主要因素不同,因此还要特别注意根据企业所处行业特征来开展形象工程。例如,在食品业,良好的企业形象在于"清洁卫生、安全、有信任感";在精密仪器业,顾客可能对"可靠性、时代感、新产品研究开发能力"等方面的形象比较关注。

企业使命描述通过对于企业长期发展目标的说明,可以为各级管理人员超越局部利益与短期观念提供努力方向,促进企业员工各层次以及各代人之间形成共享的价值观,并逐步随着时间推移不断得到加强,以做到最终为企业外部环境中的个人与组织所认同、所接纳,从而为企业带来良好的社会形象。企业形象是社会公众与公司员工对公司整体状况的看法和评价,它是公司所有的内外行为在社会中长期作用的结果,对公司内部员工和公司各项事业有着持续的影响。以人为本的理念核心就是对人心和人性的管理。通过各企业使命调动职工的积极性,是被管理者从心理和生理产生旺盛的精力、奋发的热情和自觉的行动,为实现企业的经营目标而做出不懈的努力,以至产生"未见其人,先得其心;未至其地,先有其民"效果,这才是企业使命管理艺术的最高境界。企业使命也能反映企业对社会问题的关心程度和承担社会责任的勇气,具有强烈的社会号召力,能引起广泛的社会共鸣,从而极大地提升企业形象。

（资料来源：张国良,赵素萍:"企业使命管理精要探析",《企业经济》2010年第9期(被《商界导刊》2010年第12期全文转载)

思考题：

结合实际,试论战略营销中的企业使命管理精髓。

【专题讨论3-2】　现代企业领导营销管理决策十大戒律

西蒙曾说:"管理的核心在经营,经营的核心在决策,决策的核心在创新"。决策就是多种方案选优,择其善者从之。管理的核心是决策,决策是管理的基本职能,是事业兴衰成败的关键因素,也是企业领导干部最基本、最频繁、最重要的活动,战略决策更是影响最重大、最深刻、最长远的活动。正确的决策决胜千里;错误的决策南辕北辙。真可谓:"一着不慎,满盘皆输"。为此,提出现代企业领导营销管理决策十大戒律:

1. 主观武断,刚愎自用

领导决策果断,善于抓住实质,胆识并举,迅速决断,往往有"快刀斩乱麻"之效。果断是一种作风。它是一个人胆识、学识与气质的外在表现,作风影响办事效率。而武断是指处理事情主观盲断,或仗势欺人,以权压众,或独断专行,我行我素,其结果常常是事与愿违。果断是当机立断,不等同于主观武断。武断者,主观轻率地判断,独自决策,无视集体意见。武断决策者采用家长制的管理方式:一是决策独断,家长意志;二是恣意专行,唯我独尊;三是目无下属,作风霸道;四是文过饰非,推卸责任;五是为所欲为,排斥异己;六是深居简出,脱离下情;七是个人崇拜,迷信盛行。人人三呼万岁,事事溜须拍马,恭顺者提拔,意见者遭殃,"我的地盘我做主"。

大凡刚愎自用的人,都非常顽固、守旧偏执、难以回头,一旦出现新事物、新人物、新现象,总是持反对、否定、指斥的态度。压抑持不同意见者,离真理越来越远,不仅易导致决策错误,而且会导致众叛亲离。

老子曰:"知不知,尚矣;不知知,病也。圣人不病,以其病病。夫唯病病,是以不病"。知道自己还有所不知,这是很高明的。不知道却自以为知道,这就是很糟糕的。有"道"的"圣人"没有缺点,因为,他把缺点当做缺点。正因为他把缺点当做缺点,所以,他没有缺点。中国有句俗话:"三个臭皮匠,顶个诸葛亮。"企业领导者只有善于激发部属的智慧和力量,并把来自各方面的意见和建议结合起来,形成集体的智慧和目标才是科学的决策,这才是作为一个企业领导者应该拥有的态度。刚愎自用是一种非常可怕的坏毛病。它可以使人越来越不知道天高地厚,离自己身败名裂越来越近,必须引以为戒。

2. 心中无数　不讲战略

孙子曰:"夫未战而庙算胜者,得算多也。""多算胜,少算不胜,何况无算乎?"企业领导者只有"善算"、"巧算"、"妙算"才能在竞争中精于计谋,技高一筹,运筹帷幄,决胜千里。俗话说:"人无远虑,必有近忧",从事物发展的角度来看,企业今天的行动是为了执行昨天的战略,企业今天制定的战略正是为了明天更好地行动。作为领导要高瞻远瞩,面向未来,把握主动。特别是企业高层领导者应当把自己的主要精力集中放到制定和实施战略规划上来。"兵者,国之大事也,死生之地,存亡之道,不可不察"。战略决策事关事业之成败。"战略"一词源于军事术语,指在敌对状态下将军指挥军队克敌制胜的方法和艺术。战略决策是关系全局的、长远的、重大问题的决策,影响面大,持续时间长。因此,要保持其相对的稳定性,不能朝令夕改。只有外部环境和内部条件发生重大变化后才能作战略性调整、转移。然而,许多企业领导尤其在事业发展的关键时期,都要强调做强做大,经常处在一种急躁冒进,焦虑和不平衡的心态之中,从而导致了决策的盲目性。有许多长期项目是决策大跃进,投资无底洞,工程马拉松。片面决策有之,危险决策有之,错误决策亦有之,后悔决策更有之。

3. 嫉贤妒能 任人唯亲

古人云:"政以得贤为本,为政之本在于任贤。"善决策者善用人。决策之道有三:用人、用物、用法。用人为决策之关键。嫉贤妒能者,畏贤、妒贤、排斥能人,让其三缄其口。能人每出一策,嫉贤妒能者或不理之,或斥之,或反其道而行之。而反能人之道也就是反真理之道。违背规律,远离真理,决策必失败无疑。有些企业领导把那些平平庸庸,唯唯诺诺,会拍胸脯,但无点墨,言听计从,只会围着自己转,没有一点开拓精神的人视为可靠对象,加以重用。这些人善于搞"三从四得":一从过去,轻车熟路;二从条件,不畏风险;三从上级,不担责任;四得:一得省心省事;二得稳妥可靠;三得中庸平和;四得领导欢心,量自身之心力,讨上司之欢心。对上阿谀奉承,吹吹拍拍;对下装腔作势,借以吓人。早请示晚汇报,看上去是至忠至诚,实际上是迷信盛行,害己害人。楚汉之争,项羽大败,败在固执己见,刚愎自用,以亲疏论英雄;刘邦成功,成在超凡脱俗,驭才有术,用才有道。人才问题历来为政治家和思想家所重视。"我劝天公重抖擞,不拘一格降人才。"这是龚自珍发自内心的呼喊。邓小平曾经指出:"事业成败的关键就是能不能发现人才,能不能使用人才。"

4. 犹豫不决,错失良机

面对抉择,有人优柔寡断,有人当机立断,区分就在于办事作风的优劣与果敢。做事喜欢"慢一拍"的人,往往左顾右盼,贻误战机;做事喜欢"快一拍"的人,总是先声夺人,快人半步,赢得先机。果断是一种能力。果断的人自信、勇敢和顽强,思考问题敏捷,追求目标明确,懂得努力不一定成功,但放弃肯定失败。

时势造英雄,机遇盼人杰。机指时机,遇指对象,时机就看遇到了谁,只有时刻有准备的头脑才能立即与机遇发生共振,产生共鸣;时机碰到了没有见识的头脑,就会与之擦肩而过,时机好比河中水,只能流去不复回。中国的四个成语说明了时机的四大特性:千载难逢,指时机的稀缺性;机不可失,说明时机的客观性;时不我待,说明时机的短暂性;时不再来,说明时机的不可逆性。在实践中许多企业领导也能看到机会但往往患得患失,不敢去抓,结果时机与之擦肩而过,令人后悔莫及。面对机遇有人讲运气,有人看手气,有人发脾气,这些都是无济于事的。有人把抓机遇的心态分为四种:一是农夫式的。关心的是过去,轻车熟路,传统农民的机会意识最为淡薄。一年之计在于春,多少年来安于谷雨前后,点瓜种豆,一年一次坐等天年;二是医生式的。医生的特点是坐等病号,门诊挂号,你来找我,我不找你。这是一种被动做法,守株待兔;三是火车司机式的。严守两点一线,从甲地到乙地一条线,不敢越雷池一步。只可看看两边的风景,但也仅局限于很窄的范围内;四是渔夫式的。渔夫的作业特点是注意鱼讯变化,而且从不限制自己的作业领域。四处撒网,哪里鱼多往哪里跑。这种人的机会观念最强,机会也最多。

总之,企业领导在管理决策时应树立渔夫式的机会观,不自我约束,作茧自缚。要不断捕捉机会,敢于超越自我,只有突出敢字才能有所收获。邓小平同志在提出摸着石头过河的同时也提出要敢闯呀、冒呀、试呀,不能当小脚老太太,这表达了同样的哲理。以市场为例:市场应变有术,经营时机选择也有策:若人缺,我则补,满足需求增加销售;若人有,我则好,以优取胜,精益求精;若人好,我则多,市场热门,大量投;若人多,我则廉,薄利多销,吸引顾客;若人廉,我则转,伺机转让,开拓新路。如果识别了时机,也有抓住时机的胆量,但却没有把握时机的能力,同样等于零,机遇是偏爱时刻准备夺取胜利的人。

5. 静态思维,墨守成规

静态思维方式的特点是按照固定的、程序化了的、单一性的直线性的思维程序思考问题,看待事物墨守成规、不思变革。动态思维方式特点是不再拘泥于僵化的思维路径去思考问题、看待事物,而是以敏锐、灵活的思维触角,把握事物发展的变化,做出新判断、得出新结论。决断艺术的生命力在于它的创造性。创造性思维必须有新意,敢于想前人所未想,做前人所未做的事。决策时要尽量以新取胜,做到人无我有,人有我新,人新我特,人特我再创新。管理者决策时一定要突破旧的思维定式,确保新的决策富于生命力。

静态思维者,思维僵化,眼光狭窄,沿袭旧习,墨守成规,把"以不变应万变"视为万灵妙药,用旧对策应付新环境,用老方法处理新问题。而现代决策者应具有动态思维,用"相对论"克服决策问题,因地制宜、因时制宜,"以变应变"与"以不变应变"两相结合,在管理方法上则继承与创新相结合,于万变之中出应变奇策。自古以来,有识之士就非常重视决策。人们钦羡"多谋善断"、蔑视"优柔寡断"、反对"主观臆断"等等都是人们对决策的评论。墨守成规这种做法是指因循过去成功的决策方法,在开拓新业务时,不加创新,采取守株待兔的做法,希望能够取得再次成功,结果往往是令人失望的。由于外部环境是不断变化的,如果决策思维活动不能随着外部环境的变化对其内容进行协调,以修正思维的方向和目标,就很难获得正确的决策。

企业领导者作决策时,千万不要犯墨守成规的错误。不要以为你以前成功过现在还会成功,照搬照抄成功的前例最终只能使决策走向死胡同。许多人在作决策的时候往往只凭经验,不去研究环境发生了什么变化。他们死死抱住以前的规矩,不敢越雷池一步。他们顽固地认为,这个方法以前有效,现在当然还有效,在他们眼里世界是静止的。有的管理者在制定决策时,总爱用老办法、老经验来处理新问题、应对新局面。决策缺少新意,将难以应对新的形势和新问题。

6. 急功近利,好大喜功

领导者作任何决断,都要权衡利弊。两利相较取其大,两弊相较取其小,做到不以小利害大利,不以小局害大局,不以眼前害长远。领导者在权衡利弊时一定要保持清楚的头脑,做到情况明、事实清,不能被一些假象所迷惑;不以个人好恶作决断,不做一厢情愿的事,不搞好大喜功;要抛开私心杂念,不得以个人得失论危害,不凭个人利益作决断。目的比目标更重要,结果比过程更重要,效益比效率更重要,价值比成本更重要。急功近利,决策失误的症结在于"三盲":一是"盲目",战略目标不清,好高骛远,超越实际,盲动主义,甚至浮夸成风,好大喜功,同时,四处招兵买马,动辄搞跨越式发展,超常规跃进。小项目不愿做大项目做不了……人性的弱点放在决策者身上,其结局就更显悲壮。二是"盲从",一听说什么尖端就一哄而上，又一哄而散。什么高端、时髦搞什么，感觉越来越好，效果越来越小。这山望见那山高，熬红双眼操碎心，折腾来折腾去，元气大伤。三是"盲打"，心中无数，不讲战略，四面出击，急于求成，主意太多，朝令夕改。看人头头是道，看己昏头昏脑。从来没有看清自己在行业中领先的关键因素，一段成功史，满脑糊涂账，因此从来没有清晰的战略规划。好大喜功决策者，不扎实练内功，而是喜好打大战役、做大计划、上大项目、占大市场，不顾实际情况毕其功于一役，结果导致全军覆没。

7. 信息不灵，预测不准

出门看气候，决策识环境，生意知行情，信息抵万金。把握信息，科学决策，必须借助一定的方法，调查与预测是主要的方法。调查是了解历史和现状；预测则是推测未来。调查—预测—决策应该是三位一体的，没有调查和预测就没有决策的自由，没有调查就没有发言权。"一切结论应产生于调查的结尾而不在它的先头"。面对市场，要"吃一拿二眼观三"，行情不对早转弯，迅速反应，马上行动，方可取胜。预测是对事物、情况发生之前或对事物未来结果所作的推测、断定。凡事预则立，不预则废。在我国古代，如计然、范蠡就留有："旱则资舟，水则资车，""贵出如粪土，贱取似珠玉"等警句。兵书上的料敌方法有：以己度敌，反观而求，平衡推导，观往验来，察迹映物，投石问路，顺藤摸瓜，按脉诊痛。一位精明的企业领导要有"月晕而识风，础润而知雨"的眼力。信息是决策的依据，是决策成功的关键。信息的使用是信息管理的目的与归宿，支持决策则是信息使用的落脚点。准确地把握信息和决策的关系，理解决策过程中信息的作用，掌握信息处理方法，才能更好地指导决策。有些决策者不善于利用信息，或者舍不得花精力和时间去搜集信息，便匆匆做出决策，致使决策建立于不可靠的基础上，造成决策偏误。在现代管理决策中，信息起着至关重要的作用。要保证决策的科学化，需要主客观多方面的条件，其中能否充分利用信息资源十分关键。信息是通过文字、图形和音像等描述出来和进行传递的新知识、新情报。任何思维都是对客观事物的认识和把握，科学决策思维也是如此，必须以决策对象为目标，建立在对决策对象熟知的基础上，这就需要及时获取各方面的信息，并进行加工处理，得出正确判断，形成科学决策。决策依赖于充分的信息，在信息的基础上首先产生直觉，直觉是否准确尚需进一步判断，然后集中群体智慧，利用科学的决策理论与方法进行分析，最终制定出决策。其核心价值是：结果导向，系统思考，一次做对，不断创新。

在市场经济的海洋里，潮涨潮落，变化多端，不进行市场调查，不摸清市场行情，不把握市场信息好像"盲人骑瞎马，夜半临深池"。情况不明决心大，知识不多办法多，不经调研，盲目决策，必然要失败。

8. 违反程序，逆理而行

天无时不风，地无时不尘，事无时不用，人不时不为。智者顺势而动，愚者逆理而行。天地万物都是时时刻刻在发生着变化，这是一个不变的规律和道理。只有顺应变化发展的潮流的才是智者，倘若违背常理，逆向而行，就是愚蠢的人。也就是说，事物是变化发展的，人要用变化发展的眼光来看问题。所谓决策程序，一言以蔽之，就是决策过程中所应遵循的步骤、顺序和方法。科学决策程序：先进行大量的调查、分析、预测工作，然后在行动目标的基础上确定各种备择方案，再从可行性、满意性和可能后果等多方面分析、权衡各备择方案，最后进行方案择优，执行该方案，并收集反馈信息。决策程序法定化是现代决策制度的基本原则之一。它要求企业企业领导干部在决策过程中，运用法律、法规调整和规范行政决策，从而确保决策行为依据法定的程序科学运行。程序违法必然导致决策失当。现实生活中因忽视决策程序和草率决策而导致决策失误的事例举不胜举,而人民群众对那些不按程序办事、随意拍板、主观决策,"拍脑袋决定,拍胸脯表态,拍大腿后悔,拍屁股走人"的不良作风更是深恶痛绝。

9. 盲目从众,人云亦云

马克·吐温说,"一般人缺乏独立思考的能力,不喜欢通过学习和自省来构建自己的观点,然而却迫不及待地想知道自己的邻居在想什么,接着盲目从众。"一个独立性强、思维清晰、有主见的人是绝不会盲目从众的。决策者是孤独的,就是说决策者一定要有自己的判断力,而不是人云亦云,一定要形成自己理性的判断。正因为你最后是要自己做判断的,所以你带着这种角色,听更多人意见的话,才会更有效。依赖性思维主要表现为不能独立自主地思考问题,人云亦云,照抄照搬。独立思维方式的特点是依靠个人的主观能动性独立自主地思考问题,独树一帜,与众不同。大文学家韩愈曾说:"业精于勤,荒于嬉,行成于思,毁于随。"独立思考能力含义有三:一是在分析和判断问题时不为他人所左右,有主见,不人云亦云;二是能深思熟虑,慎明思辨,在众多复杂的关系中发现它们的相互联系,并能抓住问题之关键,牵"牛鼻子";三是独特的创新思维方式,不受习惯势力和惯性思维的束缚,对决策议题从各个不同角度进行全面考察后得出结论的思维方式。该方式的特点是从点、线、面不同的战略层次上进行全方位思考,形成立体思维,从而具有灵活多变,消除死角的优点。从各个侧面、各个角度、各个层次考察审视决策。把决策作为一个有机整体站得高,看得远,想得全,从而制定出驾驭全局的方案,指导决策制胜。

很多企业领导习惯于当下流行的思维定式,而且不自觉地推至极端,把上面领导的指令或意见奉若神明,却缺乏自己的独立思考与行动,显然会极大地阻碍经济发展方式的转变。从众是指个体在社会群体的无形压力下,不知不觉或不由自主地与多数人保持一致行为的心理现象。从众心理具有两面性:消极的一面是抑制个性发展,束缚思维,扼杀创造力,使人变得无主见和墨守成规等。因此,我们应该避免盲目从众,要"择其善者而从之,择其不善者而改之"。

10. 事无巨细,事必躬亲

领导要想大事、抓大事、不出事,应当作出高水平的有效的决策。所谓有效的决策应定位准确,提高执行者认可程度。在纷繁复杂的事务面前,企业领导及主管不能事无巨细,眉毛胡子一把抓。有效的决策不是解决当前需要的短期行为,而是战略性的大手笔、大文章,是高层次的、例外的重大决策。一项有效的决策,必须具有明确的目标,但事物的复杂性往往使决策的目标不限于一个,如何选准目标则成为决策有效与无效的分水岭。事必躬亲者有两种类型,一种是精力充沛,而又对下属放心不下,从而事无巨细均要亲自过问;另一种是大权独揽,或越权插手下级决策事务。前者分散决策者精力,使之不能专注于重大决策,导致决策效率低下;后者损害下级决策者的积极性,压抑其主动性和创造性,不仅影响决策效率,而且易导致盲目决策。有效的决策者应能做到:集权有道,分权有序,授权有章,用权有度,群策群力,集思广益从而作出正确决策。

居庙堂之高,需要有宏观的视野,要有战略眼光。不要鼠目寸光,一叶障目,不见泰山;两耳塞豆,不闻雷霆。只有广泛的调研,抓大顾本,胸有成竹,才能有科学合理的决策。而事必躬亲,万事巨细,莫说一个凡人没有那样的精力,即使圣人做出的决策也难免以偏概全。

处江湖之远,要看主流、看整体状况,把握管理决策中的主要矛盾和总体发展态势,看到优势,抓住机会,充满自信。同时还要看细节、看日常工作中的薄弱环节与毛病,防微杜渐,管理无小事,决策是大事,看到劣势,规避威胁。

管理决策中近看、远看可以使人既注重脚踏实地的埋头苦干,又有今后的战略目标,防止盲目蛮干;粗看细看,则既看到主流和优势,抓住机遇,提高自信,又能规避威胁,迎接挑战,不因满足现有的成绩而故步自封。不能仅仅安逸于"事必躬亲",要善于从"巨细"中提炼、总结、评判、归纳,逐步使自己跳出小视野,迈向大境界。按照"利利相较取其大、弊弊相较取其小、利弊相较取其利"的原则,适时进行决策,不能未谋乱断,不能错失决策良机。决策后狠抓落实,决策一旦定下来,就要认真抓好实施,做到言必行、行必果,决不能朝令夕改。

总之,战略决策,要纵观全局;战役决策,要稳扎稳打;战术决策,要机动灵活;民主决策,要群策群力;果断决策,要毫不犹豫;科学决策,要尊重规律。管理决策全局中有重点,重点为全局服务,方为正确决策之道。过于强调重点,则易顾此失彼,于全局不利;过于考虑全局,则主次不分、精力分散,因而降低决策效率;"独立思考"走向极端,则趋向于独断专行;"集思广益"走向极端,则造成盲目从众;"稳重行事"走向极端,则导致决策难产、错失良机;因而必须先稳重行事而后当机立断。独立思考渗透于集思广益之中,创造性地发挥群体智慧,乃决策者制胜之道也。能不能当领导取决于素质,会不会当领导取决于艺术。每一个领导干部都渴望能有高超的领导决策艺术,但是高超的领导决策艺术不是唾手可得的。提高领导决策艺术,需要知识铺垫,需要实践历练,需要经验累积,还需要灵感和顿悟。科学决策要求领导者既要有韧性、悟性、理性,更要有学识、胆识、践识。通过实践才能使决策者丰富阅历、拓展才能、砥砺品格、锤炼作风、成就事业、完美人生。要达到此目的,最根本的途径是学习,实践,总结,再学习,再实践,再总结,循环往复,才能不断提高企业领导营销管理决策艺术。

(作者张国良,本文是浙江省新世纪教改课题一类项目"新浙商创业管理精品案例开发及其应用研究"(项目编号:YB2010037);浙江农林大学高教研究项目"大学生创业战略管理教育与路径拓展研究"(项目编号:ZT201119)的阶段性成果)

第四章

产品策划　≫ ≫ ≫ ≫

【学习目标】

掌握产品与产品策划的含义、分类及意义；

掌握产品的生命周期和新产品的特点；

理解产品线和产品项目的含义；

了解商标与包装的含义和功能。

【引导案例】　蒙牛为什么"牛"？

内蒙古蒙牛乳业股份有限公司成立仅三年多的时间，在没有资金品牌，没有工厂市场的条件下，几乎一夜之间成为全国知名的乳品企业，其飞快发展速度震惊业内同行，现已跃升为中国乳业第五名。2002 年 10 月 20 日，由首都经贸大学、中华留学人员创业协会和《当代经理人》杂志共同举办的"当代经理人论坛年会暨第五届中国成长企业 CEO 峰会"上，"蒙牛"2002 年以 1947.31％的高速度成长赢得了当代经理人"2002 中国成长企业 100 强"（非上市、非国有控股企业）的冠军殊荣。三年来的成长速度真可谓"奇迹"，人们不禁欲问"蒙牛"发展速度为何牛气冲天，其奥秘在哪里，本文试作探讨。

一、市场、工厂有无相生

老子曰："道生一、一生二、二生三、三生万物"，这反映了自然界从无到有的哲学历程。人类社会发展到今天，万物都不是起源于"无"吗？企业在战略选择时必须善于把握住这一哲学命题，否则，会陷入"零到零"的恶性循环。对于每一位具有战略头脑的企业家来说，从零到无限是一个十分诱人的过程，把握这一过程的脉动规律，无疑是件激动人心的事。把握这一过程的实际是考察企业家的运筹力和创造力，也是经营管理、创意策划的最高艺术境界。1999 年夏天，一个新品牌——"蒙牛"在内蒙古诞生。公司成立之初，企业处于"无奶源、无工厂、无市场"的"三无"状态，有谁能够相信三年前"蒙牛"刚刚成立之时仅有一间租来的破旧民宅，只有几张掉漆的桌子。资金、品牌、市场等企业必备的要素当时"蒙牛"一样也没有，但是通过巧妙的资源整合等手段使企业很快做大做强。面对当时的现实，"蒙牛"总经理牛根生提出了"先建市场，后建工厂"的逆向经营模式，通过虚拟联合，优化配置资源，为合作方出标准、出技术、出品牌，经营运作了国内 8 个困难企业，盘活了 7.8 亿元资产，使"蒙牛"品牌迅速辐射全国，取得了"达人"与"达己"的双赢成功。"蒙牛"还将"虚拟联合"这套模式渗透到资本运营的各个方面。公司通过建立工厂后，又通过"虚拟联合"用社会资金为公司匹配了奶站和运奶车。建一个奶站，许多企业要花 40 万元，而蒙牛连 4 万元也没花；一个地方,总有"有权的",也总有"有钱的","蒙牛"利用利益杠杆一撬动,这些人的权力与资金就孵化出奶站,并与"蒙牛"结成利益共同体。打着"蒙牛"标志的运奶车有500多辆,没有一辆是"蒙牛"自己掏钱买的,全部由民间资本构成;蒙牛是只"打的"不买车,维修、保养与保险都是车主的事,蒙牛只问奶的事,而不问车的事,省去了大量人力、精力,节约了时间及管理费用。像这样不在蒙牛"体内"却为蒙牛所用的资本达数亿元。"蒙牛"以品牌联盟借腹怀胎,快速繁衍,在较短时间内提高品牌的知名度,占领了更广阔的市场,使公司集中精力更加专注于产品的开发和市场的拓展,而且通过整合有限的资源,迅速扩大了公司的规模和实力。蒙牛乳业股份有限公司由自然人出资,采取发起设立方式于1999年7月成立,短短三年多时间总资产从1000多万元增长到近10亿元,年销售额由1999年的4365万元增长到2002年的20多亿元,在全国乳制品企业中的排名由1116位上升至第4位,"蒙牛"1999年的销售额4365万元,纳税106万元;2000年销售额2.94亿元,纳税4000万元;2001年销售额8.5亿元,纳税10419.94万元;2002年销售额将达20多亿元。依据销售额计算,平均发展速度为365%,年平均增长率达265%。企业被内蒙古自治区列为"二十户重大企业"之一、"亿元工程企业"和"重点保护单位",呼和浩特市委、市政府授予企业"纳税状元单位"称号、"经济快速发展突出贡献大奖"等。

二、战略、策略相辅相成

战略强调"要做对的事情",是解决长远性、方向性、全局性、纲领性的问题,影响面大,持续时间长。"它关心的是船只行的方向而不是眼下遇到的波涛",经营战略就是企业的命运之舵。战术是指解决局部问题的原则和方法。它强调的是"要把事情做对",它具有局部性、短暂性、灵活性、机动性的特点。毛泽东有句名言:"在战略上要藐视敌人,在战术上要重视敌人"。二者的关系是:战略是战术的灵魂,是战术运用的基础,战略上如果错了,就无所谓战术上的对与错。战术的运用是战略的深化和细化,它要体现既定的战略思想。二者出发点相同,相辅相成,都是为了实现企业的既定目标。目前,国内的乳业大战硝烟四起,国内有伊利、光明、三元等,国外企业界排名前20位的乳业品牌正纷纷进入中国。有关专家预测,5年以后国内大部分乳品企业可能面临生存危机,能活下来的不到10家——中国奶业已进入"战国时代"。1999年1月份才成立的蒙牛乳业股份有限公司却以惊人的速度发展至2002年底销售量居中国第三,仅次于伊利、光明位居全国新兴企业百强之首。蒙牛所以能如此高速发展,这与其战略得当,把长期目标和短期目标,眼前利益和长远利益,局部利益和整体利益关系处理恰当是分不开的,战略与策略二者相辅相成,"运用之妙,存乎一心"。从战略角度讲,蒙牛公司成立伊始便把打造草原品牌创造"中国乳都"作为自己企业的使命和目标,打出了"追求天然是时尚,远离污染更健康"的口号,顺应了当前绿色营销、绿色消费的需求。全体员工为此目标而不懈努力并取得了巨大的成功。在蒙牛公司会议室里,赫然挂着一幅狮子和羚羊的油画,画面上写着这样一段话:"清晨,非洲草原上的羚羊从睡梦中醒来,它知道新的比赛就要开始,对手仍然是跑得最快的狮子,要想活命,就必须在比赛中获胜。另一方面,狮子的压力也不小,如果它跑不过羚羊,命运都是一样,当太阳升起时,为了生存下去,最好还是快跑吧!"此幅巨画可谓图文并茂,意味深长,在当时形势下国内乳业格局已形成伊利、光明、蒙牛三足鼎立之势。蒙牛要想发展,不可避免要与几家奶企尤其是伊利碰撞,当时只能大手笔,一成立就要在规模、设备、人员上不能落后,因为小型乳品企业在国内外为数更多,前景不怎么看好,因此蒙牛首先从国外引入了国内最先进的生产线,大批招聘职工进行培训,规模经营,基于当时的形势,国内乳业还有相当大的潜在市场,国内人均消费奶量只是世界平均水平的 1/7,因此在战略上首先要把"蛋糕做大",而做大蛋糕在策略上最有效的手段是低价格营销,从价格角度看,当今市场竞争激烈,强手如林,蒙牛在其基地最大竞争对手便是伊利,一场"德比大战"便拉开了序幕,谁也不愿在自家的门口失利,于是蒙牛采取了对经销商免费提供冰柜并补电费,根据销售额进行返利的营销策略展开了对市场的争夺。一家家店铺地争,一个个冰柜地投,业务员起早摸黑,风雨无阻,整天奔波于呼和浩特市大街小巷。天道酬勤,蒙牛在呼市终于取得非凡的业绩。占领外地市场时,在战略上蒙牛"主攻重点市场,辅建一般市场,确保全面占有",将石家庄、张家口、保定、唐山、天津列为重点市场,指导客户进行零售店的铺设及协助经销商开展工作,并进行整体市场规划和网络建设。在战术上"以中心城市为圆心,重点加强市场基础、网络、品牌建设工作",即"修建渠道,引水浇田",采用"点面结合,迂回包剿"的市场战术,使"蒙牛"一进入 2000 年 5 月份销售量连连上升,电话频频占线,出现供货不足的旺销局面,以"迅雷不及掩耳"之速占领了华北市场。

在占领南方市场采取地区集中化营销策略,例如:蒙牛在深圳一开始就把兵力集中在珠三角地区,几乎在一夜之间,"蒙牛"足迹遍布深圳各个小区,各种商店,整箱批发零销、主随客便,"蒙牛"试饮的摊点更是随处可见,因此,蒙牛"忽如春风一夜来,千树万树梨花开",与国内无菌奶第一品牌的"伊利",当地霸主"晨光"三分天下。

蒙牛的竞争策略也非常巧妙,同处一城,面对同一个市场、同样的资源、同样的环境、甚至同样的外部竞争对手。事实上,"蒙牛"和"伊利""本是同根生",但又在竞争中"相煎何太急",于是"蒙牛"一开始小心翼翼地避开与伊利的直接竞争正面冲突,在雪糕包装上打出"为民族工业争气,向伊利学习"的口号,达到"达人达己"的双重成功,俗话说:"不想当元帅的士兵不是好士兵",拿破仑当年的那种"老大情结"如今被中国的企业家诠释得淋漓尽致。从街头的小商小贩到上了世界 500 强的华人大贾,说起企业目标时,用语是那样惊人的相似:要做就做最好的。蒙牛人懂得这一点,他们知道"第一"只有一个,所有的人都想当第一,谁当第二呢?如果都成了第一,第一又有何益?那么多人当不成第一,又何必做无谓的牺牲?如果准备不足,即使当了第一,又能保持多久呢?因此蒙牛刚出山的时候,雪糕外包装上印了一句话"向伊利学习,做内蒙古乳业第二品牌"。这句话,可以说是既长他人志气,又不灭自己的威风。看似不经意,实际上他正向人们传达了这样一个信息:蒙牛很谦逊,蒙牛要向内蒙古乳业老大学习,重要的不是位置而是不断地学习、不断进步,同时"蒙牛"巧借东风,迅速扬名,把自己的品牌与知名度和"伊利"联系在一起,使消费者一下子记住了。"蒙牛"总裁牛根生说:"小策略看对手,大战略看市场",战略、策略运用精当,相辅相成。企业在发展过程中知己知彼,胜乃无穷。光有远大的战略规划还是不够的,一定要根据自身的实力与市场的需求不断修正自己的目标。市场风云,变幻莫测;经济大潮,潮涨潮落。企业只有把握千变万化的市场行情,以变应变,先谋后战,才能竞争制胜。

三、圆心、卫星形影相随

以太阳为圆心的九大行星和无数颗小行星,在太阳引力作用下,围绕太阳不停地旋转,形成了周而复始,永不停止的天体运动。"圆心·卫星"销售理论正是来源于太阳运转的启示,"蒙牛"基于"立足内蒙古,面向大华北,走向全中国"的营销战略,把津冀地区根据市场特征划分为若干区域,中心地级市场为圆心即总经销;周边县区为卫星即分销商。形成以总经销为圆心,周边县区"卫星经销商"为半径的循环运作,高效稳定,形影相随的营销网络。市场营销是一个循序渐进,持之以恒的过程,只有经过阶段性扎实细致的运作,才会形成一个完整稳定的市场。据此,"蒙牛"制定了"一年翻一番"的市场规划,即"营销三段论":

第一阶段,依照各地域特征,以地域中心城市为圆心,划分市场类型,合理设定客户,进行地毯式铺货,迅速提高市场覆盖率,扩大公司知名度。

第二阶段,巩固原有中心网络,加强对周边县区分销商的开发与辐射;利用灵活多变的营销方式,厂商联合,对营销主渠道实行激励营销;发展多家"卫星经销商",全面提高市场占有率。

第三阶段,健全销售网络扩大产品销量,在树立公司良好形象与提高企业知名度的基础上维护价格稳定,完善售后服务,使地区销售保持健康有序发展,实行深度营销并占有终端市场。

市场营销模式采用代理制,在客户选择上采用"最佳优势组合"的"三型"客户理论,即既不选择大客户,也不选择小客户,而是选择适合蒙牛发展的中型客户,称之为"蒙牛型"、"双赢型"、"忠诚型"的三型客户。简而言之,就是具备一定的资金、网络、配送能力;具备开发、管控市场能力;能全面推广蒙牛系列产品并紧跟公司发展步伐长期协作的客户。实践证明,津冀市场的"三型"客户选择,圆心卫星紧相随,"蒙牛"借力巧耕田,精耕细作,使"蒙牛"冰淇淋2000年收获颇丰。

四、品牌、质量　相得益彰

品牌象征着财富,标志着身价,证明着品质,沉淀着文化。精品引导时尚,激励创造,装点生活,超越国界。市场经济在一定程度上就是名牌经济,竞争的最终局面是名牌所分天下,精品扮演主角。因此在产品竞争中,蒙牛总裁牛根生提出:"一切从设计开始。"从企业诞生之日起,他就十分重视产品开发,打造品牌,走产学研相结合的路子,与中国营养学会联合开发了一系列新产品,成功地塑造"蒙牛"品牌。开业仅三年,蒙牛已在中国乳品行业创造了三项"全国纪录":即以最快的速度跻身中国乳业五强之列;用最短的时间打造出"中国驰名商标";以最佳的创意首倡"中国乳都"新概念。蒙牛的传奇发展速度让许多刚刚创业的小企业信心倍增、没有资金,可以利用资本;没有市场,可以开拓市场;没有品牌,可以塑造品牌。关键是要有一个正确的思路,意识能量是财富的种子,财富是意识能量的果实。善于整合外界资源,核心是要生产高质量的产品。"产品=人品"和"质量=生命"——这就是蒙牛人的格言。品质是一个品牌成功的首要保证,也是产品质量的生命线。市场竞争靠产品,品牌竞争靠质量。邓小平曾指出:"一个国家产品质量的好坏,从一侧面反映了全民族的素质。也可以说,质量代表着一个国家的形象,一个民族的精神。"以品牌占领市场是"蒙牛"提高产品竞争能力的行动准则。蒙牛为提高产品质量,实现全面质量控制,对凡是涉及产品质量的人、机、料等所有方面都实行全面质量管理,并将其贯穿和体现在每个工序及每个工人身上。为提高质量管理的科学性,蒙牛还购入了国际最先进水平的监控设备,对生产过程瞬间状态进行控制,从而达到了精细化、零缺陷,完全实现产品出厂合格率100%的质量目标。1999年,蒙牛在国内第一个建起运奶车"桑拿浴车间",即奶罐车从奶源基地向工厂送完一次奶都要在高压喷淋设备下进行酸碱及蒸汽的清洗,杜绝了陈奶残留污染新奶的可能,保持了草原牛奶的原汁原味,纯正天然。因此,企业通过"绿色产品"等多项认证。2002年"蒙牛"商标被认定为"中国驰名商标",产品覆盖32个省、自治区、直辖市和特别行政区。液态奶荣获"中国名牌产品"称号,并被列为免检产品。蒙牛的质量方针是"产品质量的好坏,就是人格品行的好坏,没有人才的质量,就没有企业的质量,也就没有产品的质量"。蒙牛始终把品牌与质量、产品与人品紧密联系在一起,相得益彰并在消费者中不断提高企业的知名度和顾客对产品的忠诚度、美誉度,形成品牌、质量与效益的良性循环。为此,"蒙牛"郑重承诺:以顾客满意为目标,以技术创新为动力,倡导绿色环保理念,创造安全工作的环境,提供优质健康的食品,追求管理零缺陷。公司的经营宗旨:实现质量、效益、环保和安全的可持续发展,缔造"百年蒙牛"。经营过程的最高目标是:公司将整个生产经营活动中全面贯彻"追求天然,远离污染"的理念,以严格的过程控制和持续改进来生产安全、卫生、营养、健康的绿色食品,以满足超越顾客及相关方面的要求,履行"保护生态环境,构筑绿色家园"的社会义务,将节约资源能源,控制固体废物和污水排放及关注相关方面的环保行为贯穿始终。蒙牛人信奉的是:"股东投资求回报,合作伙伴来赚钱,员工参与为收入,父老乡亲盼税收。"这种坚持对投资者和社会负责,顾客及合作伙伴满意的经营信念,这样的企业当然会得到公众信赖,其知名度和美誉度自然是不言而喻的。

五、口号、理念　演绎经典

人美在心灵,鸟美在羽毛,企业美在形象。经营理念,特别口号等不仅是一种企业文化,而且是战略管理的重要组成部分。没有强大的企业文化即价值观和哲学信仰,再高明的经营战略都无法实施。企业文化是企业生存的前提,发展的动力,行为的准则,成功的核心。好的企业文化是职工的心,是企业的根。它可以实现企业职工的自我控制,增强企业的凝聚力,一个群体有了高昂的士气,就可以迸发出巨大的力量,当大家齐心协力都认准一个正确的方向,树立理念,坚定信心,高擎战旗,结合群力,还有什么是不可战胜的吗?

以人为本的管理核心就是对人心和人性的管理。通过企业经营理念特别口号调动职工的积极性,使被管理者从心理和生理上产生旺盛的精神,奋发的热情和自觉的行动,为实现企业的经营目标而做出不懈的努力,以至产生"未见其人,先得其心;未至其地,先有其民"的效果,这也是管理艺术的最高境界。蒙牛公司高层管理者十分重视经营理念和企业文化建设,实施文化管理。当人们步入和林格尔县内"盛乐园开发区"的蒙牛厂区内,无论是在绿草如茵草坪中的宣传牌上,还是在办公室、车间走廊的墙上,到处都整洁大方,标准规范地悬挂着风格各异,颇具哲理的经营理念及与时俱进的标语口号,到处洋溢着浓厚的文化气息。他们将企业理念视觉化、直观化,使之在企业环境中充分反映,营造出良好的文化氛围,许多注释都在演绎经典。如"管理无小事,创新是大事","巨大的成功靠的不是力量而是韧性"等等,形成了一整套企业文化。这种文化通过员工和企业的行为传播到社会,从而在消费者心目中树立了良好企业形象,进而培养出消费者对企业的忠诚。当今市场经济条件下,真正有效的高层竞争是企业形象的竞争,可达到"不战而屈人之兵"的全胜效果。"生产新鲜的、卫生的;销售营养的、健康的"这就是蒙牛人对顾客的承诺。在职工中积极倡导四讲:"讲奉献,但不追求清贫;讲学习,但不注重形式;讲党性,但不排除个性;讲公司利益,但不忘记国家利益。"在用人方面,"尊重人的品德,重视人的智慧,承认人的价值,珍惜人的感情,维护人的尊严,提高人的素质",通过先进人物等理念化身的榜样示范,鼓舞激励、启迪教育、调动职工的积极性,培育团队精神,增强企业向心力。2000年年底蒙牛总裁牛根生自己出资100万元,购置了五部高级轿车,对公司内作出杰出贡献的先进个人给予隆重表彰和奖励。榜样的力量是无穷的,通过榜样示范鞭策激励员工,达到潜移默化、润物无声的效果。

现代管理界有三句名言:"智力比知识重要;素质比智力重要;人的素质不如觉悟重要"。

企业经营层次可分为三个：第一是经营资产，第二是经营人才，第三是经营文化。特别企业文化是提升企业核心竞争力的关键所在，是推进企业发展的一种神奇力量。蒙牛之所以能够飞速发展与其内涵深厚的企业文化底蕴是分不开的，蒙牛自创的内部刊物《蒙牛足迹》是广大员工之间进行信息交流、情感沟通的新天地；是灵与魂认同的"大牧场"，反映大家共同创业的艰辛历程和心声，也是鞭策大家奋进的动力源泉。在这片园地里辛勤耕耘，洋溢着浓厚的文化气息。大家共同探讨国内外形势，人生准则，心灵感悟，使蒙牛人领略人生真谛，回顾创业艰辛，分享成功喜悦，展望美好愿景，以"蒙牛"为荣，共同托起"蒙牛"明天的太阳。

（资料来源：张国良：《经营与管理》2006年第8期，入选本书时作者作了补充修改）

案例讨论题：

1."蒙牛"高速成长的秘诀究竟是什么？

2.虚拟联合企业有什么特殊优点？

3.蒙牛提出了"打造中国乳都"新概念有何战略意义？

思考与讨论：

产品是企业营销组合中最重要的一个营销因素，是企业决定其产品价格、分销和促销等营销因素的基础，企业要靠产品去满足消费者和用户的需要和欲望，占领市场。结合案例，分析产品策划的重要性。

【本章导读】

社会生产生活中的产品一般指能够提供给市场，被人们使用和消费，并能满足人们某种需求的物质产品和非物质形态的服务等，包括有形的物品、无形的服务、或其组合。产品是企业经营的核心，也是企业赖以生存和发展的基础。市场竞争归根结底还是产品的竞争，产品是企业竞争优势的基础，也是企业获得利润的源泉。通过本章了解产品、新产品、产品组合和商标包装的作用与功能，做好产品投入市场的准备工作。

【诗语导读】

市场如海有风浪

载舟覆舟水茫茫

产品是船凭质量

品牌如帆能远航

大海航行靠舵手

战略掌舵明方向

营销好风巧借力

直挂云帆过大江

第一节　产品策划概述

一、产品

1. 什么是产品

产品一般指能够提供给市场,被人们使用和消费,并能满足人们某种需求的物质产品和非物质形态的服务等,包括有形的物品、无形的服务、或其组合。产品是企业经营的核心,也是企业赖以生存和发展的基础。市场竞争归根结底还是产品的竞争,产品是企业竞争优势的基础,也是企业获得利润的源泉。不过,不同的人对产品的认识不同,这是由于产品的普遍性引起的,一般狭义产品是指被生产出的物品;广义产品则是可以满足人们需求的载体。所以,产品不完全相同于商品,产品用于交换才是商品,一旦用于满足人们的某种需要,则成为了广义产品。

2. 产品的类型

产品自从被认识以来就由于其广泛性,被人们赋予不同的分类,但是如何给产品一个合理的定位呢? 首先,产品具有双重性,物质性和非物质性。这个物质产品部分包括产品实体及其品质、特色、式样、商标与包装,这个非物质产品部分包括产品性能、产品信誉、产品服务、产品历史等等。对于产品的具体分类,偏重于产品的物质性方面。

(1)按照产品的使用用途划分

产品在实际使用时由于用途不同,可划分为原材料和部件、成品和服务。

材料和部件是指未被加工的材料和加工制造的原材料、零部件。

成品是指在加工基础之上可以进行交换和直接使用消费的最终产品。

服务是指对最终产品不会产生影响但是有利于更好使用最终产品的产品。

(2)按照产品的实体性划分

产品根据其实体是否存在,可划分为有形产品和无形产品。

有形产品,又称形体产品或实体产品,是产品呈现在市场上的具体形态,能满足消费者某种或者特定需求。它一般通过质量水平、产品特色、产品款式以及产品包装和品牌等不同的侧面反映出来。

无形产品多指劳务,指为通过自己的劳动而为消费者提供的活动、利益或满意程度。例如培训和维修。由于其无形性,需要更多的是侧重质量控制,在这里不做过多阐述。

(3)按照产品的使用周期划分

产品按照其使用周期可分为耐用品和易耗品。

耐用品是指使用时间较长的商品,例如冰箱、彩电、汽车、机床等。耐用品单位价值较高,购买频率较低,需要许多的人员推销和服务,销售价格较高,利润也较大,因此应做出售出后的质量与服务承诺。

易耗品是指使用时间较短的有形产品,如饮料、洗涤用品等。这种产品消费速度快,购买次数多。

⊟▷【小案例 4-1】

产品跟着顾客走

烟台木钟厂生产的"北极星牌"木钟 1981 年产量 90 万只,1992 年突破了百万大关,跃居全国同行业之首,产品行销祖国各地和世界上 40 多个国家和地区,多年来长盛不衰。其中奥秘,略述如下:

一是根据不同地区的不同习俗进行设计和生产。国内外一些城镇的许多用户对色泽素净清雅的钟壳感兴趣,该厂就设计了各种具有现代风味,造型美观大方的浅色钟壳;广大农村用户喜欢钟壳红火喜气,色彩浓烈,该厂就设计生产出具有民间传统艺术特色的红漆圆座钟以及饰有金色云涛和骏马的雕花铜柱各式座钟。

二是针对用户的情趣和爱好进行设计和生产。西欧市场对木钟的外观复古兴味很深,华侨则喜爱能够反映民族气派的式样。该厂便设计出了雕刻座钟、双历挂钟、落地钟等 9 个品种和 16 个花色式样的木钟。

三是根据用户的不同要求,改进木钟的工作性能。有些用户希望能够买一种可以控制报时音响的木钟,该厂便组织设计出"报时止打装置";有的用户希望木钟发条走时长一些,他们便设计了连续走时 31 天的"月神"。

在这个厂的产品专柜前,顾客就像在饭店里用餐挑菜一样,可根据自己的"口味"随意挑选木钟的品种和花样,而厂方则急顾客所急,想顾客所想。这样,其产品哪有不畅销的呢?

(资料来源:市场营销策划案例经典大全,www.lodoeshop.com)

[试析]

烟台木钟厂经营成功的主要原因何在?

二、产品的生命周期

产品的生命周期是指产品的市场寿命。一种产品进入市场后,它的销售量和利润都会随时间推移而改变,呈现一个由少到多,由多到少的过程,就如同人的生命一样,由诞生、成长到成熟,最终走向衰亡,这就是产品的生命周期现象。一般分为初始阶段、成长阶段、成熟阶段和衰退阶段四个阶段。

1. 初始阶段

新产品投入市场,便进入初始阶段。此时,顾客对产品还不了解,只有少数顾客可能购买,销售量很低。为了扩展销路渠道,需要大量的促销费用,加大对产品的宣传。在这一阶段,由于资本、技术、市场等方面的原因,产品不能大批量生产,因而成本高,销售额增长缓慢,企业仅得到小额利润,而且存在亏损的风险,产品也有待进一步完善。

2. 成长阶段

这时顾客对产品的认识已经熟悉,大量的新顾客开始购买,市场得到逐步扩大。产品规模化批量生产,企业的销售额迅速上升,利润也迅速增长。不过,竞争者看到有利可图,将纷纷进入市场参与竞争,使同类产品供给量增加,价格受影响下降,企业利润逐步降低,边际成本与比较效益持平,达到生命周期利润的最高点。

3. 成熟阶段

市场需求趋向饱和,潜在的顾客已经很少,销售额增长缓慢直至转而下降,标志着产品进入了成熟期。此时就经济分析而言,边际成本大于边际效益。在这一阶段,竞争逐渐加剧,产品售价降低,促销费用增加,企业利润下降。

4. 衰退阶段

随着新一轮技术的发展,新产品或新的替代品出现,将使顾客的消费习惯发生改变,转向新兴产品,从而使原来产品的销售额和利润额同时迅速下降。这时,产品便进入了衰退期。

三、产品策划

日本策划家和田创认为:策划师通过实践活动获取最佳效果的智慧,它是一种智慧创造行为。美国哈佛企业管理丛书认为:策划是一种程序,"在本质上是一种运用脑力的理性行为";更多人说策划是一种对未来采取的行为做决定的准备过程,是一种构思或理性思维程序。那么在产品营销阶段的策划是什么呢? 我们认为,产品策划是一个系统的、复杂的营销过程。它涉及对产品的分析、市场的分析、消费者分析、价格分析、人员安排、时间利用和资本运作等方面因素而进行的新产品研发、产品组合、商标与包装设计等内容的综合,对产品生命周期的各个阶段进行预测分析,从而拓展产品的市场占有率,并在消费者心中树立良好形象,从而树立品牌,并促进企业的可持续发展。

1. 产品策划的类型

(1)根据 4p 理论划分

在 20 世纪 60 年代,美国营销学学者麦卡锡教授提出"产品、价格、渠道、沟通策略"四大营销组合策略。产品(product)、价格(price)、渠道(place)、促销(promotion)四个单词的第一个字母缩写为 4p。

(2)根据 4c 理论划分

1990 年美国营销专家劳特朋教授提出以消费者需求为导向,重新设定了市场营销组合的四个基本要素:消费者(customer)、成本(cost)、便利(convenience)和沟通(communication)。

(3)根据促销方式划分

产品策划根据促销方式可划分为产品宣传策划、产品公关策划、产品推销策划。

(4)根据市场流程划分

产品策划根据市场流程可划分为产品定位策划、产品包装策划、产品销售策划。

产品定位策划又包括产品功能定位、产品市场定位、产品广告定位、产品服务定位、产品质量定位、产品用户定位等。产品包装策划主要是从产品的属性进行有效的实际描述和艺术渲染的结合体。

(5)根据产品类型划分

产品策划根据产品类型可划分为精神产品策划、高科技产品策划、公益产品策划、体育产品策划、旅游产品策划等。

2. 产品策划的特点

(1)前瞻性

市场上产品很丰富,但是很多产品功能重复,抄袭或照搬企业市场的成果,对自身行业没有做深入的调查和研究,以至于不能给用户在心理和使用上带来实质性的帮助。另外有一些比较优秀的产品,却自成体系,不能与其他系统共享数据,使得使用范围大大缩小。不过还存在有的公司规模小、服务支持能力不强,使得用户对公司的信任程度降低。所以用户迫切需要一个开放的、安全的、稳定的、有实际用途的产品。所以,生产厂商在开发和营销产品时必须注重产品的前瞻性。

（2）整体性

产品是企业市场营销中的一个重要因素,企业要实现营销目标,并在市场中占据有利的竞争位置,最重要的是拥有受消费者欢迎的高质量的产品。不过,仅依靠加强产品质量建设是远远不够的,还应该从最佳营销组合的角度出发,从多方面完善产品。于是,在激烈的市场竞争中必须重视产品整体性营销。

（3）风险性

市场经济环境下,产品从开发到市场营销策划具有时间差,前期对市场的调查与研究也会有所变化。此外,竞争对手的加入也会增加自身产品投入市场的风险性。

（4）创新性

随着当代先进科学技术的发展和商业活动交往范围的扩大,产品变革迅速加快。据西方国家生产资料工业的统计数据表明,一件比较重大的、全新的产品,从构思、设计、试制到投入批量生产的速度,在历史上经历了较大的发展变化,而创新则是动力源泉。

⇨【小案例 4-2】

农夫的智慧

一个农夫在集市上卖玉米。因为他的玉米棒子特别大,所以吸引了一大批买主。其中一个买主在挑选的过程中发现很多玉米棒子上都有虫子,于是他故意大惊小怪地说:"伙计,你的玉米棒子倒是不小,只是虫子太多了,你想卖玉米虫呀? 可谁爱吃虫肉呢? 你还是把玉米挑回家吧,我们到别的地方去买好了。"

买主一边说着,一边做着夸张而滑稽的动作,把众人都逗乐了。农夫见状,一把从他手中夺过玉米,面带微笑却又一本正经地说:"朋友,我说你是从来没有吃过玉米咋的? 我看你连玉米质量的好坏都分不清,玉米上有虫,这说明我在种植中,没有施用农药,连虫子都爱吃我的玉米棒子,可见你这人不识货!"接着,他又转过脸对其他的人说:"各位都是有见识的人,你们评评理,连虫子都不愿意吃的玉米棒子就好么? 比这小的棒子就好么? 价钱比这高的玉米棒子就好么? 你们再仔细瞧瞧,我这些虫子都很懂道理,只是在棒子上打了一个洞而已,棒子可还是好棒子呀! 我可从来没有见过像他这么说虫子呢!"

他说完了这一番话语,又把嘴凑在那位故意刁难的买主耳边,故作神秘状,说道:"这么大,这么好吃的棒子,我还真舍不得这么便宜地就卖了呢!"

农夫的一席话,把他的玉米棒子个大,好吃,虽然有虫但是售价低这些特点表达出来了,众人被他的话语说得心服口服,纷纷掏出钱来,不一会儿工夫,农夫的玉米销售一空。

第二节 新产品策划

一、什么是新产品

1.新产品的概念

一般而言,新产品是指通过运用先进的科学技术发明创造或改进从而制造出市场上所未出现的产品。当然在不同的领域对于新产品还有不同的定义,不过大同小异。我们主要从市场营销的角度出发,以创新程度的深浅为划分标准。

2.新产品的类型

(1)创新型新产品

指利用全新的科学技术和原理生产出来的全新产品。这种新产品一般创新时间长,消耗的成本较大。

(2)改进型新产品

指在保留原有产品的技术和原理的基础上,采用相应的改进技术,使产品的外观、属性有一定进步的新产品。这种新产品的开发成本比较低,速度比较快。

(3)升级换代型新产品

指采用新的科学技术、新方法或新材料在原有技术基础上有较大突破的新产品。这种新产品开发比较容易,也能够快速地取得好的收益。

3.新产品策划

新产品开发策划可以成为竞争优势的源泉,可以加强战略优势和提升企业形象,有利于保持企业研究开发能力和可以充分利用生产和经营资源,从而提高品牌权益,也促进企业的人力资源全面建设。对于市场新产品策划作为一个牵涉企业全局的系统工程,需要严密的组织和管理以及系统科学的工作程序和科学的开发方式,用于避免新产品策划失败和减少失误。

▷【小案例 4-3】

"黑货"商店生意兴

最近,在湖北省武汉市新开张了一家特色食品店。这家食品店出售的全是"黑货",比如黑米、黑豆、黑芝麻、黑木耳、黑面包、黑咖啡等等。许多顾客买"黑色食品"时,一下子就会想到去这家黑货店。因此,该店生意一日比一日红火。

(资料来源:市场营销策划案例经典大全,www.lodoeshop.com)

[试析]

分析"黑货店"生意兴隆的原因。

[分析]

卖同样商品的商店到处都是,要使顾客上门,非得有一些特色不可,这就是人们常说的

"经营特色"。武汉这家"黑货店"的兴隆也就在于"特、新",它让黑色食品集中一起,供顾客任意挑选,这既满足了人们好奇的心理,又跟上了人们偏爱健康食品的潮流。企业要想在竞争中站稳脚跟,必须具有开拓创新精神,并且能够仔细揣摩顾客心理,以吸引更多的顾客上门。

二、新产品策划基本方式

企业开发新产品,选择合适的开发方式很重要。选择得当,适合企业实际,就能尽可能地减少企业本身承担风险,易获成功。一般有自主开发方式、技术引进方式、改进开发方式和结合开发方式四种。

1. 自主开发方式

一般的从长远角度考虑,企业开发新产品最根本的途径是自行设计、自主研制,即所谓自主开发方式。采用这种方式开发新产品,有利于产品更新换代和形成企业的技术优势,也有利于产品参与市场竞争。自主研制、开发产品需要企业拥有一支实力雄厚的研发队伍,建立一个先进的科研平台和构建一个科学合理、高效率的产品开发流程。

2. 技术引进方式

技术引进是企业开发新产品的一种常见方式。企业采用这种方式可以很快地掌握新产品的核心技术,减少研制经费和投入的精力,从而赢得研发时间,进而缩短与其他企业的差距。但引进技术不利于形成企业的核心技术优势和企业产品的更新换代周期。

3. 改进方式

改进方式是以企业的现有产品为基础,根据用户的需要,采取改变性能、属性、升级等措施来开发新产品。采用这种方式可以有效地依靠企业现有设备和技术实力,开发费用较低,成功把握较大。但是,长期采用改进方式开发新产品,会影响企业的发展速度以及企业自主创新核心竞争力的发展。

4. 结合方式

结合方式是自主开发与引进开发等相结合方式,也是企业开发新产品使用较多的一种方式。许多企业在拥有一定技术实力后,通过引进一部分技术,加快研发新产品的速度,并可以提高新产品的综合性能,也是提高企业新产品竞争力的重要手段。

⇨【小案例 4-4】

"状元红"酒的东山再起

河南省上蔡酒厂生产的"状元红",是已有 300 年历史的名酒,古方酿造,省优产品,行销全国,远销国际市场。

1981 年,"状元红"以古老名酒的资格,再度进入上海市场。然而"状元红"并没有旗开得胜,没有"红"起来,反而成了滞销货。

于是,上蔡厂与"状元红"在上海的特约经销单位——黄浦区烟酒公司一起,认真研究,走访调查了几家酒店,听酒店老板介绍,青年是上海名酒最大的消费者,他们购买名酒目的有两个。第一是送礼,初次到恋人家做客,总要带上几瓶好酒孝敬长辈。第二是装饰,布置新房时,在玻璃柜里放几瓶名酒,以显其风雅,中档酒最畅销。

　　根据调查,上蔡厂决定:以青年消费者为目标市场,以"礼酒""装饰酒"为主要销售产品,以中档价格为定价策略。他们又在《解放日报》和《文汇报》上连续刊发文章:《礼品佳酒——中国古老名酒"状元红"在南京路各店上市》。几天之后,人们争相购买,"状元红"终于在上海市场走俏。

　　(资料来源:市场营销策划案例经典大全,www.lodoeshop.com)

　　[试析]

　　结合本案例,说明"状元红"是如何东山再起走俏上海市场的?

三、新产品策划过程

　　新产品开发是一项极其复杂的工作,从根据用户需要提出设想到正式生产产品投放市场为止,其中经历许多阶段,涉及面广、科学性强、持续时间长,因此必须按照一定的程序开展工作,这些程序之间互相促进、互相制约,才能使产品开发工作协调、顺利地进行。产品开发的程序是指从提出产品构思到正式投入生产的整个过程。

　　1.市场调查研究阶段

　　发展新产品的目的,是为了满足社会和用户需要。用户的要求是新产品开发选择决策的主要依据,为此必须认真做好调查计划工作。这个阶段主要是提出新产品构思以及新产品的原理、结构、功能、材料和工艺方面的开发设想和总体方案。

　　2.新产品开发的创意选择阶段

　　新产品开发是一种创新活动,产品创意是开发新产品的关键。在这一阶段,要根据社会调查掌握市场需求情况以及企业本身条件,充分考虑用户的使用要求和竞争对手的动向,有针对性地提出开发新产品的设想和构思。

　　3.新产品设计实施阶段

　　产品设计是指从确定产品设计任务书起到确定产品结构为止的一系列技术工作的准备和管理,是产品开发的重要环节,是产品生产过程的开始,必须遵循严格的程序实施。

　　4.新产品试制与评价甄别阶段

　　新产品试制阶段又分为样品试制和小批试制阶段。试制后,必须进行鉴定,对新产品从技术上、经济上作出全面评价,然后才能得出全面定型结论,投入正式生产。

　　5.新产品的生产技术准备阶段

　　在这个阶段,应完成全部工作图的设计,确定各种零部件的技术要求。

　　6.新产品的正式生产和销售阶段

　　在这个阶段,不仅需要做好生产计划、劳动组织、物资供应、设备管理等一系列工作,还要考虑如何把新产品引入市场,如研究产品的促销宣传方式、价格策略、销售渠道和提供服务等方面的问题。新产品的市场开发既是新产品开发过程的终点,又是下一代新产品开发的起点。通过市场开发,可确切地了解开发的产品是否适应需要以及适应的程度;分析与产品开发有关的市场情报,可为开发产品决策、为改进下一代产品、为提高开发研制水平提供依据,同时还可取得有关潜在市场大小的数据资料。

⮕【小案例 4-5】

"西瓜变方"的启示

多少年来,人们只知道西瓜是圆的,而今,日本有人生产出了方形西瓜,实乃破天荒也。

西瓜如何由圆变方的呢?不说不知道,一说就明了。在小西瓜上套上事先做好的一定规格的方形模具,西瓜在后期生长中就按照人们意愿,长成方形了。

传统的西瓜惹人喜爱,但是日本人认为圆西瓜占据存放空间、好滚动、易损坏,不利于长途运输和贮藏,不能获得最佳经济效益。

西瓜由圆变方独特新奇,销路大增,获利可观。

(资料来源:市场营销策划案例经典大全,www.lodoeshop.com)

[试析]

从"西瓜变方"中你得到什么启示?

[分析]

从"西瓜变方"中,我们得到如下启示:

在激烈的市场竞争中,一个企业或经营者,必须充分运用独创思维,想他人未想,做他人未做之事,求新破旧,"杀"出一条广阔的营销之路。

求新求异,企业或经营者,就得仔细研究人们习以为常的商品或事物,找出其不足和改进的方法,这光靠经营者苦思冥想是办不到的,而是要扎扎实实地依靠现代科学技术。

西瓜由圆变方的精髓就是"人无我有,人有我新"。只有多研制和生产独具特色的新产品,不仅可以满足市场需要,而且也能使经营者、生产者自身获得最大的经济效益。

⮕【知识链接】

国家重点新产品计划

一、计划简介

国家重点新产品计划(以下简称新产品计划)是国家科技计划体系中科技产业化环境建设的重要组成部分,是一项政策性引导计划。"十五"期间,它以"加强引导、鼓励创新、扶持重点、营造环境"为指导思想,通过政策性引导和扶持,促进新产品开发和科技成果转化及产业化,加速科技产业化环境建设,推动企业的科技进步和提高企业技术创新能力,带动我国产业结构优化升级和产品结构调整,增强我国产品国际竞争力。新产品计划自1988年开始启动。十多年来,新产品计划的实施产生了巨大的经济效益和社会效益,充分发挥了对产品创新活动的示范、引导和推动作用。

二、基本思路

根据国家科技产业化环境建设计划的总体部署和入世后我国面临的机遇与挑战,新产品计划将进一步贯彻"创新、产业化"的方针,与时俱进,抓住机遇,积极营造良好的科技产业化环境,继续采取国家政策引导和财政补助措施,引导和支持科研单位和企业的新产品开发试制工作。

新产品计划重点支持创新性强、技术含量高,拥有自主知识产权,对行业共性技术有较大带动作用,积极研究、制定或采用国际标准、国内外先进技术标准的新产品开发和试制工作,特别加强对装备制造业和能够促进解决农业、农村、农民问题的新产品的支持。

新产品计划实施将进一步加强与其他科技计划的衔接配合,优先支持"863"计划和科技攻关计划的产业化项目,充分发挥产品创新在国家创新体系中的带动作用。

三、有关概念

1. 新产品:指采用新技术原理、新设计构思,研制的全新型产品,或应用新技术原理、新设计构思,在结构、材质、工艺等任一方面比老产品有重大改进,显著提高了产品性能或扩大了使用功能的改进型产品。

2. 国家重点新产品:指在全国范围内首次研制或在同类产品中性能突出,符合国家产业政策等要求,由科学技术部认定列入《国家重点新产品计划》的新产品。

3. 新产品计划重点项目:指创新性强,技术含量高,有自主知识产权,市场前景好,属于国家重点发展领域,对国民经济和社会发展有重大影响,被认定为国家重点新产品,且给予新产品研发补助的项目。

四、新产品计划项目的基本条件

1. 在国内首次(或首批)成功开发、生产的新产品;

2. 符合国家产业政策、技术政策和相关的行业政策的新产品;

3. 技术水平和产品性能较高,达到国内先进水平的新产品;

4. 具有显著的社会效益、经济效益和市场发展前景的新产品;

5. 没有与所申报产品相关的知识产权纠纷的新产品。

五、新产品计划重点项目的条件

1. 符合新产品计划项目的基本条件;

2. 属于国家优先扶植的重点产业或高新技术产业的重大新产品;

3. 创新性强、技术含量高、附加值高、采用先进技术标准、有自主知识产权的新产品,特别是原创型新产品;

4. 竞争力强、市场潜力大、能在短时间内形成较大规模效益的新产品;

5. 满足国家迫切需要,对社会公益事业贡献大的新产品;

6. 地方政府予以配套政策重点支持的新产品。

六、支持方式

1. 列入新产品计划的项目,将颁发《国家重点新产品证书》;

2. 国家对列入新产品计划的重点项目,择优予以一定数额的新产品研发补助;

3. 根据国家、地方的政策规定,享受地方的相关优惠政策和待遇;

4. 对列入新产品计划的项目,在网上对外公布。

七、新产品计划优先支持下列范围的新产品

1. 高新技术领域产品:电子与信息、生物与医药、新材料、光机电一体化、新能源与高效节能、环境保护与资源利用、航空航天及交通、农业、其他高新技术产品;

2. 具有自主知识产权、创新性强、技术含量高、市场前景好的新产品,特别是原创型新产品;

3. 对国民经济基础产业、支柱产业发展具有重大促进和带动作用的新产品;

4. 采用国际标准或国内外先进标准的新产品;

5. 利用国家及省部级科技计划成果转化的新产品,特别是"863"计划、科技攻关计划或基础研究计划的科技成果产业化项目。

八、新产品计划原则上不支持下列范围的产品

1. 常规食品、饮料、烟、酒类产品;

2. 化妆品、服装、家具、小家电等日用产品;

3. 传统手工艺品;

4. 单纯改变花色、外观与包装的产品;

5. 动、植物品种资源;

6. 高能耗、环境污染的产品,特例情况;

7. 一般保健品原则上不予立项,但确属药用价值高,有很好发展前景的产品可考虑在立项范围内;

8. 一般纺织品原则上不予立项,但对能起到更新换代并有较大技术突破的纺织材料可考虑在立项范围内;

9. 军用产品不在新产品计划中立项,但军转民项目属新产品计划立项范围。

第三节 产品组合策划

一、产品组合

企业进行产品策划过程中,产品组合也是个关键问题之一。因为随着市场经济的蓬勃发展,单一产品在其行业中很难立足。产品组合是一个企业生产经营的全部产品的结构,即各种产品线及产品项目的有机组成方式。产品组合一般包括若干产品线,每一条产品线内又包括若干产品项目。主要通过产品组合的广度、深度和关联度三个方面表现出来。

(1)产品线是指几个相似或相近产品项目的组合形成。

(2)产品项目是指与企业生产经营的与其他产品相区分,列入生产和销售目录中的任何产品。包括产品线中各种不同品种、规格、型号、质量和价格的特定产品。产品项目是构成产品线的基本元素。

(3)产品组合的广度又叫产品线的宽度,是指企业经营的全部产品线的数目多少。产品线越多,产品组合就越广;反之,就越窄。

(4)产品组合深度是指企业经营的各种产品线内产品项目的平均数。平均数越大,表示产品组合中产品项目越多,组合度就越深。反之,产品项目越少,组合度越浅。

(5)产品组合的关联度也叫产品组合的协调性,指的是各条产品线在最终用途、生产条件和销售渠道等方面的相关程度。联系越密切,关联度就越大。

⇨【小案例 4-6】

独具匠心拓市场

近日,在国内市场上销售有两种价格比同类商品高而且在市场上还比较俏销的商品。

一是江苏盖天力制药公司生产的"白加黑"。一小盒感冒药有 12 粒药片,8 粒白的,4 粒黑的,白天服白片,晚上服黑片;白片只有消热息痛作用,不会产生嗜睡;黑片主要是抗过敏,让患者好好休息。另一个是浙江喜临门家具有限公司生产的"气动冬夏两用床"。这种床有真空气动装置,可以升降,床托部位为藏物箱,开启很方便,且一面是弹性好、睡感舒服的床垫,另一面是上等藤面。

这两种产品以其独具匠心的创意,一进入市场就受到消费者的青睐,成为同类产品中的俏销货。

(资料来源:市场营销策划案例经典大全,www.lodoeshop.com)

[试析]

结合本例,谈谈上述两种商品受消费者青睐的原因。

[分析]

如今,感冒药的竞争相当激烈,像康泰克、帕尔科、感冒通……几乎个个身手不凡,已经有相当知名度,要想在这其中再求得一席之地似乎已很困难。对席梦思床也是一样,以一般人的想法,除去在床垫的选材用料上做些文章,怕是不会有什么创新。然而,"白加黑"与"升降席梦思床"的生产者们,没有简单地把自己的目光局限在对同类产品的模仿或复制上,而是围绕着提高产品质量、增加产品功能等方面下工夫。他们的创造得到了市场的回报。

相反,有些生产者总习惯跟在别人后面走,看别人家的产品走俏也跟着生产,结果,还没等自己的产品上市,很快市场就出现了疲软。

辽宁灯塔具佟工堡皮装市场所经营的产品销往全国各地,并出口十几个国家和地区,年销售额 10 多亿元。附近有个乡见此也投资上百万元建起一个皮装市场,尽管他们从车站到市场搞了专车接送顾客,还要一人补贴给 10 元钱,但仍是"门庭冷落车马稀"。

看来,市场就是这样不喜欢相同"面孔",而"白加黑"和"升降席梦思床"却给人以这样的启迪:产品要有新创意。

二、产品组合策划

产品组合策划是企业对产品组合的广度、深度和关联性等方面进行选择、调整的决策。企业在制定产品组合策略时,要进行科学分析和综合比较,进而确定合理的产品结构。产品组合并非确定就固定不变,相反,企业必须根据市场需求、企业资源、技术条件、竞争状况、资金市场等因素调整而改进自己的产品组合,或者调整产品组合策略,从而增强企业的竞争能力,为企业带来更多的利润。可供选择的产品组合策划一般有以下几种。

1.增长产品线　扩大产品组合

这是一种全线增加产品组合种类,拓展组合空间的一种策划,最主要的包括产品线的拓展、产品组合广度的拓宽和产品组合深度的增强。

（1）产品线的拓展，以向上或向下来扩展其产品线，或同时向两方向扩展。向上扩展。在市场上定位于低档产品的企业可能会打算进入高档产品市场。向下扩展。许多企业最初位于市场的高端，随后将产品线向下扩展。双向扩展。定位于市场中端的公司可能会决定同时朝向下向上两个方向拓展其产品线。

（2）产品组合广度的拓展，是指在原产品组合中增加一条或若干条产品线，扩大企业的生产经营范围。当企业预测现有产品线的销售额和利润率在未来一两年可能下降时，就应考虑在现有产品组合中增加新的产品线，或加强其中有发展潜力的产品线，弥补原有产品线的不足。

（3）产品组合深度的增强，是指在原有的产品线内增加新的产品项目，增加企业经营的花色、品种。随着市场需求不断发展变化，企业应及时发展新的产品项目，以满足顾客需求，增强产品的竞争力。增加产品项目的数量，可以通过发掘尚未被满足的那部分需求来确定。

2. 消减产品线 缩减产品组合

（1）企业必须定期检查产品项目，研究削减问题。削减的情况有两种。一种是产品线中含有会使利润减少卖不掉的存货。可以通过销售额和成本的分析，来识破软弱的项目。另一种是公司缺乏生产力，企业必须检查一下获利幅度，集中生产利润较高的项目，削减那些利润低或者亏损的项目。当需求紧迫时，企业通常消减产品线；而在需求缓和时，则拉长产品线。

（2）缩减产品组合，即减少产品线，缩小经营范围，减少相应的产品组合广度和深度，实现产品专业化，从而在激烈的市场竞争中仍然保持一定的利润。

➪【知识链接】

十要点做好产品组合

成长期的经销商要将营销管理提高到更加精细化的程度。在这个过程中，产品组合应该首当其冲，优化产品组合作为一种前馈控制管理手段，可以防范许多渠道管理、现金流管理、团队管理，甚至财务管理等诸多方面的管理隐患问题。

如何从竞争的角度和持续发展的角度来看待经销商产品优化组合？这是经销商营销管理升级的一个重要课题。经销商在进行优化产品组合时，一定要综合考虑以下几个方面的问题：

助力内部管理提升

1. 经销商在代理多个品牌的时候，每个厂家营销模式、操作流程各成体系，这直接降低了经销商的经营效率，比如可口可乐要求经销商按照22种渠道类型的模式去操作市场，而统一企业要求按照批发、零售、hbr、ka四大类的通路结构操作市场，支撑这两种操作模式所设置的岗位体系是各不相同的，如果要兼顾两家的要求，势必造成经销商业务员的职责难以划清，内部难以有效分工，市场操作的专业性自然难以保证。

要解决经销商粗放的产品组合带来的内部不经济现象，首先要求经销商对厂家选择要更加慎重，各厂家的操作模式应该大致接近，避免"内部人员因为要承担过多的角色，或者角色界限的迷糊，最终会因为职责不清而导致营销人员缺乏责任感"的现象。

2.要加强渠道管理的专业性,另外一个办法就是,提高代理品牌的销售渠道重叠性,也就是产品之间的相容性。

比如,汇源与鲜橙多,太子奶与光明牛奶,看似都是同类产品,其实销售渠道差异性很大。前者侧重餐饮渠道,后者走传统渠道,要两者兼顾的话,战线必定很长且粗放,经营效率不高。

如果能将汇源与太子奶,鲜橙多与光明牛奶组合,渠道的相容性势必更高,这样更有利于改善物流配送能力和提高服务能力,经销商越容易集中精力,就越容易做得更为专注。

3.内部管理的提升,更多是不断学习的结果,经销商的内部管理提升更多依赖于引进成熟的操作方法和思路,因此代理品牌中应该有知名品牌或有潜力的公司品牌,这样的公司具有营销,管理以及财务上的综合实力,经销商由此可借机与厂家直接资源共享,再者可获得学习、培训的机会。对于成长期的经销商,学习成熟企业的成熟流程更是当务之急,尽量避免走弯路,缩短自己摸索的过程。

而且,名牌产品通常起到汇聚人气的作用,经销商可以借用这些产品"带货",在产品组合上以知名度高,价格敏感的品牌产品作为吸引客流的产品,来带动利润空间较大的非品牌产品销量。

4.产品之间最好要有一定的相关性以及关联性,或者是互补性,也是"带货"的绝好产品组合。比如,做酒的代理,通常可以代理烟品类。常言道"烟酒不分家",在销售时,两种或多种关联产品互相拉动和促进销售,向进货烟系列的客户推销酒,通常是十拿九稳的。

而且如此专注于某一类的产品组合,其实质就是定位在某一个细分市场,这样更有利于建立经销商自己的品牌,比如某经销商将自己的发展战略定位为做某地区的干货大王,这样客户一看到干货类的产品,自然就会想到该经销商。

强化财务运营能力

5.一般而言,经销商产品组合应在生命周期内均匀分布,当成熟产品衰退时,成长期的产品也就进入成熟期,形成产品成长梯队,从而保证经营状况不会大起大落,这是成熟市场的最优产品组合。

但对于处在成长期的经销商而言,经销商要向精细化营销升级,避免不了要将渠道扁平化,另外增加人手管理市场,此时产品组合的要求代理品牌也应该大多处于成长期或者成熟期,如果经销商的产品大多处在导入期,成长期的产品不够多,建议在削减一部分瘦狗、甚至问题产品的基础上,引进或培养更多明星产品。

因为在精细化营销的业务升级过程中,很明显的一个标志就是单笔业务的费用率增加了,如果产品在精细化营销的助力下,市场成长速度不能超过费用的增长,通常会更加恶化经销商的财务状况,最终会引致现金流危机。这也是经销商在转型过程中必须逾越的一道大坎。

6.通过考虑产品季节性来优化产品组合也可以改善企业现金流状况,比如两只产品的淡旺季节正好交错,一方面保证了总销量大致稳定,另一方面从资金上看,所需现金流量能保持稳定。

比如,方便面与饮料的通路差不多,而且在季节上也能互补。即使同类产品在季节上互补也比较常见,比如白酒和红酒以及啤酒、糖果和散糖,就能正好互补。

有的经销商初始代理的品牌较少,但是在立项时,经常遇到产品立项的两难抉择,比如面对两个品牌,其中一个是季节性互补品牌,另一个是明星品牌,如何取舍？这就要看经销商的资金实力与融资能力,以及融资成本等。如果资金实力不足,建议先选择前者,即互补性强的品牌,这种产品组合可使资金的利用有效性大幅提高。

7.日常的现金流固然重要,但是怎么组合能带来最优的利润状况以及相对最低的风险,才是经营的主要目标。从风险与收益的角度看,根据两者成正比的关系,收益较低,但成长稳定的投资性产品可保证经销商的永续稳健经营,这样的产品通常是成熟的品牌产品,成熟品牌有利于建设和维护一个覆盖率比较高的市场网络;收益较高、但风险较高的投机性产品无疑是很好的利润源泉,投资性与投机性产品相互搭配,一定程度上能够平衡风险与收益的关系,在规避与防范风险的同时,充分追求利润最大化和经营的稳定。

8.要注意处理好每个产品的周转速度,虽然利润率是根据利润额与周转速度的除数来决定的,不乏利润空间非常大,但是也相对非常滞销的产品。从现金流的角度来看,要使现金流平稳,就要尽量选择周转周期最短的产品,至少要让各种产品的周转周期处于均匀分布的状态,防止公司产品因现金流不足而陷入短期偿债能力不足的被动局面。

协调渠道各方关系

9.产品组合应当遵循互斥的原则。也就是说,其中一种产品的销售不应该给另外某一种产品带来负面的作用,就像可口可乐的健怡可乐和传统的碳酸饮料一样,无糖的健怡可乐是更有益身体的,直接影响了它的含糖传统可乐的品牌形象以及销量。

再比方说,很多代理商想"通吃"某一类产品,比如有的代理商既做可口可乐,又做百事可乐,或同时做统一与康师傅,同时代理两个相互竞争的品牌,虽然能够减少或避免价格竞争,但是一旦某厂家要执行方案以提高市场份额时,经销商害怕对自己其他品牌产生负面影响,故而会将策略执行变形,或束之高阁,经销商以为自己左右逢源,其实是将自己堕落为"二传手"和"搬运工",在没有竞争机制的环境中,经销商的外部市场与内部管理能力都是很难成长的,而且很容易激发纵向渠道冲突,毕竟厂家也非常忌讳这样的代理形式,同时会对经销商的诚意失去信任感,这也是导致厂商之间彼此不合作的根源。

10.经销商在进行产品组合时,除了应当综合权衡以上各点,甚至还要定性考虑市场环境,人脉关系等众多细节因素,比如代理了某一品牌,而自己的某一主要客户已经代理了这个品牌的竞争品牌,一旦双方会因为两个品牌的正面竞争产生对立,甚至会伤和气,那么这个新产品立项是得不偿失的。

以上分析是解析式的,经销商受到人力、物力、财力等多方面的条件限制。产品组合一定要在具体的环境中,根据具体经营环境,将新立项产品与老产品的品类综合在一起,再依据以上原则淘汰一些产品,才能实现让新的产品组合提升经销商的综合竞争力的目的。

（资料来源:第一营销网:www.cmmo.cn,作者:刘卫华）

第四节　商标与包装策划

一、商标的概念和功能

1. 商标的概念

一般而言,商标是一种法律用语,是生产经营者在其生产、制造、加工、拣选或者经销的商品或服务上采用的,为了区别商品或服务来源、具有显著特征的标志,一般由文字、图形或者其组合构成。经国家核准注册的商标为"注册商标",受法律保护。商标注册人享有商标专用权。

从经济学角度来讲,商标是商品的生产者经营者在其生产、制造、加工、拣选或者经销的商品上或者服务的提供者在其提供的服务上采用的,用于区别商品或者服务来源的,由文字、图形、字母、数字、三维标志、颜色组合,或者上述要素的组合,具有显著特征的标志,是现代经济的产物,消费者可以据此把该商标标示的产品或服务同其他商标标示的同类产品或服务区别开来。

世界知识产权组织(world intellectual property organization,wipo)给商标下的定义是:将某商品或服务标明是某具体个人或企业所生产或提供的商品或服务的显著标志。其实,商标的起源可追溯到古代,当时工匠们将其签字或"标记"印制在其艺术品或实用产品上。我国最早的有形商标,可追溯到北宋时期的"白兔商标"。当时济南有家姓刘的针铺店,以白兔为商标,颇负盛名。随着岁月迁流,这些标记演变成为今天的商标注册和保护制度。这一制度帮助消费者识别和购买某产品或服务,因为由产品或服务上特有的商标所标示的该产品或服务的性质和质量符合他们的需求。根据中华人民共和国商标法(2001 年修正),商标是指能将自己的商品(含服务)与他人的商品(含服务)区别开来的可视性标志(包括文字、图形、字母、数字、三维标志和颜色组合以及上述要素的组合)。

从设计的角度可以看出,商标是将具体的事物、事件、场景和抽象的精神、理念、方向通过特殊的图形固定下来,使人们在看到商标的同时,自然产生的联想,从而对企业产生认同。商标与企业的经营紧密相关,商标是企业日常经营活动、广告宣传、文化建设、对外交流必不可少的元素,它随着企业的成长,其价值也不断增长。其实在我们看到有形的可视商标的同时,还存在着无形商标,主要表现为本身不具有实体形式,是由一系列传递性的思想、意识或感官认识在人们大脑中产生的一种理念商标。刘备把他的"桃园三结义"品牌发挥得淋漓尽致,他所提倡的忠义策略几乎是其他任何人都无法达到的,"顺大义"、"安黎民"的人生理想,使他最终成为手下大将们心目中的"仁义之君"。这里面宣传的各种思想正是无形商标的具体表现。

对于商标的认识,随着市场经济的发展,企业越来越重视,保护商标品牌成为了企业必须去努力实施的工作。当然单纯地依靠法律或者自身对有形商标的保护还是不够的,合理地利用商标,树立商标品牌,才是企业迫切的事情。所以,商标包含有形商标和无形商标,是企业用来区分产品或服务的参照物的结合。

2.商标的功能

(1)识别商品来源的功能

或者说商标具有识别性,这是商标的基本功能、首要功能。商标就是由于要识别商品的来源才得以产生,所以有此功能者方可成为商标,无此功能者不能称作商标。商标识别性作为基本功能,由其延伸开来,商标还有若干与之相联系的功能。

(2)促进销售的功能

生产经营者使用商标标明商品的来源,消费者通过商标来区别同类商品,了解商品,做出选择,这样商标成为开拓市场,在市场上展开竞争的重要工具,这是商标的又一重要功能。

(3)保证商品品质的功能

生产者通过商标表示商品为自己所提供,服务提供者通过商标表示某项服务为自己所提供,消费者也通过商标来辨别商品或服务,对其质量做出鉴别,这种鉴别关系到生产经营者的兴衰,因此,商标的使用促使生产经营注重质量,保持质量的稳定。在现实中,牌子倒了,整个企业难以为继的现象时有出现。因此,商标的使用可以使生产经营者体会到市场竞争的压力,而关注商品质量,商标从而起到了保证商品品质的作用。当然这种保证是通过商标将生产经营者与消费者联系在一起的一种特定关系。

(4)广告宣传的功能

现代的商业宣传往往以商标为中心,通过商标发布商品信息,推介商品,突出醒目,简明易记,能借助商标这种特定标记吸引消费者的注意力,加深对商品的印象。商品吸引了消费者,消费者借助商标选择商品,商标的作用便显而易见。在现实中,商标成为无声的广告,更显示出商标的优势。

(5)树立商业声誉的功能

商标用于显示商品来源,保证商品的质量,进行商品的广告宣传,作为其开拓市场的有效手段,这都表明,商标凝结了被其标示的商品以及该商品的生产经营者的信誉,商标是商品信誉和与之有关的企业信誉的最佳标记,因此树立商誉的有效途径是形成声誉卓著的商标。这种富有声誉的商标既可有益于消费者选择可信的商品,又可以帮助生产经营者的商誉免受侵害。而且,商标使用的范围越广泛,这种树立商誉、维护商誉的作用越大,以至于企业的竞争、商品的竞争变成了商标的竞争,商标越孚众望,竞争力越强。

(6)从企业所有者角度而言,商标还具有资产增值与资本运作功能。

商标与其他知识产权权利一样,是企业的一项核心资产,通过商标的运作,可以为股东创造出超额利润或价值。

⊞➙【小案例 4-7】

沉默的推销员

早些年我国出口英国十八头莲花茶具,原包装是瓦楞纸盒,既不美观,又使人不知道里面装的是什么,结果无人问津。但伦敦一家百货商店出售这些茶具时加制了一个精美的包装,上面印有茶具彩色图案,套在原包装外面,销价一下由我国出口价的 1.7 英镑提高到 8.99 英镑,消费者积极购买。可见,良好的包装是一个沉默的推销员。

（资料来源：市场营销策划案例经典大全，www.lodoeshop.com）

［试析］

为什么说良好的包装是一个"沉默的推销员"？

［分析］

(1)俗话说："货卖一张皮"，这个"皮"就是商品的包装或外观。人靠衣裳，佛靠金装，商品靠包装，"丑姑娘巧打扮，要找婆家也不难"，商品也要有漂亮的包装才能吸引顾客。包装是商品的第一门面，一个完整的商品，首先进入消费者视觉的，往往不是商品本身，而是商品的包装。所以，能否引起消费者的购买欲望，进而产生购买行为，在一定程度上取决于包装的好坏。古代语言中的郑国人买其椟而还其珠，是因装珠的椟(亦即包装)比珠具有更大的吸引力。换句话说，商品的包装由于漂亮美观而比商品主体更有诱惑力，更能刺激消费者的购买欲望，产生购买行为。可见，包装具有推销的作用。

(2)推销员进行推销，一般要用谈话的方式向可能购买的顾客作口头宣传，以达到推销商品、满足需求的目的。良好的包装虽不能用"谈话"的方式推销，但包装却能达到推销的目的。因为：第一，包装本身就有语言——书面语言(即文字表达)，它是无声的、"沉默的"。一般包装物上有商品牌号、厂家地址、商品特性、作用、用途、用法、数量、质量、出厂日期、保质期等等说明，有的还有获奖名称、时间和奖章。这些使人一目了然，胜过推销员的"游说"，可谓"此时无声胜有声"。第二，包装本身就是一幅广告，不过这种广告不是有声的罢了。它通过人们的视觉、触觉、嗅觉等使人感知。美丽的图案装饰、雕刻造型，比在电视上大喊大叫自吹自擂更能使人信服。十八头莲花茶具就是靠洁爽明晰的实物照片而身价倍增的。第三，包装本身重复使用的价值也能引起消费者购买欲望。由此可见，良好的包装是一个沉默的推销员。

二、商标策划

商标策划的基础是企业向社会提供的产品或劳务。商标策划必须依据产品的特点以及企业内外部的影响因素，在此基础上进行科学谋划。

1. 商标使用选择的策划

在企业市场营销活动中，不同的企业往往选择有商标或无商标的策略。在商标策划中，其实不能太过拘泥，应视不同企业的不同情况，进行适当的策划。

(1)小企业一般采用其他企业的商标。作为一家小企业，由于其规模不大实力有限，自己拥有商标往往得不偿失。因此，小的生产企业往往以外加工为主，一般不需要拥有自己商标，而是采用制造商商标或中间商商标。

(2)固定规格标准的原材料一般不用商标。一些有固定规格标准的矿石等原材料、煤等燃料以及地产地销产品，或一次性销售的产品，考虑成本的节省，可以不使用商标。由于市场竞争日趋激烈，经营一些原来不使用商标的产品如水果、蔬菜、肉类、食糖、小农具等的企业为了保证其竞争地位也逐渐使用商标。

是不是使用商标关键就在于消费者对这件产品的态度。当然一般情况下，有商标的产品更容易得到消费者的信任。

2. 统一商标策略

即企业将自己所有的产品全部统一使用一个商标。这种策略的好处有,企业可以利用主打产品的知名度与美誉度,为其他产品进入市场打下一个坚实的基础,节约广告宣传等促销费用,树立企业的整体形象。

3. 多重商标策略

企业使用两种或两种以上的不同商标。采用这种策略主要是针对产品的消费受众的不同心理,增强企业内部的竞争,从而促进产品的质量与服务水平的提高。

4. 商标保护策略

即企业通过申请商标注册,从而得到相关法律的保护。采用这种策略可使企业的产品任何时候都能在注册国家或地区的法律保护下顺利进入市场,当商标注册之后,立即进行广告宣传攻势,激起广大消费者的购买欲望,这样既打开了市场,又提高了产品的知名度。

▷【知识链接】

地理标志产品专用标志管理办法

第一条　为了加强对地理标志的保护,维护地理标志注册人的合法权益,规范地理标志产品专用标志(以下简称专用标志)的使用,促进地理标志产品的发展,根据《中华人民共和国商标法》、《中华人民共和国商标法实施条例》的有关规定,制定本办法。

第二条　本办法所指的专用标志,是国家工商行政管理总局商标局为地理标志产品设立的专用标志,用以表明使用该专用标志产品的地理标志已经国家工商行政管理总局商标局核准注册。

第三条　专用标志的基本图案由中华人民共和国国家工商行政管理总局商标局中英文字样、中国地理标志字样、gi 的变形字体、小麦和天坛图形构成,绿色(c:70 m:0 y:100 k:15;c:100 m:0 y:100 k:75)和黄色(c:0 m:20 y:100 k:0)为专用标志的基本组成色。

第四条　已注册地理标志的合法使用人可以同时在其地理标志产品上使用该专用标志,并可以标明该地理标志注册号。

第五条　专用标志使用人可以将专用标志用于商品、商品包装或者容器上,或者用于广告宣传、展览以及其他商业活动中。

第六条　使用专用标志无需缴纳任何费用。

第七条　专用标志应与地理标志一同使用,不得单独使用。

第八条　地理标志注册人应对专用标志使用人的使用行为进行监督。专用标志应严格按照国家工商行政管理总局商标局颁布的专用标志样式使用,不得随意变化。

第九条　专用标志属于《中华人民共和国商标法》第十条规定保护的官方标志,各级工商行政管理部门负责对专用标志实施管理。对于擅自使用专用标志,或者使用与专用标志近似的标记的,各级工商行政管理部门可依照《中华人民共和国商标法》、《中华人民共和国商标法实施条例》的有关规定予以查处。

第十条　本办法由国家工商行政管理总局解释。

第十一条　本办法自 2007 年 1 月 30 日起施行。

三、包装的概念和功能

1. 包装的概念

传统概念认为包装将商品包装扎起来,能起到保护商品的作用,即为包装。而现代概念则认为包装是使用适当的材料、容器而施以技术,便于商品运输、保管、销售和使用,维护商品使用价值,使其不受外界因素影响,保持商品完好状态的技术和方法。很显然,现代包装的含义要比传统的认识要全面、丰富得多。

(1)狭义包装为在流通过程中保护产品、方便储运、促进销售,按一定的技术方法所用的容器、材料和辅助物等的总体名称;也指为达到上述目的在采用容器、材料和辅助物的过程中施加一定技术方法等的操作活动。

(2)广义的包装是指一切事物的外部形式都是包装。

我国国家标准 GB/T4122.1—1996 中规定,包装的定义是:"为在流通过程中保护产品、方便贮运、促进销售,按一定技术方法而采用的容器、材料及辅助物等的总体名称。也指为了达到上述目的而采用容器、材料和辅助物的过程中施加一定技术方法等的操作活动。"其他国家或组织对包装的含义有不同的表述和理解。美国包装学会所下的定义:"符合产品的需求,依最佳的成本,便于货物的运输、配销、储存与贩卖,而实施之统筹整体系统的准备工作。"可以看出,各国对于包装的定义都以包装功能和作用为其核心内容,一般有两重含义:一是关于盛装商品的容器、材料及辅助物品,即包装物。二是关于实施盛装和封缄、包扎等的技术活动。

可以看出,包装具有两层含义:一是静态的,指存放或包裹产品的容器或包裹物;二是动态的,指设计、生产容器或物品并将产品包裹起来的一系列活动。在实际工作中,两者往往紧密联系,不可分离。

美化产品,促进销售。我国过去许多出口商品的质量不错,但由于不重视包装,包装装潢不好,"金玉其中,败絮其外",往往不能进入超级市场、大百货商店的货架上。其结果往往是"一等产品、二等包装、三等价格。"中国龙口粉丝出口日本,原装 100 克只卖 50 日元,改为当地包装后,就卖 200 日元。人称"龙王要穿龙袍",质量固然重要,包装却给人"先入为主"的印象,说明美化产品、装潢产品的重要,它不仅可以增加出口量,而且可以多卖钱,增加外汇收入。

2. 包装的功能

(1)包装的具体分类

按包装使用次数分:有一次用包装、多次用包装和周转包装等;

按产品经营方式分:有内销产品包装、出口产品包装、特殊产品包装;

按包装在流通过程中的作用分:有单件包装、中包装和外包装等;

按包装容器的软硬程度分:有硬包装、半硬包装和软包装等;

按产品种类分:有食品包装、药品包装、机电产品设器包装、危险品包装等;

按功能分:有运输包装、贮藏包装和销售包装等;

按包装技术方法分:有防震包装、防湿包装、防锈包装、防霉包装等;

按包装制品材料分:有纸制品包装、塑料制品包装、金属包装、竹木器包装、玻璃容器包装和复合材料包装等。

(2)包装的功能有以下几个方面:

①包装可以起到保护商品的作用。免受日晒、风吹、雨淋、灰尘沾染等自然因素的侵袭,

防止挥发、渗漏、溶化、沾污、碰撞、挤压、散失以及盗窃等损失；

②包装可以更好地实现商品价值和使用价值，并是增加商品价值的一种手段；

③包装有利于美化商品、吸引顾客，并且有利于产品的销售；

④包装在流通环节，给产品的贮、运、调、销提供了方便，如装卸、盘点、码垛、发货、收货、转运、销售计数等；

⑤包装可以更好地对人或物进行形象上的装扮与美化，从而使其更具吸引力或商业价值。

⊟▷【知识链接】

包装中标志作用及运用

1. 预包装商品

预包装商品是指销售前预先用包装材料或者包装容器将商品包装好，并有预先确定的量值（或者数量）的商品。

2. 什么是定量包装商品

凡是以销售为目的，在一定限量范围内具有统一的质量、体积、长度、面积、计数标注等标识内容的预包装商品均为定量包装商品。

3. 定量包装商品净含量

定量包装商品净含量是指去除包装容器和其他包装材料后内装商品的量。

4. 定量包装商品"C"标志

2001年，我国借鉴欧洲在定量包装商品上实行"e"标志的经验，决定在我国推行定量包装商品"C"标志（"China"第一个字母）制度，并首批确定酒、食用油、方便面、米、奶粉（乳品包装机械）、牛奶、纯净水等13种定量包装商品可在其净含量标注前或后标注"C"标志。随着近年来"C"标志的深入开展和推广，从2006年1月1日起，凡是生产定量包装商品的企业其产品符合定量包装商品定义的均可申请使用"C"标志。

5. 企业使用"C"标志好处

首先，企业使用"C"标志，是为了保证其生产的定量包装商品净含量的准确，是企业能力和产品信誉的标志，凡印有"C"标志的定量包装商品其净含量是有保证的，消费者可放心购买。其次，我国"C"标志的含义除代表企业对社会的承诺以外，还代表着企业的计量保证能经过政府部门的核查，便于维护生产者和消费者的合法利益。第三，根据国家质监总局要求，对已取得"C"标志的商品，各地一律免予计量监督抽查。

6. 申请"C"标志

在我国，企业要在其生产的定量包装商品上使用"C"标志须经过一定的程序，即当企业按照国家发布有关文件的要求，达到国家规定的计量保证能力后，自愿向所在地省级质量技术监督部门申请计量保证能力评价。由受理申请的省级质量技术监督部门组织核查合格后予以备案，并颁发全国统一的《定量包装商品生产企业计量保证能力证书》，允许企业在其生产的定量包装商品上使用全国统一的计量保证能力合格标志"C"。

（来源：中国包装网）

四、包装策划

产品包装策划主要包括两个方面：一是产品的包装容器与外部，即包装器材；二是包装方法。包装是为了保护产品的数量和质量的一道必需的工序，也是强有力的营销手段，设计良好的包装能为消费者创造方便的价值，为生产者创造促销价值。

包装策划指包装对销售促进的策划。商品包装是商品的"无声促销员"。它不仅能保护商品便于商品的出售使用，而且具有传递有关商品信息的作用，具有识别功能、传递信息功能、诱发购买功能和使商品增值功能。

1.类似包装

企业生产的各种商品，在包装上采用相似的图案、颜色，体现共同的特征，以节约设计和印刷成本，突现企业形象。这种策划的优势是：

(1)可以节省包装的设计和制造费用。

(2)可以壮大企业声势，提高企业的市场地位。

(3)可以带动新产品的销售，减少消费者的不信任感。

2.产品品种丰富的企业产品包装策划

同一种产品品类有比较多的产品项目，即产品档次规格比较多的企业，产品包装策划侧重的是如何位消费者能方便区分本企业的不同档次规格的产品，"一分钱一分货"。由于消费者对产品的认识一般比较肤浅，企业只有通过产品包装来加以区分，按照产品质量价值的不同采用不同等级包装，使不同等级产品特征明显，把产品内在质量的差别体现在包装上，易于区分。

3.等级包装

等级包装，即对同种同质产品或同种不同质的产品分别采用不同等级的包装，以适应消费者的不同需要。

4.重复包装

(1)复用包装，即可以回收再用或用作其他用处的包装。如啤酒瓶、可口可乐瓶等。

(2)多用途包装是指包装内产品使用完以后，消费者还可将其另作他用。例如罐头瓶用作水杯，饼干桶用于存放其他食品等。

5.附有赠品的包装策略

馈赠包装有两种形式：一种为包装本身是一个附赠品，赠送对象一般为商店售货员，以提高售货员的积极性；另一种包装里面附有赠品，以激发消费者的购买欲望。

【小思考】 你从下列故事中得到什么启示？

榨菜，原产四川，大坛装运，获利甚微；上海人买入，改为中坛，获利见涨；香港人买入，小坛出售，获利倍之。日本人买之，破坛，切丝，装铝箔小袋，获利又倍之。与四川大坛榨菜相比较，获利翻番又翻番矣。

⇨【专题讨论】　名牌质量意识与民族工业精品保护

名牌象征着财富，标志着身份，证明着品质，沉淀着文化；精品引导时尚，激励创造，装点生活,超越国界。我国加入WTO后,国内市场国际化,国际市场国内化。世界市场一体化是当今全球经济发展的基本趋势,赢得竞争优势,夺取领先地位,获得更大效益,成为全球经济竞争的新景观。市场经济在一定程度上讲就是名牌经济,竞争的最终局面是名牌瓜分天下,精品扮演主角。无怪乎有人说:农业时代竞争土地,工业时代竞争机器,信息时代竞争品牌。品牌是进入21世纪的入场券。因此我们在设计企业发展战略时,只有将品牌提升到战略的高度,树立名牌质量意识,保护民族工业精品,才能弘扬国粹,竞争制胜。

一、品牌精品身无价,国之瑰宝要光大

名品精品是来之不易的国之瑰宝。它是企业形象的依托,它具有举世公认的经济价值。其产品特征是:品种适销对路,技术优良可靠,市场久畅不衰,企业服务周到。而且家喻户晓,信誉卓著。一个国家、地区拥有名牌产品的多少,可反映其综合经济实力和社会地位。例如"china"是中国的代名词。贵州茅台、景德镇瓷器——象征具有悠久历史的中国;松下索尼——象征电子技术超群的日本;皮尔·卡丹——象征第一流服装的法兰西;奔驰宝马——象征高精尖汽车的德意志;可口可乐、柯达——象征经济、技术现代化的美国。名牌是信誉,是瑰宝,是人类文明的精华,是一个国家和一个民族素质的体现。既是物质体现,又是文化水准的体现。因此,它往往成为一个国家和民族的骄傲。驰名商标比企业其他有形资产更加宝贵,它可以创造更多的价值。美国可口可乐公司经理曾夸口说:"如果可口可乐公司在全世界的所有工厂一夜之间被大火烧得精光,那么可以肯定,大银行家们会争先恐后地向公司贷款,因为'可口可乐'这牌子进入世界任何一家公司,都会给它带来滚滚财源。"

据报道,通过评估,1994年世界前五名商标的价值分别是:可口可乐,359.50亿美元;万宝路,330.45亿美元;雀巢,15.49亿美元;柯达,100.20亿美元;微软,98.42亿美元。可见,名牌有巨大的魅力。它是无价之宝。

犹如一个聚宝盆,驰名商标将企业的智慧、效率、资金效益等聚集一身。尽量将社会大众的期待需求、消费也都聚集于一身,并释放出强大的动力,推动企业和社会前进。

二、精品生命在质量,狠抓源头不放松

品质是一个品牌成功的首要保证,也是精品质量的生命线。品质就是市场,品质就是利润,品质就是信誉。一个真正的品牌不是靠政府的评比而来,也不是靠铺天盖地的广告制造出来,而是以自己的优秀质量在消费者的心目中逐步树立起来的。无锡小天鹅股份有限公司是我国最大的全自动洗衣机制造商,从1989年到1999年连续10年保持该行业市场占有率第一的骄人成绩。短短10年间,小天鹅公司以一个年亏损197万元的企业成长为仅品牌价值就达24亿元,年利润近3亿元的著名企业。小天鹅公司为使消费者参与产品质量的提高和改善,以重金奖励发现产品质量有问题的人。在该公司获得全国惟一一块金牌奖的第二天,就召开了"全面质量管理分析会",发动全体员工从市场领先者的角度提出了70多条有关生产和产品的意见。并将洗衣机的质量标准由国标的400次无故障运转,提高到国际标准的5000次无故障运转。同时,为进一步提高质量,推行了质量的"四化"措施,即质量标准国际化,质量管理标准化,质量考核严格化,质量系统规范化。通过这些质量管理手段,小天鹅公司不仅开拓了广阔的市场空间,也在消费者心目中树立了自己的良好品牌形象和概念,使企业的发展走上了良性循环的道路。透视小天鹅成功的背后,"观念比资金更重要"的理念模式,"末日管理"概念等企业文化使小天鹅自始至终保持旺盛的发展动力,是企业质量管理获取成功的法宝。以质量开拓市场,以品牌占领市场是现代企业提高产品竞争能力的行动准则。

三、提高质量创名牌,法制监督是保障

市场竞争靠产品,产品竞争靠名牌。如果说上世纪 80 年代的市场是杂牌和杂牌的混战,上世纪 90 年代则是品牌对杂牌的淘汰战,那么今天的市场就是品牌与品牌的遭遇战,其惨烈程度可想而知。为实施名牌战略,保护民族精品,应采取以下策略:

(一)品牌意识,精心策划

树立名牌意识是创立品牌的首要任务。优良稳定的产品质量是名牌的标志。企业必须明确狠抓产品质量,在消费者心中树起品牌质量的丰碑,才是自己创立名牌的根本保证。品牌策划百年大计。品牌一旦形成,或许是永恒的魅力,或许是永久的缺憾。众所周知的金利来领带,人们未见其货就先闻"男人的世界"之声,在人们心中留下深深的烙印。以"松下"传真机为例,由于其故障率高,且售后服务不完善,使得"松下"这一著名商标在消费者心目中的形象受损,成为一大败笔。因此,品牌策划应顺应市场变化,不断创新,在技术、质量、市场等方面赋予名牌新的内涵,才能永葆名牌的青春。

(二)以人为本,标准作业

产品就是人品,质量等于生命。以人为本的观念已深入人心,人员质量是产品质量的前提。企业是人的企业,人是企业的灵魂。人世间万事万物,人才是最宝贵的。只要有了高素质的人,什么人间奇迹都能创造出来。企业在市场上的竞争,表面看是产品的竞争,而实际上是科技的竞争。归根结底是人才的竞争。因为科学技术是人发明创造的,先进的工艺也是人应用于生产的,高质量的产品也是人开发、生产、制造出来的。实施标准化、精细化作业是创立名牌产品之根本。商品质量的好坏与作业标准密切相关。商品的标准是制造产品的依据,严格地实施标准才能保证产品具有高质量。标准化的基础在于企业。企业只有将标准化工作抓上去,搞好标准化工作,包括技术标准、管理标准系统建立起来,而且全面发挥标准化的作用,才能强化企业管理,提高企业管理水平,创造名牌精品。为此,抓好企业的整改工作,一是做好产品的抽检工作,强化技术措施,拓宽产品的抽检面。把好生产关和产品的出厂关,严禁不合格产品出厂,促使生产领域产品质量进一步提高。二是严格进行质检后处理工作。

(三)政策导向,公德教育

政府应从政策上给名牌企业相应的政策扶持,宣传保护名牌产品。对生产者和经营者进行社会公德教育,使名牌观念深入人心。同仁堂创业于 1669 年,信奉的理念就是:"炮制虽繁,必不敢省人工;品位虽贵,必不敢减物力。"做工精细,一丝不苟。经过三百多年苦心经营,久负盛誉。同仁堂在经营、管理、服务上形成了一整套独特的优良方式。相应地,宣传制售的药品也形成了四大特点:一是配方独特;二是选料上乘;三是工艺精湛;四是疗效显著。如今的同仁堂保持了自己的传统特点,还注重传统管理方法与现代科学管理相结合。使同仁堂从小生产向社会化大生产,从经验管理向科学现代化管理转变。通过教育使民众认识到保证产品质量,保护名牌精品就是敬业爱国,就是保护自己。同时要深入宣传《产品质量法》《消费者权益保护法》,要提高全民的质量意识,形成全社会打假防伪的意识,要充分调动全社会的力量联合打假,形成强大的社会合力。为此,一是要教育广大群众增强质量法律意识。从自身做起,不制假,不售假,不买假货。激发人们自觉地维护合法权益,形成强大的自我保护体系,使假冒伪劣无机可乘。二是要聘请义务监督员。采取走出去请进来等方法,

广泛听取人民群众的意见、建议和反映,形成全民打假的网络体系。三是要设立举报箱和举报电话。方便消费者投诉举报,及时受理制售假冒伪劣违法行为的案件,加大打击力度,依法捣毁制假售假的黑窝点。

(四)强化监督,法制保护

创名牌难,保名牌更难。因此,政府及社会有关部门必须依法行政,规范市场,强化监督,法制保护。首先,建立名牌保护的法律体系,完善法律保护措施。名牌需要规范市场行为,加强法律保护,才能得到不断发展。目前.我国对名牌保护的法律法规上,许多方面还不够完善。如对名牌商标的认识和保护,对名牌管理的法制化等问题急需处理制订相关条例,并与国际公约接轨。

其次,彻底消除地方保护主义。加强执法队伍内部建设,提高执法人员的业务素质和行政执法水平。一是要求各级领导必须树立正确的发展地方经济的指导思想。从本地的和长远的利益出发,狠抓产品质量的提高。政府部门及主要领导要对支持、纵容、包庇制售假冒伪劣产品的企业进行严肃查处。给执法人员撑腰做主,使执行部门和执法人员能理直气壮地打假,大胆地行使职权。真正使技术监督部门在社会上有为、有位、有威,提高技术监督部门打假的权威性。二是加强技术监督队伍建设,真正形成"一支招之即来,来之能战,战之能胜"的打假保真队伍。维护好社会经济秩序。三是在质量管理中,采取切实有效的措施,帮助指导企业推行全面质量管理。实行岗位责任制,把好工艺流程中的每道工序关和产品出厂关。四是对流通领域加强商品质量监督管理,督促经营部门自觉抵制假冒伪劣商品流入市场。五是加大产品质量检查力度,严厉查处、打击制售假冒伪劣产品的违法行为。使违法者无利可得,血本无还。再次,要依法行政,严肃法纪,加强管理,严格执法。目前社会上自封名牌者有之,花钱买名牌者有之,乱封名牌者有之,广告吹嘘者有之,泡沫品牌有之,假冒名牌者更甚。尤其是假冒名牌产品泛滥成灾,不但损害了名牌产品生产企业的合法权益,而且危及到了民族工业的发展,动摇了华夏民族的诚信之基。有些地区造假已成一定的气候和规模,地方保护,愈演愈烈。从商标印制到包装装潢,从装送发运到分销零售,组织严密,一条龙服务。既损害了名牌精品的声誉,又威胁到名牌产品企业的生存和发展。政府及有关部门必须采取有力措施,加大执法力度,严厉打击假冒伪劣产品,强化监督,才能有效地保护和促进我国名牌产品的顺利成长。实施名牌战略,保护民族精品,不仅仅是一个产品问题,而且还代表着国家的形象,涉及民族的自尊心和自信,有利于强化民族意识,增加民族的凝聚力。工厂创造产品,产品创造品牌,品牌沉淀文化,文化弘扬国粹,振奋民族精神。名牌是挡不住的诱惑,写不完的史诗。提高产品质量,保护民族精品是我们永恒的主题。

(资料来源:张国良《企业经济》2004年第2期,后被人大复印资料《市场营销》2004年第6期全文转载)

【策划人物链接】

余明阳——策划

20世纪90年代中期,取得营销专业博士学位的余明阳,把所学的美国企业形象(CI)理论引入国内,成立了一个CI策划组,为国内企业提供策划服务。1994年夏季,雅戈尔集团在余明阳CIS专家组的帮助下,从理念、行为、视觉三个方面,全面导入CI。在CI导入的启动阶段,雅戈尔集团动员了近 100 名专业人员,组织了 1 万多名的调查人员,对全国的衬衫市场进行了全面的调查,涉及 12 万名消费者,历时半年。此后又收集了 1985～1994 年国内外服装市场走势案卷,对服装流行与技术更新,进行了全面的文案调查。与此同时,余明阳两次率领 28 位企业管理、市场行销、工业设计、环境艺术、企业文化等专家,就雅戈尔的企业管理架构、企业理念、企业行为、视觉传达进行了全面谋划,随后又多次进行了缜密的论证,像"未来 15 年雅戈尔集团的发展战略框架"、"雅戈尔名牌战略的具体构想"、"雅戈尔行销体系的实际操作方案"等,这一切使得一家普通的镇办服装厂,在短短的几年内,从激烈的衬衫市场中脱颖而出,一举荣登"中国十大名牌衬衫"榜首。

此外,余明阳还以总策划、首席顾问的身份为长安汽车、沱牌曲酒、乐百氏、曲美等诸多企业服务,现在在某高校任营销教授。余明阳是我国 CI 策划设计的代表人物,其策划的主要特点是从公关学角度进行 CI 的研究与实际操作,善于调动宣传舆论的作用。

(资料来源:孟韬,毕克贵:《营销策划》,机械工业出版社 2012 年版)

▷【本章小结】

1.产品的含义:一般的狭义产品是指被生产出的物品;广义产品则是可以满足人们需求的载体。所以,产品不完全相同于商品,产品用于交换才是商品,一旦用于满足人们的某种需要,则成为了广义产品。产品的分类按照产品的使用用途划分、产品的实体性划分、产品的使用周期划分等,产品的生命周期一般分为初始阶段、成长阶段、成熟阶段和衰退阶段四个阶段。

2.产品策划的类型:根据 4p 理论划分、根据 4c 理论划分、根据促销方式划分、根据市场流程划分、根据产品类型划分等方式。

3.新产品策划过程:市场调查研究阶段、新产品开发的创意选择阶段、新产品设计实施阶段、新产品试制与评价甄别阶段、新产品的生产技术准备阶段、新产品的正式生产和销售阶段等。

4.产品线是指几个相似或相近的产品项目的组合形成;产品项目是指与企业生产经营的与其他产品相区分,列入生产和销售目录中的任何产品。包括产品线中各种不同品种、规格、型号、质量和价格的特定产品。产品项目是构成产品线的基本元素。

5.商标的功能:识别商品来源的功能、促进销售的功能、保证商品品质的功能、广告宣传的功能、树立商业声誉的功能、从企业所有者角度而言,商标还具有资产增值与资本运作功能。

6.包装具有两层含义:一是静态的,指存放或包裹产品的容器或包裹物;二是动态的,指设计、生产容器或物品并将产品包裹起来的一系列活动。在实际上作中,两者往往紧密联系,不可分离。

【诗语点睛】

名牌精品重千金
国之瑰宝要光大
产品质量是生命
商品包装精美化

　　生命周期有规律

　　高峰低谷有落差

　　把握有度是关键

　　顺势而为锦上花

本章习题

一、名词解释

产品；

产品策划的类型；

产品线；

商标；

包装。

二、简答题

1. 产品的类型有哪些？产品的生命周期分为哪几个阶段？

2. 新产品的特点、类型有哪些？

3. 产品组合需要注意哪些问题？

4. 商标和包装的功能是什么？

【案例分析】

宝洁公司多品牌产品策划

　　宝洁公司是一家美国的企业。2009年"世界500强企业在华贡献排行榜"第八名，"在华经济责任榜"第十名，"在华公众形象榜"第五名。2009、2010年"世界最受尊敬公司"第六位，"顶尖企业的领导者"第二位，在总共25年的"最受尊敬"排名中24年位居第一，其中连续12年蝉联。它的经营特点：一是种类多。公司从香皂、牙膏、漱口水、洗发精、护发素、柔软剂、洗涤剂，到咖啡、橙汁、烘焙油、蛋糕粉、土豆片，到卫生纸、化妆纸、卫生棉、感冒药、胃药，横跨清洁用品、食品、纸制品、药品等多种行业。二是许多产品大都是一种产品多个牌子。以洗衣粉为例，他们推出的牌子就有汰渍、洗好、欧喜朵、波特、世纪等近10种品牌。在中国市场上，香皂用的是舒肤佳，牙膏用的是佳洁士，卫生巾用的是护舒宝，仅洗发精就有"飘柔"、"潘婷"、"海飞丝"三种品牌。要问世界上那个公司的牌子最多，恐怕是非宝洁莫属。

　　宝洁公司是如何实施多品牌策略的？

　　一、寻找差异

　　如果把多品牌策略理解为企业多到工商局注册几个商标，那就大错而特错了。宝洁公司经营的多种品牌策略不是把一种产品简单地贴上几种商标，而是追求同类产品不同品牌之间的差异，包括功能、包装、宣传等诸方面，从而形成每个品牌的鲜明个性，这样每个品牌都有自己的发展空间，市场就不会重叠。有些人认为使织物柔软最重要；还有人希望洗涤和漂洗能力最重要；还有人希望洗衣粉具有气味芬芳、碱性温和的特征。于是就利用洗衣粉的九个细分市场，设计了九种不同的品牌。

　　宝洁公司就像一个技艺高超的厨师，把洗衣粉这一看似简单的产品，加以不同的佐料，烹调出多种可口的大菜。不但从功能、价格上加以区别，还从心理上加以划分，赋予不同的品牌个性。通过这种多品牌策略,宝洁已占领了美国更多的洗涤剂市场,目前市场份额已达到55%,这是单个品牌所无法达到的。

二、制造"卖点"

宝洁公司的多品牌策略如果从市场细分上讲是寻找差异的话,那么从营销组合的另一个角度看是找准了"卖点"。买点也称"独特的销售主张",英文缩写为 usp。这是美国广告大师罗瑟·瑞夫斯提出的一个具有广泛影响的营销理论,其核心内容是:广告要根据产品的特点向消费者提出独一无二的说辞,并让消费者相信这一特点是别人没有的,或是别人没有说过的,且这些特点能为消费者带来实实在在的利益。在这一点上,宝洁公司更是发挥得淋漓尽致。以宝洁在中国推出的洗发精为例,"海飞丝"的个性在于去头屑,"潘婷"的个性在于对头发的营养保健,而"飘柔"的个性则是使头发光滑柔顺。在中国市场上推出的产品广告更是出手不凡:"海飞丝"洗发精,海蓝色的包装,首先让人联想到蔚蓝色的大海,带来清新凉爽的视觉效果,"头屑去无踪,秀发更干净"的广告语,更进一步在消费者心目中树立起"海飞丝"去头屑的信念;"飘柔",从牌名上就让人明白了该产品使头发柔顺的特性,草绿色的包装给人以青春美的感受,"含丝质润发素,洗发护发一次完成,令头发飘逸柔顺"的广告语,再配以少女甩动如丝般头发的画面,更深化了消费者对"飘柔"飘逸柔顺效果的印象;"潘婷",用了杏黄色的包装,首先给人以营养丰富的视觉效果,"瑞士维他命研究院认可,含丰富的维他命原 b5,能由发根渗透至发梢,补充养分,使头发健康、亮泽"的广告语,从各个角度突出了"潘婷"的营养型个性。

从这里可以看出,宝洁公司多品牌策略的成功之处,不仅在于善于在一般人认为没有缝隙的产品市场上寻找到差异,生产出个性鲜明的商品,更值得称道的是能成功地运用营销组合的理论,成功地将这种差异推销给消费者,并取得他们的认同,进而心甘情愿地为之掏腰包。

三、能攻易守

传统的营销理论认为,单一品牌延伸策略便于企业形象的统一,减少营销成本,易于被顾客接受。但从另一个角度来看,单一品牌并非万全之策。因为一种品牌树立之后,容易在消费者当中形成固定的印象,从而产生顾客的心理定势,不利于产品的延伸,尤其是像宝洁这样的横跨多种行业、拥有多种产品的企业更是这样。宝洁公司最早是以生产象牌香皂起家的,假如它一直沿用"象牙牌"的单一品牌,恐怕很难成长为在日用品领域称霸的跨国公司。以美国 scott 公司为例,该公司生产的舒洁牌卫生纸原本是美国卫生纸市场的佼佼者,但随着舒洁牌餐巾、舒洁牌面巾、舒洁牌纸尿布的问世,使 scott 公司在顾客心目中的心理定势发生了混乱——"舒洁该用在那儿?"一位营销专家曾幽默地问:舒洁餐巾与舒洁卫生纸,究竟那个品牌是为鼻子设计的? 结果,舒洁卫生纸的头把交椅很快被宝洁公司的 charmin 卫生纸所取代。

可见,宝洁公司正是从竞争对手的失败中吸取了教训,用一品多牌的策略顺利克服了顾客的"心理定势"这一障碍,从而在人们心目中树立起宝洁公司不仅是一个生产象牙香皂的公司,还是生产妇女用品、儿童用品,以至于药品、食品的厂家。

许多人认为,多品牌竞争会引起经营各个品牌企业内部各兄弟单位之间自相残杀的局面。宝洁则认为,最好的策略就是自己不断攻击自己。这是因为市场经济是竞争经济,与其让对手开发出新产品去瓜分自己的市场,不如自己向自己挑战,让本企业各种品牌的产品分别占领市场,以巩固自己在市场中的领导地位。这或许就是中国"肥水不流外人田"的古训在西方的翻版。

从防御的角度看,宝洁公司这种多品牌策略是打击对手、保护自己的最锐利的武器。一是从顾客方面讲,宝洁公司利用多品牌策略频频出击,使公司在顾客心目中树立起实力雄厚的形象;利用一品多牌从功能、价格、包装等各方面划分出多个市场,能满足不同层次、不同需要的各类顾客的需求,从而培养消费者对本企业的品牌偏好,提高其忠诚度。二是对竞争对手来讲,宝洁公司的多品牌策略,尤其是像洗衣粉、洗发水这种"一品多牌"的市场,宝洁公司的产品摆满了货架,就等于从销售渠道减少了对手进攻的可能。从功能、价格诸方面对市场的细分,更是令竞争者难以插足。这种高进入障碍无疑大大提高了对方的进攻成本,对自己来说就是一块抵御对手的盾牌。

综上所述,我们从宝洁公司的成功中看到了多品牌策略的多种好处,但并非是坦途一条。俗话说"樱桃好吃树难栽",要吃到多品牌策略这个馅饼,还需要在经营实践中趋利除弊。

一是经营多种品牌的企业要有相应的实力,品牌的延伸绝非朝夕之功。从市场调查,到产品推出,再到广告宣传,每一项工作都要耗费企业大量的人力物力。这对一些在市场上立足未稳的企业来讲无疑是一个很大的考验,运用多品牌策略一定要慎之又慎。

二是在具体操作中,一定要通过缜密的调查,寻找到产品的差异。有差异的产品品牌才能达到广泛覆盖产品的各个子市场、争取最大市场份额的目的。没有差异的多种品牌反而给企业加大生产、营销成本,给顾客的心理造成混乱。

三是要根据企业所处行业的具体情况,如宝洁公司所处的日用消费品行业,运用多品牌策略就易于成功。而一些生产资料的生产厂家就没有必要选择这种策略。

(资料来源:市场营销策划案例经典大全,www.lodoeshop.com)

思考题:

1.企业多品牌产品策划应注意哪些问题?

2.试论,假如宝洁采用统一品牌,会不会更好?

第五章

价格策划　≫≫≫　≫

【学习目标】

掌握价格策划的含义和步骤；

掌握新产品和传统产品的价格策划战略方法；

理解构建产品价格体系的必要性；

了解产品价格体系的构成策略。

【引导案例】　高价也可多销

1945年圣诞节即将来临时，为了欢度战后的第一个圣诞节，美国居民急切希望能买到新颖别致的商品作为圣诞礼物。当年6月份，美国有一位名叫朵尔顿·雷诺兹的企业家到阿根廷谈生意时，发现圆珠笔在美国将有广阔的市场前途，立即不惜资金和人力从阿根廷引进当时美国人根本没有见过的圆珠笔，只用一个多月便拿出了自己的改进产品，并利用当时人们原子热的情绪，取名为"原子笔"。之后，他立即拿着仅有的一支样笔来到纽约的金贝尔百货公司，向主管们展示这种"原子时代的奇妙笔"的不凡之处："可以在水中写字，也可以在高海拔地区写字。"这些都是雷诺兹根据圆珠笔的特性和美国人追求新奇的性格精心制定的促销策略。果然，公司主管对此深感兴趣，一下订购了2500支，并同意采用雷诺兹的促销口号作为广告。

当时，这种圆珠笔生产成本仅为0.8美元，但雷诺兹却果断地将售价抬高到20美元，因为只有这个价格才能让人们觉得这种笔与众不同，配得上"原子笔"的名称。1945年10月29日，金贝尔百货公司首次销售雷诺兹圆珠笔，竟然出现了3000人争购"奇妙笔"的壮观场面。人们以赠送与得到原子笔为荣，一时间新颖、奇特的高贵的原子笔风靡美国，大量订单像雪片一样飞向雷诺兹的公司。短短半年时间，雷诺兹生产圆珠笔所投入的2.6万美元成本竟然获得150多万美元的利润。等到其他对手挤进这个市场，杀价竞争时，雷诺兹已赚足大钱，抽身而去。

思考与讨论：

价格竞争作为厂家促销的一种方式，对企业来说怎么利用，如何利用好是一个关键。结合案例，思考假如你是一家企业的老总，你如何利用好价格策划？

【本章导读】

在整个市场营销策划中，价格策划是一个以消费者需求的经济价值为基础，综合考虑各种影响因素,确定价格目标、方法和策略,制定和调整产品价格的过程。新产品和传统产品的销售有着不同的方式方向,特别是价格策略更是有所差别,分析两个深层次原因的同时,构建企业产品的价格策划体系,对于企业的营销策划有着重大影响。

【诗语导读】

> 价格市场晴雨表
> 经济冷暖见分晓
> 供不应求市价高
> 供过于求往下跳
> 贱取物品似珠宝
> 贵如粪土向外抛
> 生财有道知行情
> 价值规律大学校

第一节 价格策划

价格策划是一个以消费者需求的经济价值为基础,综合考虑各种影响因素,确定价格目标、方法和策略,制定和调整产品价格的过程。

一、影响价格策划的主要因素

1. 内部因素

影响企业定价的内部因素主要包括产品成本、企业的营销组合和企业的营销目标。

2. 外部环境

影响企业定价的外部环境主要包括市场性质、产品差异性、国家政策、竞争对手和消费者需求等。

3. 顾客需求

顾客对产品拥有需求强度,这种需求心理是影响产品定价的重要因素。顾客需求还会受到自身收入和产品价格的影响,由于收入与价格等因素的变动而引起,相应的需求变动率就是需求弹性。

二、价格策划的原则

1. 获取利润原则

利润是考核和分析企业营销工作好坏的一项综合性指标,也是企业最主要的资金来源。以利润为价格策划原则有三种具体形式:预期收益、最大利润和合理利润。

(1)获取预期收益原则

预期收益是指企业以预期利润(包括预交税金)为定价基点,并以利润加上商品的完全成本构成价格出售商品,从而获取预期收益的一种定价目标。预期收益目标有长期和短期之分,大多数企业采用长期目标。预期收益主要是通过预期收益率计算出来的。预期收益率,又叫投资收益率或销售收益率,是计算预期收益的一种具体方法,能准确地反映企业经营的好坏。

(2)获取最大利润原则

最大利润是指企业在一定时期内综合考虑各种因素后,以总收入减去总成本的最大差额为基点,确定单位商品的价格,以取得最大利润的一种定价目标。最大利润是企业在一定时期内可能并准备实现的最大利润总额,而不是单位商品的最高价格,最高价格不一定能获取最大利润。当企业的产品在市场上处于绝对有利地位时,往往采取这种定价目标,它能够使企业在短期内获得高额利润。

(3)获取合理利润原则

合理利润是指企业在补偿正常情况下的社会平均成本基础上,适当地加上一定量的利润作为商品价格,以获取正常情况下合理利润的一种定价目标。企业在自身力量不足,不能实行最大利润目标或预期收益目标时,往往采取这一定价目标。这种定价目标以稳定市场价格、避免不必要的竞争、获取长期利润为前提,因而商品价格适中,顾客乐于接受,政府积极鼓励。

2.适应市场原则

企业的利润高低并不能确切地反映这个企业的市场地位,更不能反映它同其他竞争企业的关系,而市场占有率则能准确反映企业在同行业的地位和竞争实力。因此,许多企业以市场占有率作为自己的价格目标。所以,一个产品的定价就要符合市场规律、适应市场环境。

(1)以低价抢占市场

以低价抢占市场为原则,就是在提高产品质量、降低产品成本的前提下,使商品的价格低于主要竞争者的价格,以低价迅速打开销路,挤占市场,从而提高企业商品的市场占有率。待占领市场后,再通过增加和提高某些功能的方式逐步提高商品价格。

(2)以高价拉动市场

以高价拉动市场为目标,就是在产品上市初期,以高于竞争对手的商品价格,利用消费者的求新、求名心理,尽可能在短期内获取最大利润。等到竞争激烈时,以先期获得的超额利润为后盾,调整价格,从而扩大销售,占领市场,击败竞争对手。

(3)以竞争价格占领市场

以竞争价格占领市场为目标,就是在制定商品价格之前,认真研究竞争对手的营销策略,根据企业自身实力,用针锋相对的方式与对手抗衡,以便占领市场或保护既得市场。这种价格目标,易导致价格大战,风险较大。

3.适时变动原则

(1)价格变动的时间区间

通常,战术价格调整多数控制在 2—4 个月之间,或者是价格调整的营销目的已经达到,就应该研究新的价格战术,采用新的价格策划方案。

(2)价格策略的适时变动性

企业经营的基本原则多倾向于价格相对稳定,变化频率过快易失去消费者的信任。但是相对稳定并不是说一成不变,只要时机合适,仍然能利用价格因素达成直接获利或排斥竞争者的目的。所以,价格的制定要具有适时变动性。

三、价格策划的一般程序

企业按照商品价格制定的一般程序,预计销售数量,预测竞争反应,选择定价方式,进而制定出适合自身发展的价格。企业制定价格策划的程序一般包括如下几个步骤:

1.分析市场环境

首先根据企业自身情况和外部环境分析,确定其营销目标。此外,考虑企业经营活动的有关计划也是非常重要的工作之一,企业在实施价格策划之前要综合、全面地考察企业整个的市场营销计划,如产品开发计划、商品推销计划以及分配渠道的选择。

2.预算产品销售数量

产品销售数量大小的估算关系到新产品投放市场和老商品拓宽市场的成败。其方法如下:

(1)分析市场预期价格。预测价格是影响商品定价的一个重要因素。商品价格高于或低于预期价格,都会影响商品的销售。因此,企业在进行市场销售潜量估算时,首先要了解市场上是否已存在预期价格,并能结合实际预测预期价格的走势等。

(2)估算不同价格下的销售量。计算各种销售价格的均衡点以及何种价格最为有利。

3.分析竞争对手反应

市场已经存在的和潜在的竞争对手对于商品价格的影响极大,特别是那些投资不大、利润可观的产品,潜在的竞争威胁最大。

4.预期市场占有率

市场占有率反映企业在市场上所处的地位。市场占有率不同,则营销价格策略和方法也不同。因此,企业在价格策划之前,应准确测定现有市场占有率,预计、推测产品上市后的市场占有程度。

5.选择合理的价格策划战略

经过以上各步骤的分析、研究,企业最后选择具体的定价方法来确定商品的价格。

四、价格策划战略

1.成本导向战略

以成本为中心的价格策划是以成本加利润为基础,完全按卖方意图来确定商品价格的方法。其优点是保证企业不亏本,计算简单。但所定价格,国际市场的顾客未必接受。成本导向的战略方法往往需要根据企业特定的目标利润、目标市场的需求状况、竞争格局和政府法令作相应调整。有以下几种方法:

(1)成本加成定价法

即将产品的单位总成本加上预期的利润所定的售价,售价与成本之间的差额,即是加成(销售毛利)。其公式为:

单位产品销售价格＝单位产品总成本÷(1－税率－利润率)

该法适用于产量与单位成本相对稳定,供求双方竞争不太激烈的产品。

(2)目标利润定价法

也叫投资收益率定价法,是根据企业的总成本和计划的销售量(或总产量)及按投资收

益率制定的目标利润而制定的产品销售价,再加单位产品目标利润额。其公式为:

单位产品销售价格＝(总成本＋目标利润总额)÷总产量

(3)边际贡献定价法

又称变动成本定价法,是指企业在定价时只考虑变动成本,不考虑固定成本的定价方法。这种定价方法一般只限于追加订货或市场竞争异常激烈,价格成为竞争主要手段时适用。其公式为:

单位产品销售价格＝(总的可变成本＋边际贡献)÷总产量

(4)盈亏平衡定价法

即保本点定价法,是按照生产某种产品的总成本和销售收入维持平衡的原则,来制订产品的保本价格的。其公式为:

单位产品销售价格＝(固定成本＋可变成本)÷总产量

2.需求导向战略

以需求为中心的定价方法,是根据消费者对商品价值的认识和需求程度来确定价格的。一般先拟定一个消费者可以接受的价格,然后根据所了解的中间商成本加成情况,逆推计算出出厂价。这种定价方法常常导致商品价格与价值的背离幅度偏大,但仍以买卖双方可以接受为限度。

3.竞争导向战略

根据主要竞争对手的商品价格来确定自己商品价格的以竞争为中心的定价方法。这种定价方法并不要求企业把自己的商品价格定得与竞争对手商品的价格完全一致,而是使企业的产品价格在市场上具有竞争力。主要有两种方法:

(1)看风使舵定价法

企业按照本行业在国际市场上的市场价格水平来定价。该法适用于需求弹性比较小或供求基本平衡的商品,既可以避免竞争,减少定价风险,又使企业容易获得合理的收益。

(2)遮掩密封定价法

这是一种企业通过引导用户(顾客)竞争,密封报价,参加竞价,根据竞争者的递价选择最有利的价格的定价方法。这种方法主要应用于建筑包工和政府采购等。

⬚➤【知识链接】

营销价格策划≠定价

在复杂的市场环境中,企业应以怎样的价格向市场推出自己的产品和服务? 以怎样的价格条件获取生产经营所必需的生产或经营要素? 价格,始终是一个萦绕在经营者心头的重要问题。

价格作为一种十分复杂的经济现象,它的运动不仅涉及企业经济活动的各个方面,而且也影响到一种产品、一个企业生存和发展的全过程。因此,营销活动中的价格并不仅仅意味着定价方法与技巧的简单组合,而是要将企业整体的价格工作作为一个系统来加以统一把握。这就必须系统地处理好企业内部不同产品价格之间的关系,同一产品不同寿命周期阶段的价格关系,本企业产品价格与竞争者产品价格间的关系,产品价格与替代品和补充品价格间的关系,以及企业价格策略与营销组合中其他策略,如产品策略、渠道策略、促销策略等之间的关系。

所谓企业营销价格策划就是企业为了实现一定的营销目标而协调处理上述各种价格关系的活动。它不仅仅包括价格的制定,而是指在一定的环境条件下,为了实现特定的营销目标,协调配合营销组合的其他各有关方面,构思、选择并在实施过程中不断修正价格战略和策略的全过程。

价格策划的成功与否、水平高低对企业经营的成败有着决定性的影响。这是因为,首先,在营销组合中,价格是若干变量中作用最为直接、见效最快的一个变量,其营销手段运用效果如何,在很大程度上取决于价格策划的质量:价格的定位是否适当? 能否协调处理好各种有关的价格关系? 能否有效地组织其他资源为价格战略及策略的实施创造条件? 等等。其次,价格也是决定企业经营活动市场效果的重要因素。企业市场占有率的高低,市场接受新产品的快慢、企业及其产品在市场上的形象等都与价格有着密切的关系。在商战实践中,我们不难得出这样一个基本结论:在很多情况下,即便企业的产品内在质量很好,外形设计也较先进,但如果缺乏价格与产品策略的协调,竞争的结果仍可能是灾难性的。科学的定价策划是企业其他经营手段取得成功的重要条件。第三,价格策划的重要性还体现在实际经营过程中,人们所感受到的巨大的价格压力上。尽管由于科技的发展、产品和服务的多样化已经使人们走出了只能使用价格一种竞争手段的时代,但在某些行业、某些地区的市场上,价格仍然是一个为企业经营者十分关注,并使企业家们感受到巨大压力的问题。

进行企业价格策划工作要以市场和整个企业为背景,将企业内部的价格工作作为一个整体,注意各个局部之间的协调,从而把握策划的整体性和系统性。以市场为背景就是要联系市场状况,把价格策划建立在对现有竞争者和潜在竞争者的状况,以及竞争者对本企业行为可能产生的反应进行全面清醒分析的基础上;以整个企业为背景,就是要考虑企业资源限制和资源优势,考虑到企业价格工作与其他各项工作的衔接;要处理好不同产品或服务价格的协调,同一产品或服务价格的协调,具体价格制定与整体企业价格政策的协调。这是进行价格策划的基本前提。价格策划必须要有动态观念。在营销活动中,从来不存在一种适合于任何企业,适用于任何市场情形的战略、政策和策略。成功的价格策划是那些与企业经营总体目标相一致的构思和举措。而且,企业能够根据不断变化的内外部环境与条件,对原有的战略、政策及策略进行适时、适当的修正或调整。这是保证价格策划有效性的基本条件。价格策划要立足于历史和现实,更要放眼于未来。策划的优劣并不取决于它是否适应于现有的状况,而是取决于其是否和未来的状况相协调。尽管价格的调整较其他营销策略的调整来得方便,但仍需注重对未来的分析,包括对竞争者的未来状况、消费者的未来状况、企业未来可以使用的资源状况等的分析。这是保证价格策划具有强大生命力的关键。

(来源:华衣网)

第二节　新产品价格策划

一、符合价值规律的要求

价值规律指的是商品生产和商品交换的基本经济规律。即商品的价值量取决于社会必要劳动时间,商品按照价值相等的原则进行等价交换。随着私有制社会的发展,价值规律自发地调节生产,刺激生产技术的改进,加速商品生产者的分化。但在社会主义社会中,由于社会主义经济是在公有制基础上的有计划的商品经济,因此,社会主义市场经济必须自觉依据和运用价值规律,以促进社会主义经济的发展。在这里要弄清楚价值规律主要有两个主要含义:一是价值规律是商品经济的基本规律,但并不是商品经济中唯一的经济规律,商品经济中有许多经济规律,价值规律是基本的规律;二是价值规律作为商品经济的基本规律,同其他任何规律一样,是客观的,是不以人的意志为转移的。

二、符合供求关系的原则

供求关系指在商品经济条件下,商品供给和需求之间的相互联系、相互制约的关系,它是生产和消费之间的关系在市场上的反映。在竞争和生产无政府状态占统治地位的私有制商品经济中,价值规律通过价格与价值的偏离自发地调节供求关系:供大于求,价格就下落;求大于供,价格就上升。所以,企业要时刻关心关注市场变化,了解竞争对手的市场参与度,并能很好地把握住供求关系的变化,掌握这种变化的规律合理地制定价格策略。

三、充分考虑需求价格弹性

价格需求弹性,就是指需求量对价格升降变化反应的灵敏程度,是需求量变化的百分比除以价格变化的百分比。需求量变化率对商品自身价格变化率反应程度的一种度量,等于需求变化率除以价格变化率。市场中需求弹性的大小,是由需求量在价格的一定程度的下跌时增加多少以及在价格的一定程度的上涨时减少的多少而决定的。根据这种反应的强弱程度不同,可以分为强弹性需求和弱弹性需求两类。

(1)强弹性是指价格的微小变化就会引起市场需求量很大的变动,弹性需求曲线的斜率越小,表示这种产品对价格的反应程度越强,即敏感性强。

(2)弱弹性是指价格的一般变动对于市场需求量的影响不是很大,弹性需求曲线拥有较高的斜率,而且伴随这种斜率的递增,需求量对价格的反应越迟钝,即不敏感。

所以,研究和尊重需求价格弹性对于新产品价格的制定和市场销售策略的选择具有重要的指导意义。

通过对上面三项的了解,我们还要注意到新产品的定价要符合国家规定的各类产品间的比价、市场差价和消费者心理等很多因素,特别是一些涉及国家建设的项目产品。总之,我们在进行新产品的价格策划过程中要充分考虑到国家、企业和消费者的利益。拥有全局观、整体观和长远观的指导,才能更好地做到科学合理,进而更快地让新产品打进市场、占领市场。

第三节　新产品价格策划战略方法

一、一般性新产品定价方法

1. 比价法

这种定价方法既可以是需求导向,也可以是竞争导向。顾客或用户常根据价格来推断质量,如果价格比竞争对手的高,也许消费者或用户会认为企业的产品更好,因而决定在这里购买。另一方面,消费者或用户也可能会认为企业的产品与竞争对手的产品价值相同或更低,因而认定产品或服务要价太高。还有可能购买者会把企业的产品价格与其他产品价格相比并决定购买,因为他们认为企业的产品是独一无二的,而接受较高的价格。

通过对需求与供给的比较研究,企业可以很好地掌握市场行情的具体走势,从而给自己的新产品一个科学合理的定位。

2. 成本法

这种价格策略的定价方法并非单一的依靠成本的构成因素定价,而是包含了成本加成定价、成本导向定价和边际成本定价等内容。

二、具有全新和特殊属性的新产品

1. 撇脂定价法

又称高价法,即将产品的价格定得较高,尽可能在产品生命初期,在竞争者研制出相似的产品以前,尽快地收回投资,并且取得相当的利润。然后随着时间的推移,再逐步降低价格使新产品进入弹性大的市场。一般而言,对于全新产品、受专利保护的产品、需求的价格弹性小的产品、流行产品、未来市场形势难以测定的产品等,可以采用撇脂定价策略。

一位美国商业谈判专家曾和两千位主管人员做过许多试验,结果发现这样的规律:如果买主出价较低,则往往能以较低的价格成交;如果卖主喊价较高,则往往也能以较高的价格成交;如果卖主喊价出人意料的高,只要能坚持到底,则在谈判不致破裂的情况下,往往会有很好的收获。

这种方法适合需求弹性较小的细分市场。其优点:①新产品上市,顾客对其无理性认识,利用较高价格可以提高身价,适应顾客求新心理,有助于开拓市场;②主动性大,产品进入成熟期后,价格可分阶段逐步下降,有利于吸引新的购买者;③价格高,限制需求量过于迅速增加,使其与生产能力相适应。缺点是:获利大,不利于扩大市场,并很快招来竞争者,会迫使价格下降,好景不长。

2. 渗透定价法

在新产品投放市场时,价格设定最初低价,以便迅速和深入地进入市场,从而快速吸引大量的购买者,赢得较大的市场份额。较高的销售额能够降低成本,从而使企业进一步减价。其目的是获得最高销售量和最大市场占有率。

当新产品没有显著特色,竞争激烈,需求弹性较大时宜采用渗透定价法。其优点:①产品能迅速为市场所接受,打开销路,增加产量,使成本随生产发展而下降;②低价薄利,使竞争者望而却步、减缓竞争,获得一定市场优势。

对于企业来说,采取撇脂定价还是渗透定价,需要综合考虑市场需求、竞争、供给、市场潜力、价格弹性、产品特性,企业发展战略等因素。

【知识链接】

新产品开发遵循的 7 大策略

新产品开发策略一:深度调研策略。

在产品严重同质化的今天,在买方市场决定产品销售的大环境下,开发产品不做市场调研,是件很可怕的事情,而且要做细致的深度调研,以市场需求和消费者为导向。开发新产品前,首先要看市场上有没有类似的产品,如果有,从品质、形状(包装)、性能(口感)、价位做充分的调研,找出同类产品的特点和卖点在哪,我们要不要进行市场细分,要不要在其基础上升级或者超越。

其次要对消费者进行调研,细微地分析消费者购买此类产品的核心动机和需求在哪?对此类产品的消费缺陷或不足因素?延伸出的潜在需求是什么?

只有正确深入掌握了消费者的需求,才能开发出对应的产品。对客户需求理解的任何偏差是导致产品后期营销推广失败(或者打不开局面)的主要原因。

新产品开发策略二:精准定位策略。

深度调研完毕,我们就要对新开发的产品做定位策略。精准定位策略,通俗地讲就是我们的产品卖给哪一个层面的消费者,给消费者一个必须购买的理由(迫切性需求),这个层面的消费者消费能力怎么样,一般在什么场所(终端)进行购买。

其次,消费者购买产品除了最基本的功效需求以外,还有附加功能需求、精神(品位)的需求等。

比如,想购买打火机的基本动机就是要用它点火,功能需求是消费者满足了基本需求后发现在同样价格条件下有的产品有额外的功能,理性决策自然由单功能向多功能选择。比如,打火机除了能点火外,还要有防风功能,这就是为消费者提供额外价值而设计的附加功能(多功能性延伸)。

第三个层次是品质需求层次,这个层次的消费者是具有社会性的,其生活中的价值和标准容易和自己使用的物品产生关联。比如有的消费者是环保主义者,则他们对于打火机除了功能性差别外,其燃烧的是煤油还是液化气则和他的生活品味息息相关。

最后一个层次是精神层面的需求,除了上述这些需求外,消费者还要求自己所使用的产品要体现其生活的追求和理想。比如,打火机到后期从材质到品味、专业性的设计就是为了满足消费群体的尊严、面子等精神层面的需求。在这方面经典产品开发案例就是 ZIPPO。

新产品开发策略三:独特卖点策略。

"只要有商业活动,就存在着竞争"。任何一个行业都有竞争对手的存在。所以新产品开发最好能突出其个性,有个性的产品才会有差异化,只有差异化的产品才有更多的关注度和独特卖点,才能与同类产品拉开距离,给消费者新的感觉,提高购买率。

以饮料快消品为例。我们在喝果粒橙的时候,开发出了营养快线,补充更多的营养,接着开发出了专业补充 VC 的水溶 C100。

营销专家孔长春先生认为:现代营销的本质就是区隔竞争对手。所以在新产品开发上要体现差异化,而且在服务上也要体现其差异化,因为服务差异化使竞争对手很难破坏你与消费者之间的关系。如果竞争对手采用低价竞争策略,个性化服务可使企业通过非价格竞争,与消费者加强合作关系;如果竞争对手无法提供相同的产品或服务,顾客就不会购买竞争对手的廉价产品或服务。

而产品开发时的差异化服务首先在产品包装上,比如,产品携带是否方便,产品开启或使用是否便捷等等,这些看起来并不重要的差异化也将对产品的销售起到一定的作用。

新产品开发策略四:成本价位策略。

既然新产品开发前对消费者进行了调研,那就必须弄清楚定位的产品消费者对本品的心理接受价位。我们遇到过一个客户,开发了一个功能性饮料,因为成本较高,最后只有定价到 10 块钱以上才可以,但在市场上,作为少男少女对饮料的接受价格只有 6 元,所以在市场就无人问津。

另外,新产品的开发,往往需要资金投入较大,可回报周期却较长,往往要到新产品形成规模生产后,才能给企业带来效益。因而要求新产品应具备良好的性价比,不是因产品的质量过高而将过多的成本强加给用户,而是在满足用户要求的性能的前提下采用最低的成本去生产。新产品应低投入高产出,才能给企业和客户带来多赢的结果,才能拉动客户的大量消费,才能促使企业大规模生产。

新产品开发策略五:整合包装策略。

这里说的包装策划是系列性的,包括产品的命名、包装设计、卖点提炼、荣誉申报、招商策略等。

首先是命名,中小企业一定要起一个琅琅上口,而且通俗易懂,紧扣产品特性的名字,易传播就会降低广告传播的频次,等于省下传播费用。比如说亿家能太阳能,就是让一亿家庭用上太阳能,多通俗易懂;比如斯达舒,就是这个到达就舒服;再比如欧派橱柜,欧式一派,高贵典雅的代表。

产品的外包装在终端就是无声的促销员。我们看看化妆品界的一匹黑马—可采眼贴膜。我们看到市面不管是普通化妆品还是功能性化妆品,只要是女性产品,大都采用亮丽的色彩,柔美的线条的设计风格,但可采一反常规,在白色调上用蓝色勾勒出一个女人的半边脸。就这样的反常规设计不管摆放在药店还是商超,却会非常显眼地跳入爱美女士的眼帘,这不能不说是非常成功的一个独具匠心的设计。

新产品开发策略六:上市营销策略。

在解决定价问题的基础上,新产品上市营销方案需要完成竞争产品分析、分销渠道设计和促销计划的设计。

竞争产品的分析主要了解其价格、产品性能表现、优劣势,以便在促销员培训中使用;同时竞品的分析也需要了解竞品的营销策略,如定价风格、市场目标、促销活动的内容等方面,以便在制定新产品营销方案时做差异化或竞争力对比。

分销渠道的设计主要完成零售终端铺货率目标的设定。鉴于企业一般都有现成的分销渠道结构,因此在此阶段分销渠道的设计最核心的任务是设定渠道铺货率,做到细致则需要规定不同级别城市、不同市场类型、不同终端零售业态的铺货达成率。铺货率和市场占有率的线性关系无论在什么情况下都成立。

促销活动的设计可以参考与借鉴竞品的操作手法,同时也可以通过消费者调查获得其对不同促销礼品的偏好。另外,如果要启动大规模的促销活动如路演,则可以与专业的公司沟通,确定具体的促销活动实施方案。

新产品开发策略七:呼应政策策略。

新产品开发一定要关注国家政策因素和宏观经济因素导向相结合。在当今的中国,有些行业与领域的发展和产品的消费,有着明显的政府引导和宏观调控,如果能争取到国家政策的支持与帮扶,对企业来说可谓如虎添翼。因此,新产品的开发和推出千万不要忽略了国家的战略方针和国家经济发展状况,积极响应政府指引的方向前行,我们更容易走出困境,走得更高更远。

这种开发策略是指要紧紧跟随外界环境的变化而变化,是一种适应策略,也是在原来固有基础上的分支和战略方向调整。比如,我国为了更环保的需求,限制一次性"白色塑料袋"的使用,我们完全可以开发更环保的、多功能的袋子;再比如国家提倡节能的政策,我们比亚迪即将推出 E6,将采用电力驱动,是自主品牌环保车型中的先驱车型。这样的车我们有理由相信,国家都会大力支持。据说股神巴菲特就是看好这项技术才参股比亚迪的。

因为消费者是相信国家的,是跟着国家的指挥棒在走的,所以在这个市场上要想生存和发展必须要和这个大环境的变化相适应,产品的开发自然也将顺应这个潮流。

（资料来源:孔长春:"新产品开发遵循的 7 大策略",《现代企业教育》2010 年 17 期）

第四节　传统产品价格策划

【引导案例】　卡特是美国的一个彩照实验室,1988 年推出一个"俘虏"消费者的新招牌,它首先在各大学普遍散发宣传其彩色胶卷新产品的广告,除了说明新彩卷性能优越外,还说明由于是新产品,故定价不高,每卷只要 1 美元(柯达胶卷价格为每卷 2 美元多),以便让消费者有机会试一试。经济拮据的大学生们纷纷寄钱去购买。几天后,他们收到了胶卷,以及一张"说明书",其上写道:这种胶卷由于材料特殊,性能优良,因此,一般彩扩中心无法冲印,必须将拍摄后的胶卷寄回该实验室才行。

说明书上还列出了冲印的价格,这些价格比一般的彩照扩印店的价格贵一倍。但是,每冲印一卷,该实验室将无偿赠送一卷新胶卷。精明的大学生仔细一算,发现损益相抵后,胶卷、冲洗、印片三者的总价格仍高于一般水平,无奈已花费了 1 美元的"投资",只得忍气吞声做了"俘虏"。

（资料来源:市场营销策划案例经典大全,www.lodoeshop.com）

思考:卡特实验室"俘虏"大学生的成功之处。

一、传统产品

在价格策划中,最重要的是审时度势,随着时间、空间的推移,确定不同的产品价格,更好地适合市场营销环境和机会,达到企业所期望的效果。特别是针对传统产品的价格策划更要时时关注市场的变化,并能更加变化迅速地做出反应,取得市场主动权。

二、传统产品价格策划战略方法

1. 让利性价格策略

(1)折扣定价法

大多数企业通常都酌情调整其基本价格,以鼓励顾客及早付清货款、大量购买或增加淡季购买。这种价格策略叫做价格折扣和折让。

现金折扣。是对及时付清账款的购买者的一种价格折扣。许多行业习惯采用此法以加速资金周转,减少收账费用和坏账。

数量折扣。是企业给那些大量购买某种产品的顾客的一种折扣,以鼓励顾客购买更多的货物。大量购买能使企业降低生产、销售等环节的成本费用。

推广津贴。为扩大产品销路,生产企业向中间商提供促销津贴。如零售商为企业产品刊登广告或设立橱窗,生产企业除负担部分广告费外,还在产品价格上给予一定优惠。

季节折扣。是企业鼓励顾客淡季购买的一种减让,使企业的生产和销售一年四季能保持相对稳定。

职能折扣,也叫贸易折扣。是制造商给予中间商的一种额外折扣,使中间商可以获得低于目录价格的价格。

(2)歧视(差别)定价法

企业往往根据不同顾客、不同时间和场所来调整产品价格,实行差别定价,即对同一产品或劳务定出两种或多种价格,但这种差别不反映成本的变化。主要有以下几种形式:

对不同客户群制定不同的价格。

对不同的品种、式样产品制定不同的价格。

对产品不同的部位制定不同的价格。

对不同时间制定不同的价格。

实行歧视定价的前提条件是:市场必须是可细分的,并且各个细分市场的需求强度是不同的;商品不能进行转手倒卖;高价市场是封闭的,不可能有竞争者削价竞销;价格策划不违法;不引起顾客反感。只有满足这些条件才可以在一个可分的或封闭的市场实施歧视价格策划。

2. 心理价格策略

心理价格策略,是指企业定价时利用消费者不同的心理需要和对不同价格的感受有意识地采取多种价格形式,以促进销售。常见的心理价格策略有以下几种:

(1)尾数或整数定价法

尾数定价,也称零头定价,就是定价时故意保留小数点后的尾数,大多数消费者看来,带零头的价格是经过合理、精确的方法确定的,给人以货真价实的感觉,适应了消费者廉价、信任、准确的心理,增强消费者对定价的信任感,并感到价廉的一种定价方法。而整数定价策略一般是考虑便于支付、结算。许多商品的价格，宁可定为 0.98 元或 0.99 元，而不定为 1元，是适应消费者购买心理的一种取舍，尾数定价使消费者产生一种"价廉"的错觉，比定为1元反应积极，促进销售。

（2）声望性定价

现实生活中，一些消费者热衷于追求时尚、高档、名牌的商品，以价格的高昂来炫耀自己的富有、能耐和社会地位，他们以拥有这类商品而获得心理上的满足。此种定价法不仅可以提高产品的形象，以价格说明其名贵名优，还可以很好地满足购买者的地位欲望，适应购买者的消费心理。

📖【小案例 5-1】

皮尔·卡丹和耐克没有工厂

皮尔·卡丹为中国人熟知是近十年的事情，但皮尔·卡丹在全球的辉煌已经持续了约60 个年头。皮尔·卡丹的经营方式与传统的经营方式大相径庭：他几乎没有属于自己的制衣工厂，他只将自己的设计方案或新式样衣提供给相中的企业，由他们负责制作，成品经皮尔·卡丹检验认可后，打上"皮尔·卡丹"品牌销往各地。

另一个相似的例子是举世闻名的"耐克"运动鞋。耐克公司既无厂房也无工人。公司的雇员大致分为两部分，一部分负责收集情报、研究和设计新款运动鞋；另一部分则以广告、销售为己任。至于说耐克鞋的制作，则是在全球各地 50 家指定工厂里完成的。耐克通过一种精心发展的向外国派驻"耐克专家"的形式来监控其外国供应商，而甚至将其经销计划中的广告也委托给一家外国公司来做，该公司以其创造性的优势将耐克的品牌认可度推到了极致。耐克就是依靠这种虚拟经营以复利 20% 的速度在增长。

（资料来源：市场营销策划案例经典大全，www.lodoeshop.com）

（3）习惯性定价

某种商品，由于同类产品多，在市场上形成了一种习惯价格，个别生产者难于改变。降价易引起消费者对品质的怀疑，涨价则可能受到消费者的抵制。所以，企业对这类商品定价时，要充分考虑消费者的这种心理定位，不要随意变动价格，应比照市场同类商品价格定价。否则，一旦破坏消费者长期形成的消费习惯，就会使之产生不满情绪，导致购买的转移。

（4）最小单位定价策略

它是指企业同种产品按不同的数量包装，以最小包装单位制定基数价格。销售时，参考最小包装单位的基数价格与所购数量收取款项。一般而言，包装愈小，实际单位数量产品价格愈高，包装越大，实际单位数量产品价格愈低。这一策略的优点是：

其一，能满足消费者在不同场合下的需求，如 345 克装的矿泉水对旅游者就很方便。

其二，利用了消费者的心理错觉，因为小包装的价格使人误以为便宜。实际生活中，消费者不愿意费心去换算实际重量单位或数量单位商品的价格。

第五节　产品价格体系的策划

一、构建产品价格体系的必要性

企业处在一个不断变化的市场环境之中,为了生存和发展,有时候须主动降低价格或提价,有时候又须对竞争者的变价做出适当的反应,即被动调整。

1. 企业主动提价的原因

(1)产品的生产成本上涨

这是企业实施产品涨价的最主要原因之一。如果企业的原材料、工资等费用上升,企业成本增大,产品继续维持原价,势必妨碍取得合理的收益,甚至影响到再生产的进行。这时企业只有通过提价来转嫁部分负担,减轻成本上涨的压力。通货膨胀也是构成成本上升的一个很大原因。由于通货膨胀,货币贬值,使企业产品的市场价格低于商品价值,迫使企业通过上涨价格来减少因货币贬值而造成的损失。

(2)产品供不应求

企业产品供不应求,顾客会因为该产品短缺而抱怨,甚至哄抬市场价格。这时,可以用提价的方式抑制超前需求,缓解市场压力。

(3)改进产品

产品的改进很容易带动产品的热销。由于企业通过技术革新提高了产品质量,改进了产品性能,增加了产品的功能,因而使产品在市场上的竞争能力大大增强,企业涨价既可以增加收入,又不会失去顾客。

(4)战略考虑

有的企业产品涨价,并非前面几个原因,而是由于策略的需要。它将产品价格提高到同类产品价格之上,使消费者心里感到该产品的质量提高,在市场上显示为"高级品"的形象。这种提价在财力雄厚的大企业经常可见。

2. 企业主动降价的原因

(1)企业的生产能力过剩

在这种情况下,如果企业需要扩大销售,却不能通过产品的改进和加强销售工作等来扩大销售。如果此时的经济形势又是通货紧缩的,由于货币值上升,价格总水平下降,企业的产品价格也应降低,因为与之竞争的产品的价格同时也在降低。在这种情况下,就必须考虑削价。

(2)竞争者压力

在强大的竞争者压力之下企业的市场占有率有所下降,迫使企业降低价格来维持和扩大市场份额。同时考虑竞争对手的价格策略。如果其他竞争企业降低价格,企业毫无选择地也要相应降低价格,特别是与竞争者的产品区别不大的产品。

(3)企业的成本费用比竞争者低,企图通过削价来控制市场,或者希望通过削价来提高市场占有率,从而扩大生产和销售量。

3.企业被动提价和降价的原因

一般而言,企业被动提价和降价主要来自于竞争对手的价格策略的变化,是企业针对对手变化做出的反应而已,是对上述主动变化价格的应对策略,也是关乎企业发展的重要策略。

二、产品价格体系的构成策略

在现代市场经济条件下,单纯地依靠对自身产品的设计和价格策划就想占领市场是不可能的,需要企业管理者根据市场的变化,适时地做出价格的合理调整,并能及时地更新自己的产品,才能够在市场中占有一定的份额。当今市场是一个开放的竞争市场,依靠单一的营销方案是不够的,产品价格体系的策划主要是企业主动采取的一些措施和方案,也是对之前单个产品价格策划方案的补充,是价格策划方案在应用中的适时调节。

1.制定科学合理的价格策划方案

这个阶段主要分为以下几个步骤:

(1)分析市场环境

(2)预算产品销售数量

(3)分析竞争对手反应

(4)预期市场占有率

(5)选择合理的价格策划战略和定价方法

2.在市场调节的同时适时调整价格

(1)市场调节

由价值规律自发地调节经济的运行。即由供求变化引起价格涨落,调节社会劳动力和生产资料在各个部门的分配,调节生产和流通。符合商品经济的客观要求,能够比较合理地进行资源配置,使企业的生产经营与市场直接联系起来,促进竞争。但市场调节具有盲目性的一面,因而在社会主义条件下,有必要加强宏观调控。市场调节是由市场供求关系的变化引起的价格变动对社会经济活动进行的调节。

(2)企业的适时调节

在市场营销活动中,市场价格的变化并不是完全遵循价值规律的变化而变化的。另外,即使同一个行业的不同两个企业所受到的市场环境和自身因素也是不同的,所以企业要适时进行价格策划的调整。这里的调整主要是通过企业对产品的提价和降价实施的。具体的做法有:

企业提价的主要方式:一是公开产品成本,让消费者了解产品成本的增加,从而获取消费者理解,在涨价过程中获得较小的抵触;二是提高产品质量,这也是经常出现的涨价方式,可以有效地消除消费者对涨价的抵触心理,并且可以让消费者感受到新产品的物有所值;三是产品组合或者附带赠品的销售方式。

企业降价的主要方式:一是增加额外的费用支出,这种主要体现在服务方面,是一种价格上的不变化,实际成本增加的一种降价方式;二是提高产品的性能,主要是通过提高产品的科技含量和实用性,来达到占领市场的目标;三是折扣和附带赠品的方式。

3.关注消费者与竞争对手反应并对竞争对手的调整作出反应

企业对价格的调整不论是提价或是降价,都会关系到消费者、竞争者和中间商的利益,而且还可能关系到政府对于产品价格的干预。所以在产品的价格体系构建过程中,一定要充分地关注企业实施价格策划后相关者的反应。

(1)消费者对产品价格变动的反应

消费者对价格的反应是检验价格策划成功与否的主要标准。一般消费者对降价可能有以下看法:产品样式老了,将被新产品代替;产品有缺点,销售不畅;企业财务困难,难以继续经营;价格还要进一步下跌;产品质量下降了。顾客对提价的可能反应:产品很畅销,不赶快买就买不到了;产品很有价值;卖主想赚取更多利润。

不同价格的产品在价格调整时,给消费者的感觉是不同的。消费者对成本很高和经常购买的产品的价格变动非常敏感,而对于价值低,不经常购买的产品,即使单位价格高,购买者也不大在意。另外,有些消费者虽然关心产品价格,但更关心产品购买、使用和维修的总费用以及购买产品后的服务等。如果企业能使人们相信其产品所需的总成本较低,则即使它制定的价格高于竞争对手,仍然可扩大业务,取得较多利润。

(2)竞争者对于产品价格变动的反应

企业在考虑改变价格时,不仅要考虑到购买者的反应,而且还必须考虑竞争对手对企业的产品价格的反应。当某一行业中企业数目很少,提供同质产品,购买者颇具辨别力与相关知识时,竞争者的反应就愈显重要。

竞争者对调价的反应有以下几种情形:

情形一:逆向式反应

你提价,他降价或维持原价不变;你降价,他提价或维持原价不变。这种相互冲突的行为,影响很严重,竞争者的目的也十分清楚,就是乘机争夺市场。对此,企业要进行调查分析,首先摸清竞争者的具体目的,其次要估计竞争者的实力,再次要了解市场的竞争格局。

情形二:相向式反应

你提价,他涨价;你降价,他也降价。这样一致的行为,对企业影响不太大,不会导致严重后果。企业坚持合理营销策略,不会失掉市场和减少市场份额。

情形三:交叉式反应

众多竞争者对企业调价反应不一,有相向的,有逆向的,有不变的,情况错综复杂。企业在不得不进行价格调整时应注意提高产品质量,加强广告宣传,保持分销渠道畅通等。

实际问题是复杂的。因为竞争者对本企业价格变动可能有种种不同理解,如竞争者可能认为企业想抢占市场份额,或者是企业经营不善,力图扩大销售,或者认为企业想使整个行业的价格下降,以刺激整个市场需求等。

市场经济中,企业往往要面对着几个竞争者,在实施价格调整时就更要估计每一个竞争者的可能反应。假如所有的竞争者反应大体相同,就可以集中力量分析重点的竞争者,因为重点的竞争者反应可以代表其他竞争者的反应。如果由于各个竞争者在规模、市场占有率及政策等重要问题上有所不同,那么它们的反应也有所不同。在这种情况下,就必须分别对各个竞争者进行分析。如果某些竞争者随着本企业的价格变动而变价,那么我们就有理由预料其他的竞争者也会这样实施价格调整。

(3)企业对竞争者价格变动的反应

在同质产品市场,如果竞争者降价,企业必随之降价,否则企业会失去购买本产品的消费者。假如某一企业提价对整个行业有利,其他企业也会随之提价,但如果有企业不进行价格调整,最先提价的企业和其他企业将不得不取消提价。

在异质产品市场,购买者不仅考虑产品价格高低,而且考虑质量、服务、可靠性等因素,因此购买者对较小价格差额无反应或不敏感,则企业对竞争者价格调整的反应有较多自由。

如果作为市场某样产品的主导企业,在面对竞争者的价格调整时往往具有一定的主动性,但是伴随着众多小企业的进攻时,也有被击败的可能,所以企业也要做出一定的调整。其主要方式有三种:一是价格不变化。市场主导者认为,如果降价就会减少利润收入,而维持价格不变,尽管对市场占有率产生一定的影响,但以后还能恢复市场阵地。当然,维持价格不变的同时,还要改进产品质量、提高服务水平、加强促销沟通等,运用非价格手段来反击竞争者。许多企业的市场营销实践证明,采取这种策略比降价和低利经营更划算。二是降价。主导者拥有强大的实力,而且产品的市场份额大,降价可以进一步保持市场占有率。但是,企业要做的是降价后仍然保持良好的产品质量和服务水平。三是提价。提价的前提是产品质量的改善和新产品新品牌的出现,这样才可以更好地占领市场。

受到竞争对手进攻的企业必须考虑:产品在其生命周期内所处的阶段及其在企业产品投资组合中的重要程度;竞争者的意图和资源;市场对价格和价值的敏感性;成本费用随着销量和产量的变化而变化的情况等问题。

▷【策划人物链接】

王志纲——房地产策划

20世纪90年代中期,营销策划业出现了专注某一行业的专业策划。王志纲就是房地产策划的代表人物。王志纲曾在中国社会科学院从事经济理论研究工作,也做过新华社记者。1994年下半年成为独立策划人,创办了王志纲工作室。王志纲主持了诸多成功的项目,包括广东碧桂园、1999年昆明世博园、山东双月园、重庆龙湖花园、广东金业集团、杭州宋城集团等策划项目。2001年主持广州星河湾、南国奥林匹克花园的"华南板块"之战在地产界也引起轰动。

1993年,王志纲对碧桂园进行差异化定位和策划。碧桂园在当时市场低迷的情况下,巧妙地从教育办学切入,通过兴建贵族国际学校,吸引富裕人士子女就读,并以此带动学生家长到附近买楼定居,实现捆绑销售,达到以人气带旺财气的效果。碧桂园的营销并未单纯地采用广告轰炸方式,而是制造新闻事件,引爆传播热点,制造出轰动效应,使碧桂园成为当时社会关注的对象。并且通过将文化意蕴注入房地产,借助文化的冲击力和渗透力制造新的理念,实现从"卖房子"到"卖生活方式"的概念输出,也提出了"像卖白菜一样卖房子"、"给你一个五星级的家"等新的销售主张。

王志纲的书也对策划界产生了一定的影响。1996年王志纲推出介绍其策划经历的《谋事在人——王志纲策划实录》一书,随后又有了《成事在天》、《策划旋风》和《行成于思》以及《找魂》。在王志纲等人的推动下,房地产行业成为营销策划的一个主战场,目前专业的房地产营销策划公司和机构在全国已不计其数。

(资料来源:孟韬,毕克贵:《营销策划》,机械工业出版社2012年版)

⊡〉【本章小结】

1.价格策划是一个以消费者需求的经济价值为基础,综合考虑各种影响因素,确定价格目标、方法和策略,制定和调整产品价格的过程。价格策划的原则:获取利润原则、适应市场原则、适时变动原则。

2.价格策划的一般程序:分析市场环境、预算产品销售数量、分析竞争对手反应、预期市场占有率、选择合理的价格策划战略。

3.价格策划战略:成本导向战略、需求导向战略、竞争导向战略。

4.新产品价格策划的原则:符合价值规律的要求、符合供求关系的原则、充分考虑需求价格弹性。

5.传统产品价格策划战略方法:让利性价格策略、心理价格策略。

6.产品价格体系的构成策略:制定科学合理的价格策划方案、在市场调节的同时适时调整价格、关注消费者、竞争对手反应并对竞争对手的调整所作出的反应等。

【诗语点睛】

按质论价硬道理
人情练达架金桥
一分价钱一分货
货真价实是公道
薄利多销客盈门
美玉无瑕价更高
童叟无欺见真情
物美价廉口碑好

⊡〉本章习题

一、名词解释

价格策划;

成本导向战略;

需求导向战略;

竞争导向战略;

让利性价格策略;

心理价格策略。

二、简答题

1.什么是价格策划?

2.新产品和传统产品的价格策划战略方法有哪些?

3.结合实际,谈谈实施产品价格策划体系的必要性。

4.如何更好地构成产品价格体系?

⏵【案例分析】

沃尔玛在德国的价格战

众所周知,平价或降价是美国零售业巨人沃尔玛商店(Wal-Mart store)抢占市场份额惯用的竞争手法。它所到之处,其当地同行不得不面临一个痛苦的选择:要么跟随降价,打一场肉搏战,比一比谁的实力更强;要么退避三舍,坐视消费者流失,拱手让出自己的市场份额。一段时间以来,德国各大超级市场便饱尝了沃尔玛平价战略的苦头。

第一阶段　挑衅出击

据德国《明镜》周刊报道,从今年5月中旬开始,沃尔玛在德国发动了一轮声势浩大的价格攻势:遍布各地的沃尔玛超市(共95家)同时推出笼络人心的"优惠方案例(Smart Programn)"。大幅降低了家庭主妇十分重视的奶粉、面粉、白糖、饮料、肉类等80种商品的售价。与德国零售商阿尔迪(Aldi)、利德尔(Lidl)、普鲁斯(Plus)和诺尔玛(Norma)的标价相比,沃尔玛标出的优惠价(Smart-Price)明显便宜一大截。一时间,消费者趋之若鹜,有的沃尔玛超市甚至出现了德国罕见的抢购人潮。

沃尔玛似乎并不想掩饰其优惠方案的挑衅意味。例如在杜塞尔多夫散布的宣传单张上,它直言不讳地打出了这样一个咄咄逼人的标题:"这些商品干吗非要去阿尔迪买?——我们的更便宜!"姑且不论这样指名道姓地做比较广告是否违反德国法律,有一点是肯定的:沃尔玛要跟阿尔迪在价格上较量较量。

第二阶段　群雄反攻

阿尔迪是德国最大的连锁食品超市,多年来一直是德国家庭主妇的购物天堂。既然被沃尔玛点名下了挑战书,当然没有退缩的道理。沃尔玛母公司虽然是全球最大的零售企业,综合实力异常强大,但它1997年才进入德国,在德国的年营业额刚刚迈到55亿马克,还不能与阿尔迪的市场份额相提并论。再说,沃尔玛大幅降价有违反德国反不正当竞争法律的嫌疑,作为德国超市的领袖,阿尔迪也应当站出来主持正义。

于是从6月初阿尔迪开始了"从所有枪口还击"。据德国《食品报》报道,当自己的市场份额和声誉受到威胁的时候,阿尔迪准备拿出几亿马克应付价格战。沃尔玛不是声称自己的面粉便宜吗?阿尔迪把自己的价格搞得更便宜:每公斤面粉只售39芬尼,这个价格甚至低于德国数一数二的大零售商梅特罗(Metro)和雷威(Rewe)44至52芬尼的进货价!

沃尔玛不是声称本店的牛奶便宜吗?阿尔迪的回答是"我们这里的更便宜":全脂牛奶每升售价从95芬尼降为89芬尼,脱脂牛奶从79芬尼降为75芬尼。除此之外,除尔迪还把每公斤白糖的售价下调了10芬尼,降为1.59马克。39芬尼/罐可乐本不算贵,但为了应战也下调10芬尼只售29芬尼!

无独有偶,为了捍卫市场的份额,利德尔、普鲁斯和诺尔玛把本店出售的商品降价25%,即一律以七五折的优惠价出售。由于其分店遍布德国各地,于是,到处都在降价,德国的零售市场呈现一派空前热闹、空前混乱的景象。

一直袖手旁观的德国零售巨人梅特罗开始担心价格战火蔓延会给自己造成损失。他给自己算了一笔账,如果把牛奶售价与阿尔迪拉平,一年下来将少收4000万马克;把白糖价格拉平的代价亦不小,一年将损失约800万马克。据德国一位专家估算,1999年德国的食品交易因打价格战已损失约10亿马克的收入。

- 雷威公司也忧心忡忡地关注着价格战的发展。该公司负责商品工作的董事奥托·卡姆巴赫评论说："优惠价和超值价表明，有几个竞争者在争夺顾客过程中，定价不计损失。"

第三阶段　鹿死谁手

毫无疑问，愈演愈烈的价格战最终必然导致政府的介入。6月底，设在波恩的德国卡特尔局开始对沃尔玛是否违反反不正当竞争法进行调查。一同被调查的还有德国超市阿卡迪、利德尔、普鲁斯和诺尔玛。根据1999年1月修订的有关法律，商家持续以低于成本销售商品是违法行为，违者将被罚款或吊销营业执照。

然而，德国卡特尔局官员在沃尔玛公司扑了个空。在检查了所有优惠商品的进行之后，卡特尔局局长乌尔夫·波格7月4日宣布，没有发现足够的违反竞争法律的证据。在80种优惠商品中，50种商品的销售价没有低于进货价，另外30种商品还需要进一步调查。

分析家指出，即便发现个别商品的销售价低于进货价，德国当局也不可能对沃尔玛进行处罚。根据德国法律，暂时低于进货价销售商品是合法的。例如雷威公司去年就成功逃脱巨额罚款，它声言，本公司以低于进货价推销商品，是对竞争对手低价倾销不得不作出的反应。

事实上，沃尔玛从其供货商处得到的商品十分便宜，用来打价格战的商品竟然大多有利可图！德国《食品报》报道说，卡特尔局官员在调查中发现，沃尔玛一些商品的进货价和销售价之间还有"不小的空间"，不禁连连称奇。"倒是阿尔迪很可能过不了不许低于进货价这一关"，"这正是沃尔玛的成功之处。"

德国舆论普遍认为，沃尔玛是目前这场价格战的赢家。在75000种商品中，沃尔玛精选出有代表性的80种商品以优惠的价格推出，就能把德国零售市场搅得天翻地覆，自己的知名度相应得到提高。

花钱少，收益高，而且还不让官方抓住把柄，可谓高明至极。

德国消费者当然也能从价格战中受益。不过，德国食品零售商协会主席盖尔德·荷里希指出，消费者最终将沦为输家，因为，当强者"把市场扫荡干净后，价格将重新上升"。

由于其母公司财力雄厚，德国的沃尔玛超市有能力打一场价格持久战。《明镜》周刊预言，那些实力不济的竞争对手将成为沃尔玛的收购对象。在过去两年多时间里，沃尔玛先后投入20亿美元，通过兼并和收购，把沃尔玛分店增加到95个。最新消息表明，沃尔玛正在与家乐福争购德国最大的零售商梅特罗。

目前，阿尔迪、利德尔、普鲁斯和诺尔玛还有足够实力抵挡沃尔玛的进攻。其策略是以其人之道还治其人之身，因此在重点商品上继续打价格战实属意料中事。

最倒霉的是无数中小食品零售店，大超市打价格战，客观上分流了自己的客源，从而导致销售额锐减，最终被迫裁员或倒闭。德国零售商协会估计，如果不能遏止销量下跌，德国零售业将出现倒闭潮，今年就可能有2万名售货员失业。

打价格战"简直是疯了"，该协会发言人惊呼。德国食品工业协会向德国食品销售商发出紧急呼吁："立即回到理智的、以创造价值为宗旨的市场行为上来"。"目前德国零售商显然已落入沃尔玛设下的陷阱"，打价格战"极大地提高了沃尔玛在德国的声誉"，"而德国零售环节则互相蚕食。"

（资料来源：市场营销策划案例经典大全，www.lodoeshop.com）

思考题：

1.你如何看待沃尔玛的价格战？

2.结合实际,试分析国内零售商应如何应对外企的"价格战"？

➡【专题讨论】

管理营销中的"奥数"及心智启迪

留心之处皆学问,管理营销有"奥数",如果没有经营数学,管理营销将会变得怎么样？没有战略的企业就像断了线的风筝,没有数字的企业家头脑就像没有蜡烛的灯笼。经营数学在管理营销中的妙用及心智启迪探讨如下：

一、科学管理来源实践中的量化考察

管理起源人类的共同劳动,凡是有许多人协同动作就需要管理。中国古代儒家提出的"修身、齐家、治国、平天下"的管理思想既表明了管理由近及远的层次,也说明了管理的领域范围,小到个人,大到国家,都需要管理与定量分析。学习管理学的人都知道,现代标准化的大生产管理是从泰勒开始的。泰勒管理的最大特点,就是将细节标准化,量化考察即对人每一个动作都进行精确的测算,在找到最大化地发挥动作的效益之后,就将这一动作作为标准确定下来,让员工按此标准执行。这种做法的客观效果就是实现效益的最大化。在这里,量化考察成为效率的基础和前提。

美国国际商业机器公司的创办人托马斯(ThomasJ. Walson)曾经讲过下面这样一个故事,深入浅出地说明了量化管理的作用。

有一个男孩子第一次弄到一条长裤,穿上一试,裤子长了一些。他请奶奶帮忙把裤子剪短一点,可奶奶说,眼下的家务事太多,让他去找妈妈。而妈妈回答他,今天她已经同别人约好去玩桥牌。男孩子又去找姐姐,但是姐姐有约会。时间就要到了,这个男孩子非常失望,担心明天穿不上这条裤子,他就带着这种心情入睡了。

奶奶忙完家务事,想起了孙子的裤子,就去把裤子剪短了一点;姐姐回来后心疼弟弟,又把裤子剪短了一点;妈妈回来后同样也把裤子剪短了一点。可以想象,第二天早上大家会发现这种没有量化管理的活动所造成的恶果。

心智启迪:管理就是结合群力,达致目标。任何集体活动都需要管理。在没有管理活动协调时,集体中每个成员的行动方向并不一定相同,以至于可能互相抵触。即使目标一致,由于没有整体的配合,也达不到总体的目标。随着人类的进步和经济的发展,管理所起的作用越来越大。

当今世界,各国经济水平的高低极大程度上取决于其管理水平的高低。国外一些学者的调查统计证实了这一点并形成许多学说。一是"三七"说:一个企业成败"三分在技术,七分在管理"。美国前国防部长麦克纳马拉说过,美国经济的领先地位三分靠技术,七分靠管理。美国的邓恩和布兹特里斯信用分析公司在研究管理的作用方面也做了大量工作。多年来,他们对破产企业进行了大量调查。结果表明,在破产企业中,几乎有90%是由于管理不善所致。二是两个"轮子"说:一个现代化的国家是架在两个轮子上前进的,第一个轮子是先进技术,第二个轮子是科学的管理。此种学说源于美国后传于日本。松下幸之助又给加了一根"轴"那就是人才。于是两个"轮子"说在世界上广泛流传开来。三是"三足鼎"及"四支

柱"说:"三足鼎"即技术、科学与管理。"四支柱"即技术、科学、管理再加教育。财智时代国力的竞争是经济,经济的核心是企业,企业的核心是人才,人才的培养靠教育。

二、数学公式中的人际关系哲理

无论是在人们的日常生活中还是在工作中,人们相互沟通思想和感情是一种重要的心理需要。增进彼此间的了解,改善相互之间的关系,减少人与人之间不必要的冲突,保证组织内部上下、左右各种沟通渠道的畅通,以利于提高员工士气,增进人际关系的和谐,为事业的顺利发展创造"人和"条件。

被誉中国式的管理大师曾仕强认为人际关系正常可以收到合力的效果。有一个公式,十分有趣,先把它显示出来,如下:

成功＝（努力＋机会）^{人际关系}

大家都追求成功,到底努力比较重要,还是机会比较要紧? 两者都很重要。如下:

$(1+1)^0=1$　　　$(1+1)^1=2$　　　$(1+1)^2=4$　　　$(1+1)^3=8$

$(1+1)^0=1$ 人际关系普通,就算没有助力,也不致产生阻力,那么$(1+1)^1=2$至少也能够得到较佳的效果。人际关系良好,获得很大的助力,于是$(1+1)^2=4$便产生更佳的成就。若是人际关系甚佳,得到更大的助力,便可能$(1+1)^3=8$,那么一旦抓住机会,可以跃登龙门了。人际关系良好,成功的机会大,称为"事半功倍"。

事实上,没有人完全依靠人际关系获得成功,除非他具有相当能力。但是,再有高超的能力,如果缺乏良好的人际关系,也不能够顺利地成功,除非他痛定思痛,在人际关系上有所改善。

心智启迪:管理的核心是处理好人际关系,调动职工的积极性,结合群力,达致目标。人的成功实际上是人际关系的成功,完美的人际关系是个人成长的外在根源,环境宽松,和谐协调,关系融洽令人向往;生活安定,心情愉悦,氛围温馨,人的激情就能得到充分的发挥。试想在一个"窝里斗"的企业里工作,人际关系紧张,人心难测,无所适从,甚至让人提心吊胆,为自己担心,不是人琢磨工作,而是工作折磨人,这种环境是留不住人才的,"以人为本"也只能是"叶公好龙"而已。

企业内部亲和力的存在才会使员工具有强烈的责任心和团队精神,组织富有朝气和活力,才能营造人格有人敬,成绩有人颂,诚信有人铸,和睦有人护的良好文化氛围。企业善待员工,职工效忠企业,以和为贵,以诚相待才能激发员工的积极性与创造性,增强企业向心力。企业暂时的困难甚至亏损并不可怕,最可怕的是职工感情的亏损,一旦职工对企业失去了希望和热情,没有了愿景,失去了人心,这个企业绝对是没有希望的。有道是天时不如地利,地利不如人和,人和更离不开沟通,和谐协调就是企业的凝聚力,也是企业的核心竞争力。

三、细节管理中的经营数学

海不择细流,故能成其大;山不拒细壤,方能就其高。关于细节的不等式:

$100-1\neq99$;$100-1=0$ 功亏一篑,1%的错误会导致100%的失败。

因为一个马掌钉,失去一匹骏马;因为一匹骏马,失去一位骑士;

因为一位骑士,失去一场战争;因为一场战争,失去一个国王;

因为一个国王,失去一个国家。

——读了这首普鲁士的儿歌,你觉得"小事"和"大事"之间还远吗?

例如：三精四细——大庆油田第八采油厂经营管理念"三精四细"是第八采油厂提出的经营管理。所谓"三精"就是要求企业的经营者和员工做到：①经营上要精明；②管理上要精心；③业务上要精通。"三精"中，"精明"是核心，"精心"是前提，"精通"是基础。

①"精明"，就是在对外业务上要把企业利益放在首位，时刻维护企业利益；在对内管理上要符合现代企业管理需要，要有精明的经营之道。

②"精心"，就是在管理上要把企业当做自己的家一样来精心管理，改变粗放型管理模式，树立强烈的责任意识。

③"精通"，就是要求全体员工在业务上不能停留在"懂"、"会"的层次上，要精益求精，形成一支高层次、高素质的员工队伍。

在具体的工作中，还要做到"四细"：①货要细点；②质要细看；③账要细算；④单要细签。

①"货要细点"，把好物资采购的数量关，杜绝"缺斤短两"；

②"质要细看"，把好物资的质量关，严禁"以次充好"；

③"账要细算"，加强成本控制，做到人人会算账，人人算细账；

④"单要细签"，慎重签订各种单据，尤其是对外合同，防止发生无谓的损失。

"三精四细"不仅包含了企业内部管理，也兼顾了企业日益发展的对外业务，它涵盖了企业对内管理、对外交往的各个方面。在大庆模范屯油田有限责任公司实践后，2002年底，把"三精四细"确定为这个厂的经营管理理念。

实践证明，"三精四细"经营管理理念的应用取得了良好的效果。增强了员工的业务素质和责任心，提高了各项工作的管理水平，全厂年年顺利完成上级下达的各项工作指标；油田开发科技成果丰硕，员工在各项技术大赛中屡创佳绩；提高了劳动生产率，节约了生产成本，在生产成本逐年下降的情况下，全厂每年都做到了成本有节余；提高了企业的凝聚力，为企业的生存发展拓宽了空间。"三精四细"经营管理法于2003年9月被评为中国石油天然气集团公司青年创新工作法大赛"百优"项目。

心智启迪：重视战略不能放弃细节，每个人都把细节做好，才是对战略的最大支持。否则，细节失误，执行不力，就会导致营销战略的面目全非。细节中的魔鬼可能将把营销果实吞噬。从营销的角度看，细节的意义远远大于创意，尤其是当一个战略营销方案在全国多个区域同时展开时，执行不力，细节失控，都可能对整体形成一票否决。

四、品牌质量中的管理"奥数"

六西格玛—挑战极限。进入20世纪90年代以后，全球的市场竞争日益激烈，这在客观上要求企业必须提高产品质量和管理效率。在这样的背景下，摩托罗拉公司在1993年率先提出六西格玛管理模式，并在企业中推行。自从采取六西格玛管理后，公司平均每年提高生产率12.3%，因质量缺陷造成的损失减少了84%，摩托罗拉公司因此取得了巨大的成功，成为世界著名跨国公司，并于1998年获得美国鲍德里奇国家质量管理奖。1995年，美国通用电气公司（GE）也引入了六西格玛管理模式，由此所产生的效益每年呈加速度递增：每年节省的成本为1997年3亿美元、1998年7.5亿美元、1999年15亿美元；利润率从1995年的13.6%提升到1998年的16.7%。六西格玛管理模式从此声名大振。GE的总裁韦尔奇因此说："六西格玛是GE公司历史上最重要、最有价值、最赢利的事业。我们的目标是成为一个六西格玛公司，这将意味着公司的产品、服务、交易零缺陷。"

六西格玛管理方法为摩托罗拉首创，随着流程质量的优化，残次品、制造时间和产品成本都随之降低,公司每年获得了8—9亿美元的回报,1993年,摩托罗拉大部分部门都达到六西格玛水平。短时间内,六西格玛的管理方式便风行到其他行业,通用电气、索尼、本田、佳能、日立、宝丽来等世界级的大公司,纷纷采纳六西格玛,用以改善产品质量,降低成本,从而提高利润率。

再如:茅台人始终坚持把酒的品质放在第一位的原则。茅台酒的生产流程与自然界的四季变化相吻合,采取端午采曲,重阳投料,高温制曲,高温堆积,高温流酒,七次蒸馏,八次发酵,九次蒸煮,历时整1年,然后再经过3年贮存,精心勾兑后才能包装出厂。经过这套科学、独特、完整的工艺,至少要5年时间。而其他的白酒厂用1年或几个月的时间就能出厂,所以茅台酒能够做到绝对保证质量。为确保产品品质,早在数年前,茅台酒厂全方位将ISO9002国际标准贯彻于质量体系中,通过了长城质量保证中心的审核认定,一家极具"中国味"的企业由此成功实现与国际惯例对接。

心智启迪:在品牌运营过程中,要求企业在打造品牌过程中必须讲求"认真"二字,要"眼睛盯着市场,功夫下在现场",为消费者生产和提供优质的产品和服务。品质是一个品牌成功的首要保证,也是精品质量的生命线。品质就是市场,品质就是利润,品质就是信誉。一个真正的品牌不是靠政府的评比而来,也不是靠铺天盖地的广告制造出来,而是以自己的优秀质量在消费者的心目中逐步树立起来的。

精益求精,追求最好,做到极致,是精细化管理的重要思想。六西格玛超凡思维,挑战极限,充分体现了这一管理思想。六西格玛是统计学上误差分析的概念,被借用来标示质量水平。六西格玛表示一百万次机会中,有三四个缺陷,或99.9996的完善水平。六西格玛是企业运营流程的创新,它指导企业做任何事少犯错误,小到填写订单,大到飞机制造,航班飞行安全,在质量问题刚刚显示征兆的时候就予以消灭,从根本上防止缺陷和错误的发生。

五、市场营销的"奥数"智慧

小天鹅集团的经营数学。小天鹅集团在实践中形成了自己的经营数学,凝聚成小天鹅的营销理念。小天鹅用自己的经营理念指导营销,一步步走向成功。

1.0＋0＋1＝100

该公式的含义是:"0"缺陷,"0"库存,用户第"1"。只有做到"0"缺陷,用户才能满意;只有用户满意,企业的销量才会增长。只有做到"0"库存,企业的成本才能降低;只有成本降低,企业才能取得价格优势,才能有效战胜竞争对手。只有同时做到了"0"缺陷和"0"库存,企业才能赢得一个圆满的结果,用公式表示就是"0＋0＋1＝100"。

2.1/3＋1/3＋1/3＝1

该公式的含义是:营销由三个连续的阶段构成,各占1/3。具体而言就是:第一步,企业的产品进入流通领域,收回了货款,实现了资金回笼,这只不过实现了营销的1/3;第二步,帮助商店促销,实现产品从商店到用户的流通,只有商店赚了钱,商店才愿意销售企业的产品;第三步,尽力让用户满意,使用户买时放心,用时开心。这三个不间断的1/3做好了,才等于圆满完成了1个营销过程。

3.1∶25∶8∶1

该公式的含义是:如果1个消费者购买了某种产品,这种行为可能影响25个消费者,如果用得好就会使8个人产生购买的欲望,其中1个人就会产生购买行动;反之,如果1个消费者用得不好,就会打消25位消费者的购买欲望。小天鹅认为,一点瑕疵对工厂来说只是

1/100 或者 1/1 000,但对消费者来讲就是 100%。因此应努力争取产品"0"缺陷,服务"0"投诉,让消费者 100%满意。

4.1、2、3、4、5 承诺

该数字的含义是:1 双鞋——上门服务自带一双专用鞋。2 句话——进门一句话,"我是小天鹅服务员 XXX";服务后一句话,"今后有问题,我们随时听候您的召唤"。

3 块布:一块垫机布、一块擦机布、一块擦手布。4 不准——不准顶撞用户、不准吃喝用户、不拿用户礼品、不乱收费。5 年保修——整机免费保修五年。

再如,荣事达于 1997 年"3.15"之际隆重推出了"红地毯"服务。"热情、温情、深情、真情"是"红地毯"服务的形象定位。服务规范细分为服务语言规范、服务行为规范和服务技术规范三个方面。服务行为规范概括成为"三大纪律,八项注意":"三大纪律"是——第一,不与用户顶撞;第二,不受用户吃请;第三,不收用户礼品。"八项注意"是——第一,遵守约定时间,上门准时;第二,携带"歉意信",登门致歉;第三,套上进门鞋,进门服务;第四,铺开"红地毯",开始维修;第五,修后擦拭机器,保持清洁干净;第六,当面进行试用,检查维修效果;第七,讲解故障原因,介绍使用知识;第八,服务态度热情,举止文明。

心智启迪:营销是企业运营的龙头,营销作为企业职能战略的重要组成部分,要通过其战略谋划构建自己营销核心竞争力。马克思说:"商品价值的实现是惊险的跳跃",而营销是实现跳跃的关键。它是商品流通的前奏曲,最先吹奏起流通的号角;它是商品流通的桥梁,也是商品流通的必由之路;营销是助跳器,它决定着商品跳跃成绩的高低优劣;营销是导航船,只有经过它的疏通引导,商海中的商品滚滚洪流才得以畅通无阻。任何成功的商品交换必然以成功的营销为前提,否则商品交换便不能顺利完成,只有通过营销越过荒野,才能到达市场希望之乡。

菲利浦·科特勒曾指出:"市场营销是企业的这种职能;识别目前未满足的需求和欲望,估量和确定需求量的大小,选择在企业能最好地为它服务的目标市场,并且确定适当的产品、服务和计划,以便为目标市场服务。"具体说,营销职能有:开展市场调查,搜集信息情报;建立销售网络,开展促销活动;开拓新的市场,发掘潜在顾客;进行产品推销,提供优质服务;开发新的产品,满足顾客需要。

多一点付出,多一点回报。真心为客户着想,真正把用户视为"上帝",客户也会关照自己的"子民"。顾客和企业,共惠解难题,用户是上帝,信赖成朋友。顾客的忠诚度、满意度、美誉度是企业营销的安身立命之本。

(资料来源:张国良:《统计与决策》2008 年 4 月)

第六章

营销渠道策划 　≫ ≫ ≫ ≫

【学习目标】

掌握策划与市场营销策划的含义及特点；

理解营销渠道策划需考虑的因素；

理解营销渠道的长度及宽度；

了解厂商与中间商关系的再造及 CIS 系统。

【引导案例】 两篇稿件

有一天,一位叫基泰斯的美国女记者在日本东京奥达克百货公司购了一台电唱机,作为送给在东京的婆婆的见面礼。售货员以日本人特有的彬彬有礼的服务,精心挑选了一台半启封的电唱机。

当基泰斯回到住所开机试用时,却发现电唱机没有装内件,根本无法使用。她不禁怒不可遏,准备第二天一早同这家百货公司交涉,并于当晚赶写了一篇新闻稿,题目是《笑脸背后的真面目》,并发传真到她所供职的美国报社。

不料,次日清晨,一辆汽车开到她的住处,从车上走出的是奥达克百货公司的副经理和拎着大皮箱的职员。他俩一进客厅便俯首鞠躬,表示歉意。基泰斯十分吃惊地问他们是如何找到这儿的。

那位经理打开记事簿,讲述了大致经过。原来,昨天下午清查商品时,他发现错将一个空心的货样卖给了一位顾客。此事至关重要。他迅速召集全体公关人员商议,费尽周折,从顾客留下的一张美国某报的名片里发现线索,打了 35 次越洋电话,最终总算从美国纽约得到了顾客东京婆婆家的电话号码,找到了顾客所在地。接着,经理亲手将一台完好的电唱机外加唱片一张、蛋糕一盒奉上。

奥达克百货公司所作的这一切深深地打动了基泰斯。她马上打越洋电话到美国报社,告知报社说又有新的稿件发出,昨天的传真稿件不要再发了。她随后又赶写了一篇新闻稿:《35 次紧急电话》。后来报社考虑到她两篇稿件的视点不同,配上编辑的话,将两篇稿件全部刊发。后来,奥达克百货公司把基泰斯寄给他们的报纸给了日本某报,日本的几家报纸竞相转发。从此,奥达克百货公司的声誉大大提高。一个女记者的两篇稿件无意中替一个百货公司打开了公关的大门。

思考与讨论:

营销渠道建设的成败关系到厂家的市场竞争力。结合案例,思考营销渠道的重要性。

【本章导读】

　　现代市场经济环境中,营销渠道,不仅是连接企业与市场的桥梁,也是产品、服务与顾客的桥梁。企业生产出来的产品,通过这座桥梁,才能让市场经济与消费者进行有效的沟通。没有这个桥梁,也就没有市场营销活动。营销渠道策划一般认为包括把某种产品供产销过程中所有有关公司和个人,如供应商、制造商、中间商、零售商以及最终消费者或用户等相关活动的整体把握。因为营销渠道有长短之分,所以需要去加以区分认识,在处理这些问题的同时,生产厂商和中间商的关系也是不可忽视的重要问题,生产厂商是产品的生产者,产品是企业之主体。企业进行的营销活动往往离不开中间商的参与。

【诗语导读】

促销手段新花样
公共关系一张网
营业推广情商高
大胜靠德树形象
投其所好暖人心
助其所急多帮忙
强化认知传递信
滋生偏爱岁月长

第一节　营销渠道的发展新趋势

一、营销渠道

　　营销渠道,不仅是连接企业与市场的桥梁,也是产品、服务与顾客的桥梁。企业生产出来的产品,通过这座桥梁,才能让市场经济与消费者进行有效的沟通。没有这个桥梁,也就没有市场营销活动。美国市场营销学权威菲利普·科特勒认为:"营销渠道是指某种货物或劳务从生产者向消费者移动时,取得这种货物或劳务所有权或帮助转移其所有权的所有企业或个人。"当今,市场经济发展越迅速越多的人明白和相信名牌、品牌、形象是企业的财富,然而仅有很少的一部分人才认识到营销渠道同样是企业非常重要的无形资产和财富源泉。然而,中国企业的营销渠道现状并不容乐观。企业或供货商面临着许多令人尴尬的境地:渠道营销能力一般,渠道费用居高不下;中间商随意性较大,很容易转向给更多利益的企业,而供货商调整能力较弱、依赖性较强、产品竞争力一般等原因,在中间商和零售商屡屡串货面前有些"捉襟见肘"。

二、营销渠道的特点

1.一般营销渠道模式

通常商品从生产厂商到达消费者手中一般会经过总经销商、区域分销商、批发商以及零售商等几个中间环节,此模式可直观地表达为:厂家或供应商→总经销商→二级分销商→二销商→···→零售商→消费者。

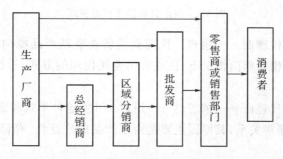

图 6-1　一般营销渠道模式

按照这种一般消费品销售渠道结构,可以看出主要有几种类型:

(1)生产厂商——销售部门——消费者。这种模式产销对接,直接有利于企业与消费者的对话,生产企业拥有自己的销售队伍,可以采用上门推销、电话销售、电视销售、网络电子商务等方式直接地销售企业的产品。

(2)生产厂商——零售商——消费者。生产厂商直接把产品销售给零售商,然后销售给消费者,可以有效地把产品通过零售商迅速地投入到市场,也有利于保持密切的产销联系。

(3)生产厂商——批发商——零售商——消费者。生产厂商把生产出来的产品销售给批发商,然后批发商再转销给零售店,最后通过零售商出售给消费者。这种形式的特点是既可以节约生产者从事销售产品的时间和精力,又可以加快和节约零售商的进货时间和费用,特别是现代物流配送业的发展,这种模式被越来越多的中小型企业所选择。

(4)生产厂商——区域分销商——批发商或零售商——消费者。生产厂商生产出产品以前,对于消费者市场进行了契合实际的调研,并有针对性地进行区域划分。然后将产品销售给区域分销商,在经过区域分销商的调节出售给批发商或者零售商,最后到达消费者的手中。这种区域分销商相当于区域代理人的角色,在产品销售中起到重要的调节作用。

(5)生产厂商——总经销商——区域分销商——批发商或零售商——消费者。一般都是大型的跨区域销售采取的一种模式,总经销商就是大区域中的代理人,一般都是生产厂商的货源供给区,也是进行大区域产品销售的协调中心。

2.生产材料销售渠道模式

生产材料从生产厂商到达用户手里,一般要经过代理商或销售商。

(1)生产厂商——用户。这种模式对于工业产品而言具有较高的时效性,也是一些较大的工业产品所采取的销售模式,如发电厂、机车厂等,可以有效地减少流通环节,节约费用,减少产品因为运输导致的损失。

(2)生产厂商——销售商——用户。这种模式下的工业产品多是需要借助销售商的广泛性得到销售业绩。

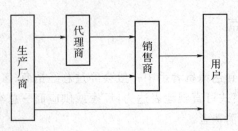

图 6-2　生产材料销售渠道模式

（3）生产厂商——代理商——用户。代理商是将企业新产品推向新市场的中坚力量。此外，生产厂商在没有销售部门情况下，往往采用委托代理的方式，进行自己的市场推广和产品销售。

（4）生产厂商——代理商——销售商——用户。其实这种形式和之前的模式大致相同，不过中间增加了一层销售关系，其原因主要是由于产品的广泛性、存储性等，在第一时间不合适交付给用户。

三、现代营销渠道的发展

在现代市场经济环境中，生产厂商都希望自己生产的产品在较短的时间内，以最快的速度和较少的费用从产品市场进入消费市场，从而越来越多的生产厂商侧重进行制定一系列销售渠道策略并实施有效的策划。市场愈发展，营销愈重要。渠道则是迅速占领市场的筹码，所以现在的生产厂商不再是单纯的生产企业，而是朝着一个综合的服务器终端发展，这样才能更好地处理好与中间商的关系，促进产品迅速占领市场。

随着市场竞争的日益激烈，企业利润变薄，渠道成本的控制举足轻重，伴随着企业规模越来越大，对渠道的影响力和控制力要求更高。目前，产品或服务的价格构成中营销渠道通常占 15%—40%，这个数字反映出营销渠道变革对提高竞争力和利润率的潜力。越来越多的企业重视了营销渠道对于企业的影响，特别是改革开放的深入，我国生产企业渐渐认识到粗放型经济的短处，慢慢地朝着更为广阔的市场经济发展，所以，营销渠道大致出现了扁平化发展、中心辐射向中心下沉发展、单一化发展向复合式发展、中间商操作向生产厂商配送操作、短期激励营销向长期战略合作等模式的转变。

⯈【前言聚焦】

渐变：当今中国营销渠道变化的主旋律

"快速增长的大卖场以及正在崛起的新兴零售通路已经成为影响中国零售业发展趋势的重要元素。"这是 CTR 央视市场调查机构（以下简称 CTR）在刚刚出版的《洞察》秋季刊《中国的现代渠道将走向何方？》一文中，对我国零售市场进行分析得出的结论。此外，我们还可以通过沃尔玛、家乐福、欧尚、易初莲花等具有外资背景的大型零售商在中国的全面布局，和京客隆、亿客隆等超市的日渐衰落，体会到零售渠道在国内的发展潜力以及该领域竞争的惨烈。

其实，无论是大卖场还是超市在国内的兴起以及形态的变化都经历了一个渐变的过程。2007 年 10 月，中国商业联合会常务副会长张庶平在第十三届亚太零售商大会上指出："经过 20 多年的改革和发展，我国零售市场体系已初步建立，并正在向现代零售市场体系的方向发展和完善。"与零售市场发展相对应的是零售市场经营主体规模的不断扩大和零售市场商品零售额的快速增长，零售业景气的上升又推动了我国零售业投资的高增长，使得零售业的投资成为当年我国固定资产投资中的新热点。

国内零售市场的变化和快速增长态势以及其中的巨大市场潜力，吸引了越来越多的外资进入我国零售业市场。有数字表明，仅 2005 年和 2006 年两年中，我国批发零售业外商直接投资合同项目数就有 2606 个、4664 个，分别比上一年增长 53.1%、79.2%；实际使用外资金额为 10.4 亿美元、17.9 亿美元，分别比上一年增长 40.5%、72.1%。

零售市场的发展说明，现代渠道对自身营销模式变革的需要，是迫于外界"压力"所致，这也是该渠道发展必然要经历的过程。一个市场的零售业整体结构发展要经历一定的阶段——现代渠道逐步发展和壮大，小零售商被兼并或为市场所淘汰，部分位于行业顶端的大型零售集团占有越来越大的市场份额，直至现代渠道趋于饱和。可以说，当今中国营销渠道的发展正处于这样一个渐变的过程。

对此，CTR 在《中国的现代渠道将走向何方？》一文中指出，根据对现代渠道份额以及兼并程度的分析可以发现，我国依然处于现代渠道行业发展的新兴阶段。虽然我国市场上现代渠道占据了 50% 的市场份额，但是集中化的程度依然较低。韩国和马来西亚的现代渠道则正朝着进化阶段发展，他们有着更高的现代渠道份额以及更高的行业集中度。对于我国现代渠道未来的发展趋势，CTR 认为，中国将逐渐出现大企业占有更大市场份额，小企业逐渐被兼并或者被市场淘汰的新兴阶段。

事实上，CTR 在《中国的现代渠道将走向何方？》说到的这个新兴阶段在今天的市场中已经有所表现，如联华超市股份公司收购华联超市、华润万家公司收购地方性超市等。事实说明，正是由于零售商之间激烈的竞争和区别化的经营思路促使了新型业态的诞生。CTR 认为，今后我国的零售市场可能出现大卖场一统江山，便捷性诉求、折扣店当道，一家零售商独占鳌头、传统渠道依然是主流的特征。城市化进程、消费者购买力、物流、政府监管以及消费习惯等诸多影响现代渠道发展的经济环境因素，或许会让国内主要城市出现"大卖场一统江山"的局面，如苏果在南京拥有超过 900 家店面和 6 种业态，就是这种可能性的现实版。

同时，随着零售商实力的壮大，他们开始寻求与制造商共同合作的机会，如销售独有包装的产品，共同设计货架以及采取一些联合促销方式，从而使消费者进一步获益。有数字表明，2009 年，中国快速消费品市场促销比重为 13%（金额），比 2008 年的 11% 略高。这也从一个侧面证明，这种现象的存在和发展源于制造商和销售商都希望通过该手段在经济低迷期增加销售量。对此，CTR 认为，这种促销很少有真正提高一个品牌或者一家零售商知名度的表现。相反，这一手段吸引了大量的热衷促销的消费者。最终结果是，促销在短期内增加了销量，但让消费者学会了备货，同时只在商家促销时购物，这样会导致销量的大幅波动。

此外，在品牌市场认知度方面，CTR 的中国消费者指数表明，国内市场自有品牌的表现依旧低迷。在韩国、马来西亚等国家和地区自有品牌强劲增长的对比下，国内消费者对自有品牌的接受度和认可度始终较低。尽管有些产品，如护肤品中润肤霜、洁面乳和爽肤水在屈臣氏的带动下有所增长，但自有品牌想要持续增长，零售商需要让消费者相信自有品牌的质量并不逊色于品牌商品。

（资料来源：阿清：中国工商报网，2010 年 9 月 28 日）

第二节　营销渠道策划需考虑的因素

【引导案例】　涂料经销商怎样做大做强营销渠道

涂料经销商想要在渠道营销上做大做强，就必须在进入涂料业市场前考虑清楚以下两个方面：1.自己的市场上需要哪些适销对路的产品，具体的目标又该锁定在哪些品牌上，要达成怎样的经营目标？一个优秀的经销商必须对自己所经营的产品（品牌）保持坚定的信心，不能轻易被那些杂牌、山寨产品扰乱视线。同时，稍微有点知名度和影响力的品牌都会对自己的经销商提出专营要求，不会允许他们同时经营多个实力相当的品牌。因此，经销商应当专注于某个品牌的经营，设置一些经过努力之后够得着的目标并带领自己的团队在预定周期内不断实现这些目标；2.怎样培养自己的业务团队，把市场牢牢掌握在手上进行精耕细作？多数情况下，涂料企业都会派出一些业务员对经销商的渠道营销活动进行协助。但要注意，厂家的支持只能起到一定的协销作用，真正主导这片市场的应该是经销商自己的业务团队。倘若经销商始终没能打造出一支可以掌控区域市场的业务团队，一旦这片市场做起来了，厂家就不再需要与你合作了。到那时，经销商便彻底丧失了与厂家讨价还价的资本，最好的结局也不过是沦为廉价打工仔，悔之晚矣。故而，经销商在着手市场运作时首先要从意识上摒弃短平快或一夜暴富的念头，踏踏实实地建立健全自己的营销体系，把市场做熟、做深、做透。涂料市场上处处是机会，却也步步有风险。为了实现渠道霸主的梦想，光有差异性价值这一核心还远远不够，经销商必须对自己进行全面的策划、包装。一套成功的策划不仅要包含长期和中短期的战略规划，还要有各项活动的具体执行方案。而这样做的好处也是显而易见的：1.完整的策划既是和厂家谈判的筹码，同时也能给企业留下一个卓有远见、策划能力强的好印象；此外，一个好的策划可以吸引厂家跟着你的思路走，加大对你的支持；2.完整的策划是市场调查的产物，可以体现出投入、推广、产出、效果分析等信息，从而做到有的放矢；3.完整的策划可以带领团队朝着同一个目标努力，是整个团队的行动纲领和信心保证。

策划的要义在于其前瞻性，因此，涂料经销商应该做好这些前期工作：1.详尽的市场调查和分析，尤以上市调查为重中之重。成立专项调研小组，针对行业发展、流通渠道、终端卖场进行深入调研。深入直接消费场所，与消费者进行面对面访谈，运用SPSS统计分析软件对调研数据进行分析，从而获得准确有效的产品消费信息。2.锁定目标消费群体和消费场所，根据市调数据和自身资源分析二批开发的难度和使用手段。3.制定详细的销售政策、价格策略、促销方案和返利政策。4.设计制作所需的广告宣传及产品推广物料，制定详细的媒介策略。5.对销售团队进行全面系统的培训工作，切忌盲目上阵。6.建立健全后勤保障和服务机构，全程助力营销活动。

在具体执行阶段，经销商应当根据前期工作的成果做好几个方面的工作：

1.制定合理的价格策略。以当地消费水平为参考，综合考虑生活水平、购买习惯，预期收入、社会保障、文化传统和消费取向等多种因素，制定包括二批、终端零售价格在内的价格体系。

2.分析目标渠道，有针对性地制定操作手法。分析各类渠道的长短、扁平、优劣，重点关注铺货率、信息沟通的灵敏度和市场管理难度等内容，从而对不同目标制定有针对性的操作手法。

3.优选精选，增强终端执行力度。不同的终端在经销商的战略中所占地位也不尽相同，经销商应当根据战略规划和市场情况结合自身的掌控能力对终端进行筛分，确定优秀终端并集中资源和精力进行市场运作。在优秀终端建立营销数据库并在整个系统共享，及时了解客户需求。同时，经销商应利用所能调动的厂家资源对优秀终端进行扶持，指导具体业务的开展，为其长期发展和现实需求提供整体解决方案，将其打造成团队中的一面面旗帜。

4.铺货，重在及时跟进。涂料产品种类繁多，几乎每个厂家都会有几大系列的产品同时在市场上销售，经销商不可能一次性在同一款产品上大量进货。因此，铺货跟进工作就显得异常重要，必须做到：周期短，速度快，兵力足，覆盖广；同时要确立科学的工作流程，及时总结工作效果，合理安排工作计划。

5.保证终端维护所需配套，完善售后服务体系。终端不仅是一个销售平台，更是通过产品展示和服务水平提升品牌形象的窗口。终端日常维护所需的各项配套工作必须到位，如产品包装、配件、宣传物料、促销赠品、辅助展示物以及产品陈列方式、涂料店的整洁美观程度等。涂料产品的售后服务周期一般都比较长，这就要求经销商的团队保持足够的服务意识。一方面要耐心向客户答疑解惑，解决安装使用中的问题；另一方面要长期跟进，征求用户的反馈意见，用于产品或销售、管理方面的改进。

总之，经销商在自我策划时要切记把握几点原则：1.准确定位，包括目标客户和自身优势；2.差异化竞争，在推广中避免走别人的老路；3.品牌战略，不只是选择做什么品牌，更重要的是怎么做自己的品牌；4.量力而行，对每一步的投入和回报都要有清晰的概念；5.详细，对时间、地点、投入、效果等方方面面都需要全面分析，做到环环相扣，稳扎稳打。

对涂料业经销商而言，渠道维系着他们的所有兴衰与荣辱。虽然每一个有志于在商海中成就一番事业的经销商都会在心底埋藏着一个渠道霸主的梦想，但又有几个人真正找到了自己的方向？一个不懂得策划的经销商充其量不过是厂家的编外售货员，而每个成功的经销商都必须具备优秀的自我策划能力。也唯有如此，才能在机遇与风险同在的市场上走出一条自己的道路，成功把握渠道话语权，成就霸主之梦。

（资料来源：中国建材第一网，2011-05-06）

思考与讨论：

营销渠道策划一般认为包括把某种产品供产销过程中所有有关公司和个人，如供应商、制造商、中间商、零销商以及最终消费者或用户等。那么，如何去协调和平衡他们之间的利益关系呢？

一、营销渠道策划概述

生产厂商从事销售活动其目的就是让产品在最短时间投入到消费市场，促进企业的资本流动，以便于厂商的扩大再生产。但是生产厂商的营销渠道就是这条资本流转的道路，成为一条高速大道则是从事活动的关键因素，所以不管是间接或是直接，生产厂商都需要相应的设计适合于自身产品销售策划，才能满足产品投向市场的需求。

营销渠道策划一般认为包括把某种产品供产销过程中所有有关公司和个人,如供应商、制造商、中间商、零销商以及最终消费者或用户等相关活动的整体把握。它是一个整体的概念,是市场经济下对产品销售取向的理性安排。一般的策划具有较强的针对性,也会兼顾到综合利益的分配和消费者的使用价值。一般可划分为间接营销策划和直接营销策划。

间接的营销策划是最常见的营销策划模式,这是由于生产与消费在时间、空间、数量、品种等方面存在着广泛的矛盾所造成的,迫使企业实施间接渠道策略销售产品。生产厂商将产品直接卖给消费者或用户,形成的便是直接渠道。大部分生产资料生产者、服务提供者以及一些小型消费品的生产者往往不会依靠独立的中间商销售其产品或服务,而是依靠自身的销售力量和广告宣传等,直接向消费者出售商品或服务。

二、营销渠道策划的成员

根据一般的营销渠道模式,通常认为商品从生产厂商到达消费者手中一般会经过总经销商、二三级分销商以及零售商等几个中间环节,然而,并非所有的营销渠道都必须包括这些渠道成员。事实上,这样的销售渠道存在着许多不足。许多产品的生产厂商为了实现高额利润而实施价格模糊定价,在通过相应的中间商时会有部分加成,从而导致了消费者对产品购买的价格怀疑,同时由于销售商的分级,容易出现下层次的销售商跨级购买,形成串货,导致企业在货源配送方面出现一些问题,最主要的是消费者对价格的不信任,也降低了企业的可信度。特别是当前我国企业的营销渠道进入了一个多元化发展的新阶段,出现了传统营销渠道和诸如连锁经营、特许经营、制造企业自营销售组织以及直销等新型营销渠道并存的局面。正是由于渠道的多元化,因此在不同的营销渠道模式里相同的渠道成员的作用可能是不同的,而不同的渠道成员在不同的营销渠道模式里的功能也可能有交叉融合。

1. 生产厂商及其渠道

生产厂商是整条营销渠道的源头,不但负责产品的开发与生产,也担负着产品的市场定位、营销渠道的选择以及营销策略的制定,尽管它在营销渠道中距离消费者较远,实际上却是最相关的。生产厂商的规模参差不齐,大到像空客公司这样的巨无霸,小到中国乡村的一般的企业;生产厂商所生产的产品各式各样,从汽车飞机到蔬菜面粉,种类各异。这决定了不同的生产厂商所采取营销渠道模式也就必然不尽相同。厂商的任务就是根据自己产品的特点以及市场的需求情况决定采取何种营销渠道模式以及选择合适的销售中间商,并判断是否需要下设专业销售部门或开办分公司,从而使产品通过相应的营销渠道尽可能多地占领市场、满足顾客需要,从而获得更大利润。

生产厂商自身状况,也是选择渠道时应考虑的一个重要因素。企业的实力较强,可以取短渠道。反之,实力较弱的企业,一般无力成立独立部门进行直接销售,销售渠道就要长些。营销能力方面。如果企业在营销方面具有丰富的经验和技巧,则不必过分依赖中间商,反之就需要物色可靠的、有信誉的中间商。生产厂商对于渠道的控制度。部分生产厂商.为了能够控制零售价格,有效地进行宣传推广,以便保持商品的新鲜程度,宁愿多花一些宣传费用也要取短渠道。企业的声誉和提供服务的能力。有声望的中间商,往往会挑选生产厂商。因此,生产企业的综合声誉也是影响渠道策划的因素。

2. 代理商

代理商是营销渠道中的一个重要组成部分。从广义上讲,代理商包括批发商、分销商以及生产厂商的销售机构或销售子公司等类型。从狭义上讲,代理商是指将商品或服务出售给那些为了再出售或企业使用而购买的中间商,即批发商。批发是为转售或加工服务的大宗产品的交易行为。批发商通过生产者购买产品,将其出售给零售商或其他转卖者及用户。通过批发商的购买,生产者可以迅速、大量售出产品,减少库存,加速资本流通周转。批发商也可以凭借自己的实力,帮助生产者促销产品,为其提供市场信息。

不难看出,市场经济环境中,中间代理商扮演着重要的角色,也是市场经济发展的重要推动力。可以说很多情况下,消费者购买商品或服务大多是经过中间商获取的,而这些中间商,大多是生产厂商的代理商。代理商可以有效地解决渠道问题,因为渠道人员采取的是低底薪加高提成,而支撑管理人员的则是高底薪加低奖金。两类人员放在一个公司内是很难管理的,双方互相看不顺眼。独立公司运作是现实的。但问题是不管运营商还是代理商都喜欢涸泽而渔。说到底还是实力的较量,实力强的代理商是可以迅速开辟产品市场的。

现代市场经济环境中,在短期内充分发挥代理商的作用,很大程度上与生产厂商的培养与扶持有着相对直接的关系。一般而言,外资品牌在管理上要相对规范,由其对品牌的管理引深到对代理商的管理环节。因此,上游的规范化管理是下游规范化运作的基石。除代理商受到竞争压力不断改变经营思想外,先进管理方式的带动也是其成长的必要条件。代理商引入"管理"的概念,成为拥有品牌经理、业务经理、工程技术人员、统计和财务人员配备齐全的主动管理型营销公司,在财务管理、资金管理、业务管理等各方面都与生产厂商形成一一对应。这种对等的发展模式将使社会分工进一步细化,逐步形成生产和流通环节既分割又密切结合,代理商一旦拥有了核心竞争力,便可以在产品研发领域上引领生产厂商,下领终端卖场,成为营销渠道竞争的关键环节。

3.零售商

零售商是指将商品直接销售给最终消费者的中间商,是相对于生产厂商和批发商而言的,是商品流通的终端系统。零售商的基本任务是直接为最终消费者服务,它的职能包括购、销、调、存、加工、拆零、分包、传递信息、提供销售服务等。在地点、时间与服务方面,方便消费者购买,它又是联系生产企业、批发商与消费者的桥梁,在分销途径中具有重要作用。面对个人消费者市场,是营销渠道系统的终端,直接联结消费者,完成产品最终实现价值的任务。零售商业对整个国民经济的发展起着重大的作用。零售商业种类繁多、经营方式变化快,构成了多样的、动态的零售营销渠道。

4.营销渠道策划的环境

随着市场经济不断发展和营销手段的不断完善与创新,营销渠道也在不断发生变化,而其变化的主要动力就是外部环境的复杂多变。外部环境不断影响着营销渠道策划的实施,因此营销渠道管理者应该时刻关注这些外部环境及其发生的变化,适时调整其营销渠道决策。营销渠道中环境因素的影响以及影响营销渠道的一些主要经济因素、技术因素、社会文化因素、竞争因素和法律因素等构成了营销渠道策划考虑的主要因素。

5.营销渠道环境

一般而言,营销渠道环境主要考虑的是非可控制的外部因素组成。当然,从一定意义上而言,影响营销渠道策划的环境因素是很多的,也是不计其数的。为了能够便于研究和找到营销渠道策划的有效方式,从影响营销渠道环境的几个主要因素进行分析:

（1）经济环境

经济环境是影响整个营销渠道策划最普遍、最直接的环境因素。消费者以及生产、批发、零售公司的管理者每天都须密切关注经济形势的变化。无论是生产厂商为其长期投资融资，还是消费者在超市里购买一袋大米，都会受到经济因素的影响。一般而言，经济学家把经济分为衰退期、通货膨胀、通货紧缩、贸易赤字、金融危机和巨额国债等时期，在不同时期生产厂商在进行产品的市场营销渠道策划时，都应根据具体情况实施切合实际的方案。

（2）社会文化环境

许多生产厂商认识到环境的重要性，但缺乏深入、系统的调查研究，更缺乏针对这方面的实证研究。这直接导致了许多以典型西方成熟市场经济条件为基础的营销渠道理论在地理和文化上的局限性。事实上，营销渠道不可能存在于真空中，它们必须在不断变化的环境中运作，而这些环境又时时影响着营销渠道管理。这些环境因素很多，其中最重要因素之一就是社会文化环境。社会文化是一个复杂的整体，其中包含了人口、知识、信仰、艺术、道德、法律、风俗以及社会成员获得的其他方面的能力和习惯。社会文化环境几乎渗透到市场营销策划的方方面面。因此，营销渠道结构也会受到其所处的社会文化环境的影响。

当市场营销渠道涉及国外文化时，管理者也要充分考虑社会文化环境的影响，并能关注渠道所处的社会环境的背景。可以说，把握住产品销售市场的社会文化环境，在很大程度上已经取得了渠道策划的胜利。做策划时主要考虑的因素有人口的年龄结构、地区差异、民族特色、受教育水平、家庭构成等，当前妇女地位的提高也是不可忽略的重要社会文化环境因素。

（3）产品技术环境

21世纪以来，科学技术，尤其是计算机网络技术、电子信息技术的飞速发展，使得手机、电脑那些昂贵的奢侈品步入寻常百姓家，成为我们生活的必需品。面对日新月异发展的科学技术，渠道管理者应该顺应发展形势，了解自身和整个营销渠道成员相关的技术发展势态，然后对技术变化可能对渠道成员产生的影响作出判断。当然，准确无误判断科学技术对渠道成员的影响并不是件容易的事，因为并非所有技术的发展都是有规律可循的。所以，营销渠道策划过程中，管理者应该借鉴历史的同时，拥有大局发展眼光。计算机网络作为当代人生活的一部分，其发展历程是非常短暂的，从比尔·盖茨弃学从商开始到现在的微软天下，足以见识到科学技术对于世界的影响。作为营销渠道策划的一员，我们不仅应该认识到科学技术的重要性，还应该努力学习与自身产品相关的科学技术，用科学技术来武装自身的头脑，这样才可以在销售中更好地利用科学技术。

（4）竞争环境

市场营销环境的竞争性直接影响着企业的获利能力。一般地，影响竞争结构及竞争强度的主要因素包括：行业内现有企业、潜在的进入者、替代品制造商、供应商和顾客（产品购买者）五种竞争力量。竞争环境分析就是对这五种竞争力量的分析。对行业内现有竞争对手研究的主要内容有行业内竞争的基本情况、主要竞争对手的实力、竞争对手的发展方向；对潜在竞争对手的研究主要包括现有企业可能做出的反应和由行业特点决定的进入难易程度；对替代品生产厂家的研究包括两方面内容：其一为确定哪些产品可以替代本企业提供的产品；其二为判断哪些类型的替代品可能对本行业和本企业的经营造成威胁；对顾客的分析则包括对市场需求潜力研究和对有关用户讨价还价能力的研究两方面；对供应商的分析包括供应商的供货能力或者企业寻找其他供货渠道的可能性以及供应商的讨价能力两方面。

　　竞争企业分析主要是通过企业名称和所在地、企业经营规模、竞争企业的市场占有率、竞争企业的品牌产品与特点和竞争企业的综合实力等方面来考虑。分析竞争企业的发展趋向,预测竞争企业的发展前景,不仅可以作为自身企业发展的借鉴,还可以作为营销策划的基础。所以了解竞争企业,做到知己知彼,方能百战不殆。

第三节　营销渠道的长度与宽度策划

一、营销渠道的长度

　　营销渠道的长度,即指产品从生产者到消费者中间层次或环节的数量。中间层次或环节的多少,反映销售渠道的长短。如图 6.1 中,我们根据中间商的多少还可以做一下划分。

　　1. 直达式营销渠道

　　生产者直接把产品出售给消费者,没有中间商的参与,只有生产者和消费者,所以叫做直达式营销渠道。针对这种模式,企业一般拥有一支比较成熟的营销团队,并且产品具有某方面的独特竞争优势。

　　2. 一站式营销渠道

　　在生产者和消费者之间增加了一个中间商(多为零销商)的参与。

　　3. 两站式营销渠道

　　生产者把产品出售给批发商,再由批发商转售给零售商,最后到达消费者手中,这也是市场环境中普遍存在的一种营销方式。

　　4. 多站式营销渠道

　　生产者和消费者中间,存在两个以上的中间商的营销渠道模式。

　　虽然营销渠道有长短之分,但是实际的社会经济环境中,也存在着跨层次的"团购"等现象。也就是说,没有绝对的长与短,营销渠道较长,中间环节多,产品在流通领域停留的时间就相应会长一些,但产品销售的覆盖面也会变广。相反,销售渠道较短,可以减少交易次数,但能涉及的顾客相对有限。所以,渠道是长是短,各有利弊。应该根据市场的实际需求来设计产品营销渠道的具体方案。

二、营销渠道的宽度

　　营销渠道的宽度,是指组成营销渠道的每个环节或层次中,使用的相同类型的中间商的数量。同一层次或环节的中间商较多,渠道就较宽;反之,渠道就较窄。销售渠道的宽度策划,与企业的市场营销目标和产销战略有关。生产者的营销策划通常可以划分为三种:

　　1. 集群型营销

　　生产企业尽可能通过较多的中间商销售产品,以扩大市场覆盖面或快速进入一个新市场,使众多的消费者和用户随时随地能买到这些产品,从而扩大产品影响力。

2. 择优型营销

生产企业在同一目标市场上,依据一定的标准选择少数比较优势中间商经销其产品,而不是允许所有有合作意向的中间商都参与经销。这种战略的重心是维护企业、产品的形象和声誉,建立和巩固市场地位,一般都是企业产品成熟走向市场的表现。

3. 唯一型营销

生产企业在特定时间、特定地区,只选择一家批发商或零售商经销其产品。通常双方订有协议,中间商不得销售其竞争者的产品,企业也不得向其他中间商供应其产品。目的是控制已有市场,以独特的营销方式,强化产品形象,从而形成差异化心理,使企业和中间商获得超额利润。

三、营销渠道的长度与宽度的相融合

生产企业根据目标市场的具体情况,还要考虑使用多条营销渠道销售其产品,即渠道的长度与宽度的相融合问题。一般来说,生产企业有以下选择:通过两条以上的渠道,使同一产品进入两个以上的市场。比如,有的产品既可卖给其他制造商作原材料,又可卖给消费者作消费品。显然,要用不同的渠道伸入不同的市场,才能完成任务;此外,使同一产品进入同一市场,该产品可以是同一品牌,也可以是不同品牌,这样可使不同渠道之间发生竞争。比如,一家企业生产的有机蔬菜,既通过超级市场、食品商店等零售商出售,转卖给消费者;又经由饭店、餐馆,卖给消费者享用。这样,产品有更多的渠道流向消费领域,有利于企业实现更深的市场渗透,进而获得利润最大化。

营销企业决定所用营销渠道的长短、宽窄以及是否使用多重渠道,要受到一系列主客观因素的制约。从营销渠道策划的角度来说,市场营销渠道策划人员要考虑以下问题:销售的是何种产品或服务、面对的是市场环境、消费者购买愿望与动机以及企业的资源与战略优势、中间商的状况等因素。

【知识链接】

电子渠道逐渐成熟 邮储银行营销渠道渐宽

尽管拥有国内最多的银行营业网点,但邮政储蓄银行渠道建设的步伐从未停歇。

近日,邮储银行青海省乐都县支行举行开业庆典仪式。邮储银行青海省分行今年要在青海省县域内增设 20 个营业网点,这些只是邮储银行新增网点的一小部分。

庞大的营业网点网络再加上自助设备、电子银行、客户经理,共同组成邮储银行的营销渠道,使邮储银行成为很多农民甚至城里人的首选银行。

电子渠道逐渐成熟

网上银行、电话银行等渠道优势互补,邮储银行发挥后发优势,助跑电子渠道不少人对邮储银行的印象还停留在多年前邮局存取款服务的状态,殊不知这家网点遍布城乡的银行已经有了根本性的变化,各种金融服务一应俱全,且颇具特色。

近年来,网上银行逐步被用户接受。2010 年 6 月,邮储银行个人网银正式上线,不到一年的时间就拥有注册客户数 1400 多万。与其他商业银行一样,邮储银行的网银从建设伊始

就高度关注安全性，由于网银业务开发较晚，邮储银行充分借鉴其他银行的经验和教训，在网银的安全性上做到极致。

"前段时间仿冒银行的钓鱼网站频发，网银遭遇克隆之痛，也发生了不少案件，但是邮储银行没有发生案件，这与我们高度重视网银安全分不开。"邮储银行渠道管理部总经理罗志安对《农村金融时报》记者表示。

"UK＋短信"这种安全模式给罗志安带来不少底气，他为记者演示了邮储银行个人网银"UK＋短信"这种模式的安全性。打开邮储银行个人网银交易界面，输入用户名和密码登录，将 A 账户的 100 元转入 B 账户，这时手机响了，里面显示 6 位数字密码和转入方账户信息，输入该密码后交易即完成，前后不到 1 分钟的时间。对于 1 万元以下的小额交易只使用动态密码短信就可以完成交易，大额交易则需要"UK＋短信"双重保护。

另外，手机短信密码验证功能也是邮储银行网银一大特色。客户办理账务类交易时，都需要输入短信密码后才能完成交易。"目前各家银行很少采用短信密码方式，邮储银行是充分讨论慎重采用的。短信密码最大的顾虑主要是移动网络延时问题，会影响客户使用。邮储银行通过自己的渠道将此问题解决，如果出现移动网络延时，客户手机无法及时收到动态短信密码，客户可以点击重发短信由系统再发一条短信密码，或是点击网银上的客服电话，这时会有客服人员打电话告诉客户动态密码，从而解决动态密码延时问题。"罗志安一边演示一边向记者介绍，"为了防止钓鱼网站、黑客篡改交易信息导致客户资金损失，手机短信密码起了很大作用，邮储银行在发送手机短信密码的短信中，增加了转入方户名、账号后四位、金额等交易关键信息内容，以便于客户确认交易信息"。

解决了安全问题，邮储银行开始在服务上做足工夫。为不断满足客户的需要，邮储银行大力发展和优化个人网银，丰富个人网银服务产品。目前已在全国范围内实现账户查询、行内转账、跨行汇款、按址汇款、密码汇款、代理基金业务、代理国债业务、人民币理财业务、外币业务、代理保险业务、个人贷款业务、信用卡业务、网上缴费业务、网上支付业务等多项功能。网上电子结售汇、网上黄金买卖、第三方存管等业务功能也将陆续实现。

"对于银行而言，安全是前提，方便是核心。"罗志安表示，为方便客户，邮储银行设置了 3 类注册客户："UK＋短信"客户，电子令牌客户和手机短信客户。客户可根据交易需求选择客户类型。对于 1 万元以下的账务类交易，客户只需要拥有一部手机即可使用邮储银行网银进行账务类交易。对于"UK＋短信"客户，如果客户在未带 UK 的情况下临时需要使用网银进行账务类交易，可以通过网银临时将客户类型变更为手机短信客户，适用于手机短信客户交易限额，这大大增加了客户的便利。

相比网银强大的功能，电话银行、手机银行、电视银行的服务侧重则各有不同，分别有不同的客户群，相互之间互为补充。

2010 年 1 月，邮储银行 95580 电话银行客服中心获得中国银行业协会颁发的最佳服务奖，截至 2011 年 5 月中旬，电话银行累计注册客户数超过 3000 万户。

与网上银行相比，电话银行则呈现不同的特点，电话银行在支付、结算上没有网上银行方便、快捷，因此邮储银行将电话银行定位为处理人工咨询、投诉为主的专门渠道，为网上银行服务提供补充。

随着邮储银行网上银行、电话银行逐步成熟，手机银行、电视银行成为邮储银行开发的新型电子渠道，预计将于 2011 年底正式上线。手机银行可以满足客户随时、随地的移动服务需要,用户可以通过手机实现查询、转账、汇款、信用卡还款、投资理财、缴费、购买机票等一系列新型在线金融交易服务。

电视银行借助于电视这个媒体,上线之后将可以通过其缴纳电话费、水费、电费、银行账户查询、信用卡还款以及完成电视购物的支付。电视的屏幕远远大于手机、电脑,因此在商品的浏览、选择上有很大的优势,比较适合没有网络的地区和一些年龄较大不会上网的人群。

传统渠道优势明显

邮储银行3分之2以上网点分布在县及县以下农村地区,在县域地区渠道优势明显。

由于农村地区的银行业务以存取款以及小额贷款为主,利润空间较小,因此大多数商业银行在农村地区开设分支机构都很难赢利。邮储银行则通过"邮银合作"的方式降低在农村地区布设网点的成本。

通过这种合作模式,邮储银行一方面积极履行社会责任,为部分金融服务空白乡镇的百姓提供基础金融服务,同时增加自己的网点数量、扩大规模,使自己在代理"新农保"、代发中央直属单位工资等业务上有其他银行少有的网络优势。截至目前,邮储银行在全国已拥有3.7万多个营业网点。

罗志安给记者举了个例子:铁道部的职工遍布全国各地,有些铁路道口只有两三名职工,如果铁道部选择其他商业银行给铁路职工代发工资,方圆百里没有一家银行网点,肯定会有不便,这时邮储银行网点庞大的网络优势就非常明显。近年来,邮储银行为很多全国性企事业单位职工代发工资,这与邮储银行的网点优势是分不开的。

当前ATM已经成为民众较为接受的一种金融服务渠道,越来越多的人选择ATM进行小额现金交易。截至2010年底,全国邮政储蓄ATM保有量达3万余台,市场份额约为11%。2010年邮储银行ATM受理的交易笔数已超过网点受理的卡业务交易,也就是说,邮储银行有超过一半的卡业务交易已从网点迁移到ATM上进行,大大缓解了柜面的压力,延伸了网点的服务。

客户经理作为邮储银行的第四大分销渠道,在日常业务中的作用越来越大。邮储银行从狠抓服务质量和营销能力入手,着力组建了一支拥有2.6万人的客户经理队伍,不断提升整支队伍的服务水平和综合素质,将客户经理打造为邮储银行服务营销的第一张名片。依托客户经理队伍,邮储银行不仅能为客户提供专业的理财、信贷、投资等服务,更可以为各类客户提供个性化、人性化的金融解决方案,充分体现了这家银行"进步,与您同步"的企业发展理念。

北京邮电大学经济管理学院金融学副教授彭惠认为,邮储银行在渠道建设上的优势在于,网络效应更为明显,邮储银行已有网络既覆盖大中城市,又深入农村地区,和商业银行相比,有更广泛的机构网点,新网点的建设无疑可以进一步扩大邮储服务的地理范围,为客户提供覆盖面更广的金融服务,可以获得更为明显的网络效应;同时与邮政合作渠道建设,既可获得成本优势,又能共享客户资源。

(资料来源:郝飞:《农村金融时报》,中国经济网,2011年5月30日)

思考与讨论:结合本节知识,试分析现代市场经济条件下,邮储银行营销渠道变换拓宽的主要因素。

第四节　厂商与中间商关系的再造

一、生产厂商角色

生产厂商是产品的生产者,产品是企业之主体。企业的一切活动都是围绕产品而进行的,所以企业在其营销渠道策划时应该注意的是产品因素、自身因素等。

1.产品因素

(1)产品的重量、体积。较轻、较小的产品;笨重及大件的产品。

(2)产品的物理化学性质。易损易腐产品,应尽量避免多次转手、反复搬运。

(3)产品的标准化程度。标准化程度高、通用性强的产品;非标准化的专用性产品。

(4)产品技术的复杂程度。产品技术越复杂,对有关销售服务尤其是售后服务的要求则越高的产品。

(5)新产品。新产品上市需要耗费大量精力和费用来打开市场。消费者也不很了解新产品,因此,企业要为此付出大量资金,组成推销队伍,直接向用户推销。

(6)政府对商品营销渠道的限制。如国家规定的烟草专卖,企业就不能任意选择营销渠道。

2.生产厂商的 CIS 策划

生产厂商或企业要实现利润最大化,必须通过产品的生产,并提供给消费市场使用。因此,生产就是将投入转变成产出的过程。很多生产厂商进入市场经济的时间不长,市场经济体制还不健全,一些企业的理念偏离市场要求,致使运作机制滞后。此外,生产企业对自身产品做好市场研发和推广的同时,也要树立良好的企业形象。

企业形象分析的内容主要是 CIS,意为企业识别系统。它是指将企业经营理念与精神文化,以整体形象传达给企业内部与社会大众,并使其对企业产生一致的认同感或价值观,从而达到形成良好的企业形象和促进产品销售的设计系统。

项目	CIS 的系统结构	CIS 系统结构说明
	CIS 企业形象设计的一般构成	
1	MI(MIND IDENTITY SYSTEM) 理念识别	最高决策层导入企业识别系统的原动力,企业的精神理念与精神文化
2	BI(BEHAVIOUR IDENTITY SYSTEM) 行为识别	动态的识别形式、对外回馈、参与; 对内组织、管理、教育。
3	VI(VISUAI IDENTITY SYSTEM) 视觉识别	静态的识别符号具体化、视觉化的传达形式。 项目最多,层面最广,效果最好。

图 6-3　CIS 系统构成

二、中间商选择

中间商是介于生产厂商和消费者之间,专门从事商品内生产领域向消费领域转移服务的经济组织。中间商通常是指代理商、批发商、零售商三种类型。中间商存在的必要性在于生产和消费之间在时间、空间等方面的不对等出现,中间商的出现解决了这些矛盾并节约社会劳动成本。

中间商在产品由厂商生产到市场消费,发挥着重要的作用,其主要功能表现在以下几个方面:第一,集散产品的功能。中间商可以有效地将产品大批量或成批次地从生产厂商那里获取,并通过自身有利的条件,转销给零售商或者消费者。第二,节省流通费用的功能。中间商是专门的流通经济组织,负责把厂商的产品和消费者的需要联系到一起。这样它本身就具备了销售者和购买者的双重身份。第三,储存商品的功能。中间商的介入可以有效地从生产厂商那里进购大批产品,然后小批量转销给零售商或消费者,相对地减轻了生产厂商和零售商对产品的存储负担。此外,中间商还起到了帮助生产厂商扩大宣传、提高产品声誉、诱导消费需求、协助零售商和沟通产销信息等功能。

三、厂商与中间商关系的再造

随着现代经济的发展,传统的"店铺零售"方式所呈现的不足越来越多,其中最重要一点就是销售渠道的拓展困难。采取新颖的营销方式是企业参与市场竞争的主要准备工作,此时处理好厂商和中间商的关系就显得颇为重要。

直复营销策划的意义就在于创新了销售的渠道,加深了渠道与顾客的接触,因此创造了新的销售奇迹。如今,直复营销策划已成为一种新颖而有效的营销手段及渠道策略。

▷【小案例 6-1】

入境还得先问俗

通用食品公司曾挥霍数百万美元,竭力向日本消费者兜售有包装的蛋糕糊。等到该公司发现只有 30% 的日本家庭有烤箱的事实时,公司的营销计划已实施大半,陷于骑虎难下的境地。克蕾丝牙膏在墨西哥使用美国式的广告进行推销,一开始就败下阵来。因为墨西哥人不相信或者根本不考虑预防龋齿的好处,哪怕是符合科学道理的广告宣传对他们也毫无吸引力。

豪马公司的贺卡设计精美,并配之以柔情蜜意的贺词,历年来风行世界各国。但豪马公司的贺卡在最为浪漫的国度——法国却难以打开局面,原因很简单,浪漫的法国人不喜欢贺卡上印有现成的贺词,他们喜欢自己动手在卡片上写自己的心里话。

通用食品公司的唐牌(TANG)饮料一开始便在法国遭到失败。唐牌饮料是早餐橘子汁的替代产品,在美国市场,通用食品公司经过大肆促销后,唐牌饮料占领了相当部分的原来有橘子汁占领的市场,取得了巨大的成功。但是通用食品公司未考虑到:法国人很少喝橘子汁。作为橘子汁的替代产品,唐牌饮料在法国自然也就没有了市场。

凯洛格公司的泡波果馅饼(POP-TARTS)曾在英国失利。因为在英国拥有烤面包电炉的家庭比美国要少得多,而且英国人觉得这种馅饼过于甜腻,不合他们的口味,也有的企业通过在国外营销失败后,针对当地的营销环境重新设计产品或通过改变广告策略来达到促销目的,从而取得了巨大的成功。

荷兰飞利浦公司发现日本人的厨房比较狭小,便缩小了咖啡壶的尺寸来打开市场,同时该公司发现日本人的手比西方人的手要小,于是缩小了剃须刀的尺寸,经过这些改进,该公司才开始在日本赢利。

可口可乐公司曾试图将两公升的大瓶可口可乐打入西班牙市场,但是销量甚小,美国可口可乐公司总部派员调查后认为,大瓶可口可乐滞销是因为在西班牙很少有人用大容量的冰箱。于是停止了销售大瓶可口可乐的计划,改为在西班牙境内售小瓶可口可乐,结果大获成功。

麦当劳公司打入日本市场时进行促销,设计了"小白脸麦当劳"(RONNIE MC DONALD)的滑稽形象进行广告,结果失败。原因是因为在日本白脸意味着死亡。于是改为采用其在香港促销时用的"麦当劳叔叔"的广告形象,结果当年该公司的营业额翻了四倍,目前麦当劳公司在日本每天增设三家分店。

(资料来源:市场营销策划案例经典大全,www.lodoeshop.com)

[试析]

从上述案例中能得到什么启示?

➭【策划人物链接】

史玉柱——保健品策划

史玉柱在1989年从深圳大学研究生毕业后下海创业。1991年,巨人公司成立,推出桌面中文电脑软件M-6403。1993年,巨人公司进军房地产行业,设计方案从38层改为70层的巨人大厦动土,号称当时中国第一高楼,所需资金超过10亿元。巨人还进入了保健品行业,推出巨不肥、脑黄金等12种保健品,利用"地毯式"广告投放方式,打开了保健品市场。后因资金"抽血"补充房地产过量,再加上管理不善,巨人集团陷入困境,欠下巨额债务,名存实亡。2000年,史玉柱东山再起,推出了脑白金。2004年11月,史玉柱成立征途公司,进入网络游戏产业。

脑白金的成功让史玉柱不仅还清债务,还重新展示了其策划的天生才能。脑白金自1998年以来,用极短的时间启动了市场,在短短的两三年内创造了十几亿元的销售奇迹。脑白金把一个"润肠通便、改善睡眠"的功能性极强、理性选择的保健产品,弱化功效概念,强化关联性不大的礼品诉求并高频率灌输,从而将其做成了一个像女人买化妆品一样的感性产品。脑白金跳出保健品营销的固有框架,避免了单一的同质性的产品功能诉求,不把眼光局限于脑白金这种产品本身,而是在一个更高的层面上,准确把握"礼尚往来"这一中国人的礼品情结,将脑白金定位成礼品。虽然脑白金以及巨人集团以前的保健品在广告策略、产品定位、公关造势等方面受到很多争议,也曾有人把"今年过节不收礼,收礼只收脑白金"评为"中国十大恶俗广告"之首,但是,脑白金确实是国内营销策划界的一个成功案例。

(资料来源:孟韬,毕克贵《营销策划》,机械工业出版社2012年版)

【本章小结】

1.营销渠道策划一般认为包括把某种产品供产销过程中所有有关公司和个人,如供应商、制造商、中间商、零销商以及最终消费者或用户等相关活动整体把握。是一个整体的概念,是市场经济下对产品销售取向的理性安排。营销渠道中环境因素的影响以及影响营销渠道的一些主要经济因素、技术因素、社会文化因素、竞争因素和法律因素等构成了营销渠道策划考虑的主要因素。

2.营销渠道的长度,即指产品从生产者到消费者中间层次或环节的数量。中间层次或环节的多少,反映销售渠道的长短。一般分为直达式营销渠道、一站式营销渠道、两站式营销渠道、多站式营销渠道等。

3.营销渠道的宽度,是指组成营销渠道的每个环节或层次中,使用的相同类型的中间商的数量。通常可以划分为集群型营销、择优型营销、唯一型营销等。

4.企业形象分析的内容主要是CIS,意为企业识别系统。它是指将企业经营理念与精神文化,运用整体传达系统传达给企业内部与社会大众,并使其对企业产生一致的认同感或价值观,从而达到形成良好的企业形象和促进产品销售的设计系统。

【诗语点睛】

渠道畅通销路广
财源茂盛达三江
源远流长活水来
生意兴隆放眼量
绿色营销是使命
厂商连着中间商
渠道宽窄有长短
决胜终端情意长

本章习题

一、名词解释

营销渠道策划;
营销渠道的长度;
营销渠道的宽度;
企业现象。

二、简答题

1.策划与市场营销策划的含义及特点是什么?

2.营销渠道策划需考虑哪些因素?

3.什么是营销渠道的长度及宽度?

4.结合实际,谈谈如何做好厂商与中间商关系的再造?

⤵【案例分析】

手机物联网应用引领营销渠道第四次变革

2011 年 5 月 21 日,著名无线咨询机构艾媒咨询在中国广州琶洲保利世贸博览中心隆重举行了 2011 年中国首届手机物联网商务大会。

根据大会主办方艾媒咨询透露,手机网民的日益增长,促进了手机物联网的发展,从而带动了手机物联网商务的迅速发展。随着以闪购码为技术平台的广州闪购公司为代表的各种手机物联网企业也已纷至沓来,布局手机物联网商务市场,让移动互联网与实业经济有机结合,形成了巨大的商业金矿。

艾媒咨询(iimedia research)研究数据显示,2010 年中国手机物联网商务市场规模为 79亿元,预计在 2013 年手机物联网商务市场规模将突破 1000 亿元,达到 1068 亿元,同比增长66.9％,手机物联网商务市场规模在 2015 年将达到 3882 亿元。艾媒分析预计,2013 年手机物联网占物联网的比例将过半,手机物联网将成为物联网的一个重要领域,其市场投资前景巨大。

艾媒咨询董事长兼 CEO 张毅表示,中国移动互联网产业经历了几年的发展,其价值被资本过分估高,产业变得越来越虚无缥缈;新鲜血液大量涌入手机应用开发者行列,而目前95％的开发者处于负收入状态,显然不是一件好事情。归根到底,中国移动互联网背后涉及太多 PC 互联网的身影,商业模式大多照搬 PC 互联网的运作模式,几乎完全同质化,手机特性完全没有突出,必然是死路一条。他认为,利用手机的摄像头、定位、重力感应、移动性等独有的功能,与传统实业结合起来的手机物联网模式,将是全球移动互联网产业发展的根本归宿。

闪购营销总裁李锦魁表示,在手机物联网的领域里面相信会诞生更多的马云,因为手机购物无论从哪个渠道来看,我们在企业里面变化都是渠道的变化,中国的渠道发展模式经过了四个时代:第一个是分销时代。第二个是品牌连锁时代。第三个是网购时代、互联网电子商务。第四个时代是闪购时代,移动物联网时代。

手机物联网,将移动终端与规模庞大的电子商务模式结合,使消费者与商家更加便捷地互动交流,随时随地体验品牌品质,传播分享信息,实现互联网向物联网的从容过渡,将缔造出一种全新的零接触、高透明、无风险的市场模式。手机物联网时代,将批发、连锁、电子商务各个时代的精华融合在一起,形成了一场商业界划时代的营销渠道的第四次变革。

中国手机物联网商务市场满足了现代高速生活的需求,让人们随时随地都可以尽情享受购物的乐趣,这是一种高速度、高质量购物形式。这个日益壮大的手机物联网购物市场将吸引很多各种规模的竞争者加入。

(资料来源:CBSi 中国·ZOL【转载】)

思考题:

1.手机物联网应用对营销渠道产生哪些影响?

2.结合实际,谈谈对新型营销渠道的设想。

第七章

促销策划

>>> >> >

【学习目标】

掌握促销策划的内涵及方式；

理解人员促销策划的含义、特点及目标；

掌握广告促销策划的内涵、特征及主要内容；

理解营业推广策划的含义、目标及方案；

了解公关促销策划的内涵和方法；

掌握企业形象策划的含义、程序及开发与设计。

【引导案例】 推销员的智慧

某推销员向一家商品包装企业的厂长推销新型打包机,他的目的是让这个企业全换上这种机器。下面是他与厂长的对话:

推销员:王厂长,您好,我带来了一种新型打包机,您一定会感兴趣的。

厂长:我们不缺打包机。

推销员:王厂长,我知道您在打包机方面是个行家。是这样,这种机器刚刚研制出来时间不长,性能相当好,可用户往往不愿用,我来是想请您帮着分析一下看问题出在哪里,占不了您几分钟的时间。您看,这是样品。

厂长:哦,样子倒挺新的。

推销员:用法也很简单,咱们可以试一试(接通电源,演示操作)。

厂长:这机器还真不错。

推销员:您真有眼力,不愧是行家。您看,它确实很好。这样,我把这台给您留下,您先试用一下,明天我来听您的意见。

厂长:好吧。

推销员:您这么大的厂子,留一台太少了,要一个车间试一台,效果就更明显了。您看,我一共带来五台样机,先都留到这吧。如果您用了不满意,明天我一块来取。

厂长:全留下? 也行。

推销员:让我们算一下,一台新机器 800 多元,比旧机器可以提高工效 30%,每台一天能多创利 20 多元,40 天就可收回成本。如果您要得多,价格还可以便宜一些。

厂长:便宜多少?

推销员:如果把旧机器全部换掉,大概至少要 300 台吧?

厂长:310台。

推销员:那可以按最优价,每台便宜30元,310台就是一万多元了。这有协议书,您看一下。

厂长:好,让我们仔细商量一下。

至此,买卖已一步步逼近成交。

思考与讨论:结合案例,谈谈促销策划对企业的重要性。

【本章导读】

促销是指企业运用人员或者其他方式,通过沟通企业与消费者之间的信息,帮助消费者认识所能得到的利益,引发、刺激消费欲望、兴趣,加速消费者购买决策过程,推动其实施购买行为的活动。促销的种类有人员促销、广告促销、公共关系促销、营业推广促销和企业形象促销。促销有利于企业传递信息,强化认知,突出特点,诱导需求,指导消费,扩大销售,滋生偏爱,稳定销售。

【诗语导读】

广而告之昭天下
真诚求实莫夸大
概念炒作难持久
假作真来真亦假
夸奖胜过金银奖
口碑营销传佳话
春风化雨润心田
品位高雅是文化

第一节　促销策划概述

一、促销的含义

促销是促进销售的简称,是指企业运用人员或者其他方式,通过沟通企业与消费者之间的信息,帮助消费者认识所能得到的利益,引发、刺激消费欲望、兴趣,加速消费者购买决策过程,推动其实施购买行为的活动。

二、促销的信息沟通种类

从促销的含义可以看出,在买卖双方之间沟通信息是促进销售的基础。而信息的沟通可以分为两类:一类是"单向沟通",即一方发出信息,另一方接收信息,如广告促销;另一类是"双向沟通",即买卖双方互通信息,双方都是信息的发出者,又是信息的接收者,如人员上门推销。

同信息沟通的分类相对应,促销也有两种类型:人员推销和非人员推销。人员推销是双向的信息沟通;非人员推销是单向的信息沟通。非人员推销又可以分为广告、公共关系和营业推广三种方式。

三、促销的作用

(1)传递信息,强化认知;(2)突出特点,诱导需求;(3)指导消费,扩大销售;(4)滋生偏爱,稳定销售。

▷【小案例7-1】

"10－1＝0"的启示

有一个古老的数学命题:树上有十只麻雀,被枪打死一只,这时树上还有几只? 幼稚的孩子往往这样回答:还有九只;而聪明的孩子则这样回答:一只也没有了。道理很简单,虽然打死一只,但吓飞了九只,当然也就一只没有了。这自然是测试儿童智力的趣味数学,然而却给人们以许多启迪。

某商店的打火机柜台前一位中年顾客买了一只打火机,但到其他几楼转了一圈后,就发现打火机不太灵,便来调换。然而营业员横竖不肯换。顾客与之摆理,而她则叉腰瞪眼,恶言训斥,顾客只好愤然而去。在场的其他顾客本来打算购买打火机,但看到如此场面只好"敬而远之",光顾别的商店了。

(资料来源:市场营销策划案例经典大全,www.lodoeshop.com)

[试析]

从上述"打死麻雀与怠慢顾客"两则内容中你得到什么启示?

[分析]

怠慢顾客虽与打死一只麻雀的性质不同,但道理却是一样的,那就是得罪了一个消费者吓跑了一批有购买意向的消费者;不仅如此,倘若这些人把其遭遇目击广为言传,无疑会使该店的信誉一落千丈,使人们不敢也不愿意光顾该商店了,若此商店不采取补救措施,生意会受到一定的影响,而补救则需花相当一番工夫,正如韩国三星集团前总裁李秉吉先生所说,赶跑一个顾客只需几秒钟,几句话,而要重新拉回这个顾客,挽回既成的信誉损失,却要说车载船装的好话,要花若干的精力和补救措施。

然而,我们有些经营者并没有意识到这一点,他们只知道得罪一个顾客没有什么了不起,而不知道如此这般会产生连锁反应,往往孤立地看顾客,看经营,而不是把前因后果联系起来想问题,看事情,说到底是只顾这一点不顾那一片,如此做生意当然不会成大器。但愿某些只知"10－1＝9"而不知"10－1＝0"道理的经营者能领悟这个经营真谛。

四、促销方式

根据促销手段的不同,促销分为人员推销、广告、营业推广、公共关系等多种方式。

（一）人员推销

人员推销是指企业排除销售人员通过与对方面对面交谈,以及电话、信函、传真等方式,将产品或服务的信息传递给消费者,运用一定的促销手段和技巧,使消费者认识产品或服务的性能、特征,以引起注意,激发消费者购买的欲望,激励消费者购买行为,以实现企业推销商品,促进和扩大销售的目的。

这种方式人情味浓、灵活机动、介绍详尽、便于反馈顾客意见,但是投入人员多、成本大、影响面较小。

【小案例 7-2】

聘请专家搞推销

许多工业企业在研制出了新产品之后,都是主要依靠大做广告来宣传推销的。可是,辽宁省锦州黑龙制药厂所采取的做法却是,聘请医学专家通过讲学来宣传推销产品。此种办法很新颖,收效也好。辽宁省委书记全树仁高兴地称赞这是"高招"。

锦州黑龙制药厂是一家科技先导型的制药厂,一向很重视科技开发,不断推出新药品。药新疗效好,但识者不多,难于推销。为了改变这种推销难的状况,厂长周文志在1992年初想出了一个新办法:聘请锦州医学院的专家帮助推销新药。周厂长上门联系,得到了锦州医学院的大力支持。双方签订协议,由锦州医学院派出20名专家担任黑龙制药厂的顾问,专门负责到全国各地去讲学,重点从药理作用、临床效果等方面讲述黑龙制药厂所生产的新药的特点,并进行推销;黑龙制药厂则每年付给锦州医学院16万元,再给每位专家印上名片,每人每年给报销4次差旅费,还另按每人推销药品的多少给予不同的奖励。锦州医学院又对每位专家每年给予1000元补贴,保证他们为工厂服务期间各项待遇不变。黑龙制药厂实行这种推销办法后,专家们积极性很高,宣传推销的效果很好,新药推广的速度明显地比以前加快,该厂的经济效益也大幅度提高。

（资料来源:市场营销策划案例经典大全,www.lodoeshop.com）

[试析]

聘请医学专家宣传推销新药,这一着高在何处?

[分析]

锦州黑龙制药厂聘请医学专家宣传推销新药,这一招确实高! 高在何处? 高在善于根据医药新产品的特点和顾客心理,来采取恰当有力的宣传推销办法。我们知道,医药产品的主要特点是:一、它是用来治病的,关系到人的身体健康甚至生命,非同小可,顾客不会轻易地相信生产厂家的宣传,贸然购买;二、新药不为人们所知又无法当场让顾客试验,难以使顾客马上相信其疗效,产生购买动机。尤其是当前大量伪劣药品横行市场造成许多危害的情况下,对于新药来说,推销就更难了。生产厂家尽管可以在报纸杂志广播电视上大做广告,并派推销员四处奔波宣传,但很难打动顾客。黑龙制药厂医学专家的宣传介绍,既有系统性理论性,能够讲清楚新药的作用和临床疗效;又有权威性,能够消除顾客心中的疑虑,顾客面对真正的医院专家,而不是电视上演员装扮的"医学专家",在心中会自然而然地产生出尊重和认可;同时,必然也会产生出信任感,相信医学专家的话真实可信。这样,顾客们也就敢于和乐于购买医学专家推荐的新药了。由此,生产厂家的推销目的当然就达到了。

（二）广告

在动态上,广告即广告活动,是指"广而告知"的信息传播活动;在静态上,广告即广告作品,是广告信息的一种表达形式。人们接受广告的形式也不一样,一般分为两大部分:语言文字部分称为广告文案,由广告标语、广告口号、正文、附文等构成,非语言文字部分包括图案、声音、色彩等。

广告促销就是"有谁告、告什么、告给谁、怎么告",就是通过新闻和其他传播媒体,把产品信息传播给广大群众的一种促销方式。

这种方式影响面广、节约人力,但不易了解群众反映、缺乏双方互动,比较被动。

【小案例7-3】

宝洁的广告策略

在利用广告这一促销工具方面,宝洁公司做得相当出色,取得了良好的广告效果。早在"象牙"肥皂问世时,他们就利用杂志封面刊登有母亲用"象牙"香皂为婴儿洗澡画面的广告,画面中婴儿身上洗到的地方和没有洗到的地方的黑白反差,生动而又鲜明地向人们展示了产品的魅力。在我国市场上推出的"海飞丝"洗发液,海蓝色的包装首先让人联想到蔚蓝色的大海,给人带来清新凉爽的视觉效果,"头屑去无踪,秀发更出众"的广告语,更进一步在消费者心目中树立起"海飞丝"去头屑的信念。"飘柔"从牌名上就让人明白了该产品使头发柔顺的特性,草绿色的包装给人以青春美的感受,含丝质润发素洗发护法一次完成,令头发漂逸柔顺的广告语,再配以少女甩动丝般头发的画面,更深化了消费者对"飘柔"飘逸柔顺效果的印象。潘婷用杏黄色的包装,首先给人以营养丰富的视觉效果。"瑞士维他命研究院认可;含丰富的维他命原 B5:能由发根渗透至发梢,补充养分,使头发健康,亮泽"的广告语,突出了"潘婷"的营养型个性。

（资料来源:霍亚楼主编:《市场营销策划》,对外经济贸易大学出版社 2008 年版）

（三）营业推广

营业推广是人员推销和广告的补充和延伸。

一般多以临时性措施为主,采取刺激性强、吸引力大的方式,如试用样品、奖券、赠送、有奖销售等鼓励顾客购买企业产品。

【小案例7-4】

让顾客"自作自受"

自己在啤酒作坊里酿造啤酒,两个星期后从储藏室里搬出那一桶自己酿制的啤酒,或自饮或与众人分享,这并非神话,也并非来自欧洲中世纪的一个传奇故事。位于中关村的北京猎奇门啤酒自酿场,可以让每个有兴趣的消费者体味到这一切。正由于此,北京猎奇门自酿场才生意兴隆。

无独有偶,美国有位商人开了家"组合式鞋店"。货架上陈设着6种鞋跟,8种鞋底,鞋面的颜色以黑、白为主,鞋带的颜色有80多种,款式有百余种。顾客可自由挑选出自己最喜欢的各种款式,然后交给职员进行组合,只需稍等十来分钟,一双称心如意的新鞋便可到手。而其售价,与批量成品的价格差不多,有的还更便宜。此举引来了络绎不绝的顾客,使该店销售额比邻近的鞋店高出好几倍。

（资料来源：市场营销策划案例经典大全,www.lodoeshop.com)

［试析］

上述两则小案例中,经营者运用了什么原理使其生意兴隆、销售额大增的?

［分析］

这两则小案例中,经营者虽经营项目不同,但却同时运用了马斯洛的需求层次理论。马斯洛曾把人的需要分为五个层次,其中最高一个层次是自我实现的需要。猎奇门和"组合式鞋店"自觉不自觉地运用了顾客在一定范围内自我实现的需要,使"上帝"们圆了个性化消费的美梦,自然趋之若鹜。

有个性才有魅力,有独创性才有吸引力。正如国画大师齐白石所说："学我者生,似我者死"。对于经营者来说,做个性老板,开特色商店,才能在激烈的市场竞争中,独树一帜,赢得主动,取得成功。对于消费者来说,自酿自饮,自己组装,可谓新鲜有趣,既开眼界长见识,又实现了"我买的就是独一无二的"这样一种理想的消费境界,当然愿意慷慨解囊争相一试。

（四）公共关系

公共关系是促销的一种间接方式。它通过对企业有关的个人和组织的亲密关系的培养而建立良好的企业形象和声誉,获得公众的信任和赞许,从而间接地促进产品销售。

促销方式和特点,如表7-1所示。

表7-1

促销方式	特点	简评
广告	告知、公众性、渗透性、表现性	广告对树立企业的长期形象有利
人员推销	直接、沟通	人员推销是双向沟通,推销过程实际上是沟通人际关系的过程
营销推广	吸引、刺激、短期	与日常营业活动紧密结合,在促销活动中最具创造力
公共关系	可信度高、传达力强、戏剧性	公共关系是一种软广告,往往能起到事半功倍的效果

五、促销组合策划及考虑的因素

促销组合策划及考虑的因素,如图7-1所示。

（一）促销组合策划

促销组合策划是指把人员推销、广告、营业推广、公共关系等各种不同的促销方式有目的、有计划地结合起来并加以综合运用,以达到特定的促销目标的一种策划。

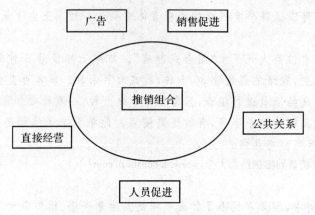

图 7-1 促销组合策划

(二)制定促销组合策划应当考虑的因素

1.促销目标

促销目标不同,应当有不同的促销组合。

(1)如果促销目标是为了提高产品的知名度,那么促销组合重点应当放在广告和营业推广上,辅之以公共关系宣传。

(2)如果促销目标是让顾客了解某种产品的性能和使用方法,那么促销组合应当采用适量的广告、大量的人员推销和某些营业推广。

(3)如果促销目标是立即取得某种产品的推销效果,那么促销组合的重点应当是营业推广、人员推销,并安排一些广告宣传。

2."推"与"拉"

"推"是指利用推销人员和中间商把产品推销给顾客。

"拉"是指企业针对最终顾客,利用广告、公共关系等促销方式,激发消费需求。经过反复强烈的刺激,顾客将向零售商指名购买这一产品,零售商则向批发商指名采购这种产品,而批发商必然要向生产企业要货。生产企业就这样把自己的产品拉进了销售渠道。

▷【知识链接】

推销成交的策略与技巧

(1)请求成交推销法。指通过直接请求目标顾客成交的推销方法,例如:"付总经理,既然没有别的意见,就请您在合约上签字"。

(2)假定成文推销法。指通过假定目标顾客已经接受推销建议而直接要求目标顾客成交的推销方法。从推销学理论上讲,假定成交的力量来自推销者的自信心。当成交时机成熟,推销人员就应该树立"他一定会购买,这点毫无问题"的信心。例如:推销人员看准成交时机,假定对方已接受了自己的推销建议,拿出合同书直接要求:"××经理,您这个月要多少货?"

3.市场性质

(1)规模大、地域广阔的市场应以广告为主,辅之以公共关系宣传;反之,则宜以人员推销为主。

(2)消费者市场购买者众多、零星分散,应以广告为主,辅之以营业推广、公共关系宣传;生产者市场用户少、购买批量大、产品技术性强,则宜以人员推销为主,辅之以营业推广、广告和公共关系宣传。

(3)市场潜在顾客数量多,应当采用广告促销;反之,则宜采用人员推销。

4.产品性质

一般来说,广告一直是消费品市场营销的主要促销工具,而人员推销则是工业用品(生产资料)市场营销的主要促销工具。营业推广对这两类市场是同等重要的促销工具。

5.产品生命周期

(1)介绍期

多数顾客对新产品不了解,促销目标是使顾客认知产品,应当主要采用广告宣传介绍产品,并辅之以展销、示范等人员推销方式。

(2)成长期

促销目标是吸引顾客购买、培养品牌偏好、继续提高市场占有率,此时仍然可以广告促销为主。

(3)成熟期

促销目标是战胜竞争对手、巩固现有市场地位,应当综合运用促销组合各要素,广告应以提示性广告为主,并辅之以公共关系宣传和营业推广。

(4)衰退期

把促销规模降到最低限度,尽量节省促销费用,以保证维持一定的利润水平。可以采用各种营业推广方式来优惠出售存货,尽快处理库存。

6.促销预算

企业在制定促销组合策略时,还要考虑促销费用的限制。应当根据促销预算安排促销组合。促销预算较少,可以考虑采用电视广告以外的其他媒体广告,或者采用公共关系与人员推销方式。

(三)制定促销组合策划的原则

1.抓住消费心理的新顾、出奇制胜原则

制定新颖、出奇促销策划,这种促销的心理学原则就是利用消费者求新、求奇的心理而进行的策划。

2.利用产品特征突出优良形象原则采用产品特征促销策划。

3.利用利益诱惑消费的导向原则运用利益诱导促销策划。

(四)促销活动策划

1.活动策划四要素(如图 7-2 所示)

2.活动策划类别

常规活动:主要指现场促销活动、小型商业演出等以推广产品为主的活动策划。

主题活动:主要指有特殊意义或连续性的活动策划,需要有一个主题意念的支撑,才能使整体活动进行得更为圆满。近年来,各企业的促销活动也倾向于主题促销。

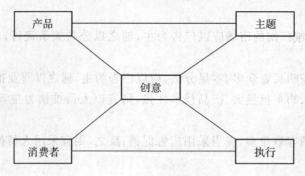

图 7-2　活动策划四要素

3.活动策划步骤

客户下单→产品/消费者研究→目标确定→主题策划→现场规划(现场实地勘察、拍照、完成规划效果图)→活动流程设计→执行时间表(活动/节日编排、工作分配)→预算报价。

4.促销活动主题

促销主题是整个促销活动的灵魂,通过主题整合各种营销要素,以此主题为整个推广活动的核心,最大限度拉近消费者与产品、企业的心理距离,吸引一批稳定的忠诚消费群体,从而最有效地推动产品销售业绩的持续增长。

促销主题要从一个时间段中考虑,在这个时间段可以设计不同的主题,但是每个主题之间必须有联系,整个活动主题一脉相承,一气呵成,形成具有震撼效果的品牌影响力。并且要与产品品牌诉求和定位相一致,促销活动主题是打动消费者的关键,一定要贴近目标消费者利益;主题要简洁、突出、富有创意,并且琅琅上口,反映促销活动的核心思想;充分利用时势热点,诸如春节、母亲节、奥运等,要有一定的新闻价值,要有创新,在一定程度上能够引起社会舆论的关注。

主题促销活动主要有三种:以产品为主题的促销活动;以季节特点为主题的促销活动;结合特定节假日的促销活动。

❑▷【知识链接】

主题促销活动策划书的结构

一、前言
开展促销的背景、原因、目的或必要性。

二、市场状况分析

1.目前市场状况;

2.竞争分析;

3.消费者分析;

4.产品分析;

5.产品定位分析;

6.定价策略分析。

三、销售目标

四、促销的策略或计划

（一）促销的目标

（二）策略

1.广告表现策略；

2.媒体运用策略；

3.促销活动策略；

4.公关活动策略。

五、行动方案或具体活动安排

六、促销预算

第二节　人员促销策划

【引导案例】　产品跟着习惯走

　　1982年秋,山东荣成布鞋厂生产了一种海蓝色涤纶塔跟鞋,很受消费者欢迎,不少用户前来订货。为了优待老客户,该厂主动给滨州市一家大商店送了一批新产品,不久,这家商店却来信要求退货。这样的热销货怎么会要求退货呢? 厂方百思不得其解,便迅速派人前去调查。原来根据滨州的风俗,只有办丧事的人家,妇女们才穿这种蓝色的布鞋,以示哀悼。这批布鞋款式虽新,颜色却为当地消费者所忌,因此成了"冷门货"。吃一堑,长一智。1983年春,这家鞋厂了解到即墨县一带有一种风俗,每逢寒食节,所有第一年结婚的新婚妇女都要给七姑八姨每人买一双鞋。为此,该厂马上组织力量生产了四千双各种规格的布鞋,并赶在清明节前几天发到即墨,结果不到一天就销售一空。

　　(资料来源:市场营销策划案例经典大全,www.lodoeshop.com)

　　[试析]

　　山东荣成布鞋的"冷遇"与"热销"说明了什么? 从中你受到什么启发?

　　人员推销是指企业利用推销人员直接与顾客或潜在顾客接触、洽谈,宣传介绍商品,以达到促进销售目的的活动过程。人员推销策划主要包括销售队伍设计、销售人员的管理及销售技术分析。

一、人员销售的特点与应用

（一）人员销售的特点

(1)人与人直接接触,这是人员销售的最基本的特点,也是与广告等其他促销工具的主要区别。

(2)能有效地发现并接近顾客。

(3)针对性强,灵活机动。

(4)能实际提示产品。

(5)密切买卖双方关系。

（6）促进行动。

（7）提供交流情报。

（二）人员销售的应用条件

人员销售因行业、市场环境的不同而有差异。对有的企业而言，人员销售可能是一种最好的促销工具，而对另外一些企业而言，则不尽然。厂商是否采用人员销售，应考虑以下条件：市场的集中度、购买量大小、顾客类型、购买阻力的大小、服务的必要性。

⏎【小案例 7-5】

请劳模来开业

在"商之都"开业庆典上，九名全国劳模身着各自的店服，胸佩奖章，身披绶带，与安徽省委书记卢荣景，省长回良玉等一起剪彩，此举在合肥市引起了强烈的社会反响。

"商之都"是安徽省商业厅和省烟草专卖局联合投资兴建的国有大型商厦，是国内贸易部十大商场之一。如何在开业之际进行一个有轰动效应的策划成为"商之都"领导的一大难题。他们请来了《人民日报》公关部主任崔秀芝和北京财贸干部管理学院副院长邢颖。崔秀芝等人在调查了解反复思量之后想到请出"全国劳模"。北京劳模来合肥服务本身就是一大新闻，能吸引广大顾客，引来显著经济效益；同时让劳模们现场传经，拜师收徒，可解决"商之都"真情待客，一流服务的形象。

方案出台后，得到了有关方面的大力支持。北京商委领导挑选出全国劳动模范王淑贞、刘淑翠、黄文玫、肖志英、孙喜燕、全国商业劳模董克禄、卢秀岩，北京市十佳营业员邓传英、冯疑共 9 位成员，组成首都劳模团最强阵容。这当中，有"预言大师"、"被面大王"、"销售能手"、"一勺准"、"一抓准"，还有张秉贵的"一团火"精神的传人。

"北京劳模来合肥服务"一时间成为合肥的新闻热点，人们盼望一睹劳模的风采，他们对这些满载荣誉的劳模的服务非常好奇。在开业庆典剪彩仪式之后，人群便随着劳模涌向柜台，劳模们果然身手不凡，个个都是销售能手，卖什么都抢手，消费者们甚至从一楼到四楼，换个柜台找劳模，体会当"上帝"的感觉，消费者认为从劳模手上买东西是一种享受。消费者们从"商之都"不请明星请劳模之举中感觉到这家国有大商场重视的是优质服务。

开业之初，短短的几天，"商之都"热闹非凡，营业额大大超过预期目标。"商之都"杨总经理介绍说：这项策划为商厦开业节约了广告宣传费 60 万元，然而却收到了无可估量的社会效益。

（资料来源：市场营销策划案例经典大全，www.lodoeshop.com）

［试析］

"商之都"开业庆典活动策划成功的原因。

［分析］

"商之都"开业庆典之所以成功，重要原因就是请劳模来开业剪彩并进行业务示范表演。这一策划与社会的主旋律相吻合。"商之都"开业之时正是中央关于加强社会主义精神文明建设贯彻落实之际。其次，请劳模进行业务示范表演的活动又与"商之都"的企业性质一致，由此，使"商之都"的开业庆典收到了社会效益与经济效益的双丰收。

二、确定人员促销目标,明确人员促销对象

不同的企业,或企业在不同的时期,人员促销目标是各不相同的,如推广新产品、扩大销售业绩、改善与巩固顾客关系等等。它决定了人员促销的对象和采用的具体方法,是人员促销策划的前提。以推广新产品为促销目标,则应选定新产品的最早使用者和早期采用者为促销对象,以产品演示、试用、品尝、派送赠品等为促销方式。

确定人员促销的组织形式,通常采用的有:

(1)一个推销人员对单个顾客

一个推销人员直接同顾客面谈或通过电话、传真、电子邮件等方式与顾客联系和交谈,促成交易。

(2)推销人员对采购小组

推销人员对买方的采购小组推介产品。

(3)推销小组对采购小组

企业派出推销小组(通常由推销经理、技术人员和财务人员等组成)向买方的采购小组推介产品,争取订单。

(4)订货会

企业组织季度或年度订货会,吸引各地客户与会,会议上与客户沟通信息、洽谈业务。

(5)研讨会或鉴定会

企业召开新技术研讨会或技术成果鉴定会,让客户了解本企业的最新技术成果或科研成果及由此开发的新产品,进行新产品的推广和销售。

(6)展销会或交易会

企业参加由地方政府或行业协会举办的展销会或交易会,派出推销人员进行展台陈列和布置,并广泛接触客户、开展业务洽谈。

以上这些都是常用的人员促销方式。企业可根据实际情况,针对特定的促销任务和促销对象,选择最合适的方法。

三、销售人员的报酬和考核

报酬和考核都是调动推销员积极性的有效方法。为调动销售人员的积极性,厂商必须制定一个有吸引力的报酬计划。销售人员希望有固定的收入,包括希望获得与销售业绩相关的回报,还希望能对自己的经验和工作年限给予公正的考虑。不同的行业,销售人员的报酬水平差异很大,这种差异主要是由销售工作类型和所需能力决定的。

销售人员的报酬组成包括固定工资和变动工资、费用津贴、福利补贴等。目前,我国销售人员的主要报酬形式有两种:一是固定工资加奖金;二是固定工资加提成。

第三节　广告促销策划

任何广告活动都需要事先的分析、筹划和谋划。正确的分析、运筹,有利于企业正确认识自身资源和周围环境,作出正确的广告决策,实施正确的广告传播活动,取得良好的经济效益。

▷【小案例 7-6】

妈妈,我能帮你干活了

雕牌洗衣粉广告《下岗篇》中以下岗女工和懂事、体贴的女儿为主人公,真实地再现母女亲情,一句稚嫩的话语"妈妈说,雕牌洗衣粉,只用一点点就能洗好多好多的衣服"。和一纸让人心头一热的留言:"妈妈,我能帮你干活了",以及母亲对可爱的女儿所流下的疼爱、欣慰的泪水,再配上先委婉深情后奔放的音乐,合情合理地浓缩了母女亲情的全部内涵。由此,它突破了洗衣粉生硬地宣传其功效的常规,用亲情将品牌形象植入众多消费者的心中。

一、广告策划的含义

广告策划是对广告活动的运筹规划。其含义主要包括以下 3 个方面。
1. 广告策划是先于广告活动的行为
从时间顺序上看,广告策划在前,具体的广告活动在后。只有先对广告战略和策略进行分析判断,形成整体的思路和运作规划,才能进一步按照策划的要求和路径分步实施广告活动。
2. 广告策划是广告活动的行动指南
广告活动要达到良好的效果,必须把策划作为活动的指南,在策划方案规定的框架内有步骤地展开广告活动。没有正确的策划,要达到有效的广告效果是不可能的。
3. 广告策划的核心是运筹规划
广告策划看似纸上谈兵,不同于具体而实在的广告活动本身,但这种纸上谈兵和图上作业,对于实际的广告操作非常重要。因为策划的核心在于运筹谋划,它本身含有在调查分析基础上产生的战略思路,以及在战略思路基础上展开的策略运用。这种广告战略和策略的谋划,规定了广告活动的重点、原则、步骤,是对广告实际操作的解析,而广告实际操作,则是对这种谋划的具体演练。

二、广告策划的一般特征

广告策划不同于实际的广告实践活动,也不同于其他营销策划,更不同于新闻宣传活动,它有着自己的特征。

1. 针对性

广告策划是从特定的企业和商品入手,在特定的经营环境条件下进行的策划活动。要针对不同的企业和商品,研究企业的行业特点、企业自身特点、企业规模,研究商品的自然属性、市场份额、需求状况等具体问题,发掘广告的热点、卖点,制订针对性强的广告策划。

2. 经济性

广告策划不同于新闻宣传策划,由于广告活动是付费的传播和沟通,因而广告策划要求策划人员在规划广告的投入和产出时,力求以较少的广告投入取得较高的经济效益。

3. 计划性

广告策划克服了广告活动中的盲目性和随意性,策划本身含有很强的计划性,这就是说,通过策划,具体而恰到好处地规定了广告活动的时间、地点、步骤、重点,使广告操作依据一定的规则和路径有序地进行。

4. 整合性

广告策划是在总的营销策划的框架下,围绕有效达成广告目标,协调整合各传播媒体,协调整合各种广告创意、广告文字和画面、声音,使之形成统一协调的策划方案,达到有效运用广告活动的目的。

5. 反馈性

广告策划不是一劳永逸的一次性活动。在企业进行广告策划之后的实施过程中,还会有不同于预先构想的情况及新的情况出现,因而要求策划人员适时对原有策划方案进行适当调整,从而使广告策划更具有可操作性和良好的操作效果。

⊳【小案例 7-7】

雨伞——请自由取用

日本大阪新电机日本桥分店,有个独特的广告妙术——每逢暴雨骤至之时,店员们马上把雨伞架放置在商店门口,每个伞架有三十把雨伞,伞架上写着:"亲爱的顾客,请自由取用,并请下次来店时带来,以利其他顾客。"未带雨伞的顾客顿时愁眉舒展,欣然取伞而去。当有人问及,如顾客不将雨伞送回怎么办?经理回答说:"这些雨伞都是廉价的而且伞上都印有新电机的商标。因此,即使顾客不送回也没关系,就是当做广告也是值得的。这对商店来说,是惠而不费的美事。"

(资料来源:市场营销策划案例经典大全,www.lodoeshop.com)

[试析]

本例中的广告有何特点?其成功之处何在?

[分析]

广告是借助一定的媒体将有关商品或劳务的信息传递给消费者的活动。

本例中借雨伞做广告,做得新颖、巧妙、不露声色、不落俗套。说它新颖是因为它与其他广告不同,既便利了顾客又宣传了产品;说它巧妙是因为它间接地让顾客成为商品信息的传播者;说它不露声色是因为消费者为商店做了免费广告而消费者自己却不知道;说它不落俗套是因为它与众不同、一举两得,不跟在别人后面亦步亦趋,而是标新立异、独具匠心。其成功之处在于：

从广告媒体看,这是一种流动广告。这种流动广告不是坐在地铁、火车、公共汽车上,而是做在"流动"最大影响最广的行人的雨伞上。因为人在行走,所以必然使商品信息在行人所行之处得以传播。

从广告目标看,其目标是"显露",即借行人手中的雨伞让新电机的商标得以传播,扩大知名度。

从广告策略看,这是一种介绍性广告,即介绍其商标或商品。

从广告效果看,由于该店雨伞可以自由取用,且不用花钱,方便了顾客,社会效果好,商店的美誉度也会很高;再一点是经济效果好,因雨伞是廉价的,即使下次来店时不归还,也破钞不多;并且由于顾客对该店产生了好感,扩大了该店的知名度,所以销售量必然与日俱增。

三、广告策划的程序及内容

一次比较规范的广告策划通常按以下几个步骤来进行。

1. 广告调查

广告调查是进行广告策划的基础,它是指策划人员对与广告活动有关的一切因素开展的调查活动,其目的是为策划提供可靠的数据、资料和素材。

(1)广告调查的内容

①社会基本情况调查,包括对人口、社会文化及风土人情、政治状况、社会经济状况等因素的调查。

②企业经营情况调查。包括对企业的历史与现状、企业规模与特点经营状况和管理水平等因素的调查。

③产品情况调查,包括对产品生产状况、产品特性、产品生命周期市场竞争情况、消费者心理及购买行为等因素的调查。

(2)广告调查的程序

①确定调查内容。根据广告所要求的目标,确定需要调查的内容。调查内容过宽,会浪费人力、物力;反之,调查内容过窄,会给进一步的策划带来困难。

②拟定调查计划。把调查内容按重要程度分别排列,详细列出各种可能用到的资料及调查来源,安排组织各种调查人员,确定调查的成本和日期。

③设计调查表。调查表的设计是整个调查工作的重要环节。调查表通常由调查者项目、调查项目、被调查者项目三部分组成。设计调查表一般要注意尽可能使问题简洁明确,易于回答或选择,避免语义不清、模棱两可等现象。

④实施调查。借助于设计好的调查表按拟定的调查计划获取所需的各种信息、情报或资料。

⑤整理调查资料。将调查所得的各种资料、数据分类编排、衔接、制表,形成有序的原始资料。

⑥提出调查报告。在资料整理的基础上,进行去粗取精、由表及里的分析判断,形成调查报告,为策划的进一步进行提供完整的调查资料。

2.广告分析

在广告调查的基础上,策划人员要根据已掌握的材料,对与广告活动相关的各因素进行分析研究。

（1）广告环境分析

广告的环境是企业不可控制的并对其广告有着极大制约作用的因素。对广告环境进行分析,有利于企业进行正确的广告策划。

广告环境分析包括对自然环境、国际环境、产业环境、政治环境、经济环境等因素的分析。

▷【小案例 7-8】

七喜是非可乐的饮料

七喜饮料在策划广告宣传时,想到了借可口可乐和百事可乐搭建好的梯子往上爬的方法,从发起总攻的那一天开始,消费者的视觉、听觉、触觉和感知都同时收到一个简单清晰的信息:七喜是非可乐的饮料。一下子把默默无闻的七喜饮料同闻名遐迩的可口可乐和百事可乐的地位等同起来。同时,通过"非可乐"的定位又与两乐区隔开来,凸显出七喜另类的品牌个性。

（2）广告主体分析

广告主体是广告所要传播的商品、劳务、观念或企业形象。具体来说,广告主体有以下几类。

①商品,是最主要的广告主体。

②品牌,是商品个性化的结果。

③劳务,是可以购买的有偿服务。

④观念,是为推销产品和改善形象而向社会推广的一种意识和价值取向。

⑤企业形象,是企业各种综合素质在社会公众中的综合印象。

广告主体分析的任务,关键是进行广告定位,即如何摆正广告主体在市场及消费者心中的位置。换言之,通过广告主体分析,应明确产品应于何时、何地、对何种阶层的消费者销售,确认企业究竟要在社会公众中树立一种什么样的形象,从而促进社会公众接受、喜爱并愿意购买该企业产品。

▷【小案例 7-9】

与狼共舞

上海《新民晚报》上曾刊载一则消息,其内容大致是:上海动物园受市场物价上扬的影响,入不敷出,园内许多食肉动物面临着饥饿的威胁,有可能重演英国伦敦动物园和香港动物园关门倒闭的悲剧。希望引起有关部门的重视。

消息刊出后,在上海各界引起了不小的反响。一些公司企业,纷纷准备向动物园捐款、赠物。狼牌运动鞋的生产厂首先打响第一炮。他们主动要求领养动物园的狼群,提出了"有狼牌运动鞋在就有动物园的狼群在"的口号,表达了企业与狼群共生存的决心。作为回报,动物园的领导特制了一块印有狼牌运动鞋商标的铜牌挂在狼舍的醒目之处。

狼牌运动鞋生产厂强烈的社会责任感和标新立异的公关创意立即引起了新闻媒介的极大兴趣。《新民晚报》对此作了追踪报道,上海电视台也播放了狼牌商标与狼群共存的新闻镜头。"狼牌运动鞋"在一片叫好声中壮了声威,赢得了美誉。

(资料来源:市场营销策划案例经典大全,www.lodoeshop.com)

[试析]

本案例中"狼牌运动鞋"生产厂为何能赢得美誉?

(3)广告主分析

广告主即委托进行广告策划的机构或人员。广告主通常可分为个人、企业、政府及事业单位等几类。不同类型的广告主对广告有不同的要求,同一类型但不同机构的广告主对广告也有不同的要求。因此,要对广告主进行认真的分析和研究。

广告主分析主要集中在两个方面。

①广告主需求分析,即要分析广告主究竟需要做什么样的广告达到什么样的目标,广告传播究竟要达到什么样的效果等。

②广告主预算分析,即分析广告主在以往广告业务中已经进行的投资预算水平以及在该广告业务中应该达到并可能达到的预算水平。

(4)广告受众分析

广告受众广义上是指广告信息的接收者。广告受众分析主要包括以下3个方面。

①广告受众的确认。要分析该广告传播的信息有哪些接收者,并且进一步分析在广告信息的接收者中,哪些可能因广告而调整自己的消费观念和消费行为并采取购买行为,即要找出有效广告受众。

②广告受众的关心点。要分析有效广告受众对该产品或该企业的关心点是什么,如技术性、品牌、包装或服务等。

③广告的适应性。要分析广告是否适应消费者,广告应该选择什么样的角度,确立什么主题,使广告内容与广告受众在心理上、情感上相互沟通,产生共鸣。

➯【小案例 7-10】

广告与天安门广场

1995年6月28日一大早,首都天安门广场彩旗飘扬,锣鼓震天,数百人组成的盘鼓队、秧歌队、高跷队、歌舞队的精彩表演,引得了不少人驻足瞩目。上午九时,当北京和国家有关部门的领导同志,宣布"逛北京、爱北京、建北京"大型旅游文化活动正式开始时,数千只信鸽飞向天空。人们惊讶地看到:12个巨大鲜亮的彩色气球下面,拖着一条长长的布幅,微风吹来,条幅上鲜红的大字十分刺目——"华懋双汇集团漯河肉联厂祝逛北京活动圆满成功!"

新中国成立以来,企业广告首次进入天安门广场——这件事引起了人们的极大兴趣。北京是祖国的圣地,而天安门正是这块圣地的"心脏",一直被视为企业广告的禁区。而靠生产"双汇"牌火腿肠而闻名遐迩的漯河肉联厂首次打破这一禁区的"壮举",不能不令人品头论足,议论纷纷。一位四十岁的知识分子模样的中年妇女说:"能不能在天安门广场做广告,似乎已经争论好久,今天终于有了先例。这倒也是意料中迟早迟晚的事情,可我怎么也没想到,首开天安门广告先河的,竟是来自河南的火腿肠厂家。"一位夹着旅行包、操着南方口音的年轻人说:"这件事很棒!能在天安门广场做这样的广告,花多少钱也值!"

笔者在熙熙攘攘的人群中,找到了华懋双汇集团漯河肉联厂的公关部部长肖兆林和该厂驻京办事处主任谭晓丰。当问到该厂耗资数十万仅能换得"双汇"广告气球在广场飘扬三天的做法是否值得时,肖兆林说:"十分值得!这笔支出在我厂每年2000万元的广告费中,只是小数目。但它的意义已远远大于广告本身的价值。比起花上百万买个报纸头版做广告的效果,我们可以称得上是花小钱办大事!"谭晓丰接着说:"去年我厂火腿肠在北京的销售量占总量的十分之一。今年我厂总产值将达到15亿元,产量在10万吨以上。这次在天安门做广告,也是表达我们对北京市民与日俱增的'双汇情结'的一片感激之情……"

（资料来源:市场营销策划案例经典大全,www.lodoeshop.com)

［试析］

此企业选择天安门广场做广告你认为成功吗?成功之处何在?

［分析］

天安门广场历来被视为圣地。封建社会,这里是皇家贵族活动的场所。中华人民共和国开国大典也在这里举行,国庆大典、大型阅兵式、迎接外国元首的仪式都在这里举行,天安门成为中央政府举行国家级重大政治活动、文化活动、外交活动的特殊场所,天安门广场也因此在中国政治生活中占有特殊地位。

出人意料的是,双汇集团漯河肉联厂成功地将广告做到了这里。这一广告的成功之处就在于一个极普通的广告选择了极不普通的场所,因而,增强了这一广告的重要性和轰动效应。这一举动所产生的争议效应也将是长期的。虽然气球飘扬了三天,而有关双汇火腿肠的话题将是长期的。对天安门广场的开发策划也将是长期的,更为重要的是,天安门广场作为广告场所将作为一个极成功的企业广告策划写入中国广告史,其意义远远超出商业行为本身。

这一活动另一成功之处是选择了较好的时机。北京是国际大都市,是中国政治、经济、文化中心,也是一个重要旅游胜地。这一地位决定了在这里的每一个大型活动都会成为新闻媒体关注的目标。漯河肉联厂选择了"逛北京、爱北京、建北京"大型旅游文化活动开始之际,并为这一活动提供几十万元赞助,因而,该厂在受到媒体关注的同时也获得了较好的美誉。

3.广告决策

在广告调查、广告分析的基础上,广告策划即进入关键环节——广告决策。广告决策的好坏,直接影响整个广告策划的水平,也直接影响广告实际操作的效果。

(1)广告目标决策

广告目标是整个广告活动所要达到的目的。一般来说,广告的目的都是为了传递产品和企业的信息,刺激消费者,引发消费者的偏好心理,从而促进企业产品的销售。但具体而言,针对不同的广告主体,针对特定的环境和竞争情况,广告目标也会有所差异。

广告目标决策时须注意以下3个方面。

①可行性。在制订广告目标时要充分考虑各种可变因素,充分考虑企业自身的经济社会环境和企业自身的资源,使广告实际操作可以经过努力达到目标。

②集中性。将广告目标集中于解决最主要的问题而不致被枝节问题所模糊,以保证人力、财力的集中使用,从而使主要问题得到解决。

③具体性。要把广告目标制定得具体、明确,使之易于指导实际操作,同时也易于检验广告实际操作的效果。

▷【小案例 7-11】

"寻人启事"的启示

台湾有家新光人寿保险公司,1963 年初创时,因为企业没有知名度,生意难做。当时,电视台做一则广告,起码要一万元台币。公司刚创办,资金紧缺,拿不出这笔广告费。公司经理吴家录挖空心思,想出一招:每天晚上他都到各家卖座好的电影院去发"寻人启事",通过银幕"找新光人寿保险公司的某人"。每次只需花零点几台币,就能让千把人知道新光人寿保险公司的存在。渐渐地,新光人寿保险公司的牌子通过"寻人启事"在台湾城乡传开,生意也兴隆起来。

(资料来源:市场营销策划案例经典大全,www.lodoeshop.com)

[试析]

上述案例中"寻人启事"广告对你有何启示?

[分析]

凡企业做广告,习惯于用电视、电影、广播、报刊等,这些广告形式虽然覆盖面大,又"图文并茂,情景交融",但效果不一定都理想,特别是那种"王婆卖瓜,自卖自夸"式广告,还容易引起消费者的逆反心理。表面上看,"寻人启事"与广告没有什么内在联系,但给我们提供了一个重要启示:企业应有独辟蹊径的广告思维方式。这种广告形式,巧妙地以人们习以为常的某种信息传播手段作为广告媒介,让人们在无意识中了解企业,熟悉产品,产生兴趣,使广告取得良好的效果。

(2)广告实务决策

广告实务是为实现广告目标而开展的具体活动。广告实务决策要解决的问题有:

①广告活动形式,即选择何种媒体,选用何种表现形式等。

②广告传播内容,即发出什么样的信息。

③广告传播频率,即决策反复传播的次数。

④广告活动流程,即决策在广告中先做什么、后做什么,每阶段的要点是什么。

⑤广告活动范围,即决策在什么地点开展广告活动。

⑥广告活动时间,即决策在什么时间发布广告效果最好。

（3）广告创意决策

广告创意是策划人员在策划过程中产生的创造性广告意境的思维过程。广告策划是否成功，与是否产生独具匠心的广告创意有着密切的关系。

广告创意的产生，取决于广告调查和广告分析中所获得资料是否全面系统。在此基础上，独具匠心的广告创意可以从以下几个方面的深入研究中得到启发。

①研究产品的突出利益所在。

②研究消费者对产品的需求指向。

③研究市场竞争对手的广告活动。

④研究不同广告媒体的表现手段和表现风格。

⇨【小案例 7-12】

独树一帜的广告

日本有一家名叫"知音"的化妆品公司，推出新产品去斑灵。为了在国内众多同行业竞争对手中迅速打开销路，他们不惜耗巨资别出心裁地在日本知名度极高的几家大报社和电视台上做了这样一次广告。只见第一天几大报社和电视台同时亮出一个大大的"？"号，弄得人们不知所云，这究竟是怎么回事？然后第二天推出，"您脸上长有雀斑吗？"，引发患者关心下文。第三天广告便推出主题"知音公司的去斑灵化妆品，是您根除雀斑的好知音。"结果广告一出，产品便立刻在市场上打开了销路。

（资料来源：市场营销策划案例经典大全，www.lodoeshop.com）

［试析］

"知音"化妆品公司做广告的成功之处何在？

［分析］

"知音"化妆品公司做广告的成功之处就在于广告宣传中表现出了自己的个性。而我们有的企业所做的广告，除了表现手法平庸，效果不吸引人外，很关键的一点就在于缺乏广告个性，张口不离优、不离奖，千人一面，如出一炉。自己的产品比别人好在哪里，广告宣传使人无法得知。因此，经营者要想使自己的产品迅速为顾客所接受，就要推出自己精美而又富有个性的广告佳作，不可人云亦云，落入俗套。只有这样，我们才能在激烈的市场竞争中，使顾客牢牢记住自己的产品，从而收到良好的广告促销效果。

（4）广告预算决策

广告预算是对广告活动所需费用的预计和估算。任何形式和规模的广告活动，都与一定规模的广告预算相联系。广告预算决策，就是要科学地确定特定广告活动中合理的广告预算数目。影响广告预算的因素主要有：产品生命周期、广告及营销目标、市场范围、广告媒体类型、企业财务状况等等。

4.广告策划书

在广告调查、分析和决策过程中，策划人员逐步形成一整套广告活动构想，这种构想落实到文案上，就形成广告策划书。广告策划书是前期策划工作的总结，同时又是下一步实施广告活动的指导性文件。

　　广告策划书的格式基本上分为三部分:标题、正文和署名。标题点明整个广告活动的中心主题,正文则将整个策划要点分析、媒体运用等内容全面系统阐述,署名表明策划单位、人员及合作时间。

　　5.实效评估

　　一般来说,广告策划从调查开始,至形成广告策划书基本告一段落。但广告策划是一个不断反馈、调整的过程。因此,在提交广告策划书之后,策划人员尚要跟踪研究,甚至给予实施指导,不断对实际操作的情况进行过程评估并将情况反馈回来,调整规划方案。最后,在广告活动完成之后,对整个广告活动的效果,要进行最终的效果评估,提出评估的总结报告,为该项策划的最终完成画上圆满的句号,也为以后的广告策划提供经验和教训。评估报告的主要内容有:实施过程总结、主要成绩、存在问题、改进措施及建议等。

⇨【小案例 7-13】

第五季缘何强势不强市?

　　2002 年,健力宝公司以 3100 万元巨金砸向央视,强势推出"健康的休闲饮料——第 5季""没料,就不要耍酷!"——奥美为"第 5 季"策划了这一"精彩广告",但 2002 年的实绩表明,"第 5 季"的市场效果不仅远远逊色于百事可乐推出的百事青柠、可口可乐推出的酷儿果汁,也大大逊色于统一集团推出的鲜橙、苹果多等。当"第 5 季"声势浩大的广告全面铺开时,旺季的饮料市场却不见"第 5 季"产品的踪影。更不见配套的口感试验,贴身的消费者促销等。从饮品本身看,"口味"与"时尚"是消费者选择的重要因素;反观"第 5 季",其产品、包装等,与其他饮料相比,全无独特之处,强势的广告让"第 5 季"悬浮于空气之中,无法落地。

　　(资料来源:《成功营销》2003 年第 2 期)

第四节　营业推广策划

　　在各种促销方式中,花样繁多、变化多端的营业推广,成为企业刺激需求、推进销售、争夺市场的重要武器。它是企业促销组合的一个重要内容,更多的企业热衷于运用这种短、平、快的营销手段,来达到看得见的销售增长。但在我国的很多企业,决定营业推广成败的关键工作——营业推广策划,还有待于提高和规范。

一、营业推广策划的内容和程序

　　所谓营业推广策划,是根据企业营销战略决策和促销要求,对企业在一定时期要开展的营业推广的行动方案、推广目标、时机把握、经费预算以及过程控制,进行全面、细致的安排和规划,以实现理想的策划效果。

　　很多企业由此获得丰厚的回报,也有不少企业马失前蹄,非但没有达到预期的效果,反而造成重大损失。究其原因有二:一是有些企业未能掌握营业推广促销策划的一般规则,组织者和策划者对营业推广活动的特点、规律及实施技巧缺乏准确的把握;二是营业推广作为一种促销行为,是信息的双向沟通过程,活动效果不完全取决于活动本身完美与否,而是取决于活动作用的对象所作出的反应。因此,在策划一项具体的营业推广活动之前,系统、全面地了解营业推广策划的内容和程序,是非常必要的。

根据企业营销实践和专家的策划经验,营业推广促销策划与实施的内容和程序可以归纳如图 7-3 所示。

图 7-3　营业推广促销策划与实施的内容和程序

二、建立营业推广目标

企业营业推广的目标应与企业在该时期的市场营销总目标及促销目标相结合。同时,由于促销对象的不同,营业推广的特定目标也不相同。

1. 企业在不同时期的营业推广目标

企业在经营的不同时期,开展营业推广活动的具体目标是不同的。可以从两个不同的角度来区分。

(1)产品生命周期不同阶段的营业推广目标(表 7-2)

表 7-2

所处阶段	营业推广目标
投入期	缩短成品与顾客之间的距离,诱使目标顾客试用、认知新产品
成长期	鼓励重复购买、刺激潜在购买者、增强中间商的接受程度
成熟期	刺激大量购买、吸引竞争品牌的顾客、保持原有的市场占有率
衰退期	增加销售,处理积压库存

(2)销售淡旺季的营业推广目标(表 7-2)

表 7-2

所处季节	营业推广目标
淡季	增强顾客对产品的兴趣;刺激需求,减轻淡季的库存压力
旺季前	影响消费者的购买决策;争取竞争品牌的消费者
旺季	鼓励再次购买和大量购买;鼓励消费者接受品牌延伸的新产品
旺季后	出售旺季剩余货品,尽量回笼资金,减少产品积压的风险

2. 企业对不同对象的营业推广目标

(1)对消费者的营业推广目标

①鼓励现有消费者,以实现以下目标:A. 继续购买本品牌产品;B. 把延时性购买变为即时性购买;C. 鼓励大批量购买;D. 接受由本品牌延伸的新产品。

②争取潜在客户,培养新的客户群。

③从品牌竞争者手中夺走品牌转换者。

(2)针对中间商的营业推广目标

①改善销售渠道,包括:A. 维持和巩固现有的销售渠道及货架陈列;B. 争取让中间商存放额外的开架样品和不定期的促销样品;C. 鼓励中间商销售完整的产品系列。

②维持较高的存货水平,包括:A. 诱导其储存更多的本品牌产品;B. 鼓励储存由本品牌延伸的新产品和相关产品。

③建立品牌忠诚度,包括:A. 排除竞争者促销措施的影响;B. 吸引新的中间商。

④激励推销本品牌产品的积极性,包括:A. 特别的展示和陈列;B. 布置有吸引力的卖场广告;C. 对本品牌的产品进行不定期的降价销售。

(3)针对销售人员的促销目标

①鼓励销售新产品或新品种。

②鼓励寻找更多的潜在顾客。

③刺激淡季销售。

三、选择营业推广工具

企业为了实现营业推广的目标,必须选择最恰当的营业推广工具。在选择时,企业应充分考虑下列因素:

1.营业推广目标

这是选择营业推广工具时要考虑的首要因素。不同的营业推广工具适用于实现不同的促销目标。其中,推广工具主要包括广告宣传、优惠券、样品赠送、价格折扣、赠品、赛事赞助、酬谢包装、有奖销售等等。

2.产品生命周期

在产品生命周期的不同阶段,企业营销工作的重点不同,营业推广的目标也不一样,应选择不同的销售促进工具,如表 7-4。

表 7-4

所处阶段	营业推广工具		
	针对营销人员	针对中间商	针对消费者
投入期	培训	企业刊物、发布会、技术指导等	广告宣传、现场演示、样品派送、广告派送
成长期	销售竞赛	价格折扣,厂家指导销售	广告展示会、示范表演、赠品
成熟期	再次培训、拓展渠道	价格折扣,销售竞赛	有奖销售、分期付款
衰退期	以折扣、降价等方式处理库存,减少促销投入		

3.产品种类

商品按销售后的用途不同可分为生产资料和消费品两类。消费品又可按购买习惯分为日用品、选购品和特殊品三类。企业对这些不同类别的产品由于促销对象及促销目标的不同而应选用不同的营业推广工具。

4. 企业的竞争地位

不同的竞争格局和企业所处的竞争地位,会影响企业对营业推广工具的选择。处于竞争优势的企业,更多考虑选用能产生长期效果的工具,而较少采用即效性的方法。如以消费者教育、消费者组织等方式有利于为企业创造一支忠诚的顾客队伍。而处于竞争劣势的企业,则以为消费者和中间商提供更多的实惠为原则,在营业推广工具的选择上也要体现差异化的策略思想。

5. 企业在销售渠道中扮演的成员角色

企业在销售渠道中扮演的角色不同,其营销任务和促销目标也不同。制造商营业推广的对象是中间商和公司销售人员;批发商营业推广的对象主要是公司销售人员和零售店;零售商营业推广的对象是广大的消费者。不同的促销对象,各有适用的营业推广工具,如表7-5。

表 7-5

营业推广对象	营业推广工具
消费者	赠送样品、优惠券、有奖销售、现场演示与示范、广告宣传、折扣等
中间商	交易折扣、销售竞赛、产品展览、企业刊物、厂家指导等
公司销售人员	相关培训、推销手册、销售竞赛、奖金、销售会议、年终大会等

6. 竞争者的促销行为

企业需要对竞争者的促销行为做出应对,有时可以跟进、有时可以模仿、有时需要回避、有时需要创新,而应对的策略取决于企业与竞争对手的力量对比及企业的竞争战略。

7. 营业推广费用的预算

各种促销工具及各种促销媒体的使用成本不同。考虑到实施的可行性,企业在选用促销工具时,一定要考虑一定时期企业的经济实力和促销费用的预算。

四、制定营业推广方案

在营业推广策划中,确定营业推广目标和选择营业推广工具是重要环节,但还需要为营业推广活动的实施制定具体的行动方案。企业需要对以下几个方面作出决策:

1. 确定营业推广的范围

它包括两个方面的问题:

(1)产品范围。推广活动是针对整个产品系列还是仅对某一项产品进行?是针对目前市场上正在销售的商品,还是针对特别设计包装的产品?

(2)市场范围。一次推广活动是在所有的销售地区同时开展,还是只在某一特定的市场区域进行。在确定这一问题时,主要考虑企业的财务支出能力、企业推销队伍的力量和不同地区的销售状况。

2. 确定营业推广诱因量的大小

诱因量是指活动期间运用某种营业推广工具提供给消费者的利益大小,直接关系到企业的促销成本。诱因量的大小和促销效果有密切的关系。当诱因量很小时,消费者反应也很小,促销效果几乎为零;诱因量增大时,消费者的反应也会随之增强。但消费者反应与诱因量并不是按比例增长的,当诱因量超过一定量时,促销效果也会呈递减趋势。因此,需要考察两者的变化关系以确定一个最佳诱因量。确定的方法有两种:一是依据经验积累作出判断;二是通过小范围的试验来确定。

3.确定传播媒体

确定传播媒体就是决定通过何种媒介将销售促进的信息传递给消费者。不同的媒体有不同的传达对象和传达成本,促销效果也不一样。如优惠券,可以邮寄、人员发送、报纸杂志广告发送,也可随商品包装分送,需要作出选择。

4.确定参与的条件

即确定参与促销活动对象的资格。如优惠券对购买额达到一定量的消费者发放;免费赠品对集齐一定包装的消费者发送;样品赠送给符合特定条件的对象。

5.确定营业推广活动的时间

(1)营业推广活动时间的确定包括三个方面的内容:

举行活动的时机,要考虑时机的选择如何能提高促销效果。

(2)活动持续的时间。活动持续的时间太短,信息传达的面有限,可能使许多目标顾客来不及接受促销的信息;而促销活动持续的时间过长,又会使消费者的兴趣下降,甚至对产品的品质与品牌产生怀疑。最佳的活动持续时间应该是商品的平均购买周期。

(3)举办活动的频率。科学地确定促销活动的频率,通常要考虑销售促进目标、竞争者的促销表现、消费者的购买习惯和反应、活动本身持续的时间和效果、促销的整体计划等因素。

6.做出营业推广费用预算

营业推广费用通常包括两项:一是管理费用,包括印刷费、邮寄费、对推销员的教育和培训费等;二是诱因成本,如赠品费、优惠或减价的成本、兑奖成本等。对活动的策划者和组织者来说,确定预算的目的是为了保证该项营业推广活动所需费用的落实,同时也是为了找到促销成本和促销收益的收支平衡点。这样,活动组织者就能做到心中有数,加强对整个促销活动过程的控制,保证最低销售量的实现。最低销售量的计算公式为:

$$最低销售量 = \frac{非促销期间的正常销售量 \times 正常边际利润}{促销期的边际利润}$$

例如,某品牌产品在非促销期间的边际利润为 3 元,每天的正常销量 1000 袋。如果在促销活动期间每瓶的促销费用为 1.2 元,在促销期间每天需达到什么样的销售水平才能补偿促销活动的成本?

根据以上公式计算:

$$最低销量: \frac{1000 \times 3}{3 - 1.2} = 1666(袋)$$

所以,促销期间的销售量至少达到 1666 袋,才能补偿该次营业推广活动的成本。

7.确定其他条款

为了保证营业推广活动顺利进行,还要制定除以上内容以外的一些条款。如奖品兑换的具体时间、优惠券的有效期限、竞争活动的游戏规则、中间商的付款期限等。

8.形成营业推广企划案

营业推广活动的组织者在对以上各项内容作出确定后,还要按一定的格式将其文案化,形成企划案。营业推广企划案是企业组织营业推广活动的行动纲领,是执行者的行动准绳,也是管理者检查评估的依据。

五、营业推广的组织实施与评估

营业推广方案形成以后,就要组织实施,并对执行结果进行评价。

(1)实施前的准备工作。包括:①商品供应的准备;②促销人员的准备;③零售网点的协作准备;④资料的积累与收集,包括企业自身和竞争对手组织相关活动的资料等;⑤有关活动规则的确定;⑥奖券奖品(赠品)的准备;⑦管理工作与辅助支援工作,如公证与项目审批等;⑧活动日程安排;⑨必要的应急计划。

(2)实施前的检验、预试。由于营业推广活动不仅要花费可观的费用,而且是一项公开的社会性活动,因此,一旦出现失误,不仅会使企业蒙受财务损失,还会造成严重的负面影响,损害企业的品牌形象。所以,制定了推广方案之后,为确保方案的科学性、效益性和可行性,在付诸实施之前,必须首先对其进行检验、预试。检验和预试的内容主要为:促销工具的选择是否有效,创意能否为目标顾客群所理解,整体促销内容和形式有无违反法律和政策规定。

对消费者的营业推广可采用征询意见法和对比试验法进行检验。征询意见法是指通过采用集中征求意见和随机采访的方式,广泛地征求市场上的消费者对各种促销活动的反应,从而筛选出更具吸引力的营业推广方案。对比试验法是在有限的地区范围内进行试用性测试。选择一些有代表性的消费者,将其分为两组,分别进行不同的试验,比较其购买行为,以检验营业推广方案的优劣。可以进行实施与不实施营业推广方案的比较,也可以就采用不同的营业推广工具进行比较,还可以就提供大小不同的诱因量进行比较,根据试验的结果来进一步完善方案。

对中间商的营业推广则可采用征询意见法和深入访问法来进行方案的检测。对中间商营业推广方案的事前测试,不仅可以帮助企业改善和修正营业推广方案,同时也可以对中间商做预先的沟通工作,从而取得中间商对营业推广的充分理解和支持。

⏵【小案例 7-14】

敏感的黑色

约翰·普雷尔是英国一个香烟制造商,想在香港推出他的品牌。这种品牌的包装是醒目的金边黑盒子,他决定在春节期间推出该产品,样品已分配好了,优惠券也已经准备好了,一次昂贵的广告活动拉开序幕,结果却是灾难性的。不但产品销售欠佳,人们甚至把免费样品拿到商店换取他们平常用的品牌,公司无意间违背文化价值——黑色是倒霉和厄运的象征,人们在处于欢乐祥和的气氛中时,对黑色有一种特别敏锐的反感。

(3)营业推广绩效评估的方法。包括:
①比较活动前后销售量的变化幅度;
②直接观察消费者对促销活动的反应,如消费者参加竞赛和抽奖的人数、优惠券的回报

率、赠品的偿付情况等；

③对消费者实行抽样调查。

第五节   公关促销策划

公共关系是现代营销必不可少的一个手段。它以形式的艺术性、传播的新闻性、效果的传奇性、促销的隐蔽性而易于被消费者接受，乐于被企业采用。

一、公关理论精华

(一)公共关系的含义

公共关系(Public Relation)是指企业为改善与社会公众的关系，促进公众对企业的认识、理解及支持，达到树立良好企业形象、促进产品销售目标的一系列活动。它的本意是企业必须与内外部公众建立和保持良好的关系。它是一种状态，任何一个企业或个人都处于某种公共关系状态之中。它又是一种活动。当企业有意识地、自觉地采取措施去改善自己的公共关系状态时，就是在从事公共关系活动。它包括日常性公关活动和专门性公关活动两类：前者是指公关部门的日常公关工作和全体员工、日常待人接物等公关礼仪，后者是指企业公关部门为达到特定目的解决特定问题而精心策划实施的特别公关活动。

公共关系的基本目标是树立、维护和提升企业的良好形象，其主要手段是信息沟通，其基本原则是以诚取信，互惠互利。

⇨【小案例 7-15】

可口可乐公司在社会的公关活动

可口可乐公司在社会的公关活动一刻都不停歇，包括从体育、教育、文娱到环保。利用一切可利用的机会提高自己的能见度。但最主要的还是在体育运动方面。可口可乐公司在中国的运动旋风首先从足球开始。可口可乐杯全国青年锦标赛为中国选拔了不少足球尖子，并成为中国青年足球最主要的赛事，"可口可乐临门一脚"足球培训班 1986 年在中国实施以来，十几年来已培养了超过 1000 名青少年足球教练，使近一百万的儿童能得到先进的技术训练，可口可乐公司在奥运会也是不忘与中国的友谊。例如，1992 年可口可乐中国有限公司赞助了 6 名中国选手，参加在西班牙巴塞罗那奥运会前首次举办的全球奥运火炬接力长跑活动。1994 年，中国冬季奥运会速滑项目金牌得主王秀丽亦由可口可乐赞助，代表中国在瑞典利利哈默市传递奥运圣火。1995 年，可口可乐公司再度赞助中国神射手许海峰及 12 名全国选拔的代表，其中包括 3 名希望工程优秀受助生，参加在美国亚特兰大奥运会前的火炬接力，可口可乐公司亦在国内主办各项配合奥运活动，例如，赞助奥林匹克日长跑已有几十年历史。

可口可乐公司是改革开放后第一个进入中国的外企之一。那时候，我国不允许企业在媒体上打广告,1984年英国女王访华,英国电视台BBC拍了一个纪录片给我国中央电视台播放,作为外交礼节,中央电视台必须播放,但苦于没钱给BBC,于是找到可口可乐公司要赞助。可口可乐公司当时提出了一个赞助条件:在纪录片播放前加播可口可乐的广告片,这成为新中国电视广告历史上的开篇之笔。

（资料来源:市场营销策划案例经典大全,www.lodoeshop.com）

（二）公共关系的职能

公共关系既是一种经营哲学,又是一门沟通艺术,还是一项管理职能。作为一种经营哲学,公共关系可以帮助企业树立正确的营销观念。既要考虑企业利益又要顾及消费者需求,既着眼企业利益也注重社会效益。公共关系以全局的高度、长远的角度,帮助企业树立正确的经营思想、制定正确的经营目标和发展方向。

作为一门沟通艺术,公共关系通过收集信息,把握社会心理与公众意愿,化解误会和矛盾,增进了解和支持,为市场营销和企业发展营造有利的环境。

作为一种管理职能,公共关系可以联系和整合市场营销的四大策略。公共关系在产品策略上的影响和作用表现为:良好的企业形象、品牌形象有利于建立良好的产品形象,同时良好的产品形象又是企业形象、品牌形象的有力支撑。良好的企业形象不是空穴来风,而是通过产品、品质、品牌、包装来建立和强化的。对价格策略上的影响和作用是保证产品价格按其价值制定,从而实现企业与消费者之间的等价交换,达到实现企业经济效益和保障消费者利益的双重目标。对分销策略的影响和作用主要体现在三个方面:一是从企业和市场出发,强调企业与消费者之间的桥梁即中间商的作用。二是公共关系直接创造有利的营销环境和适合企业营销活动的中间渠道。三是正确处理企业与中间商之间的利益关系。对促销策略的影响和作用是:尊重消费者需求和意愿,有效沟通信息,激发购买欲望,促成购买行为。

公共关系的具体职能包括:①密切与新闻界的关系;②进行宣传报道;③开展联谊活动;④维护政府关系;⑤咨询沟通协商;⑥编写案例经验;⑦调查公众舆论;⑧开展广告合作;⑨处理顾客抱怨与投诉;⑩进行信息反馈;⑪支持赞助社会公益活动;⑫安排特别活动。

【小案例 7-16】

开业先签"文明公约"

1996年7月4日上午,位于长沙市北端五家岭的天心炸鸡店美神分店彩旗飞舞,悬挂着"热烈庆祝湖南天心炸鸡店美神分店开业"的横幅,两个按天心炸鸡店徽记设计的卡通人在热情地向过往行人致意。彬彬有礼的礼仪小姐向过往行人发放市民手册和宣传单,向小朋友分赠1000个小气球。天心炸鸡店通过各种方式,竭力营造美神炸鸡店开业的喜庆氛围,并在开业前的《长沙晚报》刊出了"签文明公约,做文明市民"的广告,告知市民开业典礼时将举行自由签文明公约活动,以此拉开了美神分店开业典礼的序幕。

是日,天心炸鸡店邀请市委宣传部副部长李晖参加开业典礼。一阵欢快的迎宾曲后,天心炸鸡店总经理张达女士即席发言,阐述了举办此次活动的意义,向市民发出了倡议。市委宣传部副部长李晖对此活动予以充分肯定,号召市民增强文明意识,认真遵守市民公约。而后李晖和该店总经理张达带头在绿色的"文明公约"横幅上签字,天心炸鸡店员工依次在横幅上签字,400多名市民也加入了签约行列。

此次活动发放《市民公约》上千份,《湖南日报》、《湖南广播电视报》、《长沙晚报》、湖南电视台、长沙电视台等都作了报道。此后长沙市又在火车站举行了万名青年宣誓遵守《市民公约》的大型活动,对此次活动作了呼应。通过这次活动,该店取得了良好的经济效益和社会效益,每天营业额达1.5万元。

（资料来源:市场营销策划案例经典大全,www.lodoeshop.com）

[试析]

天心炸鸡店美神分店开业典礼为什么能取得成功?

[分析]

天心炸鸡店美神分店开业典礼把饮食文化与社区文化有机地结合起来,以此作为开业典礼策划的切入点,将活动定位于"签文明公约,做文明市民"的主题上,呼应了今年公民素质教育年的大环境。最后引起公众与新闻媒体关注,取得开业典礼的成功。

(三)公关活动的方法类型

公关和企业营销活动有着密切的联系。企业可以根据自身实际情况,有选择地运用以下公关活动方式:

(1)交际性公关——巧结良缘。这种以人际交往为主的实用性公关具有直接性、灵活性和浓厚的人情味,具有十分明显的作用和效果,成为不少企业营销人员的成功之道。美国汽车商乔·古拉德就是通过长期大量发送贺卡来向顾客表示关心、慰问和尊重的,并从顾客的来函收集反馈信息组织销售,最终成为"汽车经销大王"。

(2)服务性公关——制造"上帝"。通过免费或优惠服务培育市场发展用户。例如,电脑公司为中小学生免费举办电脑培训班,培育家用电脑市场,促进电脑进入家庭。

(3)赞助性公关——造福社会。通过各种有组织的社会公益性赞助活动来体现企业的社会责任感,同时打造品牌美誉度,提升企业形象,促进产品销售,如我国的健力宝集团曾经通过支持赞助体育事业获得良好声誉。

(4)沟通性公关——广交朋友。主要通过信息采集、舆论调查、民意测验等形式,既收集公众意见、建议和愿望,同时又传播企业形象与营销信息,扩大企业的知晓面与好感度,为企业营销活动提供便利。如天津双街乙炔气厂原来不过是地处市郊的名气不大的小厂,后来通过有奖征集警言而一下子在天津家喻户晓。北京亚都加湿器公司通过向天津市民有偿请教而使产品打入天津市场。

(5)同化性公关——化异为友。同化性公关由于能超然于各种利益纠纷甚至冲突之上,因而在激烈的市场竞争中显得技高一筹。如上海一些商店的老板往往为本店买不到合适产品的顾客介绍其他家商店的产品,使顾客对该商店留下良好的印象。

(6)情感性公关——温馨销售。情感性公关直接从消费者情感、心理需要出发,具有很大的感染力和渗透力。如"爱妻型"洗衣机就因为其名称能够增进人们夫妻感情而较受欢迎。

(7)心理性公关——突破定势。心理性公关通过打破固有思维定势与心理定势,使公众产生异乎寻常的感觉和印象,从而对企业和产品格外地关注,并产生购买欲望。如钟表公司在广告中公开声称自己的钟表一昼夜会慢 24 秒而使销量大增。

(8)借助性公关——巧借东风。借助性公关营销是巧借别人的力量去实现自己的营销目标。当然这必须首先争取别人的理解和允许,同时采取正当的方式方能取得明显效果。

(9)开拓性公关——一举成名。这是企业在初创时期采用的公关策略,借助大众媒体的异乎寻常的迅速传播方式使企业形象、产品形象在公众中一举定位,较快地打开营销局面。

(10)发展性公关——锦上添花。发展性公关是在企业创下一定的知名度的基础上,随着企业的不断发展,持续不断地向公众传递企业发展信息,不断增强企业的良好形象,以有利于企业持续发展。

(11)维持性公关——润物无声。这种类型的公关比较平静均衡持续地传播企业信息,注重公关传播活动的潜移默化作用。主要用在长期稳定巩固原有的良好关系。

(12)防御性公关——防微杜渐。当企业出现潜在危机时,为及时消除隐患,堵塞漏洞,企业应敏锐地发现危机前兆,采取防御性公关措施,调节自身,引导形势向有利于企业的方向发展。

(13)危机性公关——化险为夷。当企业形象受到损害时,必须及时开展一系列拯救企业形象的公关活动。如上海某化妆品厂曾几次受到舆论界责难,该厂每次都能主动求找责任,用真诚的解释、负责的态度来赢得公众的理解,均取得了消费者的认可。

(14)进攻性公关——彰显本色。当企业与外部环境发生某种冲突时,企业也可以以攻为守,采取断然措施,引起公众注意和兴趣,取得公众舆论支持,彰显企业个性和主张,改变环境,创新局面。

二、公关策划方法

(一)创知名度公关策划

知名度是产品销售的前提。再好的产品,如果没有知名度,不被消费者所知,产品销路就打不开。相同的产品有没有知名度将大不一样。珠海市丽珠集团的丽珠得乐,湖北第二制药厂的胃康得乐,湖北黄石市制药厂的迪乐,均出自湖北医学研究所的同一个配方,药效又完全一样,因而被誉为三胞胎。但三胞胎的命运却完全不同,丽珠得乐善于打造知名度成了珠海市的创利大户,掌上明珠。而胃康得乐、迪乐却生存不下去。因此,创知名度策划是非常重要的基础性策划。创知名度是公关策划的一项重要任务,也是营销策划人员应该掌握的一项策划技能。

1. 创知名度策划误区

在知名度问题上,存在两大错误策划思想认识,必须摒弃:

(1)知名度万能论

只要知名度,不管美誉度。认为知名度是万能的,只要有了知名度,一切问题都可以迎刃而解。因此,千方百计、不择手段要出名。结果把知名度做滥了,出了坏名恶名,成了骂名臭名。

(2)知名度无用论

认为只要产品质量好,出不出名无所谓。不愿意花时间、花精力、花财力创造知名度。认为知名度是虚的,质量是实的,应该在实的项目上投资,而不应该在虚的东西上乱花钱。

⏩【小案例 7-17】

"飞鸽"车厂借美国总统扬名

1988 年，美国总统布什访华。天津"飞鸽"自行车厂抓住这个难得的机会，毛遂自荐，向布什总统和他的夫人各送一辆最新型号"飞鸽"牌自行车，我国外交部和李鹏总理考虑到布什夫妇早年在北京时非常爱骑自行车外出游览，也就同意了"飞鸽"自行车厂的要求。

于是各新闻单位在报道布什访华情况时，"飞鸽"亦飞遍世界。因此，一时间国外兴起一股争买"布什"、"芭芭拉"型"飞鸽"牌自行车的热潮。"飞鸽"厂名声大振。

（资料来源：市场营销策划案例经典大全，www.lodoeshop.com）

［试析］

"飞鸽"自行车厂经营中运用了什么策略，使"飞鸽"厂名声大振的？

2.创知名度策划原则

(1)以实为据，以诚为本，以谋为术

企业必须认识到创知名度的公关策划不是建立在无中生有之上，而是把企业的真正形象投影于社会。公共关系是百分之九十做得好，百分之十说得好。公共关系再重要也要以实为据、以诚为本，企业只有自身做得好，宣传出去才能扩大知名度，提高美誉度，才能构成企业的良好形象。若企业本身做得不好，却自吹自擂，无限拔高自己，即使得益，也只能是昙花一现，一旦被新闻媒体曝光，被社会公众识破，将臭名远扬，陷入四面楚歌的惨境。因此，企业要扩大知名度，必须首先练好内功，在提供优质产品、优质服务上下工夫。同时，创知名度公关策划还必须讲究谋略、技巧和方法，通过策划的策略性、技巧性提高活动的效益性。如天津飞鸽牌自行车在国内享有盛誉，多次获奖，但从没有打开过美国市场。后来天津自行车厂策划了一次成功的公关活动，由当时的国务院总理李鹏将飞鸽牌自行车作为国礼赠送给来华访问的美国前总统布什。布什当场兴致勃勃地骑上车子，连声说"好极了，美极了！"，并让众多记者拍照。从此飞鸽自行车顺利地进入美国市场，成了美国市民的抢手货。

(2)创造知名，兼顾美名，勿留恶名

知名度是个中性词，它可以是好名，使产品美名远扬，积极促进销售。它也可以是恶名，使产品臭名昭著，影响销售。有些企业为了扬名，花钱做虚假广告。如 1995 年上半年，"换肤霜"广告铺天盖地，用 1 次到 8 次，就可以使皮肤由粗糙灰暗、苍老变得细腻、光洁、富有光彩和弹性，"使用 8 次彻底换个模样"，并引出医学权威作证：经五家医院验证有效率达100％，无任何副作用。焕然一新的许诺，使众多女性蜂拥购买。但不久，许多人惊呼上当，该产品只得终止销售。还有些企业为了引起公众注意，出名扬名，不惜狐假虎威，虚张声势，小题大做。如某厂家在《郑州晚报》刊登公告，声称第二天六点半郑州电视台播放重要新闻，引起了社会公众的极大关注，一些公众猜测是国家发生了重大事件，一些公众猜测是有重要的人事变更，结果第二天一看仅仅是促销宣传而已，导致社会公众对该产品的强烈不满，不少公众发誓再也不买这种产品了。因此，在创知名度公关策划中，不仅要考虑如何扩大知名度，还要尽可能兼顾美誉度，尽可能留下好的名声，千万不要留下坏的名声。一定不能有不管是好名还是坏名先出名再说的思想。

（3）出名之后，精心维名，再创美名

当企业通过扩大知名度公关策划与运作，并经过企业多方面的努力，取得了较高的知名度或解决了知名度不够的问题之后，不要以为万事大吉了，不要以为已经水到渠成，可以坐享其成。接下来要做的工作还很多，要将公关工作的重点放在维护名声、创造和提升美誉度上来。出名之后，社会公众对企业的期望提高了，如果企业损坏了公众利益，出现了商业丑闻，那将使企业名声大跌，前功尽弃。

3.创知名度策划谋算

（1）新闻扬名

①借助新闻扬名。借助重大事件或重要人物的活动，利用新闻传播媒介"之冕"，扩大产品知名度。"派克"笔生产商，在1943年第二次世界大战处于最艰难的阶段，赠送给盟军欧洲战区总司令艾森豪威尔将军一支镶有四颗用纯金制作星的"派克"金笔，以表扬他在军事上取得的成就。两年以后，艾森豪威尔在法国用这支笔签署了第二次世界大战和约，这一举动使得"派克"产品知名度大增，成为受世界各国人民欢迎的名牌产品。

②制造新闻扬名。有新闻可以借助新闻扬名，没有新闻也可以制造新闻扬名。当然，制造新闻要不留痕迹，要讲究策略，要自然贴切，不能刻意制造、生硬编造、作假作秀。例如，合肥TCI将HiD（家庭信息显示器）的新闻发布及产品推介会选择在中国科学技术大学学术报告厅举行，完全不同于一般在酒店在商场举行的产品推介活动，因此具有新闻性。HiD与科大之间的有机联系是：HiD是TcL的高科技产品，为世界首创，中国第一，中科大是我国乃至世界上都很有名的大学，以科技形象出名。这一活动引起了安徽省及合肥市新闻媒体的广泛关注与及时报道。

（2）活动扬名

企业巧借重大的社会活动，大规模的体育比赛、博览会、展评会、重大旅游活动和各种节庆活动，主动出击，借机扬名。如日本富士公司是一家彩色胶片和摄影器材生产厂商，原来名气与实力远逊于美国柯达公司，但它利用柯达公司对资助1984年洛杉矶奥运会态度傲慢的失误，千方百计争得奥运会摄影器材的独家赞助权，富士彩卷随同奥运会盛况迅速传播到全世界，名声不胫而走，终于在与柯达竞争中赢得了关键的一分。从此，富士在市场上名声不逊于柯达，大有后来居上之势。又如健力宝的成名在于抓住了亚运会、奥运会的机遇，加之亚运会的成功举办以及第23届奥运会取得辉煌的战果，使健力宝的知名度响遍了中国，走向了世界，被誉为"东方魔水"。

（3）广告扬名

为什么广东珠海的丽珠得乐、湖北第二制药厂的胃康得乐、湖北黄石制药厂的迪乐，配方相同、产品相同，境况却如此不同呢？据行家们分析，一个重要的原因在于企业重不重视产品知名度的宣传。当时丽珠得乐集团一年的广告宣传费用是1200多万，仅用于丽珠得乐这个拳头产品的广告宣传费用就700多万。他们在中央、省市电台、电视台，在一些报纸、杂志，甚至是在火车站、码头、汽车上都有丽珠得乐的广告宣传，使广大消费者家喻户晓，人人皆知，一旦有需求就想到购买它。而胃康得乐、迪乐由于不注重产品的广告宣传，销路不畅，付不起贷款而先后垮台倒闭。

通过广告扬名的途径有：广告创意创新出奇扬名，如联想的猩猩和孩子的故事等；广告投放超常出位扬名，如秦池、爱多、哈六药等，但要注意出名之后及时调整广告投放，使之趋于合理;明星广告宣传扬名,借助明星效应,通过娱乐记者与媒体炒作明星与广告,进一步扩大知名度,如 TCL 手机的金喜善广告新闻宣传、宝洁的章子怡广告新闻宣传等。

(4)借名扬名

①借名人扬名。既主动与相关社会名人建立联系,将企业的产品提供给他们使用,利用名人的社会影响,为企业做"活广告",从而达到提高企业产品知名度的目的。例如,阿迪达斯公司每生产出一种新产品,都要请世界体坛明星穿着参加比赛,在公众场合亮相。

②借名诗名句扬名。即借用名诗、名句进行商标注册和产品宣传,以此来扩大知名度。如江苏无锡太湖针织制衣厂的产品以"红豆"牌进行商标注册是颇具匠心的。"红豆"一词源自唐代大诗人王维的名诗:"红豆生南国,春来发几枝。愿君多采撷,此物最相思。"结果太湖针织制衣厂的"红豆"产品名扬海内外。又如河南"杜康"酒,以中国酿酒鼻祖杜康命名。人们喝了"杜康"酒就自然地将其和曹操的"何以解忧,唯有杜康"的名诗联系起来。如此名诗、名句产生的宣传效应自然不同凡响,产品的知名度也得到了提高。

③借名企名牌扬名。即想方设法争取与国内外名牌企业合作,扩大知名度。如法国皮尔·卡丹公司生产的领带是世界名牌,上海领带厂便千方百计争取皮尔·卡丹领带的加工业务,这不仅使上海领带厂获取了可观的利润,而且还从加工业务中吸取先进工艺技术,提高了上海领带厂的产品质量和产品档次,亦扩大了上海领带厂的知名度。

其实借名扬名的方法有很多,如有些特别注重产地的产品特别强调其产地,像西湖龙井茶叶;借名技名术扬名,如某些酒店借名厨的名技名术扬名招徕生意等,在此不一一详细论述。

(二)创美誉度公关策划

美誉度是指社会公众对企业品牌的好感和信任程度,它是现代企业形象塑造的重要组成部分。公关策划的重要任务之一就是要创造和提升美誉度。美誉度公关策划与知名度公关策划不同,不能寄希望一两次大策划、大手笔、大投入、大炒作就可以见效,它需要企业持续努力与真诚奉献。

⇨【小案例 7-18】

立普顿奶酪中有金币

英国著名的食品批发商立普顿,在某年圣诞节到来前,为使其代理的奶酪畅销。在每50块奶酪中选一块装进一枚金币,同时用气球在空中散发传单大造声势,于是成千上万的消费者涌进销售立普顿奶酪的代销店,立普顿奶酪顿时成了市场中的抢手货,立普顿的行为引起了同行的抗议和警察的干涉。但立普顿以退为进,在各经销店前张贴通告:"亲爱的顾客,感谢大家对立普顿奶酪的厚爱。若发现奶酪中有金币者,请将金币送回。"通告一贴出,消费者在"奶酪中有金币"的声浪中,反而更踊跃地购买。当警方再度干预时,立普顿又在报上登了一大版广告提示大家要注意奶酪中的金币。应小心谨慎,避免危险。这则广告表面上是应付警方,实际上是一次更有效的促销,同行在"立普顿奶酪中有金币"这一强大声势中毫无招架之力。

(资料来源:霍亚楼主编:《市场营销策划》,对外经济贸易大学出版社 2008 年版)

1.美誉度的作用价值

美誉度是一项重要的无形资产,对于提升品牌形象、促进产品销售、促进企业发展,均有重要意义。

(1)提升产品价值。同质性产品,同样的价格,品牌美誉度不同,消费者的价值认知就不同。高美誉度的品牌能够增加产品的附加值,提升产品的价值感。

(2)增加购买理由。企业信誉好、产品品质好、售后服务好等美誉度指标,是消费者购买决策时非常关注的因素。美誉度可以为顾客选择产品提供信心保证和支持理由。

(3)累积品牌忠诚。品牌美誉度是通向品牌忠诚度的阶梯。长期持久的品牌美誉度能够累积转化为品牌忠诚度。

(4)建立竞争优势。信誉是一种重要而宝贵的品牌资产。高美誉度的品牌,出于消费者的信赖支持从而易于在商场竞争中建立竞争优势。

(5)增强沟通谈判能力。高美誉度的品牌由于具有明显的市场力量和竞争优势,从而增强了通路谈判的筹码和能力,在经销商沟通谈判中往往能够占据有利位置,掌握主动地位。

(6)增强品牌延伸能力。由于高美誉度形成的用户信赖、沟通合作、新闻媒体舆论支持等因素的作用,品牌延伸也容易得到社会公众与消费者的理解和接受,供应商、分销商、金融商等产业链各环节的支持与合作,从而增强品牌延伸能力与成功把握。

2.美誉度公关策划谋略

创美誉度公关策划,必须在做好影响美誉度的各项基础工作的前提下,做好彰显美誉度的公关策划与传播。否则,本末倒置,仅在公关策划与传播层面玩弄技巧玩弄点子,往往弄巧成拙。如果涂脂抹粉,往往欲盖弥彰。如果颠倒黑白无中生有,欺骗公众,必将失信于民,走向美誉度的反面。

(1)建立产品品质优势,策划品质公关宣传

产品品质优良是品牌美誉度的基石。创造、维护和提升品牌美誉度,必须时刻抓住产品品质这个根本不放,一刻都不能松懈。因为产品品质问题损害品牌甚至断送品牌的案例屡见不鲜。不要以为企业知名度高牌子响就可以忽视产品品质问题。知名度越高,越不能出现品质问题,否则,高知名度必将带来高信任危机。为此,我们必须在企业生产经营管理与公关传播活动中不遗余力地做到:

①坚持技术领先和技术创新。技术领先是保证产品先进性与可靠性的重要条件。而要取得产品品质的长期领先优势,就不能仅靠技术的一时领先,需要不断进行产品技术创新。为此,企业必须重视产品技术研发工作,加大研发投入。公关宣传必须及时跟踪产品技术创新进展,及时宣传技术创新成果,彰显企业技术领先优势和产品品质形象。

②严格品质管理和品质控制。生产过程中的品质管理和品质控制是影响产品质量的直接因素。企业必须不遗余力地始终抓好品质管理工作,将产品品质问题控制在生产过程之中,决不将有质量问题的产品放出厂门。20世纪80年代中期,有些家电生产企业的砸冰箱事件,就是强化企业内部质量管理加强品质控制的典型事例。通过事例本身和新闻报道,不仅强化了企业员工的质量观念,也为打造企业产品质量形象起到了良好的作用。

③获取品质认证和品质奖励。为维护消费者利益,促进国民经济的健康发展,政府机关和有关行业协会也通过各种途径、手段和形式,强化质量管理工作。比如,推行质量管理体系认证,评选优质产品质量免检产品、认定驰名商标和公认名牌等。各种产品也有相应的专

业认证,如电工产品的安全认证、食品的绿色标志认证等。企业应积极主动地参与品质认证工作,并组织力量精心策划和实施品质认证与品质奖励方面的公关宣传,使企业的品质形象深入人心。

④强调产地正宗。有些产品如农业资源产品、传统工艺产品,与地理条件、自然气候等因素关系十分密切。产地正宗是保证产品品质的重要条件。产地亦成为品牌美誉度的重要来源。而正是这类产品技术壁垒低,市场的畅销使得大量竞争者蜂拥而入。为此,正宗企业正宗品牌必须在产品推广和公关宣传中突出自己的产地正宗、技术正宗、牌子正宗,以维护美誉度,避免假冒伪劣者伤害品牌。

(2)完善企业经营理念,策划品牌理念与行为公关宣传

企业经营理念和经营行为也是影响品牌声誉的重要因素。因此,企业需要通过建立完善的经营理念,通过优良的企业组织行为和员工个人行为,打造品牌美誉度。并借助 CI 和公关传播手法,策划和实施品牌理念和行为公关传播活动。在营销实战中,通常通过以下几种途径和方式来开展这方面的工作。

①积极开展公益活动,热情支持公益事业。社会热点难点问题,不仅因为其普遍性或特殊性能引起传媒和社会大众的深度关注,而且其本身还蕴含着一定的文化和社会价值观念。如果这种文化和社会价值观念与企业理念、品牌信念相吻合,企业就应该积极地参与,这将十分有利于塑造与传播品牌亲和力与美誉度。支持希望工程、赞助帮扶计划、支持下岗再就业等等,都是营销实战中开展公益活动、支持公益事业的常见实例。

②积极宣传报道诚信与真诚服务案例。不规范竞争、不正当竞争,夸大产品功能宣传,隐瞒产品副作用,虚报产销量市场份额数据,大搞虚假宣传,误导消费者等等,这些都是典型的商业欺诈行为,是打造品牌美誉度的大忌。企业应在诚信经营热情服务的基础上,做好诚信公关宣传。苹果公司的品牌美誉度在很大程度上得益于其售后服务的严格实施与长期传播。诚信经营,优质服务不仅在电子产品行业适用,在其他行业的企业形象塑造中同样适用。

③妥善处理危机事件。开展危机公关,消除负面影响,维护正面形象。由于营销环境的不可控性、市场竞争的激烈性和其他各种原因,经历风险和危机事件在所难免。一旦发生危机事件,必须迅速做出组织反应,及时采取处理措施,积极主动展开危机公关,努力消除危机事件对企业造成的负面消极影响,维持企业良好形象,甚至化危机为商机,争取用户谅解,公众理解,以及舆论的支持。

④妥善处理特别的销售案例,借机传播企业形象。对某些特殊的消费对象提供有针对性的关心和服务,有时候能迅速强化美誉度的塑造与传播。55 岁的王老太太花多年积蓄购买的一台海尔空调刚一出店门就被人骗去,正当老太太痛不欲生时,海尔将一台崭新的空调送到了王老太太家里。当北京燕莎商城总经理为一个在无意中撞破一块价值 3000 多元的玻璃,正在家中忧愁地等待商场罚款通知的北大女学生寄去一封表示歉意的信时,燕莎商城全面为顾客着想的形象魅力通过这一特殊消费事件得到了精彩的描绘。在商城领导看来,顾客之所以撞破玻璃,是因为商城的引路标志不清楚所致,而不能责怪顾客。每个企业都有可能遇到这样那样的特殊消费个体或特别消费事件,企业应以高度的主动性和责任感,将对这些特殊消费个体的服务,对这些特殊消费事件的处理,转化成企业美誉度塑造的良好机会。

（3）借助公关时机，策划品牌美誉公关活动

①借助重大社会活动。天时地利是笔巨大的财富，利用得好，对品牌美誉度的塑造所产生的正面影响是不可估量的。在德国统一的时候，西铁城表曾被作为两德统一计时指定用表。通过与两德统一这一具有重要历史价值的"时间"信息的联系，使"西铁城"表在广大消费者心中的形象魅力大大提高。利用特定的时间或空间来创造企业品牌美誉度，关键是要选择重要的有代表性的时间、空间素材，只有这样才能把单一的产品或企业与一种文化形象、优势角色联系起来，提升企业、品牌与产品的美誉度。

②借助重大社会事件。社会重大事件不仅仅只是因为其具备强有力的新闻传播价值而对品牌知名度的塑造有利，而且还因为每一更大的社会事件本身都有深刻的社会、人文背景，因而使得这些重大的社会事件在观念上成为塑造企业品牌美誉的重要材料。可口可乐在第二次世界大战时期发起的生命之水传播运动，至今仍令人们感慨不已。在海湾战争中，美国有 1127 家公司不远万里向远在中东前线的美军将士捐赠物品。这不仅仅因为这场战争是当时的新闻焦点，而且因为战争本身是社会心理情感观念的大冲撞。企业在此时此刻的态度和表现能在消费者心目中留下更深刻的印象。

（4）巧用公关方法，策划品牌美誉公关传播

①品质展示。利用珍奇而又真实的特殊消费案例，进行产品品质展示，开展品牌美誉度公关宣传，往往能取得良好的效果。某电视机厂曾将因地震砸破机壳但仍能正常播放收看的电视机陈列在会议室里。某洗衣机厂家将用户使用了 20 年仍能正常工作的旧洗衣机请回厂里，并免费赠送一台崭新的全自动洗衣机。这些都是运用品质故事和公关策划打造品牌美誉度的手段。

②名人效应。企业不应只花钱请名人做广告，而是要设法促成名人成为企业产品的使用者和消费者，利用名人效应，塑造与传播品牌美誉。20 世纪 90 年代，《纽约商报》刊登了总统克林顿夫人希拉里畅饮"健力宝"的照片，这张照片的刊登拉开了"东方魔水健力宝"争夺西半球市场的序幕。虽然这则照片是经过精心策划和组织方才获得的，但著名人物本身的形象魅力作为企业可以借用的无形资产，其意义是肯定无疑的。但利用名人效应，不仅方式要机智、巧妙、自然，而且对名人也要有所选择，要尽可能选择那些公众形象好且与企业品牌有内在联系的名人。

③口碑效应。广大用户既是产品的最终消费者，也是产品的最好宣传者，借用户之口更能达到提高美誉度的目的。价值越高、使用寿命越长、消费者关注度越高、购买决策越理性的产品，口碑的作用越重要。越是缺乏统一品质标准认证，越是需要通过实际使用和消费体验才能感知了解其产品的品质，消费者越重视口碑。越是追求共性、流行性和安全性的产品，口碑的作用越重要。按照麦肯锡的一项研究，口碑传播几乎影响到美国三分之二的经济领域：玩具、运动产品、电影、娱乐、时尚、休闲自然最受口碑影响，金融机构、服务、电子、药品、食品等众多领域也同样受口碑所左右。在中国，由于更讲究"人和"，更重视口碑，更相信口碑。许多企业的未来将决定于它的口碑，而不在于广告投放量。好的口碑，有利于企业形象的逐渐树立，坏的口碑则会导致品牌的迅速瓦解。正所谓"好事不出门，坏事传千里"。为此，企业必须扎扎实实开展工作，打好形成良好口碑的基础，并利用各种巧妙方式，扩大口碑传播效应。同时，防止竞争品牌制造谣言，利用口头传播方式损坏企业形象。

(三)新闻公关策划

新闻公关策划即利用、制造和传播新闻事件进行公关宣传。利用和制造新闻的话题,我们在创知名度公关策划时已经做过讨论。发布传播新闻的形式有向新闻界提供新闻稿件、召开新闻发布会等。但新闻发布会更加正式,更为隆重,沟通更充分,企业可以就新闻事件向媒体充分发表意见,记者也可以在会上就自己感兴趣的问题和自己认为最合适的角度进行深度采访。因此,新闻发布会的策划是新闻公关策划的一部重头戏。所以,这里我们重点讨论新闻发布会的策划。

1.合理选择举办时机

(1)分析新闻事件

某一事件是否有新闻价值,是否需要通过召开新闻发布会的形式发布,这是需要讨论和确认的。不要将毫无新闻价值的东西硬拉上新闻发布会。通常值得召开新闻发布会的事件有:新产品开发的成功与上市、企业经营方针的调整、企业首脑或高级管理人员的变更、新工厂的上马或旧工厂的扩建、企业合并改制或挂牌上市、企业创立周年纪念日、企业的产品获得重奖、发生重大责任事故或企业因故受到牵连等。

(2)选择会议日期

新闻发布会应选择合适的日期,避免与社会重大活动和纪念日相冲突,以免所邀请的记者因公务繁忙而无法参会,影响发布会的效果。确定好具体时间后,要提前向记者发出书面邀请,可在书面邀请函中附上回执请记者回复。如果是口头邀请,要及时跟踪确认。

(3)安排会议议程

新闻发布会一般选在上午9点—10点或下午3点开始比较好,这样有利于方便记者到会。一般正式发言时间不超过一小时。应安排记者发问时间。新产品上市新闻发布会,应安排新产品介绍时间。发布会后可以安排工作餐或宴请,工作餐可以采取自助餐形式,以便于记者和企业领导人进行深入而广泛的沟通。

2.合理选择举办地点

(1)会场选址

新闻发布会的选址与所要发布的新闻性质要相协调,同时,要考虑到场地的交通便利性与硬件设施等因素,如面积大小、灯光音响、投影设备、照明设备、通讯设施等。通常,企业的新闻发布会选择在宾馆或新闻中心等地举行。特别重大的新闻发布会可选择在大会堂、国宾馆、星级酒店等重要场所。

(2)会场布置

选定新闻发布会场地以后,还要进行会场的环境布置,气温、灯光、噪音等等问题都要考虑周全。会场布置设计,既要体现企业精神、企业文化,突出会议主题,又要使记者及其他来宾感到既庄重又亲切。会场应设有记者或来宾签到处,签到处最好设在入口或入场通道处,签到时一并发放会议材料、新闻通稿和会议纪念品。会场座次安排要分清主次,特别是有贵宾到会的情况下。在每个记者席上准备有关资料,供记者们深入细致地了解新闻事件的性质内容及其背景资料。

3.合理安排会议人员

(1)确定会议主持人

主持人的作用在于把握会议主题,掌握会议进程,控制会场气氛,促成会议的顺利进行。

此外,必要时还承担着消除紧张气氛,化解对立情绪,打破僵局等特殊任务。会议主持人一般由企业分管负责人或新闻公关部门负责人担任。

(2)确定主要发言人

主要发言人要透彻地掌握本企业的总体状况及各项方针政策,面对新闻记者的各种提问,能够头脑冷静,思维清晰,反应迅速,具有很强的语言表达能力,措辞准确有分寸,语言精练流畅,发表的意见具有权威性。主要发言人一般由企业主要负责人或分管负责人担任。

(3)选择会议服务人员

会议服务人员要严格挑选,从外貌到修养均要合格。要注意服务人员的性别比例,以合理分工并发挥协同效益。服务人员的主要工作有:①安排与会者签到;②引导与会者入座;③操作控制视听设备;④分发宣传材料和礼品;⑤安排餐饮并引导与会者就餐;⑥安排照相摄影和录音。

4.巧妙回答记者提问

在新闻发布会上,应该是有问有答,并尽可能真诚地与新闻记者交换信息交流观点。但总有一些敏感性、尖锐性问题是不便公开回答的,在这种情况下,主要发言人就应采取适当的方式委婉地拒绝回答。以下几点技巧可供参考:

(1)避正答偏

故意避开正题,而将话题引向一些细节,让对方自己去揣摩话中的含义。

(2)诱导否定

在记者提出问题后,不马上回答,先讲一点理由,提出一些条件或反问一个问题,诱使对方自我否定,自动放弃原来提出的问题。

(3)回以自解

有些时候,对方的提问是明知故问,想借你的口来证明一点什么,这时可以用回以自解的方法来回答,将皮球踢回对方,不授以柄。

(4)幽默诙谐

这是指在对方提出问题后,机智地以诙谐幽默的话题作为遮掩,避开对实质性问题的回答,幽默诙谐既能巧妙地避开难题,又不至于伤害提问者的感情和面子。

(5)会后盘点宣传效果

会后要及时与记者联系,落实新闻见报日期版面及播出栏目时间,通知企业内部或外部相关部门人员阅读、收看、收听,收集新闻样报、样片、样带;计发有关人员劳务报酬,感谢新闻记者和与会嘉宾对企业的支持;收集社会公众的反应,检查新闻宣传的效果。

(四)危机公关策划

危机公关就是用公关手段,及时妥善处理与化解企业遇到的危机。由于企业在经营活动中面对着复杂的内外公众、不断变化着的内外环境、激烈的市场竞争,因此难免遭遇危机。为使企业迅速渡过危机,必须开展危机公关,迅速控制危机局势,消除公众对立情绪,避免媒体负面报道,重塑企业形象。危机公关策划的一般策略和方法是:

1.建立危机预先防范机制

最好的危机公关策划,是将危机消灭在萌芽状态,避免危机的发生和出现。为此,需要建立危机预先防范机制,减少、控制或延缓危机的产生与发展。一般要注意:

(1)组建危机预防管理机构,保证危机管理的人力物力财力配置。

(2)树立危机公关意识,端正危机公关态度。

(3)对企业潜在的危机形态进行分类预警控制。

(4)制定应对各类危机的方针、对策和措施。

(5)建立高效畅通的传播沟通渠道,以保证最大限度地减少危机对企业声誉的破坏性影响。

(6)进行危机公关培训与实验性演习,培养一批训练有素的专业公关人员。

2.快速做出危机公关的组织反应

危机一旦发生,必须迅速做出组织反应,以保证及时处理危机问题所需要的人力和财力。

要以最快的速度设立危机管理办公室或危机控制中心,企业高层领导亲自参加,调配训练有素的专业人员,实施危机控制和危机处理。邀请有关公正权威的机构来帮助解决危机,以增加社会公众对企业的信任。

设立专线电话,配备训练有素的人员接听危机期间外部打来的大量电话,保持企业与外界的沟通。确保危机期间企业的电话总机人员能知道危机电话应接通至哪个部门。

3.快速做出危机公关的行动反应

危机一旦发生,危机公关组织必须迅速分析并掌握危机根源,以尽快采取行动措施,对症下药,消除危机。一般来说,危机的来源主要有:

(1)企业内部管理混乱,损害了股东利益、员工利益及合作伙伴利益。

(2)企业出现严重质量事故,如家用电器起火爆炸、食品饮料中毒,造成用户财产损失与人身伤亡。

(3)企业涉嫌违法违规经营,受到有关部门查处与媒体曝光。

(4)企业某些经营行为损害国家利益、社会利益、社区利益或用户利益。

(5)别有用心的人或组织尤其是竞争对手的有意破坏。

(6)公关宣传沟通不畅,形成误会误解和舆论误导。

找到危机根源之后,危机公关组织必须采取针对性措施,解决危机问题。如果平时备有成熟有效的应急方案,可立即付诸实施。如果有大致可行的应急方案,可紧急补充修改,变通执行。如果危机完全出自意外,没有现成的应急方案,危机公关组织必须迅速研究对策,制定措施,尽快落实行动,切不可优柔寡断,耽误时机,那将会使危机进一步升级,造成更大的危害和损失。

在策划危机公关措施时,要将公众利益置于首位,而不能计较企业的眼前利益,甚至有时要不计成本,不惜代价。要积极了解公众意愿,倾听公众意见,使企业的行为与公众的期望尽可能保持一致。

在执行危机公关措施中,要强化危机公关人员的心理承受能力和生理承受能力,及时深入危机现场,控制或化解危机局势,遇事不慌,临危不惧,机智应变,善于创新,平息公众抱怨,稳定公众情绪,设法引导公众,使受到危机影响的公众站到企业的一边,帮助企业解决有关问题。把握危机中的机遇,化险为夷,转危为安。当危机处理完毕后,应及时总结经验吸取教训。

4.快速做出危机公关的信息反应

在危机公关活动中,为防止事态的扩大扩散,应及时与社会公众保持沟通,传播企业的积极反应和正面形象。为此需要:

紧急联络媒体,争取理解、支持与配合。掌握对外报道的主动权,确保以企业为第一消息发布源。

迅速起草一份应急新闻稿,尽快说明危机事件的有关背景情况,表明企业对事态的关注和重视态度。新闻稿应尽可能信息准确,避免使用行话,要用清晰的语言告诉公众发生了什么危机,企业正采取什么补救措施。

及时发布消息,公布企业处理危机的最新举措、最新进展与最新成果。

及时关注和收集公众对事态的反应和媒体对危机事件的报道,如果有关新闻报道与事实不符,应及时予以指出并要求更正。

必要时召开新闻发布会,向社会和新闻媒体郑重发布有关消息。

危机妥善处理以后,要组织稿件对企业进行一次全面的宣传报道,化解危机影响,重建企业形象。

第六节　企业形象策划

一、企业形象策划的含义、目标及原则

企业形象的两大基础:一是商品质量,它是企业形象的基石;二是营销能力,它是企业赢得顾客的桥梁。

(一)企业形象策划的含义

企业形象策划简称CIS(Corporate Identity System),直译为企业识别系统,意译为企业形象设计,是运用统一的视觉识别设计来传达企业特有的经营理念和活动,从而提升和突出统一化企业形象,使企业形成自己内在的独特个性,最终增强企业整体竞争力的一种刻画企业形象的系统方法。

企业形象策划将企业的经营观念与文化,运用统一的整体传达系统(特别是视觉手段的表达),传达给与企业有关系的团体或社会大众,使其对企业产生一致的认同感。

进行企业识别,塑造企业形象是一个系统工程,它需要企业全方位地开展工作。因而企业识别系统是指统一而独特的企业理念,以企业理念为指导的以行为活动及视觉设计所构成的展现企业形象的系统。企业通过这一系统的运用,将企业的经营理念贯穿于各种行为活动、视觉设计之中,使社会公众对企业认知、认同,以便树立良好的企业形象。

企业形象策划过程是企业实现自我统一和人格统一的过程。

自我统一是企业管理者和广大员工充分认识企业、认知自我与企业的关系,使自己完全融入企业整体之中。企业的行为准则成为自我的自觉行动规范,同时企业也通过提高广大员工的素质来形成企业的整体形象。

人格统一是将企业这个实体拟人化,以管理者的营销理念作为企业的营销理念,并借助

于视觉形象、企业行为形成整合的人格个性,通过媒体传递到社会公众中,折射出企业整体的人格形象,并为社会公众认知和接受。

企业形象策划是企业的整体策划,它主要由三个部分构成:

1. 理念识别系统(MindIdentitySystem,简称 MIS)

企业的理念识别是指企业思想的整合化。通过企业的经营想法及做法,进行标语的整合,宣传画的美化,思想观念的教育,向公众及员工传递独特的企业思想特点。

理念识别系统是由企业的经营哲学、经营宗旨、理想追求和价值观念等无形要素所构成的观念体系,是企业 CIS 策划的基础和形象构成的核心。表现在企业的标语、口号、广告及歌曲等方面。

其具体内容包括:

(1)企业价值观

企业价值观是指企业的使命与存在价值的问题。回答企业存在是"为什么"的问题。

(2)经营哲学

经营哲学是指企业的指导思想和经营理念的具体定位。解决的是"怎样做"的问题。

(3)企业精神

企业精神是指以企业哲学为指导,基于共同价值观之上,全体员工广泛认同一致的群体意识。

(4)行为准则

行为准则是指企业全体员工必须严格遵守的行为标准和规则。其主要为:岗位责任、劳动纪律、操作规程、服务公约、考核奖罚制度等。

(5)事业领域(活动领域)

事业领域是指企业擅长的专业或活动领域。

2. 行为识别系统(BehaviorIdentitySystem,简称 BIS)

行为识别系统是企业理念识别系统的外化和表现。企业行为识别是一种动态的识别形式,它通过各种行为或活动将企业理念贯彻、执行、实施。企业的行为包括的范围很广,它们是企业理念得到贯彻执行的重要体现。

企业行为包括企业内部行为和企业市场行为两个方面:

企业内部行为有:员工选聘行为、员工考评行为、员工培训行为、员工激励行为、员工岗位行为、领导行为和沟通行为等。

企业市场行为有:企业创新行为、交易行为、谈判行为、履约行为、竞争行为、服务行为、广告行为、推销行为和公共关系行为等。

上述各种行为只有在企业理念的指导下规范、统一,并有特色,才能被公众认知和接受。

3. 视觉识别系统(VisualIdentity System,简称 VIS)

企业视觉识别系统是由体现企业理念和业务性质、行为特点的各种视觉设计符号及其各种应用因素所构成,是企业理念系统和行为识别系统在视觉上的具体化、形象化。

企业通过形象系统的视觉识别符号将企业经营信息传达给社会公众,从而树立良好的企业形象。

根据心理学理论,人们日常接受外界刺激所获得的信息量中,以视觉感官所占的比例最高,达到83%左右,而且视觉传播最为直观具体,感染力最强。因而,采取某种一贯的、统一的视觉符号,并通过各种传播媒体加以推广,可使社会公众能够一目了然地掌握所接触的信息,造成一种持久的、深刻的视觉效果,从而对宣传企业的基本精神及独特性起到很好的效果。

在企业识别系统中,一方面,理念识别系统处于核心和灵魂的统摄地位,另一方面,企业理念系统虽然具有丰富的内涵,但如果不对它进行实施与应用,它将毫无意义。而应用或实施需要靠人的行为。然而,企业仅仅通过人的行为来传达和树立形象毕竟是困难的。在企业的行为活动过程中,只有借助于一定的视觉设计符号、一定的传播媒介,并将企业理念应用其中,形成对广大公众的统一视觉刺激态势,才能真正提高公众对企业的认识和记忆。

企业识别系统的三个部分相互联系、相互促进、相互配合,缺一不可,它们共同塑造企业的形象,推动企业的发展。

可以看出 CIS 对重建企业文化,增强产品竞争力,企业多角化、集团化、国际化的经营,资源的运用,消费者的认同,企业公共关系运转等方面有着越来越重要的影响。

(二)企业形象策划的目标

一个企业从其成立以来就具有身份,虽然很多企业的身份是模糊的,但是企业实践表明:企业所有权性质、产品的质量、企业的结构、企业领导的信念和企业共有的价值观都会赋予企业以特定的身份。

成功的企业大多是通过定位企业的身份,并通过传播渠道将企业形象传达给消费者的。

比如:IBM 公司以独特的公众视觉宣传,传达给公众的是国际高科技领先者的形象。又如:联想集团通过新闻和广告等方式,告诉消费者它是我国国内最大的计算机生产商和代理商。IBM 和联想的形象清晰明确,使企业迅速成为行业领导者。而这些都是借助于 CIS(企业识别系统)策划获得的。从这一点来说,CIS 策划的目标是定位企业身份、传播企业形象。

1.定位企业身份

企业的身份是独一无二的,一个企业的身份一旦形成,就很难改变。

企业的身份是企业生存的核心,对企业来说非常重要。其重要性有以下几点:

(1)市场环境发生巨大变化,为使企业更有效地参与市场竞争,就必须考察企业身份及其传播方式,树立与企业战略相关的企业形象。

(2)无论工业企业还是商业企业,相互的模仿和竞争使企业很难将自己与竞争对手明确地区分开来,而独特的企业身份传播则是企业取得独一无二的市场定位的重要方法。

(3)市场中各种企业之间的重组使确认企业身份更具深远意义。

2.传播企业形象

企业形象是指企业在外界公众中的传播印象。一个企业的形象通常用知名度和美誉度来表示。

知名度是指一个企业被公众知晓、了解的程度,是评价企业名气的客观尺度,侧重于"量"的评价,即企业对社会公众影响的广度与深度。据调查显示,由口传信息所引起的购买次数是广告所引起购买次数的 3 倍;口传信息的影响力是广告广播的 2 倍、人员推销的 4倍、报纸杂志广告的 7 倍。美誉度越高,口碑效应就越明显。

企业形象是由知名度和美誉度共同构成的,缺一不可,但实际上知名度和美誉度并不一定能够同步形成和发展。有知名度不一定有美誉度,没有知名度也并不意味着没有美誉度。

反之亦然。

　　总的来说,知名度需要以美誉度为客观基础,才能产生正面的积极效果;美誉度需要以一定的知名度为前提条件,才能充分显示其社会价值。

　　随着全球化竞争时代的到来,企业形象会表现出两种不同的特点:本土化形象和国际化形象。形成这种差异的原因在于,文化差异在全球化竞争中起着越来越重要的作用,其中最为重要的是两个方面:审美心理的差异和宗教信仰的差异。一种事物在一定的文化背景下都有独特的象征意义,在不同的地区存在着不同的文化背景,致使企业的形象在各个地区有不同的认识。

　　宗教信仰的差异也决定着人们对一些事物的态度。从这两方面来说,当一个企业在本国传播本土化形象能够以较近的文化认同而获得消费者的认知。但是当企业走向国际化道路时,文化背景的差异、审美心理的差异、宗教信仰的差异都使企业的形象产生较大扭曲。所以在未来的市场竞争中,无论是在本国还是在国际上,企业都应当有一个统一的传播形象。

　　从营销的角度看,企业形象主要通过品牌形象来展示。

　　借鉴国内外知名企业的做法,品牌形象的发展主要有两种趋势:国际品牌本土化和本土品牌国际化。从根本上说,这两种趋势的发展和演变都是以消费者的产品需求与文化需求为基本导向的。

(三)企业形象策划的基本原则

1.以企业文化为本的原则

CIS(企业识别系统)在不同文化的地区导入的侧重点不一样。

CIS 在西方国家注重色彩的运用和视觉上的冲击,但是到了日本和中国则必须以民族文化为本、以企业文化为本,侧重于理念和精神等文化内涵。在导入 CIS 过程中,要与企业的经营理念、经营哲学、精神文化和道德风尚等保持一致,并且要通过企业领导层贯穿到全体员工中去。

2.以公众为中心的原则

社会公众是企业形象赖以生存的"空气"。导入 CIS 本身是通过一些信息渠道将企业的经营理念、行为和视觉要素等企业形象传播给社会公众。

以公众为中心的原则并不是不顾一切去迎合公众,而是要努力做到满足公众的需要、尊重公众的习俗、正确引导公众的行为观念。

3.个性化原则

CIS 导入与策划必须突出企业和产品的个性,使其在消费者和社会公众的心目中形成强烈的印象。"与众不同,独树一帜"是策划者要铭记于心、见之于行的指导原则。

4.全方位推进原则

企业导入 CIS 是一项长期而全局性的战略工程,是涉及企业内外各条线、各方面的一件大事。因此,必须从企业内部与外部环境、CIS 内容结构、组织实施和传播媒介等方面综合考虑,以利于全面地贯彻落实。

5.统一性原则

为了达成企业形象对外传播的一致性与一贯性,应当用完美的视觉一体化设计,将信息与认识个性化、明晰化、有序化,把各种形式传播媒介上的形象统一,创造能储存与传播的统一的企业理念与视觉形象,这样才能集中与强化企业形象,使信息传播更为迅速有效,给社会大众留下强烈的印象与影响力。

对企业识别的各种要素,从企业理念到视觉要素进行标准化,采用统一的规范设计,采用统一的对外开放传播模式,并坚持长期一贯地运用,不轻易进行变动。

6.经济效益与社会效益兼顾原则

企业是社会的经济细胞,在追求经济效益的同时,也要积极追求良好的社会效益。

CIS(企业识别系统)导入必须符合事物的发展规律、体现社会公德,其内容与形式要符合国家的路线、方针、政策以及法律法规的要求和精神。

二、企业形象策划的程序

(一)准备阶段

企业形象策划应当是一个有目的、有计划的自主行为,因而任何企业形象策划都首先要经历一个准备阶段,进行企业形象策划的准备工作。

1.明确策划动机

明确策划动机是企业形象策划的首要任务。

企业形象策划是在不同的目的和动机的支配下展开的,动机不同,将直接影响到企业形象策划的操作过程和最终结果。

2.确定策划目标

明确企业形象策划的目标是进行企业形象策划的基本要求。

没有一个清楚明确的策划目标,整个企业形象策划工作就会失去存在的意义,其重要性不言而喻。

形象策划目标的设定,不能仅凭"专家"的主观臆断,不能随心所欲,应当根据企业的实际和社会环境的不同,有针对性地进行。

3.建立策划组织机构

企业导入企业形象战略,首先应当设立专门的组织机构,处理与企业形象策划有关的各类事宜。这类机构通常可以称为企业形象策划委员会。

(二)调查阶段

企业形象策划的实态调查是企业形象策划委员会成立之后开展的第一项工作。企业形象策划调查的目的,就是要为 MIS(理念识别系统)、BIS(行为识别系统)、VIS(视觉识别系统)设计提供依据。

企业外部调查的目的在于分析和掌握企业形象策划的社会背景及市场机会。

企业内部调查是企业形象策划的本质根据所在。

企业内部调查一方面给设计者提炼企业理念、设计行为系统和视觉系统提供第一手资料,另一方面也为企业领导全面了解企业或重新审视自己的企业提供真实可靠的信息。

(三)策划阶段

策划阶段工作的步骤主要有:

1.总概念的策划

总概念的策划是指根据调研结果导入 CIS(企业识别系统)的基本战略方针,对企业理念识别系统的开发设计提出基本设想,对企业主管或董事会解释总概念的内容并确定总概念。

2.创立企业理念

创立企业理念是指提出具有识别意义的企业理念,其中包括企业使命、经营观念、行动准则与业务范围等,并提供理念教育规范的行为特征,创作企业标语、口号、座右铭、企业歌曲等。

3.开发 VIS(视觉识别系统)

开发 VIS 是指确定企业命名或更名策略:要将总概念体现在基本因素的设计中,再以基本设计为准,开发应用设计要素,认真开发商标与包装设计,对新设计方案进行技术评估与形态反应测试及修改,最后确立并编印 CI 设计手册。

➭【知识链接】

CI(VI)手册

1.序言

(1)企业负责人:董事长、总经理致辞;

(2)企业经营理念、目前与未来发展状况;

(3)引进 CIS 的动机和目的;

(4)CI 手册使用方法说明。

2.基本要素

(1)标志、标准字、标准色;

(2)标志、标准字、标准色的变化设计;

(3)标志、标准字的制图法和标准色的使用方法;

(4)标志、标准字的误用范例;

(5)附属基本要素(包括企业造型、象征图案、专用印刷字、版面编排方式等);

(6)上述要素的禁例。

3.基本要素组合

(1)基本要素的组合规定;

(2)基本要素组合系统的变体设计;

(3)基本要素组合误用范例。

4.应用要素

各个系列的应用、说明与范例。

(四)实施阶段

总概念报告完成的基本标志就是拿出了一个完整的工作方案。因此,实施阶段也就是工作方案的落实阶段。落实工作方案过程中对实施情况给予总结评估,对总结经验、促进企业形象的进一步发展有着重要意义。

实施阶段要注意以下几个问题:

(1)要严格把握企业形象塑造工作的总目标。

(2)要切实排除实施过程中的各种障碍。

(3)要控制进度。

(4)要注重整体协调。

（五）总结阶段

总结是改进工作的重要环节，它既可为下一次活动提供经验和教训，也可以使人们通过对成就的认识，受到鼓舞，振奋精神。

总结工作一般可分为以下几个工作步骤：

(1)重温形象塑造的目标——它是评估活动的依据。

(2)收集和分析资料——了解策划活动的实效与成败。

(3)向决策部门报告分析结果。

三、企业形象策划的开发与设计

CIS(企业识别系统)是以塑造企业形象为主，以视觉开发计划的方式来表现。

在企业的最高负责人批准 CIS 策划方案后，即可展开 CIS 作业。此时企业内部最关心的，当然是用什么方法来推行 CIS。因此，企业可能会设置"CIS 推行委员会"，并派遣专人来负责此事。

当进入 CIS 的设计开发阶段后，前面各项作业所设定的识别概念、经营理念，都将在这个阶段中转换成系统化的视觉传达形式，以具体形式表现企业精神和企业文化。

（一）企业 CIS 开发与设计的要素与内容

在 CIS 开发设计上，必须从企业基本要素的开发着手。

1.基本要素各自的定义和考虑的重点

(1)企业标志

企业标志是代表企业整体的标志。对生产、销售商品的企业而言，企业标志是指商品或服务的商标图样具体的图形标志、文字标志。

(2)企业名称标准字

企业名称标准字通常是指企业的正式名称。企业名称以全名表示或者省略"股份有限公司"、"有限公司"以略称来表示。企业常常依据企业名称的使用场合来决定是使用全名还是使用略称。

(3)品牌标准字

品牌标准字原则上是以企业所在地区的官方语言来设定，用以代表企业产品品牌。

(4)企业的标准色

企业的标准色用来象征企业的指定色彩(如富士胶卷的绿色、柯达胶卷的黄色等)。

(5)企业标语

企业标语是对外宣传企业的特长、业务、思想等要点的短句；企业标语常常与企业名称标准字、企业品牌标准字等组合使用。

(6)专用字体

专用字体是企业主要使用的文字、数字等字体。专用字体主要有：广告和促销等对外宣传品所使用的字体及商品、品牌、企业名称的字体等。

2.CIS 的应用设计

CIS 的应用设计种类包括企业章类(如名片、旗帜、徽章等)、文具类(如文件、信封、信纸、便笺等)、车辆运输工具类、制服类、广告宣传品类等。

CIS 的设计与开发包括以下三个方面：

（1）设计开发的委托方式

设计开发的委托方式包括：总括委托方式、指名委托方式、指名设计竞赛方式、公开设计方式。

（2）设计开发的作业分配方式

设计开发的作业分配方式包括：基本设计要素及基本设计系统、应用设计要素及应用设计系统。

（3）CIS 设计开发的程序步骤

①制作设计开发委托书，委托设计机构，明确设计开发的目标、主旨等。

②说明设计开发要领，依据调研结果订立新方针。

③探讨企业标志要素概念与绘制挑选草图。

④企业标志设计方案的展现。

⑤选择设计方案及测试设计方案，包括对外界主要关系者和内部员工进行意见调查等。

⑥企业标志设计要素的精致化。

⑦展现基本要素和系统提案。

⑧编辑基本设计要素和系统提案手册。

⑨企业标准应用项目的设计开发，包括名片、文具、招牌、事务用名等的应用设计。

⑩一般应用项目的设计开发。

随后进行测试与打样，开始新设计的应用和编辑设计应用手册等环节。

（二）企业 CIS（企业识别系统）导入应注意的问题

企业要正确认识 CIS 对企业发展的作用，既不能有 CIS 无用的观点，也不能将其作为企业扭亏为盈的唯一法宝，应当在策划的同时系统考虑企业的综合管理问题。要切合实际，使 CIS 符合企业内部及外界各种环境的现状。

企业 CIS 导入虽然是突出企业个性，但也要与周边环境等因素相称，与企业文化建设相结合。

企业导入 CIS，就其实质而言，是一种企业文化的整体营造与重塑。

从 CIS 本身要求看，它不仅不能以视觉识别代替 CIS 的全部，也不能简单地理解为"理念统一＋行为统一＋视觉统一"，而要把它们具体化为企业文化不同层面的构成要素，从而最大限度地提高其完整性、统一性和可操作性。

具体地讲，要注意以下四方面的问题：

1. 片面化认识

较常见的认识误区是以 VIS 代替 CIS，认为 CIS 就是名称、标志、色彩的设计问题，是企业视觉形象的系统计划。因此，把 CIS 等同于改进和更换企业标识、装饰外部硬件、包装企业外表形象的一种手段。

有人会以"美国的企业形象识别就只重视视角识别"的观点来辩解，其实这是一种误解。因为欧美发达国家社会分工很细，其生产经营、调查、传播等现代竞争手段业已成熟，企业经营理念、行为规范和企业文化构建等均有自己独特的见解，CIS 导入往往只需请专业公司设计视觉识别部分，能够改进或创造鲜明独特的形象即可。

我国企业在管理模式、企业文化、个性形象、视觉识别、广告公共关系、传播营销、团队精神、员工素质等各个方面均与西方成熟的现代企业有一定的差距，可谓"百废待兴"，诸多环节都有待完善和提高。因此，我国目前大多数企业在导入 CIS 时，如果只注重视觉识别而忽视理念识别和行为识别，就无法塑造企业完善的整体形象。

2. 夸大化认识

CIS 的作用不能被无限夸大。CIS 只是一个形象个性系统，新产品开发、生产制造、质量控制、服务水准、人员素质等诸多问题并非 CIS 所能解决。

不能把 CIS 当做一只筐，什么理论和问题都往里面装。那种认为 CIS 能"解百难、治百病"的理论是可怕的，也是可笑的。

3. 盲目化认识

CIS 策划具有很强的科学性和应用性。要将 CIS 的理论与实践有机地结合起来，针对企业实际情况进行具体分析和设计。

企业的经济承受能力、心理承受能力以及实施 CIS 的基础条件、操作能力均有一定的局限性。对于局限性较大的企业，CIS 策划者一定要首先解决主要矛盾，甚至可以先部分导入 CIS，通过做大量的工作，与领导达成共识、对员工集中培训。

CIS 策划者应当一方面协助企业实施方案，另一方面，在推广实施时修正设计中的误差。

如果对 CIS 理论的完善性盲目服从，机械地照抄，设计方案虽面面俱到，但重点不突出。"唯大唯美"，表面上洋洋洒洒，其实华而不实，不得要领。

此外，对导入 CIS 过程中存在的问题缺乏相应的解决措施，就会造成设计方案缺乏可操作性，使企业理念成为空洞的口号，行为规范成为纸上谈兵的规章，视觉识别成为装饰门面的点缀。

4. 形式化认识

整体的 CIS 设计是一项要求高、工作量大的系统工程，必须对企业内外环境进行详细、准确的调查分析后才能进行。

CIS 策划需要社会学、心理学、市场营销学、管理学、统计学、传播学、广告学、公共关系学、美术设计等多种专业知识的融会与贯通，需要各类专家和高手的通力合作，单靠一家设计单位自身的力量，难以完成 CIS 多元整合的全程操作。不少设计单位由于对 CIS 理论缺乏深入了解、专业设计人员水平有限、相关资料准备不足等原因，难以进行深入的市场调查和多学科知识的整合，仅凭 CIS 理论的某些原则，便为企业做整体 CIS 的策划，这种策划没有明确统一的目标、策划思路不清晰、设计浮于表面，难以深入，从而导致整个策划方案流于形式。

↪【策划人物链接】

屈云波——营销教育策划

具有市场营销硕士专业身份的屈云波于 1994 年创办了北京派力营销咨询公司，主要从事营销管理书籍的出版。屈云波曾组织专家出版了在营销界产生广泛影响的《派力营销思想库》丛书 100 多册，将许多前沿的营销理论和方法介绍给企业和学界，也在科学与专业的基础上强化实战性。这是中国大陆迄今为止面向市场营销人员的规模最大的、最系统的一套专业营销丛书。《派力营销思想库》被上万家公司选做企业内部培训教材,对中国企业和营销人员的专业成长起到了很大的启蒙作用。

近年来,在多媒体培训手段广泛应用的背景下,屈云波针对国内企业对"见效快、成本低"的企业培训方式的需求,拍摄了国内第一部情景剧式的多媒体营销培训课程。屈云波分析,销售人员培训市场不仅需要高、中、低档的划分,更需要产品的细化,服装销售培训、饮品销售培训、保险销售培训、房地产销售培训、汽车销售培训、网络销售培训……而派力的课程就是针对了这种市场细分的趋势。今后,派力还会依托自己强大的专业优势,不断推出更加细化的产品。

屈云波的营销教育行为也是一种策划,如同美国加利福尼亚淘金热中的卖水者一样,他为奋斗在营销第一线的人员提供补给。哪里有需求,哪里就需要营销,哪里就需要策划。独辟蹊径、永远创新是营销策划的灵魂。

(资料来源:孟韬,毕克贵:《营销策划》,机械工业出版社 2012 年版)

⇨【本章小结】

1. 促销的含义:促销是指企业运用人员或者其他方式,通过沟通企业与消费者之间的信息,帮助消费者认识所能得到的利益,引发、刺激消费欲望、兴趣,加速消费者购买决策过程,推动其实施购买行为的活动。

2. 促销的种类:促销的种类有人员促销、广告促销、公共关系促销、营业推广促销和企业形象促销。

3. 促销的作用:(1)传递信息,强化认知;(2)突出特点,诱导需求;(3)指导消费,扩大销售;(4)滋生偏爱,稳定销售。

4. 人员销售的特点:(1)人与人直接接触,这是人员销售最基本的特点,也是与广告等其他促销工具的主要区别。(2)能有效地发现并接近顾客。(3)针对性强,灵活机动。(4)能实际提示产品。(5)密切买卖双方关系。(6)促进行动。(7)提供交流情报。

5. 广告策划的特点:(1)针对性;(2)经济性;(3)计划性;(4)整合性;(5)反馈性。

6. 营业推广策划的含义:所谓营业推广策划,是根据企业营销战略决策和促销要求,对企业在一定时期要开展的营业推广的行动方案、推广目标、时机把握、经费预算以及过程控制,进行全面、细致的安排和规划,以实现理想的策划效果。

7. 公关策划方法:(1)创知名度公关策划;(2)创美誉度公关策划;(3)新闻公关策划;(4)危机公关策划。

8. 企业形象策划的含义:企业形象策划简称 CIS(Corporate Identity System),直译为企业识别系统,意译为企业形象设计,是运用统一的视觉识别设计来传达企业特有的经营理念和活动,从而提升和突出统一化企业形象,使企业形成自己内在的独特个性,最终增强企业整体竞争力的一种刻画企业形象的系统方法。

9. 企业形象策划的原则:(1)以企业文化为本的原则;(2)以公众为中心的原则;(3)个性化原则;(4)全方位推进原则;(5)统一性原则;(6)经济效益与社会效益兼顾原则。

【诗语点睛】

促销手段新花样
公共关系一张网
营业推广情商高
大胜靠德树形象
投其所好暖人心
助其所急多帮忙
强化认知传信息
滋生偏爱岁月长

本章习题

一、名词解释

促销；

人员销售；

广告策划；

营业推广策划；

公关策划；

企业形象策划。

二、简答题

1.促销的含义、种类及作用？

2.人员促销的含义及特点？

3.广告策划的程序及内容？

4.营业推广策划的含义及程序？

5.公关策划的含义及方法？

6.企业形象策划的内容及原则？

【案例分析】

雨水公司："顺水真梦"公关策划

"雨水"是重庆一家企业生产的系列女性护肤用品的品牌名称。几年的历史，但发展的速度很快，如今在全国已经有了相当的名气，覆盖国内的大部分省份，1997年"雨水"在杭州市开展了一场公关活动。

公关活动执行中最关键的一点是：在活动启动阶段激发目标受众的兴趣，并在整个活动过程中继续保持和强化他们的兴趣，最后在评选"美梦"的阶段达到高潮。由此，本活动的展开可以分成三个阶段，征梦、说梦、圆梦。公关活动过程中穿插"雨水"，产品的广告（单独预算），与活动达成关联，起到呼应效果。

（1）第一阶段——征梦

"嗨，你梦想的树长高了吗？"

梦想是一棵树，女孩心中的苹果树

她相信有一天自己会摘下那树上的红苹果

女孩长大了,树也长高了……

她仍然相信有一天总会摘下那树上的红苹果

梦想在追逐它的时候最美丽,雨水愿意与你共同追寻一个梦想

就像那树上的红苹果,我们能摘下它吗? 梦想能够变为现实?

这是 7 月 28 日,《杭州日报下午版》登出的"雨水真梦"公关活动广告。在这之前,"雨水真梦"首次亮相是 7 月 24 日该报"迟桂花"专栏的征文预告。5 万份题为《致杭州女孩的一封信》的 DM(直邮)在三日之内飞进杭州的千家万户,同时也出现在商场"雨水"产品的柜台上;并且,人们如果留意每封信上的编号,还有中奖的机会。只要写下自己一个未了的心愿,于 8 月 31 日前寄到"雨水真梦"活动组委会,就会在报纸上看到,在电台里听列那些体现真善美的梦想,就会在电视上看到"雨水"企业出资资助其中一些幸运的朋友美梦成真。

8 月 1 日起,杭州最热门的电台(西湖之声)在中午时段推出由当红主持人秋子主持的"雨水真梦"专栏节目,并开通两条"雨水热线"电话,邀请心理学家、人际关系专家和妇女研究专家开始轮流值班接听,与"雨水真梦"的参加者们共话梦想。

通过较大规模的宣传,雨水真梦活动启动阶段的宣传获得了较好的效果,为后续的工作打好了基础。

(2)第二阶段——说梦

在 8 月到 10 月两个月的时间里,吸引目标受众的广泛关注和参与显得非常重要,除了"西湖之声"每天中午的"雨水真梦"专栏,《杭州日报》也辟出"雨水真梦"专栏,开始连续刊登"杭州女人的梦想",从此,杭州的女人们开始了一段"梦"的旅程。"雨水真梦"活动如同打开了这个城市情感的阀门。一个个动人的故事,一段段感人的情怀,一个个美好的心愿,流泻出杭州女人的善良和真诚……

8 月 19 日,《杭州日报》和西湖之声电台,同时刊播了"雨水真梦"活动广告,西子湖畔的女人们宣布了第一批"梦想成真"者中的两位。

李刚——以非凡的爱心关怀在重庆已 90 岁高龄的姨母,这里包含一个上一代人战争年代就开始的离奇经历,8 月 14 日,她登上了飞往重庆的飞机。

朱非白——爱看书的一个中学小姑娘,没等钱攒齐,心仪已久的百科全书就卖完了,几经周折,通过出版社送给她这套书。

(3)第三阶段——圆梦

丹桂飘香的金秋时节,"雨水真梦"活动又产生了第二批幸运的朋友:一位多年来一直想扮演宋庆龄的中学教师,一个喜爱演唱越剧向往着能够过一天戏校生活的工厂女工,一个迷恋古筝求师无门的女孩……

10 月 24 日,《杭州日报》刊出"看彩虹"的播出预告,"雨水真梦"活动将在浙江省有线娱乐台播出。于是这些幸运的朋友,生活中平凡的女人,带着自己的梦想,带着实现梦想的喜悦,相继走上屏幕,出现在杭州人的面前。曾经在电台里为广大听众播讲了一个又一个女人梦想的西湖之声电台主持人秋子也出现在了"雨水真梦,梦想成真"的电视系列节目中,"雨水真梦"活动就此结束。

(资料来源:张春江,徐红钢:《公共关系》1998 年第 10 期改编)

思考与讨论：

(1)《雨水真梦》公关策划书为什么要从关怀女性的心灵,使其梦想成真入手?

(2)《雨水真梦》公关促销活动是怎样一步步吸引着目标公众参与到这一活动中来的?

⇨【专题讨论 7-1】　关于低碳文化在企业落地生根的思考

在当今世界,低碳运动已经成为了一场涉及人类生产方式、生活方式和价值观念的全球性革命。低碳文化就是从人统治自然过渡到人与自然和谐的文化。这是人的价值观念根本的转变,这种转变解决以人类中心主义价值取向过渡到人与自然和谐发展的价值取向。2009 年 12 月 7 日开幕的哥本哈根气候变化峰会有 192 个国家参加,被冠以"改变地球命运的会议"的称号,几乎吸引了全球的目光。世界各国对"温室效应"、生存环境恶化等问题日益关注。中国政府承诺延缓二氧化碳的排放,到 2020 年中国单位国内生产总值(GDP)二氧化碳排放比 2005 年下降 40%~45%。随即一股强劲的"低碳"旋风开始席卷中国,以低能耗、低污染、低排放为特征的"低碳"理念迅速渗透到经济运行、城市发展和居民生活的方方面面。发展低碳经济与我国转变增长方式、调整产业结构、落实节能减排目标和实现可持续发展具有一致性。特别是强制淘汰落后产能设备,开辟了发展低碳经济的机会,使我国一些重点行业的节能减排技术取得竞争优势,甚至扮演领先者的角色。如我国的太阳能光伏产业产量居世界第一,我国的风能装机容量居世界第四,我国的新能源汽车技术居世界领先地位。

工业革命以来,由于石化能源的大量使用等原因,地球上的碳排放不断增加,累积到现在,出现了气候变暖、土地沙化、水源枯竭、空气污染、物种减少等严重问题。人类的高碳生产方式和生活方式导致自然生产力与人类生产力的对立消长,使地球的自然生产力出现了走向衰竭的危险。为了保护地球,也为了人类自身的永续发展,我们必须改变价值观,尽快实行低碳生产方式和生活方式。传统工业化是灰色的,低碳发展是绿色的,从高碳生产方式和生活方式转变到低碳生产方式和生活方式是一场由灰变绿的"颜色革命"。实现低碳发展,就是要把追求高碳 GDP 转变为追求绿色 GDP,把追求短期发展转变为追求可持续发展,把追求当代人的利益最大化转变为既追求当代人利益又不损害子孙后代利益。有了绿色追求,才会有低碳发展。要转变高碳的生产方式和生活方式,首先必须转变思维方式和价值观念。只有把低碳生产和低碳生活作为新文化、新生活去追求,人们才会积极主动地追求低碳发展。生态经济是可持续发展的经济,目的是在环境资源与经济发展之间建立起良性循环机制,这种良性循环机制的主体是企业。发展生态经济,企业是关键。用低碳文化指导企业行为,就能推动企业形成清洁集约的生产方式,创造绿色产品,节约资源成本,提高综合效益。因此,企业要把低碳文化融入企业文化,这不仅可扩大企业文化的外延,而且有利于企业树立良好形象。将低碳企业文化流程化、制度化,实现从理念到行动、从抽象到具体、从口头到书面的"落地",使企业低碳理念外化于形、内化于心、固化于制,形成有生态特色的制度文化、行为文化、形象文化,实现文化融合,达到形的一致、心的一致、行的一致,真正实现在员工心中"生根"。在实践上推进企业变革和创新管理,提升企业核心竞争力。对外,低碳企业文化是公司的一面旗帜;对内,低碳企业文化又是一种企业的向心力。一个企业真正有价值、有魅力、能够流传下来的东西,并不是产品而是她的企业文化。那么,企业如何加强低碳文化建设,进而来推动各项管理工作迈上一个更高的境界呢?

1. 以文化人　内化于心

低碳经济,是以低能耗、低排放、低污染为基础的一种经济发展模式。低碳经济是人类社会继农业文明、工业文明之后的又一次重大进步。低碳经济关涉高能源利用效率和清洁能源结构的问题,核心是能源技术创新、制度创新和人类生存发展观念的根本性转变。这是人的价值观念根本的转变,这种转变解决了人类中心主义价值取向过渡到人与自然和谐发展的价值取向。低碳文化重要的特点在于用生态学的基本观点去观察现实事物,解释现实社会,处理现实问题,运用科学的态度去认识生态学的研究途径和基本观点,建立科学的生态思维理论。如果说市场是舞台,企业是演员,人才就是导演。企业是人的企业,企业文化归根结底是"人"的文化,企业文化建设重在塑魂。将外在的世界,纳入人的内心,用生态理念,来教化理想人格。企业的理念不能光写在纸上,必须内化于心,被广大员工接受、认同并成为他们自身思想、工作、生活的理念,才是真正的企业文化。同时,企业文化在"人"的文化追求上,不仅把员工看做是"社会人"或"企业人",更应把人看做是"全面发展的人",在其建设实践中努力追求人的全面发展,实现员工人生的最大价值。要对员工经常开展生态文化内容的培训,通过灌输与启发相结合的方式将低碳价值理念逐步渗透到员工的头脑中去。提高全体员工特别是企业管理者对生态本质以及生态责任的认识。一是把"精神人格化"。大庆石油人把大庆精神人格化,持续深入地开展"学铁人,立新功"的主题教育活动,强化了全体员工对企业精神的理解。二是把"理念故事化"。蒙牛集团通过非洲大草原"狮子与羚羊"的故事,生动地阐释了"物竞天择、适者生存"的竞争理念。三是把"案例规范化"。运用正反案例的"震撼效应",加深行为规范的指引力度,使之入脑入心。一个人长期处于一种观念的熏陶下,潜移默化,内心深处就会认同这种观念。因此,要充分利用各种载体、各种渠道、各种形式大力宣传低碳文化,营造一种浓厚的企业文化氛围。在这种氛围里,不求立竿见影之效,但求滴水穿石之功,久而久之,就会使员工产生自觉认同并形成习惯。开展低碳企业文化建设之初,最重要的是深入基层、深入每位员工的内心,挖掘历史的沉淀,探寻原始的积累,帮助员工辨清是非,指导员工提高认识,协助员工在原始积累的基础上沿着优秀的文化方向逐步自我超越。

2. 塑造形象　外化于形

绿色经济要求企业文化与低碳文化有机结合。企业文化主要研究人与人的关系,体现的是人与人的和谐发展;生态文化是研究解决人与自然关系问题的思想观点和心理的总和,体现的是人与自然的和谐发展。企业要实现可持续发展,人与人的和谐发展和人与自然的和谐发展同样重要。因此,企业要把低碳文化融入企业文化,这不仅可扩大企业文化的外延,而且有利于企业树立良好形象。企业形象是指企业以其产品和服务、经济效益和社会效益给社会公众和企业员工所留下的印象,它具体包括两方面的内容。第一,企业的客观形象。即指企业在生产经营过程中展现出来的整体面貌和基本特征。第二,公众对企业的主观形象。即是指人们头脑中对企业的评价和认定。每一企业在其特定的公众心目中,都有自己的形象。如顾客普遍认为ibm是电脑业的蓝色巨人,松下是生产高质量电子产品的企业,百事可乐则是年轻一代的选择。

良好的企业形象意味着企业在社会公众心目中留下了长期的信誉,是吸引现在和将来顾客的重要因素,也是形成企业内部凝聚力的重要原因。因此,企业在设计自己的使命时,应把企业形象置于首位。一般地,企业形象定位可以通过企业识别系统(cis)来体现,即通过理念识别(mi)、视觉识别(vi)、行为识别(bi)三个部分来体现。与此同时,在塑造企业形象时,由于行业不同,影响企业形象的主要因素不同,因此还要特别注意根据企业所处行业特征来开展形象工程。例如,在食品业,良好的企业形象在于"清洁卫生、安全、有信任感";在精密仪器业,顾客可能对"可靠性、时代感、新产品研究开发能力"等方面的形象比较关注。

　　企业使命描述通过对于企业长期发展目标的说明,可以为各级管理人员超越局部利益与短期观念提供努力方向,促进企业员工各层次以及各代人之间形成共享的价值观,并逐步随着时间推移不断得到加强,以做到最终为企业外部环境中的个人与组织所认同、所接纳,从而为企业带来良好的社会形象。企业形象是社会公众与公司员工对公司整体状况的看法和评价,它是公司所有的内外行为在社会中长期作用的结果,对公司内部员工和公司各项事业有着持续的影响。以人为本的理念核心就是对人心和人性的管理。通过履行企业使命调动职工的积极性,使被管理者从心理和生理上产生旺盛的精力,奋发的热情和自觉的行动,为实现企业的经营目标而做出不懈的努力,以至产生"未见其人,先得其心;未至其地,先有其民"效果,这才是企业使命管理艺术的最高境界。企业使命也能反映企业对社会问题的关心程度和承担社会责任的勇气,具有强烈的社会号召力,能引起广泛的社会共鸣,从而极大地提升企业形象。

　　3. 制度约束　固化于制

　　开风气之先,行教化于后。所谓制度化,就是要使低碳文化充分体现在企业的各项规章制度之中,使生态理念体现在企业现实运行的各个环节中,使生态文化倡导的价值理念,通过制度的方式来统帅企业员工的思想。生态理念一旦被全体员工所认同,就会成为这个群体的规范。这个群体中的每一个成员,就会自觉地把它作为自己的奋斗目标和行为准则而身体力行,并逐渐养成习惯,形成风气。风俗是一种文化,风俗是一种景象,一种习俗,一种教化,一种态度,一种操守。现代管理界有这样的名言:"智力比知识重要;素质比智力重要;人的素质不如人的觉悟重要"。"一个民族,没有科学技术,一打就垮;没有精神和文化,不打自垮。"红塔集团职能部门党委工作部确立了宣贯工作的"一二三四原则",即:以增强执行力为核心,有利于管理水平提升和品牌战略落实,统筹三个阶段(全面普及阶段、深化推进阶段、巩固提高阶段),最终实现企业文化"内化于心,外化于行,渗透于制,固化于物",在企业文化建设的四个维度(精神文化、行为文化、制度文化、物质文化)上取得突破,使企业文化全方位渗透和固化到企业的经营管理工作中去。因此,要确保企业文化的有效性,实现企业文化的落地生根,就必须确保企业文化与实际工作紧密结合,在每项工程的部署中充分体现文化的内涵,在每个规划的形成中充分展现文化的精神,在每个活动的开展中切实履行文化的宗旨,让每位员工切实感受到企业文化在实际工作和生活中无处不在。同时,对于企业文化履行的效果,要定期进行评估,及时纠正履行中的偏差,发现文化体系中存在的不足,为企业文化的完善提高和持续改进奠定基础。所以,要真正实现企业文化的落地生根,就必须在过程管理中注入企业文化内涵,不断强化,逐步实现由规范向习惯的转变,同时,要时刻关注企业文化的成长,有计划、有目的地注重企业文化的全面"清洗"、完善和改进,确保企业文化在持续改进中不断提升。

　　4. 落地生根　实化于行

　　企业生态理念的设计或创新,并不意味着生态文化已经完成,如果没有渗透至企业组织之中,没有成为全体员工的共同价值追求,没有被员工所接收、理解、接受,那么,再好的生态文化也是一个空头设计,对企业的发展毫无意义。理念设计,重在创新;理念践行,贵在有恒。企业的领导层要对企业文化建设有科学的认识。在开展企业文化建设前,企业领导层要达成一个共识:生态文化建设的最终目标是通过企业文化建设来提升企业的管理水平,增强企业的核心竞争力。基于以上的认识,在文化的提炼上,领导层要将企业文化与企业的经济工作联系在一起,使文化理念与经营战略等相匹配。在文化落地的过程中,领导层要在企业价值观的塑造、企业考核标准的制定、企业各种准则的落实等方面,主动去实践、去传播,督导文化的落地。要有一整套辅助企业文化落地的应用体系。企业文化要想真正成功落地,必须要有一系列应用体系加以辅助,即要强化制度建设。制定和完善符合企业理念体系的各项管理制度、操作流程、工作职责,把企业文化的核心理念融入管理的各个环节。制度必须符合核心理念的要求,否则制度就会成为文化落地的绊脚石,企业文化建设就会游离于经营管理之外。在推动文化落地时,要根据企业的核心理念对制度进行逐一修订,讨论其实用性,适合的继续沿用,不适合的要及时修正。企业还要细化行为准则。企业文化的落地是一个复杂而艰难的过程,它不仅要依靠企业的强制力,还要依靠领导的表率力、员工的自律力等力量。提高执行力,促使低碳文化落地。低碳文化建设并不是喊口号、做样子、发册子,而是要在行动上落实。企业要在组织体系的框架内,将企业愿景和价值观、战略目标关联起来,在关联的过程中不断检验、执行,最终将理念转化为企业的决策和行为。有些企业的企业文化建设之所以流于形式,一个重要原因就在于文化只存在于领导者的头脑中,只存在于口头表述中,没有得到员工的理解和认同,没有转化为企业行为和员工的日常行为。领导者应从自己的工作出发,改变观念和作风,从小事做起,从身边做起。领导者要不断提高执行力,把文化行为化,通过把文化转化为员工的行为规范,使文化成为员工行动的指南;把文化管理化,把文化落实到日常的生产经营管理当中,通过企业文化建设优化组织流程,强化部门之间的合作意识,提升组织的运营效率和效益;把文化制度化,重新梳理企业的制度体系,把企业文化融入企业的各项制度,使价值理念渗透到生产、经营、管理、服务等各个环节中去。只有这些力量形成一股合力,才能使生态文化这颗希望之种成长为参天大树,才能实现企业的持续健康发展。

(资料来源:张国良,张付安:《企业经济》2011 年第 5 期)

【专题讨论 7-2】 现代营销谈判的十大攻心策略

用兵之道,以计为首;营销谈判,攻心为妙。上兵伐谋,先乱其心智,后攻其不备,定能大获全胜。营销谈判,犹如用兵,制胜之要,在于用谋。营销攻略就是"经营人心","抓眼球"、"揪耳朵",都不如"暖人心"。未来的竞争,最后都会聚焦到"人心"(方寸)之争上,以至产生"未见其人,先得其心;未至其地,先有其民"效果,这才是市场营销艺术的最高境界。智慧营销得人心,得人心者得口碑,得口碑者得市场,得市场者得天下。提高市场占有率的核心是提高人心占有率,基于提高市场人心占有率的十大营销攻略探讨如下:

1. 以信为本,待人诚心

人无信则不立,市无信则不兴。诚信对做人来讲是人格,对企业而言是信誉。人格就是力量,信誉则是无价之宝。以德经商是社会经济文化的基石,经营道德是市场营销文化之魂。

"经营之神"松下幸之助曾这样解释过企业道德:企业道德就是从事经营的正确心态,亦即作为一个经营者应该担负的使命，"作为企业就是要开发一些对人们有用的东西，并尽量使之合理化，在取得合理的利润外尽量使价格便宜，减少浪费，这就是所谓的企业道德。"这虽然说的是企业道德，但同样适用于市场营销中的道德观。

日本美津农公司在推出运动服系列时，发现所制造的茶色运动服总爱褪色，无论采用何种工艺均不奏效，于是公司就在每一件茶色运动衣的口袋里装一个字条："茶色染色工艺目前还没有达到完全不褪色的程度，本产品穿到后来会略有褪色，请选择时谨慎。"这一招以诚待客虽然使茶色运动衣的销量略有下降，但其他颜色的运动衣则大大畅销。这是因为企业诚实地反映了产品的信息，使公众对企业产生了信赖感，从而加入了企业的顾客队伍。

"君子爱财，取之有道。"诚实经营、公平买卖是对企业经营道德的基本要求。经营道德是在商品经济和商业经营实践中产生的，在历史上许多脍炙人口的"生意经"中都有着充分的体现，诸如："经营信为本，买卖礼为先"，"诚招天下客，信通八方人"，"忠厚不赔本，刻薄不赚钱"等等都包含着"信、礼、诚"等内容。在中国传统的经营中渗透着浓厚的文化色彩。诚信为本，顾客盈门，和谐的客户关系是企业文化之精髓。高尚品质的人一旦和坚定的信念融为一体，诚信的理念与企业的经营目标结合在一起，那么企业文化的力量就势不可挡。同仁堂的创始人是清代名医乐显杨，他尊崇"可以养生，可以济世者惟最"的信条，创办了"同仁堂"，同修仁德，济世养生。在同仁堂，诸如"兢兢小心，汲汲济世"、"修合（制药）无人见，存心有天知"等戒律、信条，几乎人人皆知。如果谁有意或无意违背这些信条，他不仅要受到纪律的制裁，还将受到良知的谴责。我国有一批像同仁堂这样的老字号，它们在长期的发展过程中，逐步形成了自己独特的经营魅力。它们的营销服务理念中充满了中国儒家礼、义、仁的思想。他们货真价实，言无二价；诚信可靠，童叟无欺。许多百年老店的取名中国味很浓，如同仁堂、全聚德、内联升、瑞蚨祥等这些名字琅琅上口，又寓意深长。

真、善、美既是人类社会永恒的话题，又是多么令人向往的字眼！而"真"位居其首，真是道德的基石，科学的本质，真理的追求。要想客盈门，诚信来待人。以德治企，崇道德，尚伦理，讲人格，守信誉，不仅是一种良好的职业道德修养，而且是精神文明的主要表现。只有不断加强企业经营者的道德修养，为顾客提供优质产品和良好的服务，才能获财货之利，安吉之详。经营者要以德经商，以信为本，诚招天下客，誉从信中来，青山似信誉，绿水如财源，只有山清才能水秀，只有源远才能流长。

2. 创造需求，顾客动心

顾客的需求，营销的追求。营销有三重境界：一是跟上市场，满足需求；二是把握市场，引导需求；三是洞察市场，创造需求。一流的营销精英追求的是更高的营销境界，是洞察市场，创造需求。在市场竞争日趋白热化的今天，企业营销战略应着眼于创造需求，而不仅仅是瓜分市场。需求的可创造性是基于现代消费需求不仅具有多样性、发展性、层次性，而且还具有可诱导性。市场存在"空穴"，使企业创造需求有隙可乘。一个善于开拓市场的经营者应该明察秋毫，捕捉和发现潜在的需求并主动去满足它。人们的许多新需求开始只是一种潜在的、朦胧的意识。例如，许多人只有一种"坐在家里能看到电影就好了"的需求意识，聪明的发明家和企业家，正是捕捉到了这种需求意识，经过努力把它变为实实在在的商品，从而开辟了一个巨大的新市场。

"王老吉"从2003年起的新广告，成功地将凉茶这种"清热解毒祛暑湿"的广东地方性药饮产品，重新定位为"预防上火的饮料"，解除了药饮的消费群体的局限，以中国传统的"预防上火"概念,让国人普遍了解并接受了广东"凉茶"产品,"怕上火就喝王老吉",诱导需求,开拓市场的营销策略,真可谓神思妙算,结果使百年品牌实现了定位大转移,绽放出惊人的光彩!相对于战略营销这个大工程来说,挖掘"卖点"无疑是一个"细节",但就是这个细节能起到"四两拨千斤"的作用。它是销售中的黄金切入点,只要把这个细节做好了,企业的整体营销水平就会大幅度上升。

红罐王老吉成功的品牌定位和传播,给这个有 175 年历史的、带有浓厚岭南特色的产品带来了巨大的效益:2003 年红罐王老吉的销售额比去年同期增长了近 4 倍,由 2002 年的 1亿多元猛增至 6 亿元,并以迅雷不及掩耳之势冲出广东。2004 年,尽管企业不断扩大产能,但仍供不应求,订单如雪片般纷至沓来,全年销量突破 10 亿元,2005 年再接再厉,全年销量稳过 20 亿元,2006 年加上盒装,销量逼近 40 亿元大关。

菲利浦·科特勒曾指出:"市场营销是企业的这种职能:识别目前未满足的需求和欲望,估量和确定需求量的大小,选择在企业能最好地为它服务的目标市场,并且确定适当的产品、服务和计划,以便为目标市场服务。"具体说,营销职能有:开展市场调查,搜集信息情报;建立销售网络,开展促销活动;开拓新的市场,发掘潜在顾客;进行产品推销,提供优质服务;开发新的产品,满足顾客需要。

3.塑造形象,赢得众心

人美在心灵,鸟美在羽毛,企美在形象。当今市场经济条件下,真正有效的高层竞争是企业形象的竞争,可达到"不战而屈人之兵"的全胜效果。在企业形象策划中,如果设计人员能够自觉地把美的理念融入到 CI 设计思想中去,从美感这个切入点展开思维,就会产生思维创新,创造出与众不同的新方案来。这就要求 CI 设计人员必须深入生活实践,细心捕捉自然、社会、思维等领域一切美的信息,将此升华为理念层次的美,并以这种美感来指导 CI设计。美可以创造新思维,展示企业形象的新天地。

小小鱼头火锅,吃出十几亿元的资产规模,在国内本土餐饮业中还不多见。天时,地利,人和,这些兵者争胜必不可少之势,谭鱼头都具备了。谭长安运筹帷幄,精心策划了中国餐饮界上的"火锅兵变"。近年来,海内外媒体频频聚焦谭鱼头,称谭鱼头是中国餐饮业的一匹黑马,第二个"麦当劳"。究竟是什么力量使"谭鱼头"连锁店有如此巨大的威力呢?

首先,系统策划是 CI 塑造的重要原则。"谭鱼头"正是坚持从 mi、bi、vi 三个层面上系统进行 CI 策划,才使"谭鱼头"的企业形象如此突出。

其次,突出个性是 CI 策划中的又一重要原则。"谭鱼头"根据其大众化餐馆的性质,把经营理念确定为"品质、价值、价格",从而具有很强的针对性。以"校园、家园、群团"为企业精神,以"亲情、友情、爱情"为服务理念,以"公开、公平、公正"为用人原则,以"稳定、成长、效率"为组织原则,并提出了"一锅红汤,煮沸人间"的企业口号,浓缩了谭鱼头公司以顾客需要为先,以人为本,不断开拓创新的企业风格。

名不正则言不顺,为了品牌的创意,他们精心组织了一系列相关活动,来向社会宣传这种定位。比如"老人也来过"、"爱心共见 SOS 儿童村"等活动,既回馈了社会,又提升了自己的美誉度,可谓一举多得。

4.推心置腹,打消疑心

实物表演,打消疑心。俗话说"百闻不如一见",一见不如实践。感觉到的东西不能立刻理解它,只有理解到的东西才能更好地感觉它。市场陷阱多多,客户疑心重重。大多数人都患有产品疑心症,特别是面对新产品的时候都有这样的心态:这个产品能管用吗? 质量如何? 价值性到底如何? 在行销活动中,"实物表演"就成为击垮这种疑心的有效方法,能证明真实性。但你必须会演示卓有成效的实物表演,除了直捣对方的"心",还能影响他们的感官,即眼、耳、鼻、舌、身,尤其是让准客户体验你的商品。

格力掏"心",以"心"攻心。2003年3月2日,一贯低调的格力空调在北京几家知名媒体打出了一则热辣辣的广告:"真金不怕火炼,格力空调,请消费者看'心脏'"。旗帜鲜明地打出了自己的品牌,以质量战攻心战叫板价格战。3月4日又将空调大卸八块,让消费者看清它的"五脏六腑"。格力在广告词中写道:好空调,格力造。格力空调好在哪里? 好在"心脏"! 空调的心脏是什么? 压缩机! 一个人心脏出了毛病,再好的身体也要打折扣。一台好空调没有质量过硬的压缩机,再好也要打问号。在讲解中,就连散热器铜管控制器外壳也分别比喻为"肺、血管、神经中枢和皮肤"。并告诉消费者这样强健的体魄是绝对不可能与"狼心狗肺猪下水"之流的空调去玩什么价格戏法的。至少给不守规矩的"特价狗"当头一棒。而且使消费者达成了"品质第一,价格第二"的共识。营销要交心,交心要知心,知心要诚心。因此,在此轮攻心战中,妙用比喻,巧使心计,打消顾客疑心获得了双赢的效果。格力空调该月的销售直线上升,开"心"开出个大市场。

5. 营造温情,填补爱心

天生一面喜,开口总是春。在古代,有许多生意经中都有所体现,如:"生意经,仔细听,早早起,开店门,顾客到,笑脸迎,递烟茶,献殷勤,拿货物,手要轻,顾客骂,莫作声,讲和气,倍小心,多推销,盈万金。"

人无笑脸莫开店,微笑服务暖人心。"世事洞明皆学问,人情练达即文章。"人情练达即情商。情商之所以重要,是因为情商高的人,人见人爱,由此形成了营销事业成功的因果链。情商高的人,必然关系多——必然朋友多——必然信息多——必然机会多——必然支持多。

例如:为了实现"过黄河、跨长江销遍全中国"战略营销方案,为使伊利系列产品尽快占领南方市场,走向全国各地。伊利在各地一些有代表性的中心城市,占领营销制高点,采用了让利于民,占领市场的营销策略。1994年秋,伊利公司以草原文化和昭君出塞典故为底蕴,以"昭君回故里,伊利送深情"为主题,将经济与文化融为一体,向武汉市中小学生及部分市民赠送了100万支伊利雪糕。不吃不知道,一吃忘不掉,一传十,十传百,百传万,使产品迅速占领了武汉及中南市场,实现了过黄河、跨长江的战略营销方案,并且为企业文化写下了精彩的一笔。

人间温情,爱心汇聚。新飞一直坚持"接触未来,关切民生"的经营理念,回报社会,花钱不"心疼"。自2000年开始,中国妇女基金会启动了"大地之爱·母亲水窖"工程,新飞积极出资响应,大力支持社会公益事业,解决了一大批干旱地区居民的吃水问题。在"大地之爱·母亲水窖"奠基仪式上,新飞电器有限公司副总经理王建华宣布:2005年,新飞将捐出100万元,为陕西、河北、四川、云南四省区的干旱缺水地区建成1000眼水窖,帮助这些地区的居民摆脱因缺水而造成的贫困生活。

在资助"大地之爱·母亲水窖"工程期间,新飞还在全国开展了一系列义卖活动。活动期间,凡购买新飞指定产品的消费者,新飞都将以消费者的名义为"大地之爱·母亲水窖"工程捐资10元人民币,同时,消费者还会获得新飞"爱心卡"一张,有机会成为爱心大使亲临水窖奠基现场。

各级领导亲临奠基现场、各大媒体的跟踪报道以及新飞在全国展开的义卖活动造成的社会影响，对进一步拓展二、三级市场是很有益处的——这似乎要比"生硬"的降价促销更能打动消费者，爱心带动市场销售。在消费者心目中塑造了新飞的完美形象。

6.善用天真，诱导童心

天真诚可爱，童心价更高。天真活泼，纯洁无瑕，是儿童之天性。爱美之心人皆有之，商界认为：女人和孩子的钱最好赚。从深远意义来讲，孩子是祖国的希望，民族的未来，得童心者得未来。例如："贝因美冠军宝贝大赛"将主题确立为"造就冠军宝贝，提高国民素养"，在营销之中传递知识（科学育婴教育）、蕴含民族使命（提高国民素养）这一主题的确立赋予了浓厚的公益元素。与此同时，为了加强活动的公信力和权威性，还与"全国妇联儿童中心"牵手合作，共同主办"冠军宝贝大赛"，共同为提高中国宝宝健康素质，普及健康育儿知识加油助力。由于获得了妇联儿童中心的支持，一场企业营销活动顺势成为一场关爱中国宝宝成长的公益活动与社会事件，极大地提高了产品的知名度和美誉度。

征服了童心，赢得了世界。快餐业巨头麦当劳拿汉堡包和薯条称霸全世界，而中国的快餐业却在家门口被斩落马下。同是快餐，单从具体产品物的营养和口味上说，我们并不输给对方，但出现这种结局，是输在我们的营销上。麦当劳成功的秘诀就是"我们不是餐饮业，我们是娱乐业"。它已不停在解决吃饱问题的层面，而是让你吃得开心的层面了。它同时成为世界上最大的儿童玩具发送者，哪个有麦当劳餐厅的城市的儿童家里不摆放着一个又一个麦当劳的儿童玩具？又有哪个孩子去麦当劳吃饭不是冲着那些玩具或者感受玩的气氛呢？

再如，康师傅方便面的包装内就附有小虎队旋风卡，每包方便面中都放有一张不同的旋风卡，如宝贝虎、机灵虎、冲天虎、旋风虎、勇士虎、霹雳虎等卡，让很多孩子爱不释手，渴望拥有整套旋风卡，只得经常购买附有这种卡片的方便面。一时间鸡肉味、咖喱味、麻辣味、羊肉串味、牛排味、海鲜味等味道各异的康师傅方便面，随着各种五彩缤纷的旋风卡走进了千家万户。

7.故弄神秘，引发奇心

制造悬念，故弄神秘，引发顾客奇心，激发用户热情，是促销的一大良策。好奇心是人类的天性，企业完全可以充分利用这一特点达到营销的目的。有关可口可乐的秘方，都是在地下密室中配制，类似中国祖传秘方，被炒作得神乎其神，其实日本的早稻田大学通过化验早已揭开其秘密及其营养成分。可口可乐只不过是通过概念炒作，引发顾客的好奇心，激发消费者的购买热情而已。

再如，"哈利·波特"系列图书的大卖给人印象深刻，书本身优秀固然是热销的一大原因，然而发行商不断营造神秘氛围所起的作用不可低估。发行商把故事情节捂得严严实实，直到发行的前两个星期，才把价格与页码公布于众；分销商若想取得销售权，也必须与发行商签订保密协议，更令读者心痒难耐的是，几本预先准备好的图书在西费吉利亚一个不知名的沃尔玛店"被不小心"卖了出去；更绝的是，发行商在公共媒体上宣称，本系列图书极可能供不应求。于是等到正式发行时，被发行商吊足了胃口的读者开始疯狂地抢购。

8.娱乐经营，使人欢心

娱乐是人的天性，无论是谁，都会对快乐有一种天性的追求，并贯穿在人的一生的每时每刻。这几年，游戏产业的兴起就是有力证明。许多成年人玩得好不得意，甚至乐不思蜀，这就是娱乐天性的威力。随着生活节奏的加快，娱乐对于很多人来说成为了不可多得的奢侈，但是对于80后群体，这却是他们生活中的重要部分，而且，在消费上的娱乐化倾向也较为突出。据一项研究表明，"玩"是80后年轻人业余生活的主体，"玩"的花费占他们日常消费的三分之一以上。更值得关注的是，对于80后群体来说，爱玩不算长处，会玩才显得自己与众不同。他们努力地工作，也拼命地玩。

对于营销来说，针对80后群体需要采取出众的娱乐化营销，在产品设计、终端场景还有广告诉求，都要有娱乐的概念，"超级女声"的主要参与者和观众都是80年代人，她们都可以通过短信、互联网反馈给媒介，互动性强，观众参与热情高。跟以往的歌唱比赛不同的是，观众有现场发言权，他们的发言直接影响了比赛结果，而评委实际的作用并不大。这些完全迎合了80年代人的诉求。湖南卫视、蒙牛酸酸乳都借此赢得了80年代人的市场，这就是新娱乐时代的成功代表。

娱乐方式通过消费者的视觉、听觉、味觉、触觉或者感觉等体验，给消费者带来更真切的精神愉悦和心理满足，相应的更能让消费者对企业留下深刻印象，拉紧了产品和服务与消费者之间的距离，与广告、促销等传统营销方式相比更能打动顾客，引人入胜。不知道你有没有发现，现在的每个人都有着各种各样的烦恼和忧虑，物质的丰富丝毫没有让他们快乐起来，相反，每个人都在积极寻求一种精神的愉悦和心情的快乐，这是一个渴望欢乐的世界。

娱乐营销首先体现的是一种营销思维。快乐不是拿钱买来的，但买的东西可以给人以快乐，只要娱乐拨动了广大消费者的心弦，消费者就会乐滋滋地掏钱消费。娱乐不是一种营销方式，但是营销加入娱乐的元素，便会成为一种新颖而独特的营销力量，对品牌形象和商品销售起到事半功倍的作用，带给消费者超值的附加价值。让营销插上娱乐的翅膀，它会飞得更高更远！

9.绿色诉求，社会关心

绿色，代表生命、健康和活力，是充满希望的颜色。国际上对"绿色"的理解通常包括生命、节能、环保三个方面。21世纪是绿色世纪，人们越来越关注人与自然的共同发展问题，环保成了最时尚的字眼。伴随着这样一种势态发展，"绿色营销"开始成为新世纪营销的一大趋势。绿色营销是指在整个营销过程中，贯穿一种"绿色"概念，体现出深厚的环保意识。绿色需求是人类社会发展的产物。"绿色需求"是现代人类最基本的需求，并转化为绿色消费行为，以"绿色、自然、和谐、健康"为主题，积极主动地引导和创造有益于人类身心健康的生活环境，它不仅是一种消费行为，更是一种理念与哲学。

随着资源短缺、环境的进一步恶化、淡水的枯竭、大气层的破坏、地球变暖等等生态及环保问题的加剧，人们开始将生态观念，健康、安全、环保观念根深蒂固地扎根于人类的思维理念中，继而形成习惯，也就是绿色习惯，从而由绿色习惯催生出绿色需求，消费者行为对市场起着重要的诱导作用，市场通过价格涨落的信号传递给生产者。"文明人跨越过地球表面，在他们的所过之处留下一片荒漠。"养育了人类的地球母亲，已经是伤痕累累，我们一方面享受着现代文明的成果，一方面在制造毒害自身的苦果。当人类社会认识到这种苦果的危害性时，绿色成为最现实的需求，全球范围内兴起了"绿色浪潮"，冠以"绿色"的新名词多如牛毛。据说，老百姓买菜都爱买带虫眼的，这菜没经过农药污染，属于绿色食品。

市场这只"看不见的手"会促使千千万万的生产者不断调整资源配置和利用方式，调整生产结构。既要金山银山，更要绿水青山，坚持生产发展、生活富裕、生态良好的文明发展，促进人与自然和谐的可持续发展。从这个角度来认识消费对于生产的导向作用，就可以更好地认识和提倡"绿色消费"。"拥抱青山绿水，走进健康天地"是现代生活需求及发展的一个重要方面，对于协调家庭乃至整个社会与自然的关系并对构建和谐社会有重大的现实意义。绿色环保，生态平衡已引起社会的关注，人类唯有与大自然维护和谐共生的平衡关系，建立资源再生系统，才能缓解因经济增长所带来的环境破坏和资源耗尽的困境。保护环境就是保护人类自己！

据统计，全国每年生产衬衫约 12 亿件，其中 8 亿件要用包装盒，相当于每年要耗用 168 万棵碗口粗的大树。上海华联为此打出"少用一个包装，多留一片森林"，鼓励大家购买无盒衬衫。在华联商厦销售衬衫的 20 多家企业，已经表示赞同这一"绿色消费理念"；而许多消费者也明确表示，自己穿的衬衫，原本并不需要豪华的包装。为了鼓励更多人购买无包装人"衬衫"，华联商厦还规定，顾客每购买一件无盒衬衫，即送一瓶"衣领净"。上海华联商厦的这一举措，受到了来自社会各界的广泛好评，起到了倡导绿色消费观念的积极作用，其公益行为为华联增添了光彩。

10. 铸造品牌，用户放心

品牌是对消费者心智资源的争夺。品牌象征着财富，标志着身份，证明着品质，沉淀着文化；精品引导时尚，激励创造，装点生活。市场经济在一定程度上讲就是名牌经济，竞争的最终局面是名牌瓜分天下，精品扮演主角。无怪乎有人说：农业时代竞争土地，工业时代竞争机器，信息时代竞争品牌。因此我们在设计企业营销战略时，只有将品牌提升到战略的高度，树立名牌质量意识，保护民族工业精品，才能弘扬国粹，竞争制胜。

名品精品是来之不易国之瑰宝，它是企业形象的依托，它具有举世公认的经济价值。其产品特征是：品种适销对路，技术优良可靠，市场久畅不衰，企业服务周到，而且家喻户晓，信誉卓著。一个国家、地区拥有名牌产品的多少可反映其综合经济实力和社会地位。例如"china"是中国的代名词。贵州茅台、景德镇瓷器—象征具有悠久历史的中国；松下索尼—象征电子技术超群的日本；皮尔·卡丹—象征第一流服装的法兰西；奔驰宝马—象征高精尖汽车的德意志；可口可乐、柯达—象征经济、技术现代化的美国。名牌是信誉，是瑰宝，是人类文明的精华，是一个国家和一个民族素质的体现。既是物质体现，又是文化水准的体现。因此，它往往成为一个国家和民族的骄傲。驰名商标比企业其他有形资产更加宝贵，它可以创造更多的价值。

国外许多著名的营销学家多次强调："在当今以消费者为主导的激烈的市场竞争中，消费者购买的是商品，但选择的是品牌。"品牌绝不仅仅是一个概念，它是一种无形资产。一位日本工商业界人士曾说过："代表日本脸面的有两半：左脸是松下电器，右脸是丰田汽车。"还有一位英国品牌专家说："在当今的工商界，品牌是增长和获利的主发动机。"可见，品牌有巨大的魅力。它是无价之宝。犹如一个聚宝盆，驰名商标将企业的智慧、效率、资金效益等聚集一身。尽量将社会大众的期待需求，消费也都聚集于一身，并释放出强大的动力，推动企业和社会前进。

品质是一个品牌成功的首要保证，也是精品质量的生命线。品牌就是市场，品牌就是利润，品牌就是信誉。一个真正的品牌不是靠政府的评比而来的，不是靠铺天盖地广告制造出来的，而是以自己的优秀质量在消费者的心目中逐步树立起来的。无锡小天鹅股份有限公司是我国最大的全自动洗衣机制造商，为进一步提高质量，推行了质量的"四化"措施。即质量标准国际化、质量管理标准化、质量考核严格化、质量系统规范化。通过这些质量管理手段,小天鹅公司不仅开拓了广阔的市场空间,也在消费者心目中树立了自己的良好品牌形象和概念,使企业的发展走上了良性循环的道路。

小天鹅的经营数学是:0+0+1=100

该公式的含义是:"0"缺陷,"0",库存,用户第"1"只有做到"0"缺陷,用户才能满意;只有用户满意,企业的销量才会增长。只有做到"0"库存,企业的成本才能降低;只有成本降低,企业才能取得价格优势,才能有效战胜竞争对手。只有同时做到了"0"缺陷和"0"库存,企业才能赢得一个圆满的结果,用公式表示就是"0+0+1=100"。

小天鹅在实践中形成的经营数学,凝聚品牌营销理念,透视小天鹅成功的背后,观念比资金更重要。以质量开拓市场,以品牌占领市场是现代企业提高产品竞争能力的行动准则,品牌营销已是新时代营销的最强音。工厂创造产品,心灵创造品牌,品牌沉淀文化,文化弘扬国粹,振奋民族精神,名牌是挡不住的诱惑,写不完的史诗。

(资料来源:作者原创)

第八章

营销策划书　　≫　≫　≫　　≫

【学习目标】

理解营销策划书的内涵及作用;

掌握营销策划书撰写的原则;

掌握营销策划书的结构与内容;

了解营销策划书的撰写技巧及评析方法。

【引导案例】　策划方案是熬出来的

以下是一个拥有十几年营销经验,曾任职于广州、北京、深圳多家保健品、食品、广告企业,历任销售主管、分公司经理、策划部经理、市场总监等职务的策划人所写的短文,我们从中可以体会营销策划以及文案写作的甘苦。

大家知道,做好策划工作(无论是市场策划、广告策划还是企业策划),文案是一个最重要的基本功。你的功力大小,最后要实实在在落实到白纸黑字上。古人说一支笔抵过千军万马不无道理。在广告公司、策划公司中,好的文案人员也是最难招聘到的。因为他必须把头脑一闪念的灵感准确地记录下来,把好的创意变成可以实施的方案,把专业的东西用客户(消费者)易懂的语言表述出来。把没有生命的文字变成鲜活的场景来打动客户(消费者),把希望和憧憬变成客户(消费者)可以实现的目标。

记得几年前第一次给客户写一个策划方案,把费了不少心血、捣鼓几个晚上的"作品"满怀信心地送到客户手里后,等来的却是让人心酸的一句话:"你这样的方案在我桌子上有好几份!"心酸之余,静静想一想,换个位置,假如自己是客户、别人给我方案,如果不能让我眼前一亮,我为什么会接受它呢? 所以,要写出好的案子,真要有古人那种"语不惊人死不休"的精神!

做好文案工作的确不易,除非你有妙不可言的文字天赋。所以,我们只有一个最笨的办法:不断地写,不断地练。

(资料来源:市场营销策划案例经典大全,www.lodoeshop.com)

思考与讨论:

结合案例,思考营销策划对于企业的意义和价值。

【本章导读】

营销策划书是营销策划方案的书面反映,也称为企划案。撰写营销策划书是市场营销策划的最后一个步骤。策划书一般来说没有一成不变的格式,它依据产品或营销活动的不同要求,在策划的内容与编制格式上也有变化。但是,从营销策划活动一般规律来看,其中有些要素是共同的。本章就是以一些共同的要素分析,来说明营销策划书的编写。

【诗语导读】

> 故弄神秘造悬念
> 引发奇心搞促销
> 人生开心是天性
> 娱乐营销不烦恼
> 名牌精品唱主角
> 装点生活靠创造
> 绿色营销最时髦
> 生态文明心态好

第一节 营销策划书概述

一、营销策划书的含义

当营销策划的构思过程基本完成,接下来的工作是将营销策划的内容和实施步骤条理化、文字化,也就是撰写营销计划书。

营销策划的最终成果将在策划书中体现出来,因此营销策划书的撰写具有重要意义。营销策划书是全部营销策划成果的结构化登录,是未来企业营销操作的全部依据。有了一流的策划,还要形成一流的策划书,否则优秀的策划就得不到完整的反映,或者会使营销策划的内容难以被人理解。

二、营销策划书的作用

营销策划书既是艰苦的营销策划工作的最后一环,也是下一步实施营销活动的具体行动指南。

任何一种营销策划,只要通过营销策划书的内容就可以了解策划者的意图与观点。营销策划书的作用可以归结为以下几个方面:

1. 准确、完整地反映营销策划的内容

营销策划书是营销策划的书面反映形式。因此,营销策划书的内容是否能准确地传达策划者的真实意图,就显得非常重要。从整个策划过程上看,营销策划书是达到营销策划目的的第一步,是营销策划能否成功的关键。

2. 充分、有效地说服决策者

通过营销策划书的文字表述,首先使企业决策者信服并认同营销策划的内容,说服企业决策者采纳营销策划中的意见,并按营销策划的内容去实施。

3. 作为执行和控制的依据

营销策划书作为企业执行营销策划方案的依据,使营销职能部门在操作过程中增强了行动的准确性和可控性。

因此,如何通过营销策划书的文字表述魅力以及视觉效果,去打动及说服企业决策者也就自然而然地成了策划者所追求的目标。

三、营销策划书撰写的原则

为了提高营销策划书撰写的准确性与科学性,应首先把握其编制的几个主要原则:

1. 逻辑思维原则

策划的目的在于解决企业营销中的问题,应按照逻辑性思维的构思来编制策划书。首先是设定情况,交代策划背景,分析产品市场现状,再把营销策划的目的全盘托出;其次在此基础上进行具体策划内容的详细阐述;再次是明确提出方案实施的对策。

2. 简洁朴实原则

要注意突出重点,抓住企业营销中所要解决的核心问题,深入分析,提出可行性的相应对策,针对性强,具有实际操作指导意义。

3. 可操作原则

编制的策划书是要用于指导营销活动,其指导性涉及营销活动中的每个人的工作及各环节关系的处理。因此,其可操作性非常重要。不能操作的方案创意再好也无任何价值。

4. 创意新颖原则

要求策划的创意新、内容新,表现手法也要新,给人以全新的感受。新颖的创意是策划书的核心。

第二节　营销策划书的结构与内容

营销策划书没有一成不变的格式,它依据产品或营销活动的不同要求,在策划的内容与编制格式上也有变化。但是,从营销策划活动一般规律来看,其中有些要素是共同的。营销策划书的结构一般情况下与营销策划的构成要素(内容)保持一致。这样可以提高营销策划书的制作效率。结构框架比较合理的营销策划书,一般由以下几个部分构成。(1)封面:策划书的门;(2)前言:策划书的门帘,交代前景;(3)目录;(4)概要提示;(5)环境分析;(6)机会分析;(7)营销目标;(8)战略及行动方案;(9)营销成本;(10)行动方案控制;(11)结束语;(12)附录。

一、封面

很多人会认为营销策划书关键在于内容,封面如何好像无关紧要,其实这是错误的。给一份营销策划书配上一个美观的封面是绝对不能忽略的。封面是营销策划书的脸,如一本杂志的封面设计一样,阅读者首先看到的是封面,因而封面能起到强烈的视觉效果,给人留下深刻的第一印象,从而对策划内容的形象定位起到辅助作用。封面的设计原则是醒目、整洁,切忌花里胡哨,至于字体、字号、颜色则应根据视觉效果具体考虑。策划书的封面可提供以下信息:策划书的名称、被策划的客户、策划机构或策划人的名称、策划完成日期及本策划适用时间段。

封面制作的要点如下:

(1)标出策划委托方。如果是受委托的营销策划,那么在策划书封面要把委托方的名称列出来,如:《××公司××策划书》。

(2)取一个简明扼要的标题。题目要准确又不累赘,使人一目了然。有时为了突出策划的主题或者表现策划的目的,可以加一个副标题或小标题。

(3)标上日期。一般日期是以正式提交日为准。因为营销策划具有一定时间性,不同时间段上市场的状况不同,营销执行效果也不一样。

(4)标明策划者。一般在封面的最下部位要标出策划者。策划者是公司的话,则列出企业全称。

⊟➪【知识链接】

营销策划书范文

1　前言

1.1　本案策划目的

1.2　整体计划概念

2　网络营销环境分析

2.1　市场环境分析

2.2　企业形象分析

2.3　产品分析

2.4　竞争分析

2.5　消费者分析

3　SWOT 分析

3.1　营销目标和战略重点

3.2　产品和价格策略

3.3　渠道和促销策略

3.3.1　门户网站的建立

3.3.2　网站推广方案

3.4　客户关系管理策略

4　网络营销方案

5　实施计划

6　费用预算

7　方案调整

二、前言

前言一方面是对内容的高度概括性表述，另一方面在于引起阅读者的注意和兴趣。当阅读者看过前言后，要使其产生急于看正文的强烈欲望。

前言的文字以不超过一页为宜，字数可以控制在 1000 字以内，其内容可以集中在以下几个方面：

(1)简单交待接受营销策划委托的情况。如：A 营销策划公司接受 B 公司的委托，承担××年度营销策划工作。

(2)进行策划的原因。就是把这个营销策划的重要性和必要性表达清楚，这样就能吸引阅读者进一步去阅读正文。

(3)策划过程的概略介绍和策划实施后要达到的理想状态进行简要的说明。

三、目录

目录是为了方便阅读者对营销策划书的阅读，通过目录使营销策划书的结构一目了然，可以方便地查找营销策划书的内容。一般来说，营销策划书的目录是必须要有的。但如果营销策划书的内容篇幅比较少的话，目录可以和前言同列。

列目录时要注意目录中的所标页数与实际页数必须一致，否则会损害营销策划书的形象。

四、概要提示

概要提示是对营销策划书的总结性陈述，使阅读者对营销策划内容有一个非常清晰的概念，便于阅读者理解策划者的意图与观点。通过概要提示，可以大致理解策划内容的要点。

概要提示的撰写同样要求简明扼要，篇幅不能过长，但概要提示不是简单地把策划内容予以列举。

概要提示有的在制作营销策划书正文前确定，这样可以使策划内容的正文撰写有条不紊地进行，从而能有效地防止正文撰写的离题或无中心化；有的是在营销策划书正文结束后确定。这样简单易行，只要把策划内容归纳提炼就行。

五、环境分析

营销策划是以环境分析为出发点，它是营销策划的依据与基础。环境分析包括外部环境与内部环境两个方面。

环境分析应遵循明了性和准确性原则。明了性是指列举的数据和事实要有条理，使人能抓住重点；准确性是指分析要符合客观实际，不能有太多的主观分析。

对同类产品市场状况，竞争状况及宏观环境要有一个清醒的认识。它是为制定相应的营销策略，采取正确的营销手段提供依据的。"知己知彼，方能百战不殆"，因此这一部分需要策划者对市场比较了解。这部分主要分析：

(1)当前市场状况及市场前景。

①产品的市场性、现实市场及潜在市场状况。

②市场成长状况。产品目前所处市场生命周期的阶段,公司营销的侧重点,相应营销策略效果,以及需求变化对产品市场的影响等。

③消费者的接受性,这一内容需要策划者凭借已掌握的资料分析产品市场发展前景。

（2）产品市场影响因素

主要是对影响产品的不可控因素进行分析,如宏观环境、政治环境、居民经济条件,消费者收入水平、消费结构的变化、消费心理等。对一些受科技发展影响较大的产品,如计算机、家用电器等产品的营销策划中,还需要考虑技术发展趋势方向的影响。

六、机会分析

对环境分析的目的是为了规避环境威胁,把握企业机会。一些篇幅较小或营销策划内容单一的策划书中,环境分析与机会分析往往合而为一,成为一个整体。

在环境分析的基础上归纳出企业的机会与威胁、优势与劣势,然后找出企业存在的真正问题与潜力,为后面的方案制定打下基础。

营销方案是对市场机会的把握和策略的运用,因此分析市场机会,就成了营销策划的关键。只要找准了市场机会,策划就成功了一半。

针对产品目前营销现状进行问题分析。一般营销中存在的具体问题,表现为多方面,如:

①企业知名度不高,形象不佳影响产品销售。

②产品质量不过关,功能不全,被消费者冷落。

③产品包装太差,提不起消费者的购买兴趣。

④产品价格定位不当。

⑤销售渠道不畅,或渠道选择有误,使销售受阻。

⑥促销方式不合适,消费者不了解企业产品。

⑦服务质量太差,令消费者不满。

⑧售后保证缺乏,消费者购后顾虑多等都可以是营销中存在的问题。

针对产品特点分析优劣势。从问题中找劣势予以克服,从优势中找机会,发掘其市场潜力。分析各目标市场或消费群特点进行市场细分,对不同的消费需求尽量予以满足,抓住主要消费群作为营销重点,找出与竞争对手差距,把握利用好市场机会。

七、营销目标

营销目标是在前面目的任务基础上公司所要实现的具体目标,即营销策划方案执行期间,经济效益应达到目标如总销售量、预计毛利、市场占有率等等。

八、战略及行动方案

这是策划书中的最主要部分。在撰写这部分内容时,必须非常清楚地提出营销宗旨、营销战略与具体行动方案。与治病一样,营销策划在制定营销战略及行动方案时"对症下药"及"因人制宜"是两条最基本的原则。在这里,特别要注意的是避免人为提高营销目标以及制定出很难施行的行动方案。可操作性是衡量此部分内容的主要标准。

在制定营销方案的同时,还必须制定出一个时间表作为补充,以使行动方案更具可操作性。此举还可提高策划的可信度。

1. 营销宗旨

企业一般可以注重这样几方面：

(1)以强有力的广告宣传攻势顺利拓展市场，为产品准确定位，突出产品特色，采取差异化营销策略。

(2)以产品主要消费群体为产品的营销重点。

(3)建立起点广面宽的销售渠道，不断拓宽销售区域等。

2. 产品策略

通过前面的产品市场机会与问题分析，提出合理的产品策略建议，形成有效的 4P 组合，达到最佳效果。

(1)产品定位。产品市场定位的关键是在顾客心目中寻找一个合理空间，使产品迅速启动市场。

(2)产品质量功能方案。产品质量就是产品的市场生命。企业对产品应有完善的质量保证体系。

(3)产品品牌。要形成一定知名度、美誉度，树立消费者心目中的知名品牌，必须有强烈的创牌意识。

(4)产品包装。包装作为产品给消费者的第一印象，需要能迎合消费者使其满意的包装策略。

(5)产品服务。策划中要注意产品服务方式、服务质量的改善和提高。

3. 价格策略

可从以下几个方面入手：

(1)合理的批零差价，调动批发商、中间商积极性。

(2)适当数量折扣，鼓励多购。

(3)以成本为基础，以同类产品价格为参考，使产品价格更具竞争力。若企业以产品价格为营销优势的则更应注重价格策略的制定。

4. 销售渠道

根据产品目前销售渠道状况，对销售渠道的拓展计划，采取一些实惠政策鼓励中间商、代理商的销售积极性或制定适当的奖励政策。

5. 广告宣传

(1)广告宣传的原则：

①服从公司整体营销宣传策略，树立产品形象，同时注重树立公司形象。

②在一定时段上应推出一致的广告宣传。广告宣传商品个性不宜变来变去，功能变多了，消费者会不认识商品，反而使老主顾也觉得陌生。

③广泛化。选择广告宣传媒体多样式化的同时，注重抓宣传效果好的方式。

④不定期地配合阶段性的促销活动，掌握适当时机，及时、灵活地进行，如重大节假日、公司有纪念意义的活动等。

(2)实施步骤可按以下方式进行：

①策划期内前期推出产品形象广告。

②适时推出诚征代理商广告。

③节假日、重大活动前推出促销广告。

④把握时机进行公关活动,接触消费者。

⑤积极利用新闻媒介,善于创造利用新闻事件提高企业产品知名度。

具体行动方案

根据策划期内各时间段特点,推出各项具体行动方案。行动方案要细致、周密,操作性强又不乏灵活性。还要考虑费用支出,一切量力而行,尽量以较低费用取得良好效果为原则。尤其应该注意季节性产品淡旺季营销侧重点,抓住旺季营销优势。

九、营销成本

营销费用的测算要有根有据、简单明了。记载的是整个营销方案推进过程中的费用投入,包括营销过程中的总费用、阶段费用、项目费用等,其原则是以较少投入获得最优效果。对一些具体项目,如电台广告、报纸广告的费用等最好列出具体价目表,如价目表过细,可作为附录列在最后。在列成本时,要明确区分不同的项目费用,做到醒目易读。

十、行动方案控制

作为策划方案的补充部分,应明确对方案的实施过程的管理方法与措施。对行动方案的控制的设计要有利于决策的组织与施行。在方案执行中都可能出现与现实情况不相适应的地方,因此方案贯彻必须随时根据市场的反馈及时对方案进行调整。

方案的实施与控制,是否应该算作营销策划的内容,这在实践中有两种不同的看法:一种观点认为策划案完成并得到企业批准,营销策划即告完成;另一种观点则认为策划案完成后方案的实施也是营销策划的当然内容。但不管持哪种观点,客观的事实是,策划案的实施往往少不了策划专家的参与指导,除非所策划的问题比较简单,方案实施过程中不涉及技术性问题或碰到意外困难。而这种假设情况一般是较少见的,尤其当企业委托专家策划,往往是面临的问题较大,或者是重大的策划项目。

方案实施从某种程度上说,其工作难度并不亚于对方案的策划。因为方案在实施过程中可能会碰到很多困难,出现一些意想不到的问题,需要付出艰辛的努力。因此,方案实施过程中要做好这样几方面工作:

(1)做好动员和准备工作。新营销方案的出台,往往牵一发而动全身,而且营销方案的实施需要把任务分解到企业的各相关部门去执行,故实施之前要做好动员工作,思想上高度重视,做到认识一致。同时要做好相应的准备工作,如人员配备、设施添置、资金调度,以及对执行新业务人员的培训等。

(2)选择好实施时机。方案的实施要精心选择好时机,瞄准出击。如策划的广告方案,在恰当的宣传时机推出,效果会更好,时机选择得准,往往能取得事半功倍的效果;而贻误时机,则有可能前功尽弃。

(3)加强实施过程的调控。在方案实施过程中,首先,要做好任务分解,落实人员,明确责任,熟悉业务操作规程和操作要求;其次,要加强协调,市场营销是一个有机联系的系统,如果企业部门之间、上下之间协调不够,往往造成一处梗阻,全线瘫痪;再次,要加强检查和评估,检查方案的执行情况、实施进度等。如果发现方案设计中有不足,则要及时对方案作必要的调整。

评估则是对实施效果的评估。效果的评估一定要深入分析，挖出原因。如果执行效果理想，达到了预期目的，则要注意总结经验，以利再战；如果执行效果不理想，甚至差距很大，就要客观分析效果不理想的原因。是方案制定的问题，如目标过高？措施不当？还是客观市场环境变化带来不可克服的障碍？或是方案执行不力？或实施时机选择不当？等等，找出原因，有针对性地解决问题。这不论是对策划方还是企业一方来说，都是必要的。它有利于不断提高策划水平，也有利于企业增强驾驭市场营销活动的能力。

十一、结束语

与前言呼应，使策划书有一个圆满的结束，主要是再重复一下主要观点并突出要点。

十二、附录

附录是策划案的附件，附录的内容对策划案起着补充说明作用，便于策划案的实施者了解有关问题的来龙去脉，附录为营销策划提供有力的佐证。在突出重点的基础上，凡是有助于阅读者理解营销策划内容的和增强阅读者对营销策划信任的资料都可以考虑列入附录，如引用的权威数据资料、消费者问卷的样本、座谈会记录等等。列出附录，既能补充说明一些正文内容的问题，又显示了策划者负责任的态度，同时也能增加策划案的可信度。作为附录，也要标明顺序，以便查找。

营销策划书的编制一般由以上几项内容构成：企业产品不同，营销目标不同，则所侧重的各项内容在编制上也可有详略取舍。

第三节　营销策划书撰写技巧

可信性、可操作性以及说服力是营销策划书的生命，也是营销策划书追求的目标，因此在撰写营销策划书时应十分注重可信性、可操作性以及说服力。

一、合理使用理论依据

要提高营销策划内容的可信性，更好地说服阅读者，就要为策划者的观点寻找理论依据，这是一个事半功倍的有效办法。但要防止纯粹的理论堆砌。

二、适当举例说明

在营销策划书中，加入适当的成功与失败的例子既可以充实内容，又能增强说服力，以举例来证明自己的观点。在具体使用时一般以多举成功的例子为宜，选择一些国外先进的经验与做法，以印证自己的观点，效果非常明显。

三、充分利用数字说明问题

策划报告书是为了指导企业营销实践，必须保证其可靠程度。营销策划书的内容应有根有据，任何一个论点最好都有依据，而数字就是最好的依据。在营销策划书中，利用各种绝对数和相对数来进行比较对照是绝对不可少的,而且要使各种数字都有可靠的出处。

四、运用图表帮助理解

图表有着强烈的直观效果,并且比较美观,有助于阅读者理解策划书的内容,用其进行比较分析、概括归纳、辅助说明等非常有效。

五、合理设计版面

策划书的视觉效果的优劣在一定程度上影响着策划效果的发挥。有效利用版面安排也是策划书撰写的技巧之一,这包括打印的字体、字的大小、字与字的空隙、行与行的间隔、黑体字的采用以及插图和颜色等等,使策划书在层次、主辅上显示生气,突出重点、层次分明、严谨而不失活泼。

六、注意细节,消灭差错

细节往往会被人忽视,但是对于策划报告书来说却十分重要。

一是策划书中要避免错字、漏字,如果出现就会影响阅读者对策划者的印象。二是企业的名称、专业术语不得有误。三是一些专门的英文单词,差错率往往是很高的,在检查时要特别予以注意。如果出现差错,阅读者往往会以为是由于撰写人本身的知识水平不高所致,这就影响了对策划内容的信任度。四是纸张的好坏、打印的质量等都会对策划书本身产生影响。

第四节 营销策划书范例及评析

【引导案例】 龙柏饭店婚宴组合策划书

(一)任务概述

龙柏饭店位于上海著名的虹桥高级商住区,以商务客人、会议客人作为主要的目标市场。在森林般茂盛的花园里、标准的网球场,可以看到悠闲散步,运动健身的客人,幽静中充满了生命的活力。这是两个较为成熟的市场。

为了充分利用饭店现有资源,进一步拓展经营市场,拟开发婚宴组合产品——婚宴市场的需求量足以成为饭店的又一个经营热点,预计能给饭店带来15%的销售收入。

(二)市场分析

据不完全统计,目前上海四、五星级饭店餐饮生意中30%的营业额来自婚宴。饭店之所以对婚宴客人有吸引力,主要有如下一些优势:

饭店环境优雅,"够派头"、上档次;

有客房,可供客人闹新房;

配套服务内容多,节省了客人的精力。

如今,人们对婚礼很看重。新人们采购化妆品、服装、床上用品等大多喜欢到东方商厦、巴黎春天、华亭伊势丹,往往是手拎大大小小的包装袋满载而归。而到大卖场去买家电、家用消费品,品种多、花色多,价格又比商店便宜,很实惠。

到婚庆公司买喜糖也成了上海的一大时尚。沪上50多家婚庆公司、喜糖超市生意普遍兴旺。据玫瑰婚典喜糖公司反映,一天的喜糖销售能达到一万多元,不少年轻人看中的是婚庆公司的喜糖品种多、包装新、口味新,新人还可以根据自己的需要定做喜糖,时髦又有个性。

结婚定要风风光光地拍套结婚照。维纳斯淮海店每天要接待10对新人,结婚照的价格从3000元到上万元不等。

结婚要有鲜花、名车相伴。据沪上一家租车公司统计,每月出租凯迪拉克、林肯、宝马、别克这样的名车达三十辆次,尽管价格不菲。

总之,新人们的心理是:一辈子一次,该隆重些。但他们很忙,不想为此花费太多的精力。显然,婚宴市场的需求,饭店大多给予了满足。在占饭店餐饮营收30%的喜筵中,大多价格在1000多元,如果婚宴策划更有些情调,内容更丰富些、服务更周到些,相信有一部分客人愿意出更高的价格来购买更值的产品。

上海五星级饭店中,花园饭店的婚宴起价每桌为1888元,他们有别于一般的饭店婚宴。这一层次顾客的需求尚未完全满足。

(三)饭店环境、设施和服务项目概况

饭店位于虹桥路2419号。虹桥路是上海西区的一条重要通道,周围集中了世贸商城、国际贸易中心、国际展览中心、友谊商城等高级商展、商住场所。

此外,这里也是上海最主要的高级住宅区、外籍居住中心区,如古北新区、尼柏花苑、锦江经纬、皇朝别墅等。

虹桥路是高档的象征。

饭店的面积是其他任何竞争对手所不可比较的,拥有上海商务饭店中最大的花园,森林般自然、安静、怡人,品种达上百种之多的花卉,把园地装扮得分外娇艳。园内神奇地缀着几块湖面,你可以在她的旁边欣赏倒影或是垂钓,偶尔在你不经意时,会有小鸟过来与你对话。这里有一种世外桃源的感觉。

饭店的客房掩映在树林之中。客房内有电视、小酒吧、电话、七国语言的电视频道及与机场同步的即时航班信息频道、电热水瓶、吹风机等,可享受免费送报、擦鞋等服务。

四季厅是宴会厅,可容纳250人同时用餐,供应中式菜点。营业时间为上午11:00至晚上11:00。

茉莉厅装潢华丽,可容纳100人宴请。营业时间为上午11点至晚上10点。

莲花厅是一个点菜厅,有餐位150个,经营上海菜为主。营业时间为7:00至21:00。

沙逊花园餐厅是一个西餐厅,德国厨师主理。营业时间为7:00至24:00。

此外,饭店还提供野外烧烤,可供近千人举办野外冷餐会。

饭店的综合部是沪上设施最好、项目最齐全的综合部。拥有室外标准网球场、室内标准游泳池、壁球、桌球,保龄球、健身房等数十个健身娱乐项目。

(四)婚宴目标顾客

饭店的主要客源市场来自外籍职员,社会名流,外资商社、银行及证券机构等,这些客人层次高,消费额大,对饭店产品服务质量要求高,对环境也比较挑剔。所以,婚宴客人的层次也要高些。

根据饭店的特色,通过设计独特的婚宴包价,将目标市场定位在月收入 3000 元以上的白领阶层是可能的。

每桌筵席的最低价为 1588＋15％服务费。

(五)竞争对手情况

这一目标市场的主要竞争者是花园饭店的"花园婚典"。

花园饭店推出的主题是:锦绣婚宴在花园。一年举行四次婚宴发布会,请有关婚宴公司协助,展示婚宴模拟程序。

主要产品:

1888 元/桌

2880 元/桌

3280 元/桌

主要享受项目:

每桌精美菜单

主桌精美鲜花

嘉宾签名册

新娘换衣室 1 间

婚宴当晚免费停车券 2 张

婚礼程序策划

提供红地毯、音响、音乐、灯光

提供婚礼附属商品服务

凡惠顾 8 桌以上可享有:

新婚当晚蜜月标准房 1 间

新人次日玫瑰餐厅早餐

新房内鲜花 1 盒

新娘手捧花制成的卡贝艺术画 1 幅

凡惠顾 12 桌以上可享有:

新婚当晚蜜月标准房 1 间

新人次日玫瑰餐厅早餐

新房内鲜花 1 盒

新娘手捧花制成的卡贝艺术画 1 幅

新人午夜喜点

新婚次日饭店专车送新人(限市区内)

凡惠顾 20 桌以上可享有:

新婚当晚蜜月标准房 1 间

新人次日玫瑰餐厅早餐

新房内鲜花 1 盒

新娘手捧花制成的卡贝艺术画 1 幅

新人午夜喜点

新婚次日饭店专车送新人(限市区内)

玫瑰餐厅周末自助餐券2张

(六)婚宴产品组合方案

根据上述分析,龙柏饭店应利用独特的资源优势,设计竞争对手所没有、所无法模仿的产品,就有可能取胜。

1.婚礼形式

(1)中西式婚礼仪式

在美丽的花园草坪上,缕缕阳光,小鸟嬉闹……

乐队在演奏着欢快的乐曲,

迎宾小姐、先生穿着中式(或西式)盛装,按中式(或西式)程序欢迎新人们……

绿色的草坪,嫣红的地毯,专业的服务,让您倍感与众不同的温馨爱恋,纯洁的纱裙飘拂在草原浪漫的微风里。

让新人们记住这花、这天、这气氛、这日子。

(饭店提供迎宾小姐,先生和经验丰富的司仪,代请乐队。)

(2)焰火晚会(价格视婚宴规模商议)

当筵席完后,夜色中星星闪闪,灯光点点的花园里,喜庆的焰火空中缤纷……

人们拥着新人,这样的情景,使婚宴进入高潮。

(饭店位于内环线之外,允许放烟花,这是一个有利条件。)

(3)浪漫同心结仪式

在花园里,有许多高大的树木,新人们可以把心爱的物品挂上树,佳偶天赐,眷属终成,爱的坚定与永恒在此同心留驻。

(饭店提供精心设计的升降台。)

(4)水上婚礼(价格视婚宴规模商议)

饭店的室内游泳池宽敞、气派,在蓝色的水波上搭一舞台,上铺红地毯。

婚礼仪式就在这里举行。

蓝色是永恒,爱情是蓝色的。

(饭店布置)

(5)花好月圆宴

经典欧陆风尚的花园自助餐(每人200元起)

上海滩唯一的户外草地餐厅,

让人生中最美的一季永存真挚的诗篇。

2.婚宴产品组合

A.龙凤呈祥宴(每席1588+15%服务费)

凡惠顾10席以上,可获赠:

(1)蜜月房一晚(或提供豪华行政房一晚,补差价800元)

(2)客房内精美鲜花篮和鲜果篮各一份

(3)次日沙逊花园西餐厅欧式自助早餐两份

(4)婚宴中雪碧、可乐、青啤畅饮(限时2小时)

(5)提供主桌鲜花布置

(6)提供音响设备

(7)提供大巴士一辆接送客人(30公里内)

(8)提供来宾泊车车位

B.玫瑰双人行(每席1888＋15％服务费)

凡惠顾10席以上,在获赠(1)—(8)项基础上再增加或升级为:

(9)第(1)项中蜜月房升级为豪华行政房

(10)第(3)项升级为次日早餐送房服务

(11)提供隆重婚礼仪式(视当日天气而定)

(12)提供迎宾花门1个

(13)提供香槟塔

(14)七桌赠送张裕大香槟1瓶

(15)赠送三层喜庆蛋糕1只

(16)嘉宾签名册1本

(17)举行浪漫同心结仪式(视当日天气而定)

(18)制作婚礼VCD(像带由新人提供)

C.豪华连理宴(每席2388＋15％服务费)

凡惠顾10席以上,在获赠(1)—(8)项基础上再增加或升级为:

(19)第(9)项小蜜月豪华行政房两晚

(20)入住期间,综合部所有项目(美容、按摩除外)免费开放(限新婚夫妇)

(21)每桌赠送鲜橙汁两瓶

(22)主桌赠送龙凤立雕1座

(23)每桌赠送王朝干红1瓶

(24)主桌赠送进口香槟1瓶

(25)赠送天然精美押花1幅

D.宝贵同心宴(每席2888＋15％服务费)

凡惠顾10席以上,在获赠(1)—(25)项基础上再增加或升级为:

(26)第(19)项中蜜月豪华行政房升级为豪华套房两晚

(27)提供婚宴前花园婚礼仪式的迎宾饮料(雪碧、可乐,锦碧矿水,青啤)

(28)每桌赠送王朝干红两瓶

(29)赠送度身量做的主题漫画、饭店婚房布置

(30)奉送价值1000元的龙柏消费券

(七)广告策划

1.广告创意和策略

主题:龙柏——您的爱情伊甸园

表现:

①强调森林花园特色。

②自然之美。

③花园别墅前铺着红地毯,升向绿色的草地深处。

这是典型的东方色彩,烘托喜庆气氛。

④蓝色的湖面,亭轩楼阁,曲桥潺水。象征爱的永恒。

⑤白领、著名球星等的婚礼。

⑥树上挂着同心结纪念品。

⑦阳光从窗口进入婚房,桌上是精美的早餐。

策略:

①让顾客知晓龙柏的婚宴产品。

各媒体发广告(1998年3月开始)

策划球星的婚宴(1998年5月)

邀请沪上白领人士参加龙柏游园会(1998年6月)

②加深对龙柏婚宴产品的印象。

电视台密集广告(1998年9月,每天有30秒,连续一月)

与电视台"爱情牵手"专栏合作办一次节目,地点在龙柏花园

③提示顾客:1999年开始每月一次广告,每季一次形象推广活动。

2.媒体策略

(1)《上海新娘》杂志

这是一本面向沪上婚宴市场的杂志,针对性很强。

作1998年5月—1999年5月全年广告。

内容:龙柏婚宴形象、龙柏婚宴产品、新人在龙柏办婚宴的专访

费用预算:RMB37800

《That's Shanghai》、《Shang Talket》

这两份刊物面向在沪外籍人士和白领阶层,而这些读者是饭店婚宴的重要客人,他们对浪漫婚宴的向往及消费能力,决定了他们会在阅读刊物的休闲阶段,有兴致看龙柏的婚宴广告。作全年广告。

内容:龙柏的婚礼形象、完善的健身设施、自然之美

费用预算:RMB53000

《申江服务导报》、《新闻报》

这是沪上多数年轻人喜欢的两份报,一份以休闲为主,一份以经济信息为主。

内容:婚宴产品

费用预算:RMB70000

龙柏饭店婚宴组合策划书点评

饭店竞争的核心是产品服务的竞争,所以要想在激烈的市场竞争中立于不败之地,饭店必须不断地完善现有产品和服务,策划新的产品和服务。

饭店产品分为核心产品和附加产品。例如床、带毛巾的浴室、电视机、餐厅等就是核心产品,健身设施、游泳池、洗衣房等就是附加产品,这两种产品组成了饭店的总产品。通常附加产品的提供是竞争对手无法做到的,于是便形成了竞争优势。

策划新产品的想法来自于消费者的需求,或者是从竞争对手那儿得来的启发。有时候,饭店只需要对现有产品进行重新包装或者扩大附加值,一个新产品就诞生了。而所有这些都应该是从顾客的需要出发、根据饭店自身的特点,努力使这种产品让竞争对手所难以

模仿。

当然,产品的策划与饭店的市场定位直接相关,无论是完善现有产品还是推出新产品,都必须围绕饭店的目标市场进行。具体说来,这些产品所面对的顾客、产品的价格和质量标准等应该是与饭店的目标市场相一致的,如果出现偏离,就有可能损害饭店的原有市场形象。

龙柏饭店婚宴策划就是一种产品服务的策划,推出这一产品的目的,是希望能够实现占饭店15%的营业收入,而这一设想的来源是人们越来越青睐在饭店举办婚宴,各饭店的婚宴收入所占的比例也越来越高,这是一个有发展潜力的市场。

那么龙柏饭店的婚宴市场怎样定位、产品怎样设计才有吸引力?策划书在这些方面的考虑应该是很成功的。饭店的目标市场是高级商务客人,所以婚宴客人的层次也应该相近,因此策划书把目标定在月收入3000元以上的白领阶层。问题是这一产品有什么优势,才能以较高的价格吸引这些客人?

策划书分析了饭店的设备、设施、环境,饭店的花园是其他商务饭店所难以比美的,规模庞大、设施齐全的健身俱乐部也是开发附加产品的有利条件,婚礼需要热烈、祥和的气氛,燃放烟花可以达到这一气氛,而环线内的饭店不可以燃放。所有这些正是饭店的优势,在这些优势基础上去策划婚宴产品,竞争对手就很难模仿。

策划书正是利用饭店的优势,并分析了竞争对手的产品,设计了多种婚宴产品的组合。显然,组合主要是在附加产品上作了些努力,如花园里的婚典仪式,永结同心树、水上婚礼、宴席后的燃放烟花等策划是极其成功而富有诱惑力的,这是竞争对手很难模仿的。

策划书的另一个成功之处是重视广告、营业推广的设计,一个好的产品必须通过有效的途径告诉目标顾客、通过活动让目标顾客进行体验,才能促使他们来购买。广告的创意很新、主题明确、选择的媒体有较强的针对性,而且采用房金抵充或联手举办活动等形式,使广告费用控制在最低限度。营业推广活动的设计富有诗意,对于恋人是浪漫的选择。

策划书不够的地方是:(1)可行性分析显得简略了点。一种新产品的推出,需要进行详细的可行性分析,包括对市场需求量和市场潜力的估计、预计市场份额,估计生产成本和营销该产品服务的所需费用、估算开发这一产品的收益等,这样,策划的价值就会大大提升。而这份策划书只是依据婚礼公司的销售情况、新人们在婚礼方面的消费支出等相对笼统的分析,得出这是一个有潜力的市场的结论,至于这一市场的规模有多大、产品推出后能否有足够的利润等,没有作估算和预测。(2)策划书选择的竞争对手很恰当,但在竞争分析时显得有些草率,因为用来分析的资料基本上是竞争对手公开的资料,而对竞争对手的服务水平、服务技巧、婚宴气氛设计,附加产品的价值等没有作详细的了解和剖析。

(资料来源:市场营销策划案例经典大全,www.lodoeshop.com)

⊟▷【策划人物链接】

叶茂中——广告策划

叶茂中,北京叶茂中营销策划有限公司董事长。他曾服务过大红鹰、白沙、红金龙、金六福酒、柒牌男装、雅客、长城润滑油等,擅长广告策划,著作有《广告人手记》、《转身看策划》、《新策划理念》、《创意就是权力》、《叶茂中策划·做卷》等。

　　"亲亲"八宝粥的策划是叶茂中的经典案例。1994 年底,欣欣食品有限公司委托叶茂中在上海搞一次抢滩广告活动,叶茂中除了安排电视、报纸、广播等媒体正常发布广告外,特别为"亲亲"八宝粥策划了一个名为"行走着亲亲八宝粥"活动,来加强广告力度。该活动持续一周,安排了 20 位"亲亲"姐姐在商业街上行走,为小朋友送上八宝粥、宣传品和电影票。同时,一辆电视广告车巡游在这些路段,滚动式连续播放"亲亲"八宝粥广告片。活动的最后两天,包租市中心的五家电影院,放映儿童们十分喜欢的动画片,分发印有"亲亲"八宝粥图案的年历片及对奖券,以"亲亲"八宝粥为奖品。活动开始前,还邀请各大媒体出席新闻发布会。这样大规模的广告活动当时在上海是第一次,产生了很大的"轰动效应",目前"亲亲"八宝粥已成为国内八宝粥市场的第一品牌。

　　以叶茂中为代表的广告人已经成为营销策划队伍中的一支主力军。广告策划在方法、手段上的不断丰富也为营销策划的发展起到了很大的促进作用。

　　(资料来源:孟韬,毕克贵:《营销策划》,机械工业出版社 2012 年版)

▷【本章小结】

　　1.营销策划书的含义:营销策划书是全部营销策划成果的结构化登录,是未来企业营销操作的全部依据。营销策划的最终成果将在策划书中体现出来,因此营销策划书的撰写具有重要意义。

　　2.营销策划书的作用:(1)准确、完整地反映营销策划的内容;(2)充分、有效地说服决策者;(3)作为执行和控制的依据。

　　3.营销策划书撰写的原则:(1)逻辑思维原则;(2)简洁朴实原则;(3)可操作原则;(4)创意新颖原则。

　　4.营销策划书的构成要素:(1)封面;(2)前言;(3)目录;(4)概要提示;(5)环境分析;(6)机会分析;(7)营销目标;(8)战略及行动方案;(9)营销成本;(10)行动方案控制;(11)结束语;(12)附录。

　　5.营销策划书的撰写技巧:(1)合理使用理论依据;(2)适当举例说明;(3)充分利用数字说明问题;(4)运用图表帮助理解;(5)合理设计版面;(6)注意细节,消灭差错。

【诗语点睛】

文案策划出精品
创新立意是灵魂
殚精竭虑有特色
精彩华章传神韵
人人心中或有悟
人人笔下皆无影
四两一拨动千斤
披沙拣金是真功

⇨本章习题

一、名词解释

营销策划书；

环境分析；

机会分析；

营销目标；

战略及行动方案；

营销成本。

二、简答题

1.营销策划书的内涵及作用是什么？

2.营销策划书撰写的原则是什么？

3.营销策划书的构成要素是什么？

4.营销策划书的撰写技巧是什么？

三、实训练习

1.实训项目

营销策划书的撰写。

2.实训目的

通过实训帮助学生达到掌握书写营销策划书具体内容的能力和技巧。

3.实训组织

将班级同学划分为若干项目小组,小组规模一般是 5—7 人,每个小组选出一个组长,负责小组活动的分工,每个组员要保证完成自己的工作。

4.实训要求

由任课教师命题,策划某一主题营销活动方案,学生根据老师提供的主题,进行资料的收集,可以在网上或图书馆查找相应的资料。同时,对资料进行分析。撰写营销策划书。策划书的内容符合主题的要求,内容要完整。

5.实训考核

每个小组的营销策划书将作为平常成绩考核的一部分,在营销策划书撰写的过程中,老师提供必要的帮助。

第九章

市场营销策划方案的实施与控制 ≫ ≫ ≫ ≫

【学习目标】

理解市场营销方案实施的含义及因素；

掌握市场营销方案实施的基本模式；

掌握市场营销方案实施的技能及程序；

掌握市场营销方案控制的步骤和方法。

【引导案例】 "铱星计划"失败案例

"铱星计划"失败的原因很多，我们从市场营销策划的实施来看看它失败的原因。铱星公司的基本市场运行组织结构是一个复杂的联合体（合伙人结构）。它是由世界上 15 个管辖地区性"闸口"国家或企业组成。由于地区"闸口"仅负责在本地区范围内的铱星卫星移动通信系统的手持电话的销售和提供相应的服务，由于各自的利益关系和产权关系的不清晰，铱星卫星移动通信系统推向市场时，根本无法建立一个面向全球性的市场运营构架；无法建立一支目标一致、步调一致、策略一致和责权利匹配的销售队伍；无法形成一整套完整的市场营销实施计划；无法建立一个全球性的各地区的分销渠道，以形成统一、有效的销售攻势。同时，又由于很多合伙人根本不具备从事卫星移动通信行业的合作基础，他们严重缺乏电信行业的技术和经验。例如，委内瑞拉的投资者除了从事手机电信业务之外，还经营着奶制品，使得市场的运营更为困难。

铱星公司运营总部，不能过多地向地方"闸口"施压，因为"闸口"的主人都是董事会成员和股东；在运管的过程中，铱星卫星移动通信系统的营销计划经常受到各个地区"闸口"的质疑，并且不予以积极的配合，致使整个营销的实施工作不能如期开展，失败在所难免。

思考与讨论：

一个好的营销策划方案对于企业来说至关重要，铱星公司正是没有做好策划才招致失败的结果。结合案例，思考一个好的营销策划方案应该考虑哪几方面的因素。

【本章导读】

市场营销方案的实施策划是一项艰巨而复杂的过程，影响营销方案实施的因素很多，策划者如何策划，必须针对企业实际情况，企业应根据自己的营销方案和实际条件选择运用适合的策划模式。市场营销方案控制策划是市场营销管理过程中的重要步骤，营销方案控制的根本目的在于保证组织活动的过程和实际绩效与计划目标及方案内容相一致，保证组织目标的实现。市场营销控制的方法主要有年度计划控制、盈利能力控制、绩效控制和战略控制等四种。市场营销审计是对企业市场营销环境、目标、战略、组织和活动的一种综合、系统、独立和周期进行的检查评价。

【诗语导读】

营销控制

营销控制三部曲

标准纠偏看成效

前馈控制信息少

有钱难买早知道

现场控制要及时

反馈控制马后炮

实时适度控制好

存乎一心在巧妙

第一节　市场营销策划方案的实施

　　市场营销方案实施是指将营销策划方案转化为行动和任务的部署过程,并保证这种过程顺利完成,以实现营销策划所制定的目标。一个好的营销方案,如果不付诸实施,则成为一纸空谈;如果实施不当,也难以达到预定目标,甚至以失败而告终。

　　市场营销方案的实施是一项艰巨而复杂的过程,策划者如何实施方案,必须面对企业实际状况,精心研究方案实施中的不足,把握营销活动的动态,力争使方案圆满成功。美国的一项调查资料表明,90％被调查的计划人员认为,他们制定策划的战略和战术方案之所以没有成功,是因为没有得到有效的实施。管理者常常难以判断营销策划工作具体实施中的问题,营销失败的原因可能是由于实施方案本身的不足,也可能是由于正确的方案没有得到有效的执行。

一、影响营销策划方案实施的因素

　　正确的营销计划方案为什么不能带来出色的业绩? 导致市场策划方案实施不力的原因有多方面,但主要有以下几方面:

　　1.营销方案脱离实际

　　企业的市场营销方案通常由企业的营销策划人员或由企业聘请专家制定出来的。而方案实施则要依赖于市场营销管理人员。但这两类人员之间往往缺少必要的协调与沟通,导致下列问题的产生:(1)企业的营销策划人员只考虑总体战略而忽视实施中的细节,结果使计划方案过于笼统和流于形式。(2)营销策划人员往往不熟悉方案实施过程中的具体情况,所制定的方案超越实际。(3)营销策划人员与市场营销管理人员之间没有就策划事项充分地交流和沟通,致使市场管理部门人员在营销方案实施中经常困难重重,因为他们并不十分清楚所实施方案的内容和意图。(4)超越实际的营销方案导致营销策划人员和市场营销管理人员之间关系对立,互不理解和信任。

现在,西方许多企业已经认识到,企业的营销方案制定不能仅依靠专业计划人员,需要市场一线的营销人员参与方案的实施管理过程,这样做会有利于市场营销方案的实施。因为他们了解市场实际状况,掌握市场信息。因此,许多西方企业削减了本企业计划部门的庞大人员。例如,美国通用电气公司为了消除过分集中的计划体制弊病,将公司总的计划人员从58人锐减到33人。

2.长期目标任务与短期目标任务相矛盾

长、短期目标的设定是营销策划的基础。市场营销战略通常着眼于企业的长期目标,涉及企业今后三年至五年的经营活动。为实现营销总目标,必须把目标分解成若干个具体目标,但具体实施这些总目标的市场营销人员通常是根据他们的短期工作绩效,如销售量指标、市场占有率指标和利润率指标等来对他们进行评估和奖罚。所以,市场营销人员常选择短期行为。在对美国大公司的一项调查资料表明,这种情况非常普遍。例如,某公司由于市场营销人员注重眼前效益和个人奖金而置新产品开发战略于不顾,将公司的主要资源全部投入到现有的成熟产品中,结果导致公司的长期产品开发战略半途夭折。目前,许多公司正在寻求和采取适当措施,努力克服这种长、短期目标之间的矛盾,以求两者的最佳协调。

3.思想观念的惰性

企业当前的营销策划活动往往是为了实现既定的计划方案目标,而新的计划方案如果与企业的传统和习惯相悖就会遭到抵制。新、旧战略的差异越大,实施新战略可能遇到的阻力和困难也就越大。要想实施与旧战略截然不同的新战略,必须要打破企业传统的组织机构和固有的供销关系,进行系列机制和组织改革,为新战略实施扫清障碍。比如,为了实施给老产品开辟新销路的市场拓展战略,就必须创建一个新的营销机构。

4.实施方案不具体明确,缺乏系统性

大量事实证明,许多战略计划之所以以失败告终,是因为营销策划人员没有制定出明确而具体的实施方案。相当多的企业面临的共同困境是缺乏一个能调动企业内部各部门协调一致,共同作战的系统、具体实施方案。

企业的高层决策和管理人员对企业营销活动进行策划和管理时,不应有丝毫"想当然"的心理。恰恰相反,他们必须制定系统的实施方案,规定和协调各部门的行为活动,编制详细周密的项目实施时间表,明确各部门经理应承担的责任。只有这样,企业营销战略的实施才有保障。

二、企业市场营销策划方案实施的基本模式

企业市场营销方案实施的基本模式有五种,即指令性模式、转化性模式、合作性模式、文化性模式和增长性模式。现对各种模式介绍如下:

1.指令性模式

这种模式的特点是突出领导者在市场营销方案实施中的重要作用,领导者凭借权威发布各项指令以推动市场营销方案的实施,这是极为正式的集中指导的倾向。此种模式实施的前提条件是:企业在方案实施行动之前,就已对市场营销状况进行了大量分析,领导者拥

有相当大的权力和相当可靠的信息。但该种模式要受准确的信息和容易实施的方案等诸因素制约。

⑥▷【知识链接】

企业领导者十大素质

(1)合作精神。愿意与他人共事,能赢得别人的合作,不以权压人,而是以理服人,让人感到信服和佩服。

(2)决策才能。能根据客观实际情况而不是凭主观想象作出决策,具有高瞻远瞩的能力。

(3)组织能力。善于发掘下级能力与才智,善于组织人力、物力与财力。

(4)恰当地授权。能提纲挈领抓住大事,而把小事分散给下级去处理。

(5)善于应变,不墨守成规。

(6)勇于负责。对国家、职工、消费者及整个社会有很高的责任心。

(7)敢于创新。对新事物、新环境、新技术、新观念,都有敏锐的感受力和接受力。

(8)敢于冒险。敢于承担风险并乐于在挑战面前进行各种大胆的尝试。

(9)尊重他人。能虚心听取别人的意见并接受其合理观点,不妄自尊大,能器重下级。

(10)品德超人。其人品言行为众人所景仰。

2.转化性模式

这种模式的特点是重点考虑怎样运用组织结构、激励手段和控制系统来促进方案的实施。在该种模式中,领导者起着设计者的作用,协调方案实施,用行为科学方法把企业的组织纳入方案实施的轨道。转化性模式是指令性模式的补充与完善,使方案实施更加科学而有效。但该模式的不足在于并没有解决指令性模式存在的诸如难以取得可靠信息和方案实施缺少动力等问题,而且还可能会产生新的问题。因此,对环境因素并不确定的企业,应尽量少使用这种模式。

3.合作性模式

这种模式的特点是将方案决策范围扩大到企业的高层管理阶层,高层管理人员的积极性被充分调动,而领导者仅扮演协调者角色,这样,方案实施将会更加完善。从总体上看,该种模式的优点是:领导者接近一线管理人员,获得信息准确性高,而且营销方案的制定和实施是集体共同参与的结晶,大大提高了方案实施成功的可能性。因此,该种模式更适合于处理复杂而又缺乏稳定性环境的企业。值得注意的是,合作性模式并不是企业全体员工参与决策活动,仅仅是不同观念、不同目的的参与者协商的产物。所以,其结果有可能以牺牲经济合理性为代价。

4.文化性模式

这种模式的特点是在整个企业组织里宣传一种适当的文化,使得营销方案得以实施。此模式是将合作性模式中的参与成分深入到组织中较低的层次,消除营销方案的制定者与执行者之间的隔阂。领导者在这一模式中起着组织指导作用,主要任务是通过宣传企业文化来指导企业组织成员,鼓励企业中所有员工根据企业使命,参与制定自己的工作程序。文化性模式参与者涉及各层次员工,使企业组织与参与者同舟共济,这就使方案实施风险大大减少,且执行速度迅速,企业平稳发展。但该模式首先是以假设企业的员工都具有相当文化程度为前提,这在实际中较难办到;其次,过分强调企业文化,有可能会掩盖企业中存在的某些问题,从而妨碍对问题的解决;再者,采用这种模式耗费人力、物力和财力,若企业高层领导不愿放弃控制权,就会使模式形式化。所以,文化性模式也存在其局限性。

5.增长性模式

这种模式的特点是强调营销方案是从基层经营单位到最高决策层自下而上产生,而不是自上而下推行。领导者在这一模式中要求有能力用所设置的组织制度来刺激革新,正确选择具有可行性的营销计划方案。增长性模式比较注重领导负责和集体决策相结合,使得营销方案实施成功性得以保障。当然,为减少集体决策风险,应制定相应策略措施,以避免方案实施的失败。譬如,建立规划参谋小组,确保方案制定和实施的正确性;强调某一特定主题或重点来规划营销方案策划思路,规定一些营销方案评价的标准,使营销方案制定方法合理科学等。

以上五种营销方案实施模式侧重点各不相同,企业应根据自己的营销方案和实际条件选择运用合适的模式。

三、市场营销策划方案实施的技能

为了贯彻实施营销方案,企业必须掌握一套能有效实施营销方案或政策的技能。这些技能主要包括:诊断技能、分配技能、监控技能、组织技能和相互配合技能等。现分述如下:

1.诊断技能

诊断技能是指能发现和揭示企业营销方案实施活动中存在的问题和难点,并提出相应对策的能力。营销经理应在企业营销方案实施中,与营销人员紧密配合,善于发现营销活动中存在的主要问题,弄清产生问题的原因,并有针对性地提出改进措施,修正营销方案。诊断对于了解企业内部情况、进行有效的市场营销方案实施活动具有重要价值。

2.分配技能

分配技能是指营销经理在各种功能、政策和规划间安排时间、经费和人力的能力。例如,营销经理决定在贸易展销上究竟花多少费用(功能方面),或者对"边际"产品给予何种程度的质量担保(政策方面)等,都存在分配技能的问题。

3.监控技能

监控技能是指包括建立和管理一个将营销活动结果进行反馈的控制系统。营销经理应该利用营销情报系统,经常不断地搜集企业内外部环境信息,从而及时有效地处理各种因环境变化而产生的问题,使得企业营销活动顺利开展。

4.组织技能

组织技能是指涉及如何规定营销人员之间为实现企业目标而应具有的关系结构。营销经理必须将集中化程度和正规化程度掌握在与控制系统相适应的限度内,并充分认识非正式营销机构的地位和作用,掌握和了解非正式营销机构与正式营销机构相互配合,将对企业营销方案实施活动的效果产生影响。

5.相互配合技能

相互配合技能是指经理人员借助于其他力量来完成自己工作的能力。营销经理不仅要动员企业自己的员工去有效地实施营销计划方案,而且要有较强的组织、社交能力,充分利用外部的力量(譬如市场调研公司、广告代理公司、经销商、批发商、代理商等,尽管这些外部组织与本企业的目标也许并不全然一致)来最终达到自己的营销目标。例如,处理在同一个渠道内出现的矛盾和冲突,就需要较高水平的相互配合的技能。

四、市场营销策划方案实施的程序

市场营销方案实施过程包括如下主要步骤:

1. 拟定行动方案

企业为了有效实施市场营销方案,必须制定详细而具体的行动方案。在方案中,应明确市场营销方案实施的关键性决策和任务,并将实施这些决策和任务的责任落实到执行小组或个人。另外,方案中还应列示具体的时间表,制定出行动的确切时间。

2. 组建有效的组织机构

企业有效的组织机构在营销方案实施过程中有决定性作用。组织将方案实施的任务分配给具体的部门和人员,并规定明确的职权界限和信息交流渠道和方式,协调企业内部的各项决策和行动。企业组织机构要因市场营销方案不同而有差异。也就是说,组织机构必须与企业营销方案一致,必须与企业自身特点和营销环境相适应。

组织机构具有两大职能:其一是在实施营销方案过程中提供明确的分工,将全部工作任务分解成便于管理的若干部分,再将它们分配给各有关部门和人员;其二是充分发挥组织协调作用,并通过企业正式的组织联系和信息沟通网络,以协调各部门和人员的行为活动。

美国学者托马斯·彼得斯及小罗伯特·沃特曼在他们合作写的《成功之路》一书中,研究总结了美国 43 家卓越企业成功的共同经验,指出了有效实施企业战略的组织结构的特点是:

(1)高度的非正式沟通。卓越企业本身就是一个巨大的、不拘形式的、开放型的信息沟通和交流系统,它允许并鼓励员工进行各种非正式的沟通与交流。

(2)组织的分权化管理。为鼓励创新,卓越企业往往由许多小型的具有自主权的分支机构组成,必要时还可以成立如专题工作组和项目中心等临时性组织。

(3)精兵简政。大部分成功的美国公司不采用复杂的"矩阵式"组织,而采用简单地按产品、地理分布或职能等一维变量设立的组织结构。这种简单的、分权式的组织结构具有高度的灵活性,能更好地适应不断变化的环境。

3. 设计决策和报酬制度

为了实施营销方案,企业还必须设计相应的决策制度和报酬制度。这些制度直接关系到计划方案实施的成败。就企业对管理人员工作业绩评估和报酬而言,假如以短期的经营利润为衡量标准的话,那么管理人员的行为活动必定趋于短期目标,对实现长期目标,他们就不会有努力的积极性和主动性。

4. 开发人力资源

企业市场营销战略目标最终是企业内部的工作人员来实施的,所以一切人力资源至关重要。人力资源开发涉及企业员工的考核、选拔、安置、培训和奖罚等问题。在考核和录用管理人员时,要注意量才而用,做到人尽其才;为调动员工的积极性和主动性,必须建立较完善的奖惩制度和工资、福利分配制度。此外,企业还应根据本身的特点和性质,合理分配不同层次和岗位上的员工人数,使企业行政管理人员、业务管理人员和一线职工之间比例恰当,以减少管理费用和提高工作绩效。

应当指出的是,不同的战略目标要求具有不同性格和能力的管理者来实施。譬如"拓展型"战略目标需要具有冒险和创业精神的、有一定组织和社交能力的管理人员去实现;"维持型"战略目标要求管理人员必须具备组织和管理等方面的能力,力争保持企业在市场中的销售指标;而"紧缩型"战略目标则需要寻找精打细算的管理者来实施。

5.建设企业文化和管理风格

企业文化是指处于一定经济社会文化背景下的企业,在长期的发展过程中逐步形成和发展起来的日趋稳定的、独特的价值观,以及以此为核心而形成的行为规范、道德准则、群体意识、风俗习惯等。企业文化对管理者的行为有重大的影响,当企业文化形成并得到加强时,它会到处蔓延并影响管理者所做的一切,通过左右管理者的知觉、思想和感觉影响管理者的决策。企业文化要素包括企业环境、价值观念、模范人物、仪式、文化网等五个方面。企业环境是形成企业文化的外部条件,它包括一个国家、民族的传统文化,也包括政府的经济政策以及资源、运输、竞争等环境因素。价值观念是企业职工共同的行为准则和基本信念,是企业文化的灵魂和核心。仪式是指为树立和强化共同价值观,有计划进行的各种例行活动,如各种庆典活动等。文化网则是传播共同价值观和宣传介绍模范人物形象的各种非正式的渠道。总之,企业文化主要是指企业所处的环境中逐渐形成的共同价值标准和基本信念。企业文化是通过模范人物塑造和体现的,通过正式和非正式组织加以树立、强化和传播。塑造和强化企业文化是实施企业长期目标不可忽视的重要环节。

管理风格与企业文化紧密关联,有些管理者的管理风格属于"专权型",有的则属于"参与型"等。不同的战略要求不同的管理风格,管理风格取决于企业的战略目标、组织结构、人员和环境。

企业文化和管理风格一旦形成,在一定时期内就具有相对的稳定性和延续性。因此,企业营销方案通常是根据企业文化和管理风格的要求来制定的,企业原有的文化和风格不宜轻易变更。

⇨【小案例 9-1】

某一企业为开创新事业而委托策划部门做策划案,由于预算太高而发生问题,对这些批判意见,由于策划者具体说明本预算我们计划由新开办事业部门以企业内部贷款利率向公司贷款。等事业开始后,可以在三年之内还清本利,本策划案的用意只要新事业成功,公司除了资金融通之外,并没有其他负担,终于说服了批评者。

(资料来源:霍亚楼,王建伟主编:《市场营销策划》,对外经济贸易大学出版社 2008 年版)

总之,市场营销策划方案实施是一个整体过程,每个环节就是一个营销战略的要素。所以,为了有效地实施企业市场营销战略目标,企业的行为方案、组织结构、决策和报酬制度、人力资源、企业文化和管理风格这五大要素必须协调一致,相互配合,只有这样,才能保证市场营销战略的顺利实现。

第二节　市场营销策划方案的控制

实施和控制市场营销方案,是市场营销管理过程的重要步骤。在市场营销方案实施过程中,时常会发生许多意外或不可抗力因素的影响,而且营销方案本身也会发生一些偏差,所以必须连续不断地对各项市场营销方案进行信息反馈和调控,纠正可能出现的差错,以确保营销方案顺利施行,实现企业营销活动预期目标。

一、市场营销策划方案控制的意义

市场营销策划方案控制是指市场营销管理者为了监督与考核企业营销活动过程的每一环节,确保其按照企业预期目标运行而实施的一整套规范化约束行为的工作程序或工作制度。

营销方案控制,既不同于营销方案本身,也不同于企业营销。它既不是对营销活动未来目标的设计,也不是对营销活动结果的考评,而是对营销活动现状的把握,即控制对象是现实的营销活动过程本身。其特点是营销方案控制与营销活动的开展同时、同步运动。从一定意义上讲,营销方案控制,实际上就是对企业营销活动过程所实施的同步管理,是由系列调控行为组成的动态过程。

营销方案控制是使企业营销策划得以顺利执行、有效达到企业目标的必要保证。实行营销方案控制有助于企业面对不确定的未来环境不断地调整营销行动方案;有利于企业及时发现方案实施中的问题,寻求最佳管理方法,充分挖掘企业潜力;有利于监控和激励营销人员努力工作。因此,市场营销方案控制就成为整个企业市场营销管理过程中一个关键性的环节。

二、市场营销策划方案有效控制的要求

要使营销方案控制工作真正发挥作用,取得预期的成效,企业设计系列调控措施时要特别注意满足下列几个要求:

1. 营销控制系统应切合市场营销主管人员的具体情况

控制系统和营销信息是为了协助每个市场主管人员行使其控制职能的。假如所设计的营销控制系统不为市场营销主管人员所理解、信任和使用,就失去设计意义。因此,建立营销控制系统必须符合每个市场主管人员的情况及其个性,使他们能够理解、信任和自觉运用。

2. 营销控制应确立客观标准

市场营销管理难免有众多主观因素在内,但市场营销主管对于下层工作的评价,不应仅凭主观来决定。如能定期地检查过去所拟定的计量规范和标准,并使之符合现时的要求,那么人们客观地去控制他们的实际施行的方案也就不会很难。所以,有效的营销控制工作要求有客观的、准确的和适当的标准。

3. 营销控制应具有灵活性

营销控制的灵活性要求制定多种应付变化的方案和留有一定后备力量,并采取多种灵

活的控制方式和方法来达到控制目的。因为人们虽然努力探索未来、预测未来,但未来的不可预测性始终是客观存在的。尽管营销策划人员努力追求预测的准确性及对实际业绩评价和差异分析的准确性,但不准确性总会存在。如果控制不具有弹性,则在营销方案实施时不免被动。为了提高营销控制系统的有效性,就必须对营销控制系统设计讲究灵活性。

4. 营销控制应讲究经济效益

营销控制是一项需要投入大量的人力、物力和财力的活动,其耗费之大是当今许多应予以控制的问题没有加以控制的主要原因之一。营销方案是否进行控制,控制到何种程度都涉及费用问题。因此,企业必须考虑营销控制的经济效益,要把营销控制所需要的费用与营销控制所产生的效益进行比较,只有当有利可图时才进行营销控制。可以断言,如果营销控制技术和方法能够以最小的费用或其他代价来探查和阐明偏离营销方案的实际原因或潜在原因,那么它就是有效的。

营销控制的经济效益是相对而言的,它随着经营业务的重要性及其规模而不同,也随着缺乏控制时的耗费情况与一个控制系统能够作出贡献时的情况而不同。在实际工作中,营销控制的经济效益考虑在很大程度上取决于营销管理者是否将营销控制应用于他们所认为的重要工作上。

5. 营销控制应有纠正措施

一个完善的有效的营销控制系统,除了应能揭示哪些环节出了差错、由谁承担责任外,还应具备适当的纠偏措施和策略,否则这个系统就等于名存实亡。因此,企业只有通过适当的计划工作、组织工作、人员编配、指导与领导工作等方法,来纠正那些营销方案中已显示的或所发生的偏离方案的事项,才能证明该营销控制系统是正确的。

6. 营销控制要具有全局观念

在企业营销组织结构中,各个部门及其成员都在为实现其个别的或局部的目标而忙碌着。许多营销主管人员在进行营销控制时,往往仅考虑本部门的利益,不能从企业大局出发,不重视企业的总目标是依靠各部门及其成员协调一致,共同努力才能实现的。因此,对于一位称职的营销主管来说,进行营销控制时,必须从企业整体利益出发,注重企业团队精神,努力将各个局部的目标协调一致,以实现企业总目标。

7. 营销控制应面向未来

一个真正有效的营销控制系统应该能预测未来,及时发现营销方案与实际营销活动可能出现的偏差,并能快速调整方案,适应营销活动正常开展,千万不可等待营销方案实施中出现问题再去解决。

【小案例 9-2】

将牙膏开口扩大

美国有一家生产牙膏的公司,产品优良,包装精美,深受广大消费者的喜爱,营业额蒸蒸日上。记录显示,前十年每年的营业额增长率为 10%～20%,令董事会雀跃万分。不过,业绩进入第十一年、第十二年、第十三年时,销售停滞不前,每个月维持在同样的数字。董事会对此三年的业绩表现感到不满,便召开全厂经理级高层会议,以商讨对策。会议中,有位年轻的经理站起来,对董事会说:"我手中有张纸,纸里有个建议,若您要使用我的建议,必须另付我 5 万元!"

总裁听了很生气说:"我每个月都支付你薪水,另有分红、奖励,现在叫你来开会讨论,你还要另外要求 5 万元,是否过分?""总裁先生,请别误会。若我的建议行不通,您可以将它丢弃,一分钱也不必付。"年轻的经理解释说。"好!"总裁接过那张纸后,阅毕,马上签了一张 5 万元的支票给那位年轻的经理。那张纸上只写着一句话:将现有牙膏开口扩大一毫米。总裁马上下令更换新的包装。试想,每天早上,每个消费者多用 1 毫米的牙膏,每天牙膏的消费量将多出多少倍呢? 这个决定,使该公司第十四年的营业额增加了 32%。

三、市场营销策划方案控制的步骤

企业市场营销总目标一旦确定,其成功与否关键就取决于企业营销活动的运行状况。为了对营销活动过程进行有效的监控,有必要建立和确定科学的市场营销控制制度。而有效的营销控制制度要讲求科学、严格的工作步骤和程序(如图 9-1 所示)。

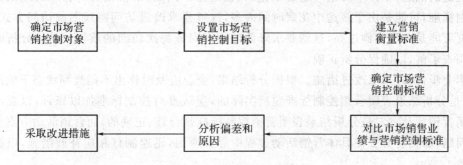

图 9-1　营销控制制度

第一步,确定市场营销控制对象。一般来说,营销控制的范围广,内容多,信息的获得也多,但任何控制活动本身都将支付费用,因此,营销管理者在确定控制内容、范围、额度时,应注意控制成本小于控制活动所能带来的营销效益。

最常见的营销控制内容是营销收入、营销成本和营销利润,但对市场调查、消费者服务、新产品开发和营销广告等活动,也应加强控制和评价的力度。

第二步,设置营销控制目标。即确定所要达到的营销预期目标。这是将营销控制与计划实施方案联结起来的重要环节。许多企业的营销控制目标就是营销方案中设定的目标,如利润、市场营销量、市场占有率、营销费用额、新产品增长率等以及为达到营销总目标而规定的战术目标等。

第三步,建立营销衡量尺度。即对第二步所采用的衡量标准具体项目加以定量化。在很多情况下,企业的营销目标就决定了它的控制衡量尺度,如利润、市场占有率等,但也有一些问题比较复杂,如营销人员的工作效率可用一年内新增加的客户数及平均访问频率来度量,广告的效果则用广告内容被消费者熟悉和了解人数占全部消费者的比例来衡量等。由此可见,企业有若干管理目的,则营销控制的衡量尺度也会有多种。

第四步,确立营销控制标准。即以某种衡量尺度来反映控制对象的预期活动范围或可接受的活动范围,也就是对营销衡量标准加以定量化。如规定每个推销人员全年应增加 30

个新客户,某项新产品在投放市场 6 个月后应达到 3％的市场占有率等。营销控制标准一般应允许有一个浮动幅度,如上述新产品市场占有率在 2.8％左右也是可以接受的,但企业在设立标准时可参照市场同类行业的标准,并尽可能吸收企业内部各方面的意见,综合归纳而制定,以使营销控制标准更切合实际,具有激励作用。

第五步,对比营销实绩与营销控制标准。即通过检查取得营销实际工作绩效资料后与原制定的营销控制标准进行对比。掌握实际情况和对比中出现的差距。多长时间对比一次,可定期也可不定期,这取决于营销控制对象具体变动状况。

第六步,分析差距产生原因。经过工作实绩与控制标准的对比,可能产生偏差。若产生偏差,则说明控制标准与营销实际活动不相符,需要寻找造成标准与实绩不符的原因,为修正原营销行动方案提供资料依据。一般而言,产生偏差的可能有两类情况:一是营销方案本身存在缺陷,确认这种偏差通常易出差错;二是营销方案实施过程中发生的问题,这种偏差比较容易分析。有时这两类情况交叉在一起,使得分析偏差的工作很可能成为营销控制过程中的一大难点。在进行偏差原因分析时,要全面仔细地分析资料,从多种角度研究问题,抓住关键的问题,千万不可把问题简单化、以偏概全。例如,某推销员对客户访问次数未达到控制标准,可能是由于旅途中花费时间太多,这就要求改进访问路线图或访问方式方法,但也有可能是由于定额过高,这就要求降低定额以保证每次访问的质量。具体分析时还要进行调查了解,以确保分析正确。

第七步,及时采取改进措施。根据分析结果,企业应及时作出不同类别状态下的改进措施:一是分析结果表明营销控制标准脱离实际的,应认真对控制标准加以修订,以真实性反映市场营销活动。二是分析结果表明营销控制标准是合理、正确的,而营销活动方案实施中出现问题,那就有必要在具体营销活动过程中寻找原因,迅速制订相应补救措施,以提高工作实效。

在市场营销控制中,由于营销目标和营销环境等多种因素不同,则企业采用的营销控制方式方法也不一定相同,所以,以上营销控制的步骤不是唯一的,企业应根据本企业实际情况进行正确选择。

四、营销方案控制的方法

营销方案控制是一个复杂的过程,策划者在设计这一过程时,可以采取各种各样的方法。一般来说,因控制者、目的和方法上的差异,营销方案控制方法分年度计划控制、盈利能力控制、绩效控制和战略控制四种基本方法,它们各有侧重,且相互补充,构成企业营销控制系统。营销控制方法区别如下表 9-1。

表 9-1

控制方法	负责人	控制目标	方法
年度计划控制	中高层主管	检查计划目标是否达成	销售额分析、市场占有率分析、费用对比分析、财务
盈利能力控制	营销主管人员	检查企业的盈利点和亏损点	各地区、产品、广告宣传、促销等的效率分析

续表

控制方法	负责人	控制目标	方法
效率控制	职能管理部门营销主管人员	评价和提高营销费用支出的效率	营销人员、广告宣传、促销等的效率分析
营销战略控制	高层主管、营销审计人员	检查企业是否最大限度地利用了市场机会	市场营销审计

在年度计划控制中,营销人员根据年度方案检查实施情况,并在必要时对计划方案进行修正。盈利能力控制是指对影响决定企业实际盈利的不同产品、地区、分销渠道等因素进行控制。效率控制能帮助企业等找到改进各种营销工具和效果的良好途径。而在战略控制中,企业定期检查其基本战略与市场机会是否相适应。

1. 年度计划方案控制

年度计划控制是指企业在本年度内采取控制步骤,检查实际绩效与计划的偏差,并作出必要的修正,以确保市场营销方案的顺利实现。年度计划控制的目的在于保证企业实现它在年度方案中所制定的销售、利润以及其他目标,控制的中心是目标管理。一般情况下,年度计划方案控制的程序如下图。

　　设定目标　　　　测定绩效　　　因果分析　　　校正措施

我们要做什么?　　正在发生什么?　　为什么会发生?　　该如何应对?

年度计划方案控制模式适用于企业的每一个层次。企业高级管理部门控制的是整个企业年度销售和利润目标,这些目标又能被分解成各个基层管理部门或各个地区的子目标,又形成各部门或各地区具体控制各个局部目标,层层分解,职责分明。年度计划方案控制的主要目的在于:促使年度计划方案产生连续不断的推动力;使控制结果成为年终绩效考评的依据,发掘企业潜在的问题并及时解决;使高层管理人员能有效地监督各部门的工作。

综观国内外企业市场营销控制的基本方法,年度计划方案控制通常从以下几方面检查执行情况。

销售分析法。销售分析法就是指测量和评价经理人员所制定的销售目标与实际销售之间的差距,找出产生问题的原因。这种方法具体讲又分两种做法:

①销售差异分析。此方法是用于决定各种营销因素对销售额的不同影响程度。例如,某企业年度计划要求销售 50000 件产品,单价为 20 元,即销售额为 1000000 元。到了年终,实际以每件 18 元销了 40000 件,即销售额为 720000 元。实际销售额比计划销售额减少 280000 元,比计划降低了 28%。那么,销售额减少 280000 元里有多少是因销售量减少造成的? 有多少是由于价格下降引起的? 分析计算方法如下:

销售量减少影响销售额 =（40000 － 50000）× 20 = － 200000 元,占 280000 元的 71.43%;

价格下降影响销售额=(18－20)×40000＝－80000 元,占 280000 元的 28.57%。

于是可以得出结论:销售额减少主要原因是销售量减少引起的,占 71.43%。对企业来说,销售量控制较价格控制容易,因此应仔细分析销售量为什么达不到预期目标。是因为营销人员努力程度不够，还是有较强竞争对手进入同一市场，或是消费者需求发生转移等。

②微观销售分析。此方法用于对未能达到预期销售额的个别产品或地区进行考评。例如，假定某企业分别在甲、乙、丙三个不同地区出售某种产品，年度计划销售额分别为100万元、150万元、200万元，而实际完成销售额分别为120万元、145万元和150万元。这样甲地区较期望销售高20%，乙地区较期望销售额少3.4%，丙地区较期望销售额少25%。显然，丙地区是造成问题的主要原因。丙地区市场营销经理应检查该地情况，查明原因，加强对该地区营销工作的管理。

市场占有率分析法。企业的市场销售额绝对值并不能说明企业与竞争对手相比的市场地位怎样，只有通过市场占有率分析才能揭示企业同其竞争者在市场竞争中的相互关系，因为市场占有率剔除了一般的环境影响来考核企业本身的经营状况。如果企业市场占有率上升，表明企业的营销绩效提高，在市场竞争中处于优势；反之，如果企业市场占有率下降了，则说明企业营销绩效下降，在竞争中失利，损失了一部分市场占有份额。

确定和测量市场占有率的分析方法：首先要清楚定义使用何种市场占有率方法。一般而言，有三种不同的度量方法。

①总市场占有率。总市场占有率是指企业的销售量（额）占本行业全部销售量（额）的比重。使用这种测定方法必须作出两个决策：一是正确界定行业的范围，即明确本行业所应包括产品、市场等；二是确定使用实物量还是价值量计算。前者反映的问题相对比较单纯，而后者反映除了数量，还有价格方面的变化。

②目标市场占有率。目标市场占有率是指销售额占企业所服务市场的总销售额比值。目标市场是企业欲进入的市场，一个企业的目标市场占有率应大于或等于其总的市场份额。企业对目标市场占有率一般很重视，通常用增加新产品线和强化销售手段来提高在目标市场上的占有率。

③相对市场占有率（相对于市场领先竞争者）。相对市场占有率是以本企业销售额相对市场领先竞争者的销售额的百分比来计算的。例如，某企业有30%的市场占有率，其中最大的三个竞争者市场占有率分别为25%、15%、10%，形成30%对50%的局面，则该企业的相对市场占有率为(30/50)×100%＝60%。一般而言，企业相对市场占有率高于33%，则被认为是实力较强的企业，相对市场占有率为100%时，表明该企业与竞争对手在行业中平分秋色；相对市场占有率高于100%，则意味着该企业在行业中居领先地位；相对市场占有率的上升，意味着该企业的市场成长速度快于竞争对手。

了解企业市场占有率之后，尚需正确解释市场占有率变动的原因。企业决策者可以通过产品线、顾客类型、地区及其他方面来认真考察和分析市场占有率的变动。一种有效的分析方法是通过四个因素组成的模式来分析市场占有率的变化，即：

$$T_{mas} = C_P \times C_L \times C_s \times P_s$$

式中：

T_{mas}——总市场占有率；

C_P——顾客渗透率；

C_L——顾客忠诚度；

C_s——顾客选择性；

P_s——价格选择性。

经过长期考核这些因素,企业可判断市场占有率变化的潜在原因。

市场占有率的分析首先要确定采用哪种衡量方法;然后分析市场占有率变动的原因,找出导致实际占有率变化的主要因素,最后采取适当的策略措施。

市场营销费用与销售比值分析法。年度计划方案控制要确保企业为达到其销售额指标时的营销费用支付不得过多,这就要求市场营销管理者密切注意对市场营销费用/销售额的比值进行计算分析,以发现是否有任何比例失调。在我国,商贸企业营销费用被称为商品流通费用,营销费用率被称为商品流通费用率。

营销费用一般又分五个方面,即人员费、广告费、促销费、调研费和管理费用,它们各自又与销售额形成不同的比率。例如,在某一企业中,营销费用与销售额的比率为30%,它包括五种费用对销售额的比率:销售人员费用与销售额之比(15%);广告费用与销售额之比(5%);促销费用与销售额之比(6%);市场调查费用与销售额之比(1%);销售管理费用与销售额之比(3%)。对以上各项费用与销售额比率,往往限定一个控制幅度,一旦失去控制,必须认真查找问题的原因。

财务分析法。财务分析法是指对影响企业的净报酬中的各主要要素进行分析,以决定企业如何或在何处开展业务活动,以谋取更大利润。这种财务分析法寻求企业盈利性策略,打破了原来企业惯用的促销策略做法,越来越被营销管理者接受。

顾客态度分析法。前述四种方法主要是以财务和数量分析为特征,即它们基本上属于定量分析范畴。定量分析固然重要,但还不够充分,因为它们没有对市场营销活动的发展变化进行定性分析,为市场管理部门提供关于市场占有份额即将发生变化的早期预报。所以,策划人员需要建立一套系统来追踪顾客、经销商以及其他市场营销组织参与者的态度。对顾客满意和偏好的变化在影响企业产品销售之前实行监控,及时将有关信息传递给企业决策管理部门,采取措施,争取主动。企业一般利用以下系统来跟踪顾客态度。

①顾客意见和建议系统。通过此系统,企业记录、分析和解答来自顾客信函和口头的抱怨陈述,并作出归类分析存档,较为严重或经常发生的抱怨应及早予以重视,企业应积极地采取激励措施来鼓励顾客提出宝贵意见和建议,以便搜集顾客对企业产品和服务的全面资料。

②固定顾客样本。由那些同意定期通过电话、信函、网络等方式反映他们意见的顾客组成固定样本。这种做法有时比顾客意见和建议系统更能代表顾客态度的变化及其分布范围。

③顾客调查系统。企业通过随机抽样方式,定期对顾客的态度进行调研,通过分析,企业可及时发现问题,并及时予以纠正。

通过上述分析,企业策划者发现实际营销与年度计划方案指标发生较大偏差时,则必须采取调整措施,调整市场营销方案指标,使之更符合实际,调整市场营销策略,以利于实现原方案指标。

2.盈利能力控制

盈利能力控制,主要是通过测算不同产品、不同销售地区、不同市场、不同渠道以及不同订货规模的实际盈利能力。这一分析结果能帮助企业管理部门决策哪些产品或哪些市场予以扩大、哪些应削减乃至放弃。获利能力大小,对营销组合决策有直接关系。

(1)盈利能力分析。盈利能力分析是将各种分析对象的实际指标值与预期指标值加以比较,对其中低于预期指标值的项目或行为进行绩效改进的一种分析方法。盈利能力分析是所有企业用来测定市场营销活动各方面及要素的获利情况的重要手段。

(2)最佳调控措施的选择。分析企业各种产品的盈利能力,其目的是得知哪种产品盈利,哪种产品亏损,盈利的积极因素和亏损的妨碍因素有哪些。了解这些后,企业可采取相应的措施克服这些不利因素影响。企业在全面考评之后可以决策出最佳调控政策,以适应市场,确保企业销售总利润稳步提高。

仍以上例加以说明:企业仅仅依据损益分析而裁减 B 产品生产,未免太主观简单化了。对 B 产品亏损原因,营销管理者应进一步深入研究,应从企业市场营销活动实际出发,全面分析 A、B、C 各自的特点及三种产品对消费者和企业生产总成本的相关性,再制定出相应的调控措施,千万不可轻举妄动。有时企业还可专门设置营销控制人员的岗位来担负复杂的财务指标分析,制定科学的营销费用预算,协助市场营销经理人员评估和控制营销活动。

3. 效率控制

盈利能力分析虽然揭示了企业不同产品、不同地区、不同市场、不同渠道以及不同订货规模对企业的获利差别,但企业还必须寻找高效率的方式来管理控制销售人员、广告、促销和分销活动。企业策划必须特别注意能反映这些功能动作效率的特定的主要比率。效率控制主要分四个对象:

(1)销售人员效率。企业各级营销经理应掌握自己管理辖区内的销售人员效率的几项主要指标:①每位销售人员每天平均进行访问客户的次数;②每次销售人员访问的平均时间;③每次销售人员访问所带来的平均收入;④每次销售人员访问所花费的平均成本;⑤每次销售人员访问的招待成本;⑥每百次销售访问订货的百分比;⑦每次销售访问期间新增顾客数;⑧每次销售访问期间所丧失的顾客数;⑨销售成本占总销售额的百分比。

企业通过对以上指标分析,常常会发现一系列可改进的地方。例如,销售人员平均每天的销售访问次数是否太少,平均访问所需时间是否太多,每次访问招待费是否过多,每次访问中订单签订是否足够,是否增加了足够的新顾客并且原有的顾客是否保留住了等。当企业开始重视销售人员效率的改进后,通常会取得很多实质性的进展。

(2)广告效率。许多企业市场经理认为,要准确衡量企业从广告支出中获得多少利益几乎是不可能的,但是企业应该至少做好如下统计资料:①每一媒体类型、每一媒体工具接触每千人消费者所花费的广告成本;②消费者对每一媒体工具的兴趣比率;③消费者对广告内容和效果的意见;④广告前后对产品态度的测量;⑤消费者受广告刺激而引起的询问次数;⑥每次询问的成本。

企业管理部门可以采取一系列的方法措施来改进广告效率,譬如进行有效的产品定位,确定广告目标,预测广告信息,利用计算机来制作广告、寻找最佳媒体和互联网,进行广告事后测验等工作。

(3)促销效率。为了提高促销效率,企业市场管理人员应当坚持记录每一次促销活动及其所耗成本对销售的影响,并做好下述统计资料:①优惠销售所占百分比;②每一单位销售额的陈列成本;③赠券收回的百分比;④因示范表演而引起的访问次数。

企业市场营销经理应观察不同促销活动的效果,然后选择最有效的促销手段来提高营销效益。

(4)分销效率。分销效率是指对企业存货水准、仓库位置及运输方式进行分析研究,以达到企业资源最佳组合并寻找最佳运输方式和途径。分销效率研究能帮助企业寻找更加经济的经营方式。

效率控制的目的在于提高人员推销、广告、促销和分销等市场营销活动的绩效。市场营销管理者必须注重若干关键比率指标研究,因为这些关键比率指标反映了企业市场营销组合因素功能执行的有效性以及应该如何引进某些资料来改善营销执行情况。

4. 营销战略策划控制

企业的市场营销战略策划是指企业根据自己既定的市场营销目标,在特定的环境中,按照总体的策划过程所拟定的可能采用的系列行动方案。但是,在复杂多变的市场营销环境中,往往会使企业原制定的目标、战略、方案失去作用。因此,策划者必须要求企业在市场营销战略实施的过程中注意定期进行战略控制,根据市场营销环境新的变化来重新评价计划和进展,从全局、总体的角度对营销战略进行必要的修正。

营销战略策划控制的基本原则主要包括以下八方面:

(1)领导与战略相适应,即策划的主要领导人必须负责研究、执行战略。

(2)组织与战略相适应,即战略要有合适的组织机构相配。

(3)执行计划与战略相适应,即战略必须有起作用的营销行动计划支持。

(4)资源分配与战略相适应,即资源分配必须支持战略目标的实现。

(5)企业文化与战略相适应,即企业文化,特别是企业高层管理人员的心理必须与执行战略相适应。

(6)战略具有可行性。

(7)企业要有战略控制的预警系统。

(8)严格执行完整的奖惩制度,即企业对成功的执行者必须给予奖励和报酬。

由于营销战略控制注意的是控制未来,是还没有发生的事件,而且注重企业战略的成功是全局性和总体性,所以,市场营销战略控制既重要又难以准确。国际上很多企业运用市场营销审计这一重要工具进行营销战略控制。

市场营销审计。市场营销审计是对企业市场营销环境、目标、战略和活动所作的系统、公正、全面的考核和审查。营销审计的目的在于检查企业的营销活动是否与企业的战略目标保持一致,企业的营销活动及战略目标是否与市场营销环境相匹配等,从而揭示企业营销活动中存在的问题和发现营销活动的机会,提出行动计划,改进和提高整个营销系统的效率。

营销审计具有以下四个特征:

①全面性。"全面"并不是无所不包,而是就一个企业的主要营销活动进行全面审计,而功能性审计只检查营销的某一方面,这是营销审计与功能审计的最大区别。只有通过全面的营销审计,才能有效地发现企业营销好坏的真实原因。

②系统性。营销不善的病根并非一望而知,必须做一系列有秩序的检查,即一套完整的诊断步骤,包括诊断组织的营销环境、内部营销制度和各种具体营销活动。在诊断基础上,再制定调整行动方案,包括长期、短期计划方案,以提高企业的整体营销效益。

③独立性和客观性。营销审计有自我审计、内部交叉审计、上级审计、企业审计处审计、企业成立专门小组审计和聘请外来专家进行审计等多种途径,但营销审计最好聘请企业以外经验丰富的专家担任,因为专家们通常具备必要的客观性和独立性,有诸多行业广泛的经

验,对本行业也颇为熟悉,况且还可以集中时间和精力从事审计活动。

④周期性和持久性。营销审计并不是等企业经营活动出现了困境才求助于专家和顾问来开展审计活动,这样为时已晚,况且企业许多问题正是由于企业处于营销活动顺境情况下,缺乏周期和持续的检查而造成。因此,无论企业是处在顺境还是逆境,周期持久的营销审计是必不可少的活动。它既利于业务发展正常的企业,也利于那些处境不利的企业,是寻求最佳经济效益的一种有效方法和工具。

任何一种审计活动,为了达到经济和高效率的要求,企业必须要有一套详细的计划方案。特别是对市场营销受客观环境变化的影响很大,而且策划者往往又带主观片面性,事物的发展很少有周期现象出现的企业。因而对营销审计工作更需要有一个科学的程序,有计划、有步骤地开展调研,掌握确切资料,以指导审计工作的正常开展。

营销审计工作的一般程序可以分为四个阶段:

①准备阶段。其主要工作是了解企业审计的目标,确定审计范围、深度、数据来源途径以及审计所需时间,把握主要方向,从而拟定出审计工作的计划方案。

②实施阶段。其主要工作是依据计划方案内容逐步搜集和检查指标数据,制定评估标准,查阅相关资料,进行实地专访,掌握企业实际情况。

③成果阶段。其主要工作是营销审计人员对审计工作过程中所发现的问题以及提出纠正偏差措施所作出的书面总结报告,向企业主管领导汇报审计工作成果信息。

④追踪阶段。其主要工作是检查对审计工作结论中所提出的建议和意见的贯彻执行情况,并在营销客观环境发生变化时再修正方案。

营销审计的内容。营销审计的内容由检查评价企业营销工作的六个主要方面组成:

①营销环境审计。主要是分析影响企业目标的各种环境因素,包括宏观环境和微观环境,对关键目标和因素着重加强审计。

②营销战略审计。要求考察企业营销目标、战略是否与当前及预期的营销环境相适应。

③营销组织审计。检查营销组织在预期环境中实施企业战略任务的功能发挥程度。

④营销系统审计。检查企业的营销信息系统、组织系统以及新产品开发系统的有效程度。

⑤营销效率审计。检查各营销小组的赢利能力和各项营销活动成本效率。

⑥营销职能审计。对市场营销组合因素进行评价,如产品、定价、渠道、促销等策略的检查考评。

以上市场营销控制的内容与方法都是营销策划人员必须详细了解与掌握的,只有在此基础上,才能拟定出一个符合企业实际状况的营销控制系统。

最后要强调说明的是:市场营销控制内容仅仅是企业整个营销策划内容的一小部分,通常情况下其篇幅不宜太长,更不得超过营销行动方案篇章。营销策划者只要设计出营销控制的组织机构、控制时间分解表、控制的制度与方法就足够了。

▷【策划人物链接】

沈南鹏——资本运营策划

营销策划的客体不局限于实体产品,企业、资本也需要营销策划。沈南鹏是国内资本运营策划的代表人物。沈南鹏曾先后在上海交大数学系、美国哥伦比亚大学数学系、耶鲁大学商学院学习。毕业后进入花旗银行华尔街分行,后来在德意志银行任中国资本市场主管。目前在我国,只有沈南鹏一人通过资本运营策划,把两个中国企业带入纳斯达克上市。

1999 年,国内互联网还不太热,但沈南鹏看到美国互联网发展得如火如荼,于是他离开投资银行开始进入互联网事业中。1999 年 5 月,沈南鹏创立携程旅行网,将该网站打造成集订机票、订酒店、旅游等为一体的服务平台。2003 年,沈南鹏带领携程在纳斯达克上市。目前已有近千家酒店与携程长期合作,携程的盈利水平也很高。

2001 年,携程网的运营逐步走上正轨后,沈南鹏开始向产业链上游延伸。沈南鹏考察后发现经济型酒店很有潜力,尽管事实上中国不缺酒店,但高档酒店基本上被外国品牌所占领,干净、规范、安全、价格可承受的酒店还很少,中档酒店有很大的市场需求,于是如家快捷酒店应运而生。从 2001 年底开始创业到 2006 年 10 月,如家经营及授权管理的酒店数量已达到 110 家,截至 2006 年 6 月底,如家总收入已达到 2.49 亿元。由于扩张迅速,如家超越了对手成为同类市场的第一名。2006 年 10 月 26 日,如家登陆纳斯达克。

此外,活跃在我国营销界的职业策划人还有孔繁任、陈放、朱玉童、李颖生等人,不断出现的营销策划人使营销策划界始终保持着勃勃生机。除了上文介绍的职业营销策划人之外,在企业内部还有一大批善于营销策划的企业家,他们也是影响中国营销策划业发展的杰出策划人,例如,娃哈哈董事长宗庆后、万科董事长王石、养生堂总裁钟睒睒、阿里巴巴集团董事会主席马云、TCL 董事长李东生、商务通 CEO 张征宇等。相应地,也就有了一批优秀的营销策划型公司,它们遍及快速消费品、房地产、旅游、商贸、家电制造、电子信息、金融、教育等行业,例如,娃哈哈、万科、养生堂、华侨城、国美、波导、海尔、金山、招商银行、新东方等。从这些企业家和企业的成长案例中,我们可以学习到最鲜活、最现实的营销策划理念和方法。

(资料来源:孟韬,毕克贵:《营销策划》,机械工业出版社 2012 年版)

⏩【本章小结】

本章主要介绍了影响营销方案实施的四方面因素;企业市场营销方案实施的五种基本模式;企业市场营销方案实施的五种技能以及各种技能的特点;企业市场营销方案实施过程的主要步骤;企业市场营销方案有效控制的要求和步骤;市场营销控制主要有年度计划控制、盈利能力控制、绩效控制和战略控制等四种方法。

【诗语点睛】

闭门苦读生意经
纸上谈兵一场空
真知贵在实践出
文案实施见行动
踏平坎坷成大道
商业模式特色新
落地生金方为本

达善社会为民生

⯈本章习题

一、名词解释

指令性模式；

转化性模式；

合作性模式；

文化性模式；

增长性模式；

诊断技能；

分配技能；

监控技能；

组织技能；

相互配合技能。

二、简答题

1.影响营销方案实施的因素有哪些？

2.市场营销方案实施的程序有哪些？

3.为什么要进行市场营销方案控制策划？

4.市场营销方案有效控制的要求有哪些？

5.市场营销控制包括哪些步骤？

6.为什么盈利性控制成为企业普遍和经常采用的重要工具？

7.企业营销方案中中长期目标任务与短期目标任务为何有矛盾？

8.企业为了保证营销目标的实现，是否都需要控制？

9.如果市场管理者未能控制企业整个营销活动，会产生什么后果？

10.简述营销审计的内容。

⯈【案例分析】

计划与控制

孙某担任某厂厂长已一年多了，他刚看了工厂今年实现目标情况的资料。厂里各方面工作的进展出乎他的意料，曾记得他任厂长后的第一件事就是亲自制定了工厂的一系列工作目标。例如，为了减少浪费、降低成本，他规定在一年内要把原材料成本降低10％—35％，把运输费用降低3％。他把这些具体目标都告诉了下属的有关方面的负责人。现在年终统计资料表明，原材料的浪费比去年更严重，浪费率竟占总额的16％，运输费用则根本没有降低。

他找来了有关方面的负责人询问原因。负责生产的副厂长说："我曾对下面的人强调过要注意减少浪费，我原以为下面的人会按我的要求去做的。"而运输方面的负责人则说："运输费用降不下来很正常，我已想了很多办法，但汽油费等等还在涨。我想，明年的运输费可能要上升3％—4％。"

孙某了解了原因,并进行了进一步的分析以后,又把这两个负责人召集起来布置第二年的目标:生产部门一定要把原材料成本降低10%,运输部门即使是运输费用要提高,也绝不能超过今年的标准。

(资料来源:市场营销策划案例经典大全,www.lodoeshop.com)

思考与讨论:

孙某担任厂长后,亲自制定了工厂的一系列营销控制目标,可谓煞费苦心,但原定控制目标分解给具体部门执行时年终却没有完成,其原因是什么?

【专题讨论】　现代企业点将用兵十大戒律

经济是颜面,文化是灵魂,知识是力量,人才是关键。人世间万事万物人才是最宝贵的。只要有了高素质的人,什么人间奇迹都能创造出来。财智时代,国力的竞争是经济,经济的核心是企业,企业的核心是人才。企业要想生财、聚财、发财,首先,企业领导就必须得识才、用才、育才。当代企业家欲驾驭好企业的命运之舵,除了出主意、定方略、带队伍之外还必须掌握好统御之道,其关键是在人力资源管理中点好将、用好兵。为此,就现代企业人力资源管理中点将用兵的几个误区和企业领导在实践中选才用人的几种不良倾向阐述己见,引以为戒:

第一戒律:优才劣用　压抑能人

现代企业人力资源管理中应创造优秀人才脱颖而出的管理机制和环境氛围。企业不要怕部下超越自己。"青出于蓝而胜于蓝",企业才能后继有人,兴旺发达。一些优秀人才往往个性突出,优点很多,缺点亦明显。头脑灵活,反应灵敏,接受新事物快的人免不了爱发"牢骚";才华出众,能力超群者,免不了有些"娇气";年轻有为者免不了缺乏经验。企业领导者要独具慧眼,看到别人的长处。俗话说:看人之长,则天下无不可用之人;看人之短,则天下无可用之人。若按图索骥,用人求纯,求全责备,求之过苛,不能扬其所长,避其所短,则因瑕掩瑜,埋没人才。就像交友一样,你要想得到一个没有缺点的朋友,你就永远得不到朋友。"人至察则无徒,水至清则无鱼",对不因循守旧,敢于创新,不人云亦云,有独到见解的人而弃之不用,总想把人才压抑成奴才。甚至搞"武大郎开店",宁用无瑕之顽石,则不用有瑕之玉,错把贤才当庸才。这样做是搞不好人才选用工作的,更做不到人尽其才,才尽其用。

第二戒律:专才杂用　骏马耕田

尺有所短,寸有所长,"骏马能历险,力田不如牛,坚车能载重,渡河不如舟"。每个人都有自己的长处和短处,正确地使用人才就应该用人之长,扬长避短;用人之短,变短为长。"天生我才必有用",但要用到正当处。是砖的料就让它上墙,是瓦的料就让他上房。现代企业在用人问题上由于官本位思想根深蒂固,把许多专家提成行政领导,使他整日事务缠身,疲于奔命,迎来送往,浪费精力和时间,本来是专才,结果变成了"杂才",最后失去了自己的优势。在某企业有位学神经内科的医学博士搞经营管理,不是开会就是出差,结果是学业荒废,用非所学,十分可惜。现在不少地方企业竞相开发招聘人才,费了很大财力和精力,却忽视了人才的合理使用,没有安排到合适的岗位造成人才的浪费,专才杂用,大材小用。

第二戒律:庸才重用　害己害人

"兵熊熊一个,将熊熊一窝。"有些企业领导对那些平平庸庸,唯唯诺诺,会拍胸脯,但无点墨,言听计从,只会围着自己转,没有一点开拓精神的人视为可靠对象,加以重用。这些人善于搞"三从四得",三从:一从过去,轻车熟路;二从条件,不畏风险;三从上级,不担责任。四得:一得省心省事;二得稳妥可靠;三得中庸平和;四得领导欢心。对上阿谀奉承,吹吹拍拍;对下装腔作势,借以吓人。早请示,晚汇报,看上去是至诚至忠,实际上是害己害人。对事业及领导本人危害最大的恰恰是这种人,成事不足,败事有余,切不可重用。

第三戒律:"败将"屡用　异地做官

有些企业领导者在用人问题上往往以对自己的态度为准绳,对奉承者,即便无才也是有才,无用也要用;不同己见者,有才也是无才,再有能力也不用。殊不知人才有用不好用,奴才好用没有用。已经选用的人,搞垮一个企业或部门再调往他处,异地做官。"败将"屡用,屡用屡败。长时期什么工作都学不好,干不好。因为这些人即使经营管理不善,甚至巨额亏损,也没有任何人追究其责任。而其本人:"三十六计走为上。"一走了之,甚至官运亨通,还要高升。对不称职的干部调来调去成了"不倒翁",这山望见那山高,企业搞垮再跳槽。富了方丈穷了庙,这样搞下去如何得了! 所以,此患不除,国企难以振兴。

第五戒律:任人唯亲　圈内圈外

古人云:"政以得贤为本,为政之本在于任贤。"企业领导者要任人唯贤,不能搞任人唯亲。然而,现在一些企业进行选拔人才,说是"公开、公平、公正"面向社会,其实大部分是内招。即使个别招聘进去的也让你不好受,难以重用。结果是"唯亲是举",任人唯亲。"亲朋老友是亲,顺我之心是亲,护我之私是亲,助我攻他人更是亲。"以"我"为圆心,以亲为半径画圆。这圈又有内圈外圈,大圈小圈,圈内圈外之分别。小圈之内是"直系"、"嫡亲",大圈之内是"旁系"、"朋亲"。因为亲有远近,友有薄厚之分。对圈内人恩宠有加,对圈外人冷酷无情,来个"排排坐,吃果果,你一个,我一个。"内圈大,外圈小,圈内有,圈外无。搞"近亲繁殖",一句顺口溜讥笑道:"父子处,夫妻科,外甥打水舅舅喝,孙子开车爷爷坐,亲家办公桌对桌。"除血缘亲姻之外,还拉老乡、同事、同学、战友等关系,树山头、结朋党、搞裙带关系。使企业邪气上升,正气消失,职工士气低落,如同一盘散沙。企业缺乏凝聚力,丧失了战斗力。现在许多企业的经济犯罪案件就是案中案、连环案,一旦"东窗事发"就"拔出萝卜带出泥",这也是群体犯罪,腐败现象滋生的温床。

第六戒律:度量太小　人才难容

海纳百川,以容为大。宽容、容忍、容人、容事,是一种美德。容人的实质是容才的问题。兼容并包,指能团结不同能力的人一道工作。战国时代著名的思想家荀子提出:在选拔人才时,应能"贤而能容罢,知而能容愚;博而能容浅,粹而能容杂"。意思是说,有才能的人,要能容纳弱不胜任的人;有智慧的人,要容纳愚笨的人;有专才技能的人,要容纳杂而不精之人。这里已提出了"兼容并包"的原则。当今企业领导者要有尊人之心,容人之量;要宽人小过,容人小短,"胸中天地宽,常有渡人船"。企业之主应像弥勒佛一样,大肚能容,容天容地,容天下难容之事,特别要容纳异己。对那些敢提不同意见的人,应抱着"闻过则喜","忠言逆耳利于行"的态度,有则改之,无则加勉。善于交几个敢于说"不"字的朋友大有益处,有时真理往往在少数人一边。从表面上看来不好使用和难驾驭的人,一旦使用得当,却能帮你成功。然而,由于领导地位的特殊性,使领导者最容易犯一个毛病,就是喜欢听顺耳之言,总爱听什么"形势大好而且越来越好"之类高调,甚至喜欢阿谀奉承,互相吹捧。而对逆耳之辞,则听不进去,甚至对异己者搞残酷报复,无情打击,搞"顺我者昌,逆我者亡"。无论古今,许多英雄伟人在这个问题上铸成失误或大错也不乏其人。

第七戒律:晕轮效应　情绪用人

晕轮效应,它指人们看问题,向日晕一样,由一个中心点逐步向外扩散,成越来越大的圆圈。某人第一印象好或一次表现优,就认为他一切表现皆优;犯了一次错误就说他一贯表现差,甚至一无是处。晕轮效应的危害是一叶障目,一孔之见,以点带面,以偏概全。领导用人跟着感觉走,更有甚者感性用事,情绪用人,利用手中的权力排除异己,"保护"自己。企业中无民主可言,对不同己见者,要么调离岗位,要么解除职务。"走马灯"式换将用兵。员工们人人自危,个个担心。有的投其所好,看领导的情绪与脸色行事;有的是与领导面和心不和,甚至产生对立情绪和逆反心理。有道是:天时不如地利,地利不如人和。企业一时的亏损并不可怕,最可怕的是职工的感情亏损,一旦职工对企业失去了信心和热情,这个企业的生存与发展是绝对没有希望的。试想在一个"窝里斗"的企业里工作,人际关系紧张,人心难测,人性难知,情绪不定,不是人琢磨工作而是工作折磨人。这不仅破坏了企业的团队精神,而且也滋长了溜须拍马之风。因此,企业领导应该注重自身素质和职业道德修炼,不能感情用事。把"明礼诚信"作为企业的基本行为准则,努力形成干实事、务实效、守信誉、比奉献的良好职业道德风尚。让职工感到:人格有人敬,成绩有人颂,诚信有人铸,正义有人护。在人际关系和谐的企业内工作,相互尊重、关系融洽、心情愉悦、氛围温馨。

第八戒律:缺乏信任　叶公好龙

信任是动力,信任是荣誉,也是最高的奖赏。在一个企业里,唯有善于运用信任武器的领导才能最终胜出,这也是被人们公认的有效的激励方法。以人为本,以信待人,才能充分调动人的积极性。要做到:"集权有道、分权有序、授权有章、用权有度",领导对自己能使用的人才给予充分的信任,这样才能最大限度地发挥其积极性。然而有些领导对人才是既用又疑,总觉得:"能干的人不忠实,老实的人又不能干。"这必然会使其下属失去安全感、认同感和责任感,领导怀疑下属,下属猜疑领导,这种互相猜疑必然导致工作情绪不稳定。造成领导顾虑重重,事事不放心,或者使下属提心吊胆,得过且过,这既不能形成一种和谐的人际关系环境,更不能发挥人才应有的作用。或许企业在引进人才后,对人才的期望值很高,并且急功近利,但人才工作的环境不够宽松,缺乏施展才能的场所、机会和条件。具体表现在:一是学非所用、用非所学;二是英雄无用武之地,没有施展工作才华的平台;三是许多企业把人才看做是企业的成本,只注重员工对企业的价值,而忽视了对人才的待遇,造成公司员工队伍不稳定,频繁招聘,频繁跳槽。国内一家知名人力资源公司最近一项调查显示:一个普通员工每年多次考虑离职,有相当一部分人与老板的关系紧张,有超过50%的人认为老板是靠不住的。在职业测评公司接受咨询案例中,80%的人对老板很有看法。调查显示最不受员工欢迎的老板大致有三种类型:一是吝啬型,令人难以忍受,不可理喻;二是嫉贤妒能、目光短浅型;三是任人唯亲型。还有许多企业,在人才使用上,调换频繁,上下太快,人心不稳,士气不振,这样的"以人为本"只能是叶公好龙而已。

第九戒律:只用不养　缺乏后劲

十年树木,百年树人。企业领导不仅要有识才之眼,爱才之心,容才之量,更应该有育才之责,要用养结合,树人为本。张瑞敏说:"一个企业制造产品是它的本分,创造名牌是它的本事,锻造优秀员工是它的本质。"培训是对员工最大的福利。知识经济时代,企业需要高素质高技术高智慧高能力的员工。海尔有海尔大学，华为有华为大学，蒙牛有蒙牛商学院，中山华帝燃气公司有华帝商学院，麦当劳有汉堡包大学。成功企业都非常重视员工培训。松下社训："经营始于人，也终于人，人才培育成功，事业才会成功、人才培育失败，事业也将随着失败。"日本理光社长大植武夫的座右铭是："与其种田不如种树，与其种树不如树人。"舍不得在人才培养方面下本钱，就像只种田不施肥一样，地力下降。然而现在有些企业是用养分离，只使用不培养，甚至互相挖墙脚。使现有人才不能"再充电"，结果是"江郎才尽"。这样做，使得企业人才结构变得：年龄老化、头脑僵化、没有"文化"、爱传闲话。久而久之，企业缺乏发展后劲，必然被激烈的市场竞争淘汰。因此，企业必须重视人才培养与智力投资，同时对人才实行"能者上、庸者下"的激励机制，给每个人成长和展示才华的机会。这样既用才又育才，用养结合，既稳定了人心又增强了企业发展后劲。

第十戒律：备才不用　窒息精英

杜绝浪费是科学管理的基本目标，杜绝浪费的关键是杜绝人力的浪费。一个人的工作两个人干，其中有一人必然是多余的，这叫"二次浪费"。如果人浮于事，无事生非，产生内耗，还会有"多次浪费"。而人才的浪费是最大的浪费。中国现在十个不景气的企业里有八个正在到处找英雄；而同时十个不景气的国有企业里又有八个正在浪费它的队伍——中国企业的人才，一小半被企业用上了，一多半被企业浪费了，但是我们却在骂外资企业把我们的人才挖走了，我们也正在忙着引进人才。一里一外对照明显，"墙内开花墙外香"。还有一些企业或部门有好多后备干部，称二、三梯队人选。本来培养人才，作为后备干部是用人的一大良策，但如果长期备而不用，窒息人才，那就是人才资源的一种浪费。人才不同于煤炭石油，埋没千年，挖出来自然可以发光发热，有的人耽误几年可能永远失去发挥才能的时机了。因此，后人有"颜驷易老，人生短暂"的感慨。所以，单位领导者和人事部门在人才选用上，要有时间上的紧迫感，"盛年不重来，一日再难晨"，选错人是过错，耽误和浪费人才也是错误。如今世界科技迅速发展，知识更新周期越来越短，信息沟通越来越宽广。对于后备干部应给其压担子，并应适时适地提拔重用，在人才成长的最佳时期发挥其效应。在实中练内功，长才干；在其位，谋其政；尽其责，善其事。

（资料来源：张国良：《人力资源》2011年第2期，中国人民大学复印资料中心《企业家信息》2011年第5期全文转载）

第十章

营销沟通策划　　≫ ≫ ≫　≫

【学习目标】

理解营销沟通的作用;

掌握语言沟通的方法;

理解如何去倾听对方的讲话。

【引导案例】 **营销沟通中的善听与善辩**

乔伊·吉拉德是美国首屈一指的汽车推销员,他曾在一年内推销出 1425 辆汽车。然而,这么一位出色的推销员,却有一次难忘的失败教训:一次,一位顾客来找乔伊商谈购车事宜。乔伊向他推荐一款新型车,一切进展顺利,眼看就要成交,但对方突然决定不要了。夜已深,乔伊辗转反侧,百思不得其解:这位顾客明明很中意这款新车,为何又突然变卦了呢? 他忍不住给对方拨了电话——"您好! 今天我向您推销那辆新车,眼看你就要签字了,为什么却突然走了呢?""喂,你知道现在几点钟了?""真抱歉,我知道是晚上 11 点钟了,但我检讨了一整天,实在想不出自己到底错在哪里,因此,冒昧地打个电话来请教您。"

"真的?"

"肺腑之言。"

"可是,今天下午你并没有用心听我说话。就在签字之前,我提到我的儿子即将进入密西根大学就读,我还跟你说到他的运动成绩和将来的抱负,我以他为荣,可你根本没有听我说这些话!"

看得出,对方似乎余怒未消。但乔伊对这件事却毫无印象,因为当时他确实没有注意听。话筒继续响着:"你宁愿听另一名推销员说笑话,根本不在乎我说什么,我不愿意从一个不尊重我的人手里买东西!"

从这件事,乔伊得到两条教训:第一,倾听顾客的话实在太重要了。因为自己没注意听对方的话,没有对那位顾客有一位值得骄傲的儿子表示高兴,显得对顾客不尊重,所以触怒了顾客,失去了一笔生意。第二,推销商品之前,要把自己推销出去。顾客虽然喜欢你的商品,但是他如果不喜欢这个售货的人,他也很可能不买你的商品。

【本章导读】

随着商务活动日益社会化,各经济单位的联系和往来都要通过营销沟通达成协议来实现,那么在谈判中怎样"谈",如何"判",怎样多赚钱,怎样使双方都受益,这是谈判双方所关心的焦点,交流在其中起着"穿针、引线、架桥、铺路"的作用。

【诗语导读】

> 语言力量大无穷
> 君子诺言重九鼎
> 良言一句暖三冬
> 恶语伤人寒透心
> 思路流畅条理清
> 风趣幽默共鸣生
> 三寸之舌如巧簧
> 胜于雄师百万兵

第一节　营销沟通的作用

一、沟通的作用

1. 营销成功,交流先行

大凡营销成功的典范,主要取胜于沟通的诚意。而诚意又来自彼此的了解和信赖,这其中又以了解为源。彼此"鸡犬之声相闻,老死不相往来",当然就无信赖可言。这样,不管产品多么吸引人,对方都会产生怀疑,如果出现这种情况,不仅质次产品的推销沟通要失败,就是合乎质量标准产品的推销沟通也难获得成功。因而要使对方信任你,首先让对方了解你,这就需要交流。

2. 排除障碍,赢得胜利

沟通中的障碍是客观存在的,语言障碍、心理障碍、双方利益满足的障碍等都会直接或间接地影响沟通效果。沟通是排除这些障碍的有效手段之一。如沟通双方在利益上彼此互不相让时,或是双方意向差距很大,潜伏着出现僵局的可能性时,通过娱乐等沟通活动就可缓解沟通中的紧张气氛,增进彼此的理解。

3. 长期合作,交流伴行

一个企业,如果打算与某些客户进行长期合作,就要与这些客户保持长期的、持久的友好关系。交流,就起着加深这种关系的作用。

⇨【小案例 10-1】

首先请看下面不同的对话:

一家果品公司的采购员来到果园,问:"多少钱 500 克?"

"8 角。"

"6 角行吗?"

"少一分也不卖。"

目前正是苹果上市的时候,这么多的买主,卖主显然不肯让步。

"商量商量怎么样?"

"没什么好商量的。"

"不卖拉倒!死了张屠夫,未必就吃混毛猪!"几句话说呛了,买卖双方不欢而散。

不久,又一家公司的采购员走上前来,先递过一支香烟,问:"多少钱 500 克?"

"8 角。"

"整筐卖多少钱?"

"零买不卖,整筐 8 角 500 克。"

卖主仍然坚持不让。买主却不急于还价,而是不慌不忙地打开筐盖,拿起一个苹果在手里掂量着、端详着,不紧不慢地说:"个头还可以,但颜色不够红,这样上市卖不上价呀。"

接着伸手往筐里掏,摸了一会儿,摸出一个个头小的苹果:"老板,您这一筐,表面是大的,筐底可藏着不少小的,这怎么算呢?"边说边继续在筐里摸着,一会儿,又摸出一个带伤的苹果:"看!这里还有虫咬,也许是雹伤。您这苹果既不够红,又不够大,有的还有伤,无论如何算不上一级,勉强算二级就不错了。"

这时,卖主沉不住气了,说话也和气了:"您真的想要,那么,您给个价吧。"

"农民一年到头也不容易,给您 6 角钱吧。"

"那可太低了……"卖主有点着急,"您再添点吧,我就指望这些苹果过日子哩。"

"好吧,看您也是个老实人,交个朋友,6 角 5 分 500 克,我全包了。"

双方终于成交了。请问,为什么第一个买主遭到拒绝,而第二个买主却能以较低的价格成交?请从沟通战术上进行分析。

点评:

第二个买主之所以能以较低的价格成交,在于先"递上一支烟",从建立感情开始,即先交流而不是先谈价格。然后,细看货品,指出货品中的不足。紧接着,以"农民一年到头也不容易"为铺垫,进行还价。这似乎是站在货主的角度来思考,所还的价是对货主的关心,并以交朋友心态谈生意。

二、交流中的障碍

1.传送者的障碍

(1)目的不明

若传送者对自己将要传递的信息内容、交流的目的缺乏真正的理解,即不清楚自己到底要向对方倾诉什么或阐明什么,那么,信息沟通的第一步便碰到了无法逾越的障碍。正如古语所说:"以其昏昏,使人昭昭",是不可能的。因此,传送者在信息交流之前必须有一个明确的目的和清楚的概念,即"我要通过什么通道向谁传递什么信息并达到什么目的"。

(2)表达模糊

无论是口头演讲或书面报告,都要表达清楚,使人一目了然,心领神会。若传送者口齿不清、语无伦次、闪烁其词,或词不达意、文理不通、字迹模糊,都会产生噪音并造成传递失真,使接收者无法了解对方所要传递的真实信息。

（3）选择失误

对传送信息的时机把握不准，缺乏审时度势的能力，会大大降低信息交流的价值；信息沟通通道选择失误，则会使信息传递受阻，或延误传递的时机；若沟通对象选择错误，无疑会造成不是"对牛弹琴"就是自讨没趣的局面，直接影响信息交流的效果。

（4）形式不当

当我们使用语言即文字或口语和非语言即形体语言（如手势、表情、姿态等）表达同样的信息时，一定要相互协调，否则使人如"丈二和尚摸不着头脑"。当我们传递一些十万火急的信息，若不采用电话、传真或因特网等现代化的快速通道，而通过邮递寄信的方式，那么接收者收到的信息往往由于时过境迁而成为一纸空文。

2. 接收者的障碍

（1）过度加工

接收者在信息交流过程中有时会按照自己的主观意愿对信息进行"过滤"和"添加"。如前面提到的母亲关照父亲不买菜的事例。沟通失败的主要原因是父亲对信息做了过多加工，认为母亲很少嘱咐他买菜，这次一定是特意让他买菜才说那番话。同样，在企业里，由部下向上司所进行的上行沟通，某些部下"投其所好"，报喜不报忧，所传递的信息往往经过层层"过滤"后或变得支离破碎，或变得完美无缺；又如由决策层向管理层和执行层所进行的下行沟通，经过逐级领会而"添枝加叶"，使得所传递的信息或断章取义，或面目全非，从而导致信息的模糊或失真。

（2）知觉偏差

接收者的个人特征，诸如个性特点、认知水平、价值标准、权力地位、社会阶层、文化修养、智商、情商等将直接影响到对被知觉对象即传送者的正确认识。人们在信息交流或人际沟通中，总习惯于以自己为准则，对不利于自己的信息要么视而不见，要么熟视无睹，甚至颠倒黑白，以达到防御的目的。

（3）心理障碍

由于接收者在人际沟通或信息交流过程中曾经受到过伤害和不良的情感体验，造成"一朝遭蛇咬、十年怕井绳"的心理定势，对传送者心存疑惑、怀有敌意，或由于内心恐惧、忐忑不安，就会拒绝接受所传递的信息甚至抵制参与信息交流。

（4）思想差异

由于接收者认知水平、价值标准和思维方式上的差异，往往会出现传送者用心良苦而仅仅换来"对牛弹琴"的局面，或者造成思想隔阂或误解，引发冲突，导致信息交流的中断以及人际关系的破裂。

3. 克服交流障碍的方法

尽管存在上述那么多的沟通障碍，但是沟通现状并非那么令人绝望。俗话说"不怕做不到，只怕想不到"，只要认识到沟通障碍的存在，就给我们妥善处理并排除沟通障碍带来了希望。研究表明，沟通是科学与艺术结合在一起的问题。因而，解决沟通中的思路、理念上的问题和障碍以及沟通中的方法、手段等技术问题就显得非常重要。以下是如何克服障碍，实现有效交流的策略：

（1）使用恰当的交流节奏

"条条大道通罗马"，说的正是实现目标的多种途径的意思。面对不同的交流对象，或面临不同的情境,应该采取不同的沟通节奏,这样方能事半功倍,否则,可能造成严重的后果。如在一个刚组建的项目团队,团队成员彼此会小心翼翼,相互独立,若此时采取快速沟通和参与决策的方式,可能会导致失败;一旦一个团队或组织营造了学习的文化氛围,即组建了学习型组织时,可以导入深度会谈、脑力激荡等开放式的交流方式。

（2）考虑接收者的观点和立场

有效的沟通者必须具有"同理心",能够感同身受,换位思考,站在接收者的立场,以接收者的观点和视野来考虑问题。若接收者拒绝其观点与意见的话,那么传送者必须耐心、持续地做工作来改变接收者的想法,传送者甚至可以反思:我自己的观点是否正确?

（3）充分利用反馈机制

进行沟通时,要避免出现"只传递而没有回馈"的状况。一个完整的沟通过程,要包括信息接收者对信息作出反应,只有确认接收者接收并理解了传送者所发送的信息,沟通才算完整与完成。要检验沟通是否达到目标,传送者只有通过获得接收者的反馈才能确定,如提问、倾听、观察、感受等方式。

（4）以行动强化语言

中国人历来倡导的"言行一致"。语言上说明意图,只不过是沟通的开始。只有化为行动,才能真正最终提高沟通的效果,达到沟通的目的。如果说的一套、做的又是一套,"言行不一致",这种所谓的沟通的结果是可怕的。家长要求子女要努力、上进,养成积极向上的人生观,而自己却沉湎于赌博、搓麻将,请问这种开导式的沟通有效果吗? 在企业中,传达政策、命令、规范之前,管理者最好能够确定是否能真正化为行动。树立了以行动支持语言的信誉后,管理沟通才能真正达到通路与交流的目的,才能在公司内部建立一种良好的相互信任的文化氛围,并使公司的愿景、价值观,使命、战略目标付诸实施。

（5）避免一味说教

有效沟通是彼此之间的人际交往与心灵交流。仅仅试图用说教的方式与人交往则违背了这个原则。当传送者一味打算全面传达其信息时,很难对接收者的感受、反响做出反应,当其越投入、越专注自己要表达的意思,越会忽略接收者暗示的动作或情绪、情感方面的反应,其结果会引发接收者对其的反感与"敬而远之"。

第二节　营销沟通的语言沟通

谈辩之士,资在于口。要想成为一名优秀的沟通人才,没有语言学修养是不行的。沟通中的语言措辞是非常重要的,"言为心声",行为心形,因为叙事清晰、论点明确、证据充分的语言表达能够有力地说服对方,取得相互之间的谅解,协调双方的目的利益,保证沟通的成功。正如沟通专家指出的那样:沟通技巧的最大秘诀之一就是善于将自己要说服对方的观点一点一滴地渗进对方的头脑中去。

（一）营销沟通的语言

人类的语言是丰富的,各民族都有自己的语言,各行各业也有自己的语言。营销沟通中使用的语言从说话者的态度、目的和语言本身的作用来看,可以划分为这五种类型:礼节性的交际语言、专业性交易语言、留有余地的弹性语言、威胁劝诱性的语言和幽默诙谐性的语言等。对一个沟通者来讲,要想掌握沟通语言的运用艺术,就必须首先了解和研究这五种语言在沟通中的功用和特点。

1.礼节性的交际语言

在营销沟通中,融洽友好的气氛是营销沟通顺利进行的重要条件。礼节性交际语言的特征在于语言表达中的礼貌、温和、中性和圆滑,并带有较强的装饰性。在一般情况下,这类语言不涉及具体的实质性的问题。它的功用主要是缓和与消除沟通双方的陌生和戒备敌对的心理,联络双方的感情,创造轻松、自然、和谐的气氛。常用的礼节性交际语言有:"欢迎远道而来的朋友","很荣幸能与您共事","愿我们的工作能为扩大和加强双方的合作作出贡献"等。礼节性的交际语言在运用时,如果能根据情况适当地增加一些文字色彩,其效果会更好。

2.专业性的交易语言

它是营销沟通中的主体语言,该语言的特征表现为:专业性、规范性、严谨性。由于交易在不同的国家、民族之间进行,为了避免在理解上的差别,就需要将交易用语统一的定义和统一的词汇来表达,甚至表达形式也加以符号化、规格化,从而使其语言具有通用性。例如,国际商会编写的《1990年国际贸易术语解释通则》明确了"成本加运费(COR)"、"成本加保险费"、"运费"等等定义及表达方式。另一方面,由于沟通是对双方的权利、责任、义务的划分,而沟通双方又处在不同的社会、政治法律制度的管辖之下,因此,要使沟通双方的权利、责任、义务落在实处,确保执行,减少风险,只有用严谨的措词、逻辑性很强的语言来对此加以描述和规定。这就使得专业性的交易语言具有了严谨性的特征。

有些专业性的交易语言虽然有了有关约定俗成的理解,形成了某些习惯用语,但是,不同国家和地区,仍然存在着某些用语有与众不同的理解或理解上的差异。因此在沟通中,对关键性的涉及双方责任、权利、义务分担的专业性的交易用语一定要向对方讲明确,并取得一致的理解,避免以后的纠纷。

3.留有余地的弹性语言

辩证法告诉我们,世界上没有绝对不变的事物。因此在沟通中运用留有余地的弹性语言能使沟通者进退有余地,并且可以避免过早地暴露己方的意愿和实力。例:"最近几天给你们回信","十点左右"、"适当时候"、"我们尽快给你答复"等等。这些用词都具有灵活性,留有余地,可使自己避免盲目作出反应陷入被动局面。在沟通中常因谈话的余地留得不够或弹性不足而过早地露了底。

有一次某外商向我方购买香料油,出价四十美元一公斤。我方开口便要价四十八美元。对方一听急了,连连摇头说:"不,不,你怎么能指望我出四十五美元以上来买呢?"我方立即抓住时机追问一句:"这么说您是愿意以四十五美元成交,不是吗?"对方只得说:"可以考虑。"最终以四十五美元成了交。这一成交数字比我方原定的数字要高出数元。

在弹性语言中,模糊语言是沟通中经常使用的留有余地的重要手段。模糊语言灵活性强,适应性也强。沟通中对某些复杂的事情或意料之外的事情,不可能一下子就作出准确的判断,就可以运用模糊语言来避其锋芒,作出有弹性的回答,以争取时间作必要的研究和制定对策。如沟通中客方友好地邀请主方去他国访问,主方应按照礼节高兴地答应下来,但在具体日程安排上则常以模糊语言作答。如"我们将在适当的时候去贵国访问"。这个"适当的时候"可长可短,具有相当的灵活性,这样既不使对方不快,又不使自己为难。再如对某些很难一下子作出回答的要求和问题,常以"我们将尽快给你答复","我们再考虑一下","最近几天给你们回音",等等。这里的"尽快"、"最近几天"都具有灵活性、留有余地,同时可使自己避免盲目作出反应而陷入被动局面。

由此可见,留有余地的弹性语言在沟通过程中的合理运用,可以使我们避开直接的压力而给我们的沟通带来主动。

4.威胁、劝诱性的语言

营销沟通始终围绕着利益上的得与失。沟通的某一方如失去了其内在平衡,就容易产生急躁情绪,甚至表现出粗暴的行为。这样就促使威胁语言进入沟通领域,主要是起强化态度,从心理上打击对方的作用,也用于振奋参加沟通人员的工作精神和意志。如:"非如此不能签约","最迟必须在×月×日前签约,否则我方将退出沟通。"可见,威胁性语言在沟通中排斥了犹豫不决,同时也给沟通双方创造了决战气氛,加速了沟通过程。

但不要过多使用威胁性语言,因为这样做往往会强化沟通双方的敌对意识,会使沟通变得更加紧张,也可能导致沟通失败。

在沟通中为了使自己尽可能在有利的情况下达成协议,除了用威胁性语言策略外,劝诱也是一种能使沟通者在沟通中掌握主动、主导沟通方向、左右沟通进程的方法。劝诱是为了把对方的注意力紧紧吸引住,使其沿着我方的思路去思考问题,从而引导对方接受我方的观点,最终做出我方所希望的结论。

1986年南方某玻璃厂与美国E玻璃公司谈判设备引进事宜,在全套引进与部分引进这个问题上僵住了。当然我方希望是国内能生产的不打算进口(部分引进)。我方代表为使谈判达到预期目标,决定采取劝诱策略。他说:"你们E公司的技术、设备和工程师都是世界第一流的。你们投进设备,搞技术合作,帮我们厂搞好,只能用最好的东西,因为这样我们能够全国第一,这不仅对我们有利,而且对你们更有利。"E公司当然听后很高兴,这时气氛随之活跃起来了。于是他话锋一转,接着说:"我们厂的外汇的确很有限,不能买太多的东西,所以国内能生产的就不打算进口了。现在你们也知道,日本、比利时、法国等都在跟我们厂搞合作,如果你不尽快跟我们达成协议的话,那么你们就要失去中国的市场,人家也会笑你们E公司无能。"这番话打破了僵局,最后达成协议。我方省下了一大笔资金,而E公司也因帮助该厂成了全国同行业产值最高、能耗最低的企业而名声大振,赢得了很高的声誉。

由上述可见,威胁语言具有干脆、简明、坚定、自信、冷酷无情的特征;而劝诱语言则是和风细雨,使对方在轻松、舒心的心境中,改变了立场,转而接受我方的观点。

5.幽默诙谐的语言

幽默性语言是思想学识、智慧和灵感在语言运用中的结晶,它诙谐、生动,富于感染力,能引起听众强烈共鸣。因此在日常生活中,具有幽默感的人几乎毫无例外地受到欢迎,在谈判桌上也是一样。幽默诙谐性语言是用一种愉悦的方式让谈判双方获得精神上的快感,从而润滑人际关系,祛除忧虑、紧张。在谈判中,有时本来双方正激烈争论,相持不下,充满火药味时,一句幽默的话会使双方相视而笑,气氛顷刻松缓下来,如:有一次中外双方就一笔买卖交易进行谈判。在某一问题上讨价还价了两个星期仍没结果。这时中方的主谈人说:瞧我们双方至今还没有谈出结果,如果奥运会设立拔河比赛的话我们肯定并列冠军,并载入吉尼斯世界纪录大全。我敢保证,谁也打破不了这一纪录。此话一出,双方都开怀大笑,随即双方都作出让步,很快达成协议。心理学家凯瑟琳说过:"如果你能使一个人对你有好感,那么也就可能使你周围的每一个人甚至全世界的人都对你有好感。只要你不只是到处与人握手,而是以你的友善、机智、幽默去传播你的信息,那么时空距离就会消灭。"因此,有人称幽默语言是谈判中的高级艺术。

(二)营销谈判沟通语言的运用条件

在选择和运用谈判沟通语言时,必须考虑以下几个条件:

1. 对象

谈判的对象不同,所运用的语言也应不同。从总体上讲,必须考虑谈判者的职位、年龄、性别以及沟通者的性格、态度等因素。对职位高的与职位低的、年长的与年轻的、性格内向的与外向的、态度友好的与态度疏远冷落的等等,要使用不同的沟通语言。要做到有的放矢,有针对性。

2. 话题

在沟通不同阶段,针对不同的话题运用不同的语言,才可谓言辞切题。在沟通双方见面寒暄、相互介绍、场下交易以及就某些题外话闲聊时,一般使用礼节性的交际语言,有时也适当使用幽默性语言。这样会给对方一种亲切轻松而又不失郑重的感觉。在沟通过程中涉及合同的条文以及价格等问题时,一般均以专业性交易语言为主,以求准确而严谨地表达意思。当沟通遇到障碍,双方争执不下,可以用威胁劝诱的语言来逼迫对方让步。同时可以用幽默诙谐的语言来调节、缓和场上的气氛。

3. 气氛

谈判结果从本质上讲是没有输赢之分的,但沟通的各方都会设法在沟通过程中争取优势,这不可避免地产生沟通过程的顺利、比较顺利与不顺利的现象,从而导致了不同的沟通气氛。沟通者应把握各种沟通气氛,正确运用沟通语言以争取沟通过程中的主动,如遇价格问题上争执不休,可考虑运用幽默语言,威胁劝诱性语言;在沟通的开始与结束时用礼节性的交际语言等。

总之,随时观察、分析沟通气氛,适时地以各种语言调节沟通气氛,会给沟通带来积极的影响。

4. 双方的关系

从双方关系来讲,经常接触并已成功地进行过多次交易,双方比较了解,这时除了一些必要的礼节性的交际语言外,则以专业性交易语言为主,配以幽默性语言,使双方关系更加密切;对初次接触或很少接触,或虽有沟通但未成功的双方来讲,应该以礼节性的交际语言贯穿始终,以使双方感到可信,在沟通中间以专业性的交易语言来明确双方的权利义务关系,用留有余地的弹性语言来维持和进一步地发展双方关系,使对方由不熟悉转变为熟悉进而向友好过渡。

5. 时机

沟通中语言的运用很讲究时机,时机是否选择适当,直接影响语言的运用效果。

就一般而言,当遇到出乎本方意料,或一下子吃不准而难以准确做出回答的,应选择留有余地的弹性语言;当遇到某个本方占有优势,而双方又争执不下的问题时,可以选择威胁、劝诱性语言;当双方争执激烈、有形成僵局或导致沟通破裂的可能时,不妨运用幽默性的语言;当涉及规定双方权利、责任、义务关系的问题时,则选择专业性的交易语言。

总之,沟通者应该审时度势,恰当地运用各种沟通的语言来达到自己的目的。

第三节　营销沟通的语言艺术

所谓谈判,就是既要"谈"又要"判"。"谈"主要就是运用语言表达自己的立场、观点及交易条件等,而"判"就是判断。由谈判双方对各种信息进行分析综合,通过讨价还价,经过衡量、比较,最后做出判断,以决定最终的谈判结果,并通过语言表达出双方判断的结果。如果交易不成,则需要用口头语言告诉对方;如果交易成功,则既需要用语言通知对方,又必须以契约的形式用书面语言固定下来,以作为双方权利和义务的法律依据。应该说,经贸沟通的整个过程也就是语言技巧运用的过程。因此,语言艺术是经贸沟通的重要组成部分,必须给予足够的重视。

⊞▷【知识链接】

笔者在一次大学生毕业典礼会上的演讲

各位领导、各位来宾,老师们、同学们:

今天我们在这里隆重举行应届毕业生的典礼仪式,我曾经作为一名任课教师有幸与你们部分同学朝夕相处,共同度过一段欢乐教学时光,感到十分欣慰和自豪!请允许我谨代表天目学院教师对这一庆典活动表示热烈的祝贺!

天地悠悠,岁月匆匆;大学如诗,激情豪放;大学如歌,余音绕梁。想当初你们怀着求知若渴的夙愿,带着父老乡亲的嘱托,更带着祖国的希望,迈着矫健的步伐,来到天目学院这所神圣的高等学府,在这里塑造高尚的人格,追求科学的真谛,锤炼健美的体魄,在书山上攀登,在学海里畅游,接受知识经济的洗礼,迎接新世纪的朝阳。

浙江农林大学这块风水宝地是读书做学问的好地方。日出西径,千峰竞秀,林浓纳众生,志超欲登云,强劲拔节立,烟雨沐春风。浙林崛起东湖畔,生态大学植物园,两园相通,天人合一,大学生态化,生态文明化。松风竹节,银杏参天,名树香樟越千种,稀有亿年硅化木。文理通观,东西博采,金屋图书馆,宝典一卷开。荷塘月色东湖现,晨光生辉紫气来,洲心白鹅向天歌,溪畔书声绕亭台。坚忍不拔,不断超越,生态育人筑和谐,创新强校谱新曲。本科评估,业绩优秀;道德国模,行为世范;科技进步,国家嘉奖;创业挑战,全国夺金;大学更名,一举成功。雄关万道,从头跨越!

如果说我们当初的相见是为了寻求知识和积累力量,那么我们今天的相别是为了实现理想,大展宏愿!如果说学院是宁静的港湾,那么,你们就是一艘艘整装待发的战舰,终究要驰向广阔的大海;如果说学院是安全的机场,你们就是一只只展翅高飞的银燕,终究要冲向蓝天!

今天你们从这里出发,即将要走向社会,开拓新的人生征程,此时此刻我想对你们说几句心里话:

人类已经进入 21 世纪,新的世纪是知识经济制胜的时代,特别是我国加入 WTO,国内市场国际化,国际市场国内化,赢得竞争优势,夺取领先地位,获得更大效益已成为全球经济竞争的新景观。

一个国家与另一国家的竞争表面上看是经济上的竞争,而实质上是科技与人才的竞争,但归根到底是在于教育的竞争。舍不得在教育上下本钱就像是种田不施肥一样,久而久之会使地力下降。当今社会知识已成为人们生存、立足、发展的最大资本。读书求知,终身学习的观念已日益深入人心;积蓄智能,终身教育成为新的时尚。生命有限,学海无涯。所以你们获得本科文凭、学士学位只是一个阶段性的学习成果,应该继续深造,向硕士、博士,甚至更高的目标迈进。文凭,心虚的人用它来装饰自己;虚心的人用它来鞭策自己。只有不断自我否定,才会自强不息。自我超越精神,它是一个过程,一种终身修炼。任何事物的发展都需要一个过程,成功是一个过程,而不是结果,不可以因为结果而放弃过程,过程是永恒的,努力是永恒的,结果是暂时的。

希望你们把所学的专业知识运用到社会实践中去。运用到企业生产经营管理中去,解决企业生产经营中的实际问题。既要重视间接经验的学习,更要重视直接经验的积累;既要有悟性、理性、韧性,更要有学识、胆识、见识。在实践中练内功,长才干,创伟业;要爱岗敬业,不断创新,服务民众,回报社会。更不要忘记父母和母校对你们的养育之恩,要常到家中干干,常回母校看看。

今天,在座的还有许多未毕业的在校学生,我借此机会也想对你们说几句心里话:时间的一维性告诉我们:光阴好比河中水,只能流去不复回;失落黄金有分量,错过光阴无处寻。你们在校期间要只争朝夕,珍惜光阴。要以德为本,以勤为径,以学为荣,好学上进。不断拓展才能,提升自我,成就事业,完善人生!

最后,祝愿各位毕业生学业长进,就业顺心,爱情如愿,事业有成,一路顺风!并祝各位来宾身心健康,欢乐常在。

谢谢大家!

(一)营销沟通语言艺术的作用

1.陈述己见,表达主旨

营销沟通是一个复杂的艺术结构体。有时表现为合作,有时表现为对抗;有时步步紧逼,有时又必须妥协让步;有时要说服对方,有时又要拒绝对方;有时需要沟通桌上论辩,有时又需要会下协商;有时需要团体较量,有时需要举兵独进。的确令人眼花缭乱,变幻莫测。但是无论沟通有什么变化,用什么形式来表现,沟通的目的都是十分明确的,那就是沟通双方都希望最大限度满足自己的需求。

为此,要提出种种条件,并为这些条件找出充足的理由。而对方同样提出自己的条件和理由,同时要驳斥另一方的理由,以稳定自己的条件和理由。这一切都需要用语言来陈述己见,突出主旨,表情达意,反馈信息。如果用词不准确,词不达意,语意不清就很难取得良好的效果。所以语言艺术首先要解决的是要"说什么"表达主旨;然后才解决"怎么说",也就是语言艺术问题。人们熟知的三国时期孔明智激周瑜,诸葛亮面对东吴文武百官,嬉笑怒骂,侃侃而谈,或褒或贬,或缓或激,或指斥或讽刺,沉稳潇洒,进退自如;时而如高山流水,气度高雅;时而如握雄兵百万,指挥若定,大义凛然,气势恢宏。使东吴君臣茅塞顿开,促成蜀吴联手,共抗曹兵的大计。一席隆中对,三分天下事。传说在明代有个理发店新开时门前贴出一副对联:"磨利以须,问天下头颅几许? 及锋而试,看老夫手段如何!"令人毛骨悚然,门庭冷落。另一家有一副对联:"相逢尽是弹冠客,此去应无搔首人",取"弹冠相庆""搔首"愁也。"无搔首"即心情舒畅,发理得干净,使人舒适,果然生意兴隆。

2.说服对方,维护己方利益

营销沟通的利益追求,决定了其具有对抗性和说服性的基本特征。沟通既是实力的较量,也是智慧、谋略的斗争。但其表现形式则是一方企图说服另一方的语言交锋。人们总想在营销沟通中用自己的观点去影响和说服对方,让对方在了解和理解的基础上接受你的观点,维护自己的利益。然而,说服别人并不是一件容易的事,在你想说服对方的同时,对方还想企图说服你,这就需要用足语言技巧:或微言大义,说明利害;或旁敲侧击,循循善诱;或快速激问,三思而答;或重言施压,或絮语软磨;或言不由衷,或言必有中。出色的沟通大师总是善于鼓动如簧巧舌,调动语言的各种形式,将语言艺术的各要素巧妙搭配,适时恰当地抛出己方的沟通筹码,从而取得沟通成功。

从前有个技艺高超的理发师,给宰相修面修到一半时把眉毛刮掉了,急中生智停下刀看着宰相的肚皮,仿佛要看透对方的五脏六腑。宰相问:"这肚皮人人皆有,有什么好看的?"理发师解释:"人们常说宰相肚里能撑船,我看大人的肚皮并不大,怎样能撑船呢?"宰相哈哈大笑:"那是说宰相的气量大,能容一些小事,从不计较。"理发师扑通下跪,声泪俱下请恕罪。宰相一听啼笑皆非,没了眉毛今后怎么见人。正要发怒,宰相又想到不是说气量大又怎能治罪,于是便温和地说拿毛笔画上来即可。

3.缓和紧张气氛,融洽双方关系

任何沟通都是在一定的气氛中进行的,气氛的发展变化直接影响着整个沟通的前景。友好热烈的气氛能促使双方达成一致的协议,而冷淡紧张的气氛则会把沟通推向严峻的境地,甚至导致沟通的破裂。因此,要尽量创造和谐友好的沟通气氛。

俗话说:"良言一句三冬暖,恶语伤人六月寒"。"良言"就是指讲究艺术的语言,在沟通中融洽友善的沟通氛围既是良好人际关系的产物,又是其表现。沟通者的语言文明、言辞得体,自然有利于沟通双方建立良好的人际关系,进而营造理想的沟通氛围。反之,若不讲究语言艺术,生冷僵硬,甚至出言不逊,恶语伤人,必然导致对方的反感和不满,从而给沟通制造心理障碍,甚至导致沟通的破裂。当然沟通中的语言文明、言辞得体,这只是起码的要求。出色的语言艺术在沟通中还可以使人转忧为喜,转怒为和,缓解冲突,化解矛盾,变不利态势为有利态势等等。1989年,前苏共总书记戈尔巴乔夫来华访问,与邓小平同志在京会晤。当时邓小平同志回顾中苏断交的历史事实,并指出主要是由苏方引起的。戈尔巴乔夫很不自在,当时气氛紧张,在场的工作人员也捏着一把冷汗。可是,邓小平同志只用了八个字"结束过去,开辟未来"。话锋一转,气氛马上得到调节,使谈判始终在和谐友好的气氛中进行。

(二)营销沟通中的语言表达艺术

1.观点鲜明,措词准确

谈判中"辩"的目的,就是要说明自己的观点。论辩的过程就是通过摆事实,讲道理,说明自己的观点和立场。法国作家雨果说:"语言就是力量。"准确巧妙的语言表达能力,是谈判艺术风格的具体体现,谈判中的语言文字必须准确无误,合同的条款要仔细推敲,即使口语也要层次分明,措词准确。王安石的"春风又绿江南岸"的"绿"字,就是追求用词准确、生动的千古佳话。如唐代诗人贾岛为推敲文字,经常到如痴如醉的地步。有一次他经过长安朱雀大街,时值深秋风卷落叶,也卷起了他的诗意,吟出了"秋风吹渭水,落叶满长安"的佳句。又有一天,贾岛骑在驴上,忽然得句"鸟宿池边树,僧敲月下门",初拟用"推"字,又思改为"敲"字,在驴背上引手作推敲之势,不觉一头撞到京兆尹韩愈的仪仗队,随即被人押至韩愈面前。贾岛便将做诗得句下字未定的事情说了,韩愈不但没有责备他,反而立马思之良久,对贾岛说:"作'敲'字佳矣。"这样,两人竟做起朋友来。

⬡▷〖小案例 10-2〗

两个女婿

从前,有个大财主,他有两个女儿。大女儿生性傲慢,嫁了一个有钱人家。二女儿性情善良、刚直,嫁了一个种田人。财主对大女婿百般奉承,对二女婿则百般挑剔。

一年春天,两女婿不约而同来到了财主家里。吃完饭,财主有意想要数落一下二女婿,显示一下大女婿的文采。于是便将两人带到屋外去见物提问。这时正是雨过天晴,阳光灿烂,田野中蛙声成片,河岸边柳丝青青,好一派生机勃勃景象。前边池塘里几只白鹅在引颈高歌,这时财主问这鹅的声音为何如此之大? 大女婿摇头晃脑地说:"鹅有长颈之优。"财主马上伸出大拇指称赞:"讲得好!"二女婿冲口而出:"不对。青蛙没有长脖子,叫起来声音也那么大?"财主和大女婿无话可驳。他们继续向前走,来到一条小河边,只见一群鸭子在河口戏水,有的在岸边跳上跳下。财主便问:"这鸭子上岸后身上为何没有水?"大女婿说:"鸭有吸水之毛。"二女婿反问一句:"船身上没有一根毛,上岸后为什么也没有水?"问得大女婿张口结舌。三人沿河继续往前走,来到一片竹林里,只见春笋破土而出,茁壮成长。财主问:"笋为何能破土而出?"大女婿洋洋自得地说:"笋有尖嘴之利。"二女婿反驳说:"这话不对,蘑菇不是尖嘴,为什么也能从土里长出来?"财主和大女婿无言以对,脸红脖子粗悻悻而去。大女婿之所以被二女婿驳得哑口无言,因为大女婿的语言缺少准确性。鹅的叫声不是因为它有一个长脖子;鸭子身上没水不是它的毛能吸水;笋所以能破土而出,关键并不在于它有一个尖利的嘴。怎样才能准确呢?

第一,知识要准确,以上的例子大女婿所犯错误就是知识不准确,不懂装懂,害己害人。知之为知之,不知为不知是知也。第二,用语用词要准确,谈判语言是由字词组成的,语言是否准确和用词是否准确有密切的关系。一字之差,意思相反。例如,一位年过七旬的华侨独自回国观光。服务员小李很热情,并说:"下次欢迎您和您的爱人一道来"。老华侨很不高兴,经了解原来家乡"爱人"这个词是"情人",七旬老人大动肝火,用语不当,引起误会。

⬡▷〖小案例 10-3〗

制鼓歌

古代有一首"制鼓歌",原文 16 个字:"紧蒙鼓皮,密钉钉子,天晴落雨,一样声音。"后来有人压缩为 12 个字:"紧蒙皮,密钉钉,晴和雨,一样音。"更有大胆者只留 8 个字:"紧蒙,密钉,晴雨,同音。"跟原文相比毫不逊色。

　　为了准确表达语言,要寻找最准确的一个词。鲁迅先生笔下的《孔乙己》中,人们问孔乙己"你怎么连半个秀才也捞不着呢?"如按通常说法"怎的连个秀才也考不上呢?"就索然无味了。

　　语言是否准确,直接影响到你表达的思想是否准确。要想准确地表情达意,沟通语言的准确性是必备前提。经济合同中因一字之差或标点有误,造成巨大的经济损失不乏其例。浙江省三门县一家商行向内蒙古呼和浩特市一家皮货收购站购买一批优质羊皮。商行对羊皮的质量要求大小是四平方尺以上,无剪刀斑。但在合同上不慎写成"羊皮四平方尺以上、有剪刀斑的不要",误把句号作顿号,羊皮大小要求与原意恰好相反,误用一个标点符号造成直接经济损失 10 多万元。又如,我国乌鲁木齐市发生的错把"乌"字作"鸟"字,致使价值 18万元挂面的包装袋报废,真是"一点失万金"。还有错把"订金"当"定金"一字损失数万元。其原因就是有关沟通人员不懂得"细节中有魔鬼"这一深刻道理。在起草文件时,沟通人员必须有高度的责任感,要一丝不苟,慎之又慎,每一个问题、每一个段落、每一句话、每一个词,甚至一个标点符号、计量单位都必须认真加以斟酌。因为沟通的结果最终要落实到文字上,稍有疏忽可能铸成无法挽回的损失。

　　2. 思维敏捷,论证严密

　　营销谈判中的论辩,往往是双方在进行磋商时遇到难解的问题才发生的。因此,一个优秀辩手应该是头脑冷静、思维敏捷、论证严密而富有逻辑性的人。只有具有这种素质的人,才能应付各种各样的难题,从而摆脱困境。任何一个成功的谈判者都具有思路敏捷、逻辑性强的特点。为此,谈判人员应加强这方面的基本功训练,培养自己的逻辑思维能力,以便在谈判中随机应变。特别是在谈判条件相当的情况下,谁能在互辩过程中思路敏捷,谁就能在谈判中技高一筹,战胜对手。只要你谙熟逻辑知识,掌握谈判制胜的逻辑技巧,淋漓尽致地发挥你的逻辑才能,你所掌握的信息就会变为一把利矛,直刺对方,无论对手的盾修炼得如何牢固,最终将对你十分有利。逻辑是谈判中批驳谬误、摆脱困境、出奇制胜的武器。

⇨【小案例 10-4】

语言的魅力

　　1961 年,一个外国记者,以挑衅的口吻问周恩来总理:"中国这么多人口,是否对别国有扩张领土的要求?"周总理严正回答:"你似乎认为一个国家向外扩张,是由于人口太多。我们不同意这种看法。英国的人口在第一次世界大战以前是 4500 万,不算太多,但是英国在很长时间内曾是'日不落'的殖民帝国。美国的面积略小于中国,而美国的人口还不到中国人口的 1/3,但是美国的军事基地遍布全球,美国的海外驻军达 150 万人。中国人口虽多,但是没有一兵一卒驻在外国的领土,更没有在外国建立一个军事基地。可见一个国家是否向外扩张,并不决定于它的人口多少。"

　　在这段驳论辞中,周总理借助比较对照的方法,论证严密,思路敏捷,有力地批驳了对方的观点。在生活中,具有幽默感的人总是令人喜欢。受人欢迎的恩格斯说:"幽默是具有智慧、教养和道德上的优越感的表现。"在沟通这样一个社交的场合,幽默风趣的谈吐是沟通中的润滑剂、兴奋剂、消炎剂。它能够调节气氛,放松心情,打破僵局,化解对立。让沟通双方在轻松愉快的状态下交流思想,沟通信息,谋求一致。幽默作为一种语言艺术,是人的智慧的结晶,其作用是十分巨大的。

首先,有助于创造和谐的沟通气氛。沟通是一项艰苦紧张的工作,偶尔的笑声会使沟通在一瞬间变得轻松、愉快。风趣幽默的语言能使紧张沉闷、扑朔迷离的沟通气氛得到调节,促进沟通双方的合作,提高效率。

其次,有利于缓解冲突,化解冰霜,甚至化干戈为玉帛。沟通中的冲突是不可避免的。但冲突形式各异,有的是急风暴雨,也有的是和风细雨,如用幽默语代之以激烈的言辞,就会化干戈为玉帛。

北京的一辆公共汽车因急刹车,有个知识分子模样的人无意撞到一个女青年身上,女青年责备说:"德行",那人解释说:"是惯性",引起乘客的笑声,女青年也笑了。

再次,幽默语言能增添论辩的力量,避开对方的锋芒。营销沟通中辩论是司空见惯的,辩论激烈则咄咄逼人,常导致沟通气氛紧张。因此在辩论中运用幽默的语言,一可避开对方咄咄逼人之态势,二可给运用者增添魅力与力量,三可体现运用者的素质风度与信心。幽默语言如流水之柔,刚中有柔,柔中有刚,刚柔相济。可于谈笑挥洒自如之间,瓦解对方的攻势。可以在沟通桌上自由驰骋,游刃有余。其语言锐利而不失和气,针锋相对而不失委婉,绵里藏针而不失幽默。即使剑拔弩张,紧张的气氛也会顷刻释然,这就是幽默语言艺术魅力之所在。

3. 有声无声,话度适中

沟通不仅是语言的交流,同时也是行为的交流。内有所思,外有所表。体语、态势语等作为一种语言形式,也在传递着各种各样的信息。营销沟通有时需要沟通者伶牙俐口,或如小溪流水,潺潺东流;或如春风化雨,随风潜入夜,润物细无声;或如暴风骤雨,倾盆而下;或如冲锋陷阵,爆竹连响。有时需要沟通人员一言不发,沉默是金。从语言概念来讲,沉默也是一种语言,或点头摇头,或耸肩摆手,或装聋作哑,或以坐姿表现轻蔑,或以伏案记录表示重视。眨眼摸耳皆含深意,一颦一笑皆成曲调,恰到好处的沉默不仅是一种语言艺术,而且有时能做到"此时无声胜有声",达到语言艺术的较高境界。

营销沟通谈判从本质上就是既竞争又合作的人类互动的高级形式,语言作为沟通双方为了彼此竞争和合作而交流沟通的工具,特别要讲究艺术性,话度适中,谈话彬彬有礼,处事富于情感又不乏理智;意志顽强又善于适度适时让步;善于交际又不失原则,长于用谋又无可挑剔;威而不怒,严而不骄,冷而不寒,热而不躁,不卑不亢,落落大方。谈判桌上是对手,谈判场外是朋友;每临大事有静气,凡遇原则皆商量;重大问题不让步,次要问题得饶人处且饶人;军师之智和大将风度集于一身。这一切都需要话度适中的原则。说度适中是指与说话质量语言艺术相关的各种因素都要掌握适度的原则,防止"过犹不及"。说度包括:听度、力度、深度、信度等。

首先,注意听度,也就是让听者可以接受的程度,会说的不如会听的。表述中注意渗入听者顺心的话以及某些靠近其念想的条件,听者自然爱听,注意听。要激发对方的兴趣,语出惊人,造成悬念,引人入胜,适应语境。否则,听者将跟不上沟通思路,就摸不到沟通的脉搏,更达不成协议。

其次是力度,指沟通者论述中说话的强弱与用词的锋芒。声强表现为声音强劲有力,但不是高喉咙大嗓门;而声弱,表现为声轻而有气度,这样既使声调抑扬顿挫,又使论述内容富有感情色彩。

再次是深度,指语言及其内容的深刻全面程度。在论述中,灵活变化的深度可以反映不同的论述目的。只有长度没有深度,泛泛而谈,不得要领,不如画龙点睛,一语破的。军事上有句术语"伤其十指不如断其一指"。要使深度适当,还要注意结合问话的技巧,什么时候问话,怎样问话都是很有讲究的。对手直率,提问要简洁;对手内向,提问要含蓄;对手严肃,提问要认真;对手暴躁,提问要委婉;对手开朗,提问要随意。不可千篇一律,"酒逢知己千杯少,话不投机半句多"。

再其次是信度,是指表述显得真诚实际,使其有说服力的程度。越真诚实际,说服力度越大;反之越小。"精诚所至,金石为开"。诚信对做人来讲是人格,对沟通作风而言是风格。言而有信,对手放心,以心换心,真诚求实,令促进良好的沟通结果达成协议。"谈心要交心,交心要知心,知心要诚心"。因此,真诚与实际决定了信度,有信度才会有说服力。切记:一个高明的沟通者应该是精明的,难以应付的,但同时必须是一个言而有信的人,要做一个既精明又可信赖的沟通者。最后必须指出,由于营销沟通的"谈"占据着重要的地位,自然语言艺术是营销沟通的主要研究课题之一。但是,对于语言艺术的掌握,绝非只是语言本身问题。陆游说:"汝果欲学诗,功夫在诗外"。这就是说,语言艺术水平的高低,反映着一个人的知识、智慧、能力和思想修养。有人说沟通者要有哲学家的思维,企业家的头脑,外交家的嘴巴,宣传家的技巧,军事家的谋略。只有从根本上不断提高自己各方面的综合素养,才能得心应手,恰到好处地驾驭语言艺术。说到底,语言艺术只是沟通者知识、智慧、才华等内在素质的外在表现,沟通人员没有扎实的内在功夫,就没有高超的语言艺术。鲁迅先生提出字的修辞要做到"三美",即"音美以感耳,形美以感目,意美以感心",只有这样推敲文字,做到音美、形美、意美,才能收到美化语言、交流思想、说服他人的效果。要使语言精益求精,就必须做到以下三点:一是要下苦功,"吟安一个字,拈断数茎须",不能马虎。二是要高标准,严要求,"有得忌轻出,微瑕须细评",刻意追求最佳表达效果。三是贴切自然,不要堆砌辞藻,要追求"句险语曲","一句能令万古传",无论是句式的选择,还是句意的酝酿,都要千锤百炼,才能炉火纯青,美自天成。

4. 把话说到对方的心坎上

要说服对方,必须要寻找对方能接受的谈话起点,即寻求与对方思想上的共鸣,把话说到对方的心坎上。

☞【小案例 10-5】

作家李准的巧言妙语

在"常香玉舞台生涯五十周年庆祝舞会"上,电影导演谢添让作家李准出个节目:用三句话把常香玉说哭。李准看实在推不掉了,只好求常香玉说:香玉,别难为我了,你还是我的救病恩人呢?我十岁那年,跟难民逃荒到西安,捧着您施舍的粥,泪往心里流,想日后见到恩人，一定给叩个响头！哪想"文革"中，找您找不着，在您被绑在大卡车上游街时却见到了您，我在街旁暗暗流泪，真想喊："让我替她吧！她是我的恩人哪！"三句话把常香玉说哭了，在场的人也抹起了眼泪。李准曾说："没有几下绝招，难得当个作家"。关键是了解对方的伤心史，把话说到对方的伤心处。

"人怕伤心，树怕伤根"。在沟通中，不伤对方的面子与自尊，维护面子与自尊是一个极其敏感而又重要的问题。称谓的艺术也不可忽视。皮埃尔·史密司好不容易当上了纽约市总督，新官上任三把火，第一把是前往监狱视察。同犯人讲话"我的公民们"，觉得不对，改口为"我的囚犯们！"，又不对，只好自嘲地说："嗯，不管怎么样，我很高兴地看到你们这么多人在这里。"越说越不是滋味。究竟如何称呼好呢？曲啸同志给我们以启示。1983年曲啸应邀去某市给少年犯罪分子演讲。他先对开头的称呼仔细斟酌：称"同志"呢不行，对方没有资格，曲啸也不是犯人；称"犯罪的人"呢也不行，这就等于揭了他们的秃疮疤。最后在开头时这样演讲："触犯了国家法律的年轻朋友们！"全场掌声雷动。他们听到了难以听到的称呼，顿时激动得流下了眼泪。他们听到了难以听到的称呼，顿时感到人格在升华，人生价值在展现，重新做人的愿望在召唤！史的失败和曲的成功说明小至开场的称谓都不可忽视。

5.学会运用幽默语言

幽默意为言语或举动生动有趣而含义较深，幽默对于沟通有着不可忽视的作用。当气氛紧张时幽默就像降压灵、镇静剂一样，可以有效地缓和气氛，运用得好可以化干戈为玉帛，变紧张为愉悦，创造出友好和谐的沟通气氛。在沟通中，由于有的人激动得手舞足蹈，你可提示：喂，这是沟通场合不是舞台。如何创造和谐幽默的气氛？

(1)快速构想

先确立目标然后设想分几步达到目标。请看下面例子：一个顾客在酒店喝啤酒，他喝完第二杯之后，转身问老板："你这一星期能卖多少桶啤酒？""7桶"，老板因生意不佳有些不悦，顾客说那么还有一个办法，能使每星期卖掉70桶。老板很惊异，忙问什么办法？很简单，每个杯子倒满就行，先询问然后抛出诱饵，最后实现目标。

(2)超常规联想

幽默产生于语言的反常组合，超常规的思路，思路又来源于超常规的联想。下面是某餐馆内顾客和服务员的对话。

顾客："我的菜还没做好吗？"

服务员："你订了什么菜？"顾客："炸蜗牛"。

服务员："我下厨看一下，请稍等片刻。"

顾客："我已经等了半小时了！"

服务员："这是因为蜗牛是行动迟缓的动物。"两人都会意地笑了。

(3)故意曲解

对方的话可能有多种解释，故意在字面上违背对方的意愿。如：顾客吐米饭中的砂子，服务员说"都是砂子吧"，顾客说"不也有米饭"。

(4)巧妙对接

接过问句，将原有的词语或语序稍加改动，做出形式相似内容相反的回答。如：

穷人：早上好，先生，你今天出来得早啊？

富人：我出来散步，看看是否有胃口对付早餐。你在干什么？

穷人：我出来转转，看看是否有早餐对付胃口。

形式变化小，内容变化大，一小一大的反差，造成了幽默的效果。

（5）一语双关

利用词语的多义或谐音给词赋予两个或两个以上的含义，使你的语言委婉、含蓄、耐人寻味。例：罗蒙诺索夫家境贫困，童年时非常穷。他成名之后，仍然保持着朴素而简单的生活，衣着不讲究，每天研究学问。一天他遇到一个不学无术，专门讲究吃穿的人，见罗的衣服破了一个洞，就指着洞说："从这里可以看到你的学问吗？"面对他的讽刺，罗说："不！从这里可以看到愚蠢。"一句话说得那人无地自容。

6.归谬引申

这是一种先顺着对方的思路说下去，然后当谬误十分明确时，对方自然明白自己的错误所在，达到说服的作用。

甲：我家有一面鼓，敲起来方圆百里能听得见。

乙：我家有头牛，在江南喝水，头可以伸到江北。

甲连连摇头说："哪有这么大的牛？这是在吹牛。"

乙说："你怎么连这一点都不懂，没有这么大的牛，就没有这么大的牛皮蒙你的鼓"。讽刺了甲的吹牛。

7.注意说话的方式

在沟通中，交谈陈述是表达立场、澄清事实的基本方法。因此，要做到观点明确、层次清楚、态度诚恳、声调平和、简练流畅，切忌夸夸其谈、故弄玄虚、语气傲慢、强加于人。下面介绍成功交谈陈述的8种态度。

（1）要感兴趣。对正在进行谈话、谈话人及其所作所为表现出浓厚的兴趣，不要只对熟人感兴趣，而对所有参加谈话的人都感兴趣，目光也不总是停留在一个人身上。

（2）神情愉快。要面带微笑，而不能愁云满面。周恩来在万隆会议上是用微笑征服了全世界。

（3）与人友善。不能讥笑、挖苦对方，否则沟通难以顺利进行。

（4）随机应变。应具有随机应变的能力，固执和僵化在沟通中是没有市场的。例：乾隆问纪晓岚："忠孝"二字怎么解释？纪晓岚答曰："忠孝二字就是说：君要臣死，臣不得不死。"皇上说："那我现在下圣旨让你去死。"纪晓岚跑出去"死"。可不一会儿又回来了。皇上问："纪晓岚你怎么没死又回来了？"纪晓岚说："我正准备跳江而死，可遇上屈原了。屈原说'我当年投江自尽是没办法，当年楚王是昏君，当今圣上圣明，你去问皇上是否是昏君，然后再死也不迟'，所以我就回来了。"皇上和众臣都笑了。这真是一席妙语抵圣旨。

（5）有张有弛，有时活跃有时紧张严肃，一定的安静是必不可少的。

（6）三思而后行，沟通也是如此，想好了再说而不是说了再想。

（7）谦恭有礼，礼貌是有声的力量。

（8）谈话要适应语境。

8.应避免音词

（1）极端性语言。

（2）针锋相对的语言：开价五万，一点也不能少，不用讲了，就这样定了。

(3)涉及对方隐秘的语言:是否你们的公司没点头。

(4)有损对方自尊心:买不起明讲,开价就低些。

(5)催促对方的语言:快点答复,马上考虑。

(6)赌气的语言:上次成交让你们赚了五万,这次不能再占便宜了。

(7)言之无物:如我还想说,真的吗?

(8)以我为中心:我的看法变成你,效果不同。

(9)威胁性的语言:请考虑后果,这是不给你留后路。

(10)模棱两可的语言。"不但、而且、有可能,大概、也许、不一定……"

⇨【小案例 10-6】

沟通故事——秀才买柴

有一个秀才去买柴,他对卖柴的人说:"荷薪者过来!"卖柴的人听不懂"荷薪者"(担柴的人)三个字,但是听得懂"过来"两个字,于是把柴担到秀才前面。

秀才问他:"其价如何?"卖柴的人听不太懂这句话,但是听得懂"价"这个字,于是就告诉秀才价钱。

秀才接着说:"外实而内湿,烟多而焰少,请损之。(你的木柴外表是干的,里头却是湿的,燃烧起来,会浓烟多而火焰小,请减些价钱吧。)"卖柴的人因为听不懂秀才的话,于是担着柴就走了。

沟通者平时最好用简单的语言、易懂的言词来传达讯息,而且对于说话的对象、时机要有所掌握,有时过分的修饰反而达不到想要完成的目的。

第四节　倾听对方的讲话

营销沟通中的倾听,不仅指运用耳朵这种听觉器官的听,而且还指运用眼睛去观察对方的表情与动作。这种耳到、眼到、心到、脑到的听,称之为倾听。会说不如会听。

(一)倾听的作用

1.倾听是了解对方需要,发现事实真相的最简捷的途径,以达到知己知彼。

2.注意倾听是给人留下良好印象,改善双方关系的有效方式之一。它可以使我们不花费任何力气,取得意外的收获。

3.会使我们掌握许多重要语言及习惯用法。

4.还可以了解对方态度的变化。

（二）影响倾听的障碍

1. 自我表白；

2. 先入为主；

3. 急于反驳；

4. 证据不足就轻易下结论；

5. 急于记住每一件事情，主次不分；

6. 不注意，没兴趣；

7. 其他事分心；

8. 越过难以对付的；

9. 主动放弃不喜欢的材料；

10. 定式思维。

[小思考]

当谈判对手在陈述与你不同的观点时，你如何看待？

答：更要认真听，听全。因为喜欢听不同意见，善于处理不同意见，才会获得成功。

（三）学会倾听

要学会约束自己，控制自己的言行。要具体做到如下几点：

1. 积极主动地听。要心胸开阔，抛弃先入为主的观念。在对方发言时为了摸清对方的底细要保持积极的态度，以便在谈话中获取较多的信息（听话听音、锣鼓听声）。

2. 有鉴别地听。要全神贯注，努力集中注意力，在专心致志的基础之上，听者要去粗取精，除伪存真，由此及彼，由表及里。

3. 有领会地听。沟通者在沟通中必须谨慎行事，关键性话语不要随意出口，要细心领会对方提出问题的实质，才有可能找出摆脱难题的办法来。

4. 及时作出反馈性的表示。如欠身、点头、摇头、微笑或反复一些较为重要的句子，或提出几个能够启发对方思路的问题。从而使对方产生被重视感，有利于沟通气氛的融洽。

5. 注意察言观色。对对方的一言一行、举手投足都不放过，并通过目光、脸色、手势仪表、体态等来了解对方的本意。

6. 作必要的记录。好记性不如烂笔头。

总之，倾听是谈话技巧的重要组成部分，只有听好，才能问好、答好、辩好，从而圆满地完成沟通任务。

第五节 成功地运用发问

要想了解对方的想法和意图，掌握更多的信息，倾听和发问都是必要的。这二者相辅相成，倾听是为了发问，而发问则是更好地倾听。营销沟通中，经常运用提问技巧作为摸清对方真实意图、掌握对方心理变化以及明确表达自己意见观点的重要手段。通过提问，可以引起对方的注意，对双方的思考提供既定的方向；可以获得自己不知道的信息、不了解的资料；可以传达自己的感受，引起对方的思考；鼓励对方继续讲话；转换话题；做出结论；可以控制沟通的方向等。

（一）问话的作用

沟通中的提问是摸清对方的真实需要，掌握对方的心理状态，表达自己观点意见进而通过沟通解决问题的重要手段。提问在营销沟通中扮演着十分重要的角色。提问有助于信息的搜集，引导沟通走势，诱导对方思考，同时对方的回答也可相对形成有效的刺激。

1.使用间接的提问方式。间接提问使表达更客气，更礼貌。在营销沟通中，提问几乎贯穿沟通的全过程，大多数的提问都是说话人力求获得信息，有益于说话人的。这样，根据礼貌等级，提问越间接，表达越礼貌。

2.使用选择性的提问方式。某商场休息室里经营咖啡和茶，刚开始服务员总是问顾客："先生，喝咖啡吗？"或者是："先生，喝茶吗？"其销售额平平。后来，老板要求服务员换一种问法，"先生，喝咖啡还是茶？"结果其销售额大增。原因在于，第一种问法容易得到否定回答，而后一种是选择式，大多数情况下，顾客会选一种。

3.把握好提问的难易度。刚开始发问时，最好选择对方容易回答的问题，比如："这次假日玩得愉快吗？"这类与主题无关的问话，能够松弛对方紧张谨慎的情绪。如果一开始就单刀直入提出令人左右为难的问题，很可能使场面僵化，争端白热化，得不偿失，因此可以采用先易后难的提问方式。

4.使用恭维的表达方式。在营销沟通的初期很难把握对方的真实意图，很难提出有效的问题，沟通很难有实质性的进展，当务之急就是了解对方的真实意图等相关信息。从语用策略讲，通过赞美有可能探测对方沟通意图，获得相关信息；从心理策略讲，赞美可以缩短沟通双方的心理距离，融洽沟通气氛，有利于达成协议。但是运用赞美恭维的沟通战略时，需要注意以下几点：第一，从态度上要真诚，尺度上要做到恰如其分，如果过分吹捧，就会变成一种嘲讽。第二，从方式上要尊重沟通对方人员的个性，考虑对方个人的自我意识。第三，从效果上要重视被赞美者的反应。如果对方有良好反应，可再次赞美，锦上添花；如果对方显得淡漠或不耐烦，我方则应适可而止。

（二）问话的技巧

例：有一个祈祷者问牧师："我可以在祈祷时吸烟吗？"牧师说，不可。另一位说："我可以在吸烟时祈祷吗？"收到不同的效果，这就是问话的技巧。

有人主持会议经常愿意这样说："不知各位对此有何高见？"虽从表达上看这种问话很好听，但效果很不好，与会者都不做声。高见？众目睽睽，谁敢肯定自己的见解就高人一等呢？倒不如说："各位有什么想法呢？"这样的效果会更好一些。

由此看来，问话的技巧是很重要的。提问技巧有如下几点：

1.把握提问的时机

沟通时要把握提问的时机。提问时机把握得好有助于引起对方的注意。一般情况下，发问的时机有三个：一是对方发言完毕之后提出；二是在对方发言停顿、间歇时提问；三是自己发言前后提问。前两者是为了不打断对方发言，而第三者则是为了进一步明确对方发言的内容，此目的是为了探测对方的反应。什么时候问话，怎样问话都是很有讲究的。时机有哪些？

（1）在对方发言结束后提问。发言时不要随意打断，打断别人的发言是很不礼貌的，还极易引起对方的反感，影响沟通情绪。对方发言时要积极地、认真地倾听，做好记录，待对方发言结束时再问。这样既体现了尊重对方，也反映出自己的修养，还能全面地、完整地了解对方的观点和意图。

（2）在对方发言的间隙中提问，如果对方发言冗长，纠缠细节影响沟通进程，可利用对方点烟、喝水的瞬间提问，见缝插针。

（3）自己发言后，试探对方的反应，使沟通沿着自己的思路发展。例如："我们的基本观点和立场就是这些，不知您有什么看法？"

2. 要看提问的对象

沟通对手的性格不同，提问的方法就应有所不同。对手直率，提问要简洁；对手内向，提问要含蓄；对手严肃，提问要认真；对手暴躁，提问要委婉；对手开朗，提问要随意，不可千篇一律。

3. 要注意提问的逻辑性

沟通时提出问题一定要讲究逻辑性，跳跃性不宜太大，按照事物的规律，先从最表面、最易回答的问题问起，或者是先从对方熟悉的问题问起，口子开得小些，然后逐渐由小到大，由表及里，由易到难。

营销沟通中常以"问"作为摸清对方需要，掌握对方心理，表达自己感情的手段。如何"问"是很有讲究的，重视和灵活运用发问的技巧，不仅可以引起双方的讨论，获取信息，而且还可以控制沟通的方向。到底哪些问题可以问，哪些问题不可以问，为了达到某一个目的应该怎样问，以及问的时机、场合、环境等，有许多基本常识和技巧需要了解和掌握。"问"一般包含3个因素：问什么问题、何时问、怎样问。

（三）营销沟通中问话的类型

1. 封闭式发问

封闭式发问指在特定的领域中能带出特定的答复（如"是"或"否"）的问句。例如："您是否认为售后服务没有改进的可能？""您第一次发现商品含有瑕疵是在什么时候？"等。封闭式问句可令发问者获得特定的资料，而答复这种问句的人并不需要太多的思索即能给予答复。但是，这种问句有时会有相当程度的威胁性。

2. 澄清式发问

澄清式发问是针对对方的答复，重新提出问题以使对方进一步澄清或补充其原先答复的一种问句。例如："您刚才说对目前进行的这一宗买卖可以取舍，这是不是说您拥有全权跟我们进行沟通？"澄清式问句的作用在于：它可以确保沟通各方能在叙述"同一语言"的基础上进行沟通，而且还是针对对方的话语进行信息反馈的有效方法，是双方密切配合的理想方式。

3. 强调式发问

强调式发问旨在强调自己的观点和己方的立场。例如："这个协议不是要经过公证之后才生效吗？""我们怎能忘记上次双方愉快的合作呢？"

4. 探索式发问

探索式发问是针对对方答复，要求引申或举例说明，以便探索新问题、找出新方法的一种发问方式。例如："这样行得通吗？""您说可以如期履约，有什么事实可以证明吗？""假设我们运用这种方案会怎样?"探索式发问不但可以进一步发掘较为充分的信息,而且可以显示发问者对对方答复的重视。

5. 借助式发问

借助式发问是一种借助第三者意见来影响或改变对方意见的发问方式。例如:"某某先生对你方能否如期履约关注吗?""某某先生是怎么认为的呢?"采取这种提问方式时,应当注意提出意见的第三者,必须是对方所熟悉而且是他们十分尊重的人,这种问句会对对方产生很大的影响力;否则,运用一个对方不很知晓且谈不上尊重的人作为第三者加以引用,则很可能会引起对方的反感。因此,这种提问方式应当慎重使用。

6. 强迫选择式发问

强迫选择式发问旨在将己方的意见抛给对方,让对方在一个规定的范围内进行选择回答。例如:"付佣金是符合国际贸易惯例的,我们从法国供应商那里一般可以得到3％—5％的佣金,请贵方予以注意好吗?"运用这种提问方式要特别慎重,一般应在己方掌握充分的主动权的情况下使用,否则很容易使沟通出现僵局,甚至破裂。需要注意的是,在使用强迫选择式发问时,要尽量做到语调柔和、措辞达意得体,以免给对方留下强加于人的不良印象。

7. 证明式发问

证明式发问旨在通过己方的提问,使对方对问题做出证明或理解。例如:"为什么要更改原已定好的计划呢,请说明道理好吗?"

8. 多层次式发问

多层次式发问是含有多种主题的问句,即一个问句中包含有多种内容。例如:"你是否就该协议产生的背景、履约情况、违约的责任以及双方的看法和态度作出说明?"这类问句因含过多的主题而使对方难于周全把握。

9. 协商式发问

协商式发问是指为使对方同意自己的观点,采用商量的口吻向对方发问。例如:"你看给我方的折扣定为3％是否妥当?"这种提问,语气平和,对方容易接受。

(四)提问的时机

1. 在对方发言完毕之后提问

在对方发言的时候.一般不要急于提问,因为打断别人的发言是不礼貌的,容易引起对方的反感。当对方发言时,你要认真倾听,即使你发现了对方的问题,很想立即提问,也不要打断对方,可先把发现的和想到的问题记下来,待对方发言完毕再提问。

2. 在对方发言停顿和间歇时提问

如果沟通中,对方发言冗长、不得要领、纠缠细节或离题太远而影响沟通进程,这时可以借他停顿、间歇时提问。例如,当对方停顿时,你可以借机提问:"您刚才说的意思是?""细节问题我们以后再谈,请谈谈您的主要观点好吗?"

3. 在议程规定的辩论时间提问

大型营销沟通,一般要事先商定沟通议程,设定辩论时间。在双方各自介绍情况和阐述的时间里一般不进行辩论,也不向对方提问。只有在辩论时间里,双方才可自由提问、进行辩论。在这种情况下,要事先做好准备,可以设想对方的几个方案,针对这些方案考虑己方对策,然后再提问。

4.在己方发言前后提问

在沟通中,当轮到己方发言时,可以在谈己方的观点之前,对对方的发言进行提问,不必要求对方回答,而是自问自答。这样可以争取主动,防止对方接过话茬,影响己方的发言。

(五)提问的要诀

为了获得良好的提问效果,需掌握以下发问要诀:

1.要预先准备好问题;

2.要避免提出那些可能会阻碍对方让步的问题;

3.不强行追问;

4.既不要以法官的态度来询问对方,也不要接连不断地提问题;

5.提出问题后应闭口不言,专心致志地等待对方作出回答;

6.要以诚恳的态度来提问;

7.提出问题的句子应尽量简短。

以上几点技巧,是基于沟通者之间的诚意与合作程度提出的,切忌将这些变成沟通者之间为了自己的利益而进行必要竞争的教条。

(六)提问的其他注意事项

1.在沟通中一般不应提出下列问题

(1)带有敌意的问题;

(2)有关对方的个人生活和工作问题;

(3)直接指责对方品质和信誉方面的问题;

(4)为了表现自己而故意提问。

2.注意提问的速度

提问时说话速度太快,容易使对方感到你是不耐烦,容易引起对方的反感;反之,如果说话太慢,容易使对方感到沉闷、不耐烦,从而降低了你提问的力量,影响提问的效果。

3.注意对手的心境

沟通者受情绪的影响在所难免。沟通中,要随时留心对手的心境,在你认为适当的时候提出相应的问题。例如,当对方心境好时,常常会比较容易地满足你所提出的要求,而且会变得有些随意,会在不经意间透露一些相关的信息。此时,抓住机会,提出问题,通常会有所收获。

(七)问话的策略

1.诱导发问法

向对方提出问题,以启发对方的心智,了解对方的意图,掌握第一手材料,沟通双方的信息,发现需要。诱导式发问的形式有:

(1)一般性发问。通用的普通问句,例如:"您认为这一安排如何"?"您为什么报出这样的价格"?"你为什么这样做?"

(2)引导性发问。这是对答案具有一定暗示性的问句。例如,"我方的利润很少,如果不给3%的折扣,您说这笔交易划得来吗"?"违约是要受惩罚的您说是不是"?

(3)探询性发问。针对对方的答复,要求引申或举例说明的问句。例如:"您认为价格合理,那么它的构成是怎样的""你认为合理,其根据是?"

(4)间接性发问。这是借第三者的意见而提出的问句,例如:"听说铁路上近期车皮没问题,那交货时间可否提前"?"专家支持这种方式,不知贵方有何看法"?"他山之石可以攻玉"。

运用诱导发问应注意的事项:第一,发问态度诚恳,合情合理,只有诚恳发问,对方才乐于回答。第二,不可使用盘问、威胁、讽刺、审问式问句,否则会导致对方的反感,破坏沟通的气氛。

2.迂回发问法

指商贸沟通人员运用婉转曲折的手法,向对方发问,以消除对方的紧张心理,轻松地进行沟通。其原因主要是双方贸易交往比较生疏、气氛紧张,交锋激烈等。其发问形式有:

(1)理解性发问:与沟通主体无关利害的话题。中性问句是有关气候、社会热点、爱好、旅游观光的话题,衣食住行、保健等。

(2)介绍性发问,介绍企业的生产经营、资信状况、市场前景。

(3)选择性发问,将己方的几个意见表达给对方,让对方有选择性地回答。例:"只有今天可以,您说是上午、下午还是晚上"?

运用迂回发问应注意的事项:第一,判断情势,从理论上讲两点间距离以直线为最短,但有时走直线未必行得通,以迂为直,曲线构图也是良策。第二,明确要求,让对方有思考的余地。

3.佯攻发问法

指在沟通中沟通人员运用声东击西、指南打北的手法,言词激烈地向沟通对方提出问题。使对方感到迷惑不解、意外、突然、甚至愤怒,匆忙应答,我方从中了解其意图,试探对方的虚实。其方式有:

(1)试探性发问:这是一种假设条件,让对方直接回答,借以了解对方的虚实的问句。例如:"如果我们进行现款交易,贵方将给什么优惠"?

(2)迷惑性发问。这是一种声东击西,指南打北,真真假假,以假为真的问句。

(3)刺激性发问。这是运用一褒一贬、一喜一怒的手法激发对方的喜怒哀乐,轻易暴露其本意的问句。运用佯攻发问应注意的事项:第一,佯攻发问要选好方向,佯攻是一种试探,分散对方的注意力,转移对方的视线。第二,佯攻发问要有限度,语言要委婉,给对方思考和议论的时间,以免引起对方的反感和敌意。第三,佯攻发问要有应付措施。发问前应事先做好充分准备。事先确定发问的目的、方向、方式、步骤及对应方案,并注意前后问题的逻辑性,这样才有助于问题的逐步深入,并便于对方回答,不至于一开口就为难卡壳。同时,也有助于自己理解对方的谈话,便于从中总结出规律性的东西。

4.沟通时要注意提问的方式

提问的目的仅仅是为了弄清事实真相,获取信息或启发对方思维,因此,提问时态度要诚恳、合情合理,注意对方的心境,尤其是不能指责对方的人格和荣誉。同时,提问时不要连续发问,要掌握提问的语速和语调,要给对方留出一定的时间让对方思考和表达意见,以免导致对方厌倦、乏味而不愿回答。提问方式一般可以分为以下几种:

(1)正问:开门见山,直接提出你想了解的问题。

(2)反问:从相反的方向提出问题,使其不得不回答。

(3)侧问:从侧面入手,通过旁敲侧击,再迂回到正题上,呈现出"犹抱琵琶半遮面,千呼万唤始出来"的姿态。

(4)设问:假设一个结论,启发对方思考,诱使对方回答。

(5)追问:循着对方的谈话,打破砂锅问(纹)到底。

第六节 回答的技巧

在沟通过程中,回答对方提出的问题是一件很有压力的事情。因为在沟通桌上,沟通人员回答的每一句话都有重要意义,对别人来说都认为是一种承诺,对沟通起着至关重要的作用,所以,沟通人员在回答对方提的问题时心情都比较紧张,有时会不知所措,陷入被动局面。一个沟通者水平的高低,很大程度上取决于其答复问题的水平。因此,答复也必须运用一定的技巧。

首先,回答问题之前,要给自己留有思考的时间;其次,把握答复提问的目的和动机,针对提问者的真实心理答复;第三,不要彻底地回答对方的提问;第四,对于不知道的问题不要回答;第五,有些问题可以通过答非所问、以问代答来给自己解围;第六,"重申"和"打岔"有时也很有效。对于沟通过程中对方提出的问题,我们有时不便向对方传输自己的信息,对一些问题不愿回答又无法回避。所以巧妙的应答技巧,不仅有利于沟通的顺利进行,还能活跃沟通气氛。

(一)巧妙的应答语言

1. 使用模糊的语言

模糊语言一般分为两种表达形式:一种是用于减少真实值的程度或改变相关的范围,如:有一点、几乎、基本上等等;另一种是用于说话者主观判断所说的话或根据一些客观事实间接所说的话,如:恐怕、可能、对我来说、我们猜想、据我所知等等。在营销沟通中对一些不便向对方传输的信息或不愿回答的问题,可以运用这些模糊用语闪烁其词、避重就轻、以模糊应对的方式解决。

2. 使用委婉的语言

营销沟通中有些话语虽然正确,但对方却觉得难以接受。如果把言语的"棱角"磨去,也许对方就能从情感上愉快地接受。比如,少用"无疑、肯定、必然"等绝对性词语,改用"我认为、也许、我估计"等,若拒绝别人的观点,则少用"不、不行"等直接否定,可以找"这件事,我没有意见,可我得请示一下领导"等托辞,可以达到特殊的语用效果。

3. 使用幽默含蓄的语言

营销沟通的过程也是一种智力竞赛、语言技能竞争的过程,而幽默含蓄的表达方式不仅可以传递感情,还可以避开对方的锋芒,是紧张情境中的缓冲剂,可以为沟通者树立良好的形象。例如,在沟通中若对方的问题或议论太琐碎无聊,这时,可以肯定对方是在搞拖延战术。如果我们对那些琐碎无聊的问题或议论一一答复,就中了对方的圈套,而不答复,就会使自己陷入"不义",从而导致双方关系的紧张。我们可以运用幽默含蓄的文学语言这样回应对方:"感谢您对本商品这么有兴趣,我绝对想立即回答您的所有问题。但根据我的安排,您提的这些细节问题在我介绍商品的过程中都能得到解答。我知道您很忙,只要您等上几分钟,等我介绍完之后,您再把我没涉及的问题提出来,我肯定能为您节省不少时间。"或者说"您说得太快了。请告诉我,在这么多的问题当中,您想首先讨论哪一个?"来营造良好的沟通气氛。

　　总之,采取什么样的沟通手段、沟通方法和沟通原则来达到双赢,这是营销沟通的实质追求。但是在营销沟通中,双方的接触、沟通与合作都是通过反复的提问、回答等语言的表达来实现的,巧妙应用语言艺术提出创造性的解决方案,不仅满足双方利益的需要,也能缓解沉闷的沟通气氛,使沟通双方都有轻松感,有利于沟通的顺利进行。因此,巧妙的语言艺术为沟通增添了成功的砝码,起到事半功倍的效果。

【小案例 10-7】

您认错人了

　　某大公司招聘总经理助理,由总经理亲自面试。应聘者小钱来到总经理办公室。总经理一见到小钱就说:"咱们好像在一次研讨会上见过,我还读过你发表的文章,很赞赏你所提出的关于拓展市场的观点。"小钱一愣,知道总经理认错人了。但转念一想,既然总经理对那人那么有好感,不如将错就错,对我肯定有好处。于是就接着总经理的话说:"对,对。我对那次研讨会也记忆犹新,我提出的观点能对贵公司有帮助,我感到很高兴。"

　　第二个来应聘的是小高,总经理对他说了同样的话。小高想:真是天助我也,他认错人了。于是说:"我对您也非常敬佩,您在那次研讨会上是最受关注的对象。"

　　第三个来应聘的是小孙。总经理再次说了同样的话。但小孙一听就站起来说:"总经理先生,对不起,您认错人了。我从来没有参加过那样的研讨会,也没提出过拓展市场的观点。"总经理一听就笑了,说:"小伙子,请坐下。我要招聘的就是你这样的人,你被录用了。"

　　(二)巧妙的回答策略

　　1. 缜密思考。在沟通中,对于对方的提问在回答之前必须经过缜密考虑,即使是一些需要马上回答的问题,也应借故拖延时间,经过再三思考尔后作出回答。

　　2. 准确判断。沟通中高明的回答,是建立在准确沟通对方用意的基础之上的。如果没有弄清对方提问的动机和目的,就按常规用"是"与"不是"回答,结果反受其害。在一次要会上,美国诗人艾伦金斯伯格提出了一个怪问题,请中国作家回答:"把一只 2500 克重的鸡装进一个只能装 500 毫升水的瓶子里,用什么办法把它拿出来?"一位中国作家回答说:"您怎么放进去,我就怎么拿出来,您凭嘴一说把鸡装进瓶子里去了,那么我就用语言这个工具再把鸡拿出来。"多么美妙的回答!

　　3. 礼貌拒绝。对一些不值得回答或无关紧要的问题,可以礼貌地拒绝回答或不予理睬,因为回答这些问题不仅浪费时间而且会扰乱自己的思路。

　　4. 避正答偏,是指故意避开问题的实质,而将话题引向歧路,以破解对方进攻的一种策略,常用来对付一些可能对已不利的问题。

　　5. 以问代答,用来应付一些不便回答的问题是非常有效的。如:一位音乐家临处死刑前一天还在拉小提琴,狱卒问:"明天你就要死了,今天你还拉它干什么?"音乐家回答说:"明天我就要死了,今天不拉什么时候拉?"以问代答,发人深省。

　　6. 答非所问,是一种对不能不答的问题的一种行之有效的答复。(1)人的哪一颗牙装得最晚? 是假牙;(2)闪电与电闪,闪电不付电费;(3)你的信超重,请再贴张邮票。顾客说:再贴一张邮票不就超重了吗?(4)服务员拇指入汤:没关系,不烫手。

7.避重就轻。避开问题的要害实质,回答枝节问题。

8.使问话者去追问的兴趣,现在讨论这个问题还为时尚早,此问题目前还不能下结论。可用宽泛性语言回答。

例如:王若飞被捕后,在法庭上有跟法庭对伪法官的对话:

你是什么人?

答:共产党人。

你从哪里来?

答:我从江西瑞金来。

谁派你来的?

答:毛泽东。

你来干什么?

答:我来推翻你们!

你们的人在哪里?

答:到处都有。

请你把他们供出来?

答:那比登天还难。

另外,运用答复时要注意以下几点:第一,不能不加思考,马上回答;第二,不能在未完全了解对方提出的问题时就仓促作答;第三,不要不管什么问题,总是予以彻底回答;第四,不要不问自答;第五,不要在回答时留下尾巴;第六,不要滥用"无可奉告"。

➭【策划人物链接】

唐万新——中国第一庄

2006年1月19日,新中国成立以来最大的金融证券案——德隆主案在武汉中院拉开庭审帷幕,此前关于德隆和唐万新许多秘不可宣的事件,将摆上台面进行控辩交锋,三家被告的德隆公司和7个自然人,牵涉了全国2500多家机构和3.2万多人。而检方对唐万新涉案指控更是高达500多亿元。

唐万新的赚钱手法说清楚好像很简单,不过在乌市有个小门面,把接来的彩卷集中托运飞往广州,朋友拿到后冲印再寄回乌鲁木齐。这简直就像是在两个市场里进行无风险套利,但每个梦想当百万元户的人里又有几人能想到?唐万新很快就因此挣到了60万元。纵横中国资本市场的新疆德隆,从2000年起逐渐露出了真面目,掌舵德隆的唐万里、唐万平、唐万川、唐万新四兄弟很快成为媒体关注的焦点。1987年起,唐氏兄弟先后做过照片冲洗、面条、肥料、电脑、餐饮、娱乐等生意。1992年起他们进入刚刚起步的证券市场,此后以"德隆集团"为核心并购了包括合金投资、湘火炬、新疆屯河、ST中燕等上市公司在内的多家企业。

2004年3月,德隆集团资金链危机在市场逐渐传开。当年4月14日,多年高位横盘不倒的德隆"老三股"开始全线跌停,德隆危机全面爆发。随后德隆高层多次奔走监管层和银行系统试图挽德隆大厦于不倒,但均无济于事。江城武汉阴冷潮湿的19日上午,唐万新走上了武汉中院1号法庭的被告席。对于公诉人在起诉书中指控自己涉嫌非法吸收公众存款罪,经过两天的紧张审理,20 日 17 时 40 分左右,涉嫌非法吸收公众存款 450 亿元操纵证券交易价格非法获利 98.61 亿元的德隆系列案主案一审在武汉中院结束。

（资料来源:和讯网,http://stock.hexun.com)

➪【本章小结】

沟通是双方或多方观点互换,情感互动,利益互惠的人际交往活动。个人或组织之间利用各种传达工具(不限于口语)与各种媒介(诸如符号、姿势、表情、动作、文字、手势、标志、图画、音乐等信号),以达到相应交换信息的过程。在实践中,我们常发现在某些营销沟通中,尽管沟通双方的目标相容、目的一致,但仍无法达成一致。究其原因,我们认为这是双方沟通中的失误所致。营销沟通的沟通是沟通双方或多方主体以追求利益最大化为目的,不断地交换相互需求信息,并做出决策的过程。其沟通主要方式是语言沟通(含电话)和行为语言沟通。本章从说、听、问、答阐述营销沟通中的沟通技巧。良好的沟通不仅使组织内部能有效地衔接、形成合力、较好地发挥企业整体力量,而且是与外部合作、和谐共处,并取得外部支持的润滑剂,也是获得外部环境信息、进行决策的依据。

【诗语点睛】

待人诚心信为本
清醒理智要冷静
胸有成竹多准备
求同存异共鸣生
多听少讲细思考
后发制人亦聪明
无声有声皆适度
换位思考多包容

➪本章习题

1.沟通中的语言表达作用有哪些?
2.如何倾听对方的讲话?
3.如何掌握成功的发问?
4.回答的技巧有哪些?
5.如何掌握营销沟通中的语言表达艺术技巧?
6.如何掌握成功的发问与回答的技巧?

【小测试】　与人沟通,你行吗?

虽然每个人都是作为个体存在的,但在生活中我们并不孤单,因为我们要与不同的人形成不同的关系,比如夫妻、父母与子女、同学、朋友、同事……甚至包括对手。在处理这些关系的时候,需要我们具有一定的沟通和交际能力,并采取独特的方式达到交往的目的。

沟通能力,已经成为一个人综合素质的一个方面。你是一个善于沟通的人吗? 通过下

面的测试,你会对自己的沟通能力有所把握:

1.你刚刚跳槽到一个新单位,面对陌生的环境,你:

A.主动向新同事了解单位情况,并很快与新同事熟悉起来。

B.先观察一段时间,逐渐接近与自己性格合得来的同事。

C.不在意是否被新同事接受,只在业务上下工夫。

2.你一个人随着旅游团去旅游,一路上你的表现是:

A.既不请人帮忙,也不和人搭话,自己照顾自己。

B.游到兴致处,才和别人交谈几句,但也只限于同性。

C.和所有人说笑、谈论,也参与他们的游戏。

3.因为你在工作中的突出表现,领导想把你调到你从未接触过的岗位,而这个岗位你并不喜欢。你会:

A.表明自己的态度,然后听从领导的安排。

B.认为自己做不好,拒绝。

C.欣然接受,有挑战才更有意义。

4.你与爱人的性格爱好颇为不同,当产生矛盾的时候,你怎么做?

A.把问题暂且放在一边,寻找你们的共同点。

B.妥协,假意服从爱人。

C.非弄明白谁是谁非不可。

5.假设你是一个部门的主管,你的下属中有两人因为不合常到你面前互说坏话,你怎样处理?

A.当着一个下属的面批评另一个下属。

B.列举他们各自的长处,称赞他们,并说明这正是对方说的。

C.表示你不想听他们说这些,让他们回去做事。

6.你认为对处于青春期的子女的教育方法应该是:

A.经常发出警告,请老师协助。

B.严加看管,限制交友,监听电话。

C.朋友式对待,把自己的过去讲给孩子听,让他自己判断,并找些书来给他看。

7.你有一个依赖性很强的朋友,经常打电话与你聊天,当你没有时间陪他的时候,你会:

A.问他是否有重要事,如没有,告诉他你现在正忙,回头再打给他。

B.马上告诉他你很忙,不能与他聊天。

C.干脆不接电话。

8.因为一次小小的失误,在同事间产生了不好的影响,你怎么办?

A.走人,不再看他们的脸色

B.保持良好心态,寻找机会挽回影响

C.自怨自艾,与同事疏远

9.有人告诉你某某说过你的坏话,你会:

A.从此处处提防他,不与他来往

B.找他理论,同时揭他的短

C.有则改之,无则加勉,如果觉得他的能力比你强,则主动与他交往

10. 看到与你同龄的人都已小有成就,而你尚未有骄人业绩,你的心态如何?

A. 人的能力有限,我已做了最大努力,可以说问心无愧了

B. 我没有那样的机遇,否则……

C. 他们也没什么真本领,不过是会溜须拍马

11. 你虽然只是公司的一名普通员工,但你的责任心很强,你如何把自己的意见传达给最高领导?

A. 写一封匿名信给他。

B. 借送文件的机会,把你的建议写成报告一起送去。

C. 全体员工大会上提出。

12. 在同学会上,你发现只有你还是个"白丁",你的情绪会:

A. 表面若无其事,实际心情不佳,兴趣全无。

B. 并无改变,像来时一样兴致勃勃,甚至和同学谈起自己的宏伟计划。

C. 一落千丈,只顾自己喝酒。

13. 在朋友的生日宴会上,你结识了朋友的同学,当你再次看见他时:

A. 匆匆打个招呼就过去了。

B. 一张口就叫出人的名字,并热情地与之交谈。

C. 聊了几句,并留下新的联系方式。

14. 你刚被聘为某部门的主管,你知道还有几个人关注着这个职位,上班第一天,你会:

A. 把问题记在心上,但立即投入工作,并开始认识每一个人。

B. 忽略这个部下,让它消失在时间中

C. 个别谈话以确认关注这个职位的人。

15. 你和小王一同被领导请去吃饭,回来后你会:

A. 比较隐晦地和小王交流几句。

B. 同小王热烈地谈论吃饭时的情景。

C. 绝口不谈,埋头工作。

评分标准

	1	2	3	4	5	6	7	8	9	10	11	12	13	14	15
A	2	0	1	2	0	1	2	0	1	2	0	1	0	2	1
B	1	1	0	1	2	0	1	2	0	1	2	2	2	1	0
C	0	2	2	0	1	2	0	1	2	0	1	0	1	0	2

结果分析

0—10分:与人沟通方面,你还很欠缺。你基本上是个我行我素之人,即使在强调个性的今天,这也是不可取的。可以看出,你性格太内向,这使你不能很好地与人沟通。在与人沟通的过程中,内向的性格是你的一大障碍,你应该在认识到自己的不足的同时尽量改变这种性格。跳出自己的小圈子,多与人接触,凡事看看别人的做法,这样,你就有希望成为一个受欢迎的人。

11—25分:你的沟通能力,比上不足,比下有余,再加把劲儿,就可以游刃有余地与人交流了。你的缺点是,做事太中庸,总希望问题能解决得两全其美,而实际是不可能的。不管遇到什么事,都要有个态度,中庸是没主见的表现,你肯定不希望别人说你没主意,那就拿出

点勇气吧,告诉别人,你就想这样。提高你的沟通能力的法宝是主动出击,这使你在人际交往中赢得主动权,这样,你的沟通能力自然会迈上一个新的台阶了。

26—30分:你可以大声地对别人说,与人沟通,我行。因为你知道如何表达自己的情感和思想,能够理解和支持别人,所以,无论是同事还是朋友,上级还是下级,你都能和他们保持良好的关系。但值得注意的是,你不可炫耀自己的这种沟通能力,否则会被人认为你是故意讨好别人,是虚伪的。尤其在不善于与人沟通的人面前,要隐而不要显,以真诚去打动别人,你的好人缘才会维持长久。

▷【专题讨论 10-1】　和谐沟通是管理艺术之精髓

人生无处不交流,生活事事有沟通。沟通是人类信息交流、观点互换、情感互动、利益互惠的人际交往活动。当今世界就是一张巨大的沟通平台,不管你喜欢不喜欢、愿意不愿意、接受不接受,你都扮演着一个沟通者的角色。不论人与人之间建立什么样的关系,只要生活在这个社会中,总会产生这样或那样的矛盾,小到家庭纠纷,大到国际争端,都需要沟通来解决实际问题。英国作家萧伯纳指出:"假如你有一个苹果,我有一个苹果,彼此交换以后,我们每个人都只有一只苹果,但是,如果你有一种思想,我有一种思想,彼此交换后我们双方都有了两种或两种以上的思想。"语言是打开心灵的钥匙,事理通达才能心气平和,沟通是协调人际关系的润滑剂、消炎剂、兴奋剂、凝聚剂。沟通虽然不是万能的,但没有沟通是万万不能的!

一、和谐是管理沟通的精髓

当今世界,"和平与发展"是时代主题。放之于国家,构建和谐社会,政通人和是发展的根本前提;放之于民族,"和平崛起"是必由之路;放之于社区,讲信修睦,安定祥和是人心所向;放之于企业或单位,和气生财,事以人为本,人以和为贵;放之于家庭或个人,父慈子孝,兄友弟恭,家和万事兴……国家、民族、社会、企业、家庭和个人是一体相统,互为影响的。国以和为盛,企以和为本,家以和为兴,人以和为贵。以企业为例:日本佳友生命公司 1985 年调查了日本 3600 家公司,其中用"和谐、团结"为意的企业基本理念有 549 个。松下公司企业精神:"产业报国、光明正大、和亲一致、奋斗向上、礼节谦让、适应同化、感激报恩。"再如日本日立公司的企业理念:"和,诚,开拓。"和,广开言路,上下沟通,和谐团结;诚,讲信用,守信誉,重承诺;开拓,积极进取,自我超越,勇于挑战,不断创新。"和"文化始终是企业建设的核心和民族团结的纽带。在今年北京奥运会开幕式上,对"和"文化的充分彰显足以证明中国和全世界对"和"文化的崇尚和慕求。

管理的核心是处理好人际关系,调动员工的积极性,结合群力,达致目标。人的成功实际上是人际关系的成功,完美的人际关系是个人成长的外在根源,环境宽松,和谐协调,关系融洽令人向往;生活安定,心情愉悦,氛围温馨,人的激情就能得到充分的发挥。试想在一个"窝里斗"的企业里工作,人际关系紧张,人心难测,无所适从,甚至让人提心吊胆,为自己担心,不是人琢磨工作,而是工作折磨人,这种环境是留不住人才的,"以人为本"也只能停留在口头上。

企业内部有亲和力存在,才会使员工具有强烈的责任心和团队精神;组织富有朝气和活力,才能营造人格有人敬,成绩有人颂,诚信有人铸,和睦有人护的良好文化氛围。企业善待员工,员工效忠企业,以和为贵,以诚相待才能激发员工的积极性与创造性,增强企业的向心力。企业暂时的困难甚至亏损并不可怕，最可怕的是员工感情的亏损，一旦职工对企业失去了希望和热情，没有了愿景，失去了人心，这个企业绝对是没有希望的。

二、沟通是企业组织系统的生命线

沟通是管理活动和管理行为中最重要的组成部分，也是企业和其他一切管理者最为重要的职责之一。人类的活动中之所以会产生管理活动，人类的种种行为中之所以会产生管理行为，是因为随着社会的发展产生了群体活动和各种行为，而在一个群体中，要使每一个群体成员能够在一个共同目标下协调一致地努力工作，就绝对离不开有效的沟通。在每一个群体中，它的成员要表示愿望，提出意见，交流思想；群体领导需要了解人情，发布合理命令，这都依赖于有效的沟通。

沟通是解决一切问题的基础，对于管理者而言，沟通是企业管理中的基础性工作。据统计，一个成功人士75%靠沟通，只有25%靠才气，一个大公司的经理每天都将70%－80%的时间花费在沟通活动上，尤其在企业发生重大情况时。例如，当企业实施重大举措时，当员工士气低落时，当企业内部发生重大冲突时，当企业遇到重大危机时，当员工之间的隔阂加深时，当部属对主管有重大误解时等等，有效的管理沟通都会发挥其巨大的威力。

三、有效管理沟通的途径

1. 态度诚恳　氛围和谐

谈心要交心，交心要知心，知心要诚心，在沟通中营造开放的沟通氛围。首先要明确沟通的重要性，创造一个相互信任，有利于沟通的小环境。管理人员不仅要获得下属的信任，而且要得到上级和同事们的信任，缩短信息传递链，拓宽沟通渠道，保证信息的畅通无阻和完整性；加强平行沟通，促进横向交流；定期加强上下级的沟通。

当事者相互之间所采取的态度对于沟通的效果有很大的影响，只有当双方坦诚相待时，才能消除彼此间的隔阂，增加沟通双方的信任度，从而达成双方合作。在沟通中创造良好的沟通气氛，保持良好的沟通意向和认知感受性，使沟通双方在沟通中始终保持亲密、信任的人际关系，这样一方面可以维持沟通的进行，另一方面会使沟通朝着正确的方向进行。

2. 充分准备　明确目的

沟通要有认真的准备和有明确的目的性，发讯者在沟通前要先对沟通的内容有正确、清晰的理解，理解沟通要解决什么问题，达到什么目的。重要的沟通最好事先征求他人的意见。此外，沟通不仅是下达命令、宣布政策和规定，而且也是为了统一思想，协调行动，所以，沟通之前应对问题的背景、解决问题的方案及依据和资料、决策的理由和组织成员的情况，做到心中有数。沟通的内容要有针对性，语意确切，尽量通俗化、具体化和数量化。一般一件事情，对人有利者，易被记忆。所以管理人员如希望下级能记住要沟通的信息，则表达时的措词应尽量考虑到对方的利益和需要。

3. 多听少讲　用心感悟

上帝给了我们双耳一口就是让我们多听少讲，但少讲不等于不讲，讲要讲到点子上，切不可漫天乱讲。沟通中的倾听，不仅指运用耳朵这种听觉器官的听，而且还指运用眼睛去观察对方的表情与动作。这种耳到、眼到、心到、脑到的听，称之为倾听。对管理人员来说，倾听绝不是一件轻而易举的事情。如何更好地倾听呢？

（1）积极主动地听。在对方发言时为了摸清对方的底细，要保持积极的态度，以便在谈话中获取更多的信息。

（2）有鉴别地听。听话听音,锣鼓听声,必须建立在专心致志的基础之上,听者要去粗取精,去伪存真,由此及彼,由表及里。

（3）有领会地听。沟通者在沟通中必须谨慎行事,关键性话语不要随意出口,要细心领会对方提出问题的实质,才有可能找出摆脱难题的办法。

（4）及时做出反馈性的表示。如欠身、点头、摇头、微笑或反复一些较为重要的句子,或提出几个能够启发对方思路的问题,从而使对方产生被重视感,有利于沟通气氛的融洽。

（5）注意察言观色。对对方的一言一行、举手投足都不放过,并通过目光、脸色、手势、仪表、体态等来了解对方的本意。

（6）做必要的记录。好记性不如烂笔头,做好记录也有助于以后的交往和沟通。

4.有声无声　话度适中

沟通不仅是语言的交流,同时也是行为的交流,内有所思,外有所表。体语、态势语等作为一种语言形式,也在传递着各种各样的信息。沟通不仅需要语言技巧,而且需要非语言技巧,即通过察言观色来揣摩对方。你可以仔细观察对方的举止言谈,捕捉其内心活动的蛛丝马迹;也可以揣摩对方的姿态神情,探索引发这类行为的心理因素。运用这种方法,不仅可以判断对方的思想,决定己方的对策,同时可以有意识地运用行为语言传递信息,促使沟通朝着有利于己方的方向发展。

在沟通中,有时需要沟通者伶牙俐口,或如小溪流水,潺潺东流;或如春风化雨,随风潜入夜,润物细无声;或如暴风骤雨,倾盆而下;或如冲锋陷阵,爆竹连响。有时需要沟通人员一言不发,沉默是金。从语言概念来讲,沉默也是一种语言,或点头摇头,或耸肩摆手,或装聋作哑,或以坐姿表现轻蔑,或以伏案记录表示重视。眨眼摸耳皆含深意,一颦一笑皆成曲调,恰到好处的沉默不仅是一种语言艺术,而且有时能做到此时无声胜有声,达到语言艺术的较高境界。

此外,在沟通提问中还要看提问的对象。沟通对手的性格不同,提问的方法就应有所不同。对手直率,提问要简洁;对手内向,提问要含蓄;对手严肃,提问要认真;对手暴躁,提问要委婉;对手开朗,提问要随意。不可千篇一律。

5.把握时机　及时反馈

由于所处的环境、气氛会影响沟通的效果,所以信息交流要选择合适的时机。对于重要的信息,在办公室等正规的地方进行交谈,有助于双方集中注意力,从而提高沟通效果;而对于思想上或感情上的沟通,则适宜于在比较随便、独处的场合下进行,这样便于双方消除隔阂,要选择双方情绪都比较冷静时进行沟通,更容易让人接受。

在沟通中及时获得和注意沟通反馈信息是非常重要的。沟通要及时了解对方对信息是否理解和愿意执行,特别是对企业中的领导,更应善于听取下属报告,安排时间与下属联系,尽量消除上下级之间的地位隔阂及其所造成的心理障碍,引导、鼓励和组织基层人员及时、准确地向上级反馈情况。对合理化建议在具体实施过程中的进展和出现的问题要跟踪检查,及时反馈给所提供建议的人,对实际实施的情况应及时沟通,保护员工的积极性,有利于形成齐心协力、精诚团结、认知互动、上下同欲的团队精神。通过不断、持续的有效沟通,企业便能形成讲诚信、守信誉、献良策、比奉献的文化氛围。让员工感到信心百倍,振奋精神,创造业绩。

实践证明,当一个组织内的成员都深信其所从事的事业有广阔的前景和崇高的社会价值,并有拓展才能,提升自我,成就事业,完美人生的发展空间时,他们就会充满热情,才思敏捷,锲而不舍,积极进取。所有这一切,都离不开人本管理、和谐沟通。

(资料来源:张国良:"和谐沟通是管理艺术之精髓",《人力资源》2008年第11期;人大复印资料中心《管理科学》2009年第1期、《企业家信息》2009年第1期全文转载)

☞【专题讨论10-2】 为民忧而所思 为民思而所行

温家宝总理历届人代会答中外记者精彩回放与赏析

法国作家雨果说:"语言就是力量。"从某种程度或场合来讲比"知识就是力量"更为正确,更为重要。人们熟知的三国时期孔明智激周瑜,诸葛亮面对东吴文武百官,嬉笑怒骂,侃侃而谈,或褒或贬,或缓或激;沉稳潇洒,进退自如;时而如高山流水,气度高雅;时而如握雄兵百万,指挥若定,大义凛然,气势恢宏;时而如急风暴雨,电闪雷鸣;时而如和风细雨,润物无声,使东吴君臣茅塞顿开。素有亲民口碑的温家宝总理的语言艺术及个人魅力不亚于当年的诸葛亮。他面对中外记者的提问从容镇定,对答如流,坦诚睿智,引经据典,意境深邃,风趣幽默,让人神思荡漾,情怀激越。

一、为民所忧,情动云天

情系百姓,心忧天下。温总理说:"两会"期间我一直在上网,广大网民向我提问题、提建议,甚至为我分忧,多达数百万条。参与的恐怕有上亿人。这么多群众以如此高的热情关注"两会",特别是关心政府的工作,使我深受感动。他们的意见、批评都是对政府的信任、支持、鼓励和鞭策。我常常一边看网,脑子里就想一段话,就是"民之所忧,我之所思;民之所思,我之所行"。群众之所以用这么大的精力来上网写问题、提建议,是要政府解决问题的。"如果我们的国家有比黄金还要贵重的诚信、有比大海还要宽广的包容、有比高山还要崇高的道德、有比爱自己还要宽广的博爱,那么我们这个国家就是一个具有精神文明和道德力量的国家。"①

真、善、美既是人类社会永恒话题,又是多么令人向往的字眼!有多少仁人志士不惜生命的代价而为之上下求索。真、善、美是人类精神的三大支柱,而真位居其首。真是道德的基石,科学的本质,真理的追求。人格就是力量,信誉则是无价之宝。

二、为民所行,心忧天下

言为心声,行为心形。有艰苦童年、又曾长期在艰苦地区工作过的温家宝,深知民间"疾苦"。没能把人民最关心的医疗、上学、住房、安全等问题解决好,就成了他"最痛心的事"。全国2500多个县(区),温家宝已跑遍了1800多个。"这使我更深地了解了国情和人民的状况,深知人民的期待。"从城市困难企业到下岗职工生活,从农民收入增长缓慢到农民负担过重,这位共和国的新总理,只要说起百姓疾苦,语气就变得深情凝重。"我们工作中最重要的是保持经济平稳较快发展,最困难的是农业、农村、农民问题,最关心的是涉及群众利益的事情,最根本的是改革、创新和奋进。面对困难,我们有信心、有办法、有希望,一定能经受住新

---

① 2008年3月18日十一届全国人大一次会议在人民大会堂举行记者招待会。

的考验,决不辜负人民的期望。"①这是人民总理的誓言。

温总理不仅是这样说的,更是这样做的。一个个难忘的镜头,让人们记住了这位共和国总理的双手:在抗击非典一线,在淮河水灾最前沿,在贫困居民的家中,元旦看望矿难家属、春节探访艾滋病人、为农民讨债、为遇难矿工流泪、在地下720米的矿井深处、在抵抗雪灾的现场……温家宝的双手一次次紧紧握住了普通百姓的手。由东而西,由南至北,温家宝的足迹遍及祖国四面八方。听民声、察民意、解民忧。"你的眼睛里为什么总是饱含着泪水? 因为我对这片土地爱得深沉",一幕幕感人场景深深烙印在国人心中。人们强烈感受到这位亲民总理在艰难中铸就的性格:"我深知人生的艰辛,也知道国家建设的艰难。但我也树立了一种信念:一个人、一个民族、一个国家,只要不畏艰险,勇于攀登,一定能达到光辉的顶点。"②温家宝铿锵有力的话音未落,如潮的掌声响彻大厅。"葬我于高山之上兮,望我大陆。大陆不可见兮,只有痛哭……这是多么震撼中华民族的词句!"当温家宝吟咏起辛亥革命老人于右任临终前的哀歌时,人们看到这位素以稳健、冷静著称的总理,眼中泪光闪烁。

"朋友们,我想对你们说:为了国家的富强,为了社会的公平正义,为了让人们幸福快乐地过得更好,为了让孩子们上好学,为了使我们的民族在世界赢得应有的尊严,我愿献出我的全部心血和精力。"③

感人心者,莫乎于情! 亲民者,民必近之,得民心者得天下。总理亲民,言行一致,止于至善,国之所运,家之所福,民之所幸。

三、坦诚睿智　条理清晰

坦诚睿智,态度真挚。精诚所至,金石为开。最强烈的情感来源就是坚定的诚心,它是一种内在的、征服人心的力量。"谈心要交心,交心要知心,知心要诚心。"真诚与实际决定了信度,有信度才会有说服力。李燕杰说得好:"在演讲和一切艺术活动中,唯真情,才能使人怒;唯真情,才能使人怜;唯真情,才能使人笑;唯真情,才能使听众信服。"温总理坦诚的态度、率真的言辞中表现出来的坚定的信念、明确的立场、深刻的感受具有强大的情感力量,最容易打动听众的心灵。

凤凰卫视记者:上届政府曾经经历过两次令全球华人为之牵挂的突发危机的发生。5年前,新任总理的您经历了"非典"危机,人们还不知道您当时的心路历程。5年之后,突如其来的南方冻雪灾害,人们又看到您走在抗击雪灾的前线,这场雪让您感受到了什么? 未来5年您还会面临什么样的挑战?

温总理:5年已经过去了,行事见于当时,是非公于后世。历史是人民创造的,也是人民书写的。一个领导者应该把眼睛盯住前方,把握现在,思考未来。"朋友们,我想对你们说:为了国家的富强,为了社会的公平正义,为了让人们幸福快乐地过得更好,为了让孩子们上好学,为了使我们的民族在世界赢得应有的尊严,我愿献出我的全部心血和精力。"④

类似实例,不胜枚举。我们从中可以清楚地看到温家宝总理头脑冷静、思维敏捷、论证严密而富有哲理性。说话清楚崇尚条理,坦诚兼具深刻,幽默透出睿智。坚持两分法,充满

---

① 2008年3月18日,十一届全国人大一次会议在人民大会堂举行记者招待会。
② 2003年3月18日,十届全国人大一次会议在人民大会堂举行记者招待会。
③ 2003年3月18日,十届全国人大一次会议在人民大会堂举行记者招待会。
④ 2008年3月18日,十一届全国人大一次会议在人民大会堂举行记者招待会。

辩证法。比如:"我和我在座的同事们都懂得一个道理:只有把人民放在心上,人民才能让你坐在台上。"

四、引经据典,意境深邃

名言警句,言简意赅,引人入胜,启迪心智。有些名言警句没有因为时间的流逝而失去光芒,相反,经过岁月的磨炼散发着迷人的光彩和恒久的魅力。尤其是温家宝总理善于采用富有文采的哲理警句或诗词名句,更能够引发人们思考,给人教育与鼓舞,也显示出温家宝总理深厚的文化底蕴。

◆ 在回答美国全国广播公司记者关于因特网的问题时,温家宝说:"我想先引用两句话,一句是萧伯纳说的,'自由意味着责任',一句是你们美国的老报人斯特朗斯基说的,'要讲民主的话,不要关在屋子里只读亚里士多德,要多坐地铁和公共汽车。'"①

◆ 招待会开始时,温家宝说:"形势稍好,尤须兢慎。"其中,"兢慎"见唐诗《泾溪》"泾溪石险人兢慎,终岁不闻倾覆人。却是平流无石处,时时闻说有沉沦。""思所以危则安,思所以乱则治,思所以亡则存。"这句话出自《新唐书·魏徵传》,原句为"思所以危则安矣,思所以乱则治矣,思所以亡则存矣。"

◆ 说起台湾我就很动情,不由得使我想起了一位辛亥革命的老人、国民党的一位元老于右任在他临终前写过一首哀歌。"葬我于高山上兮,望我大陆。大陆不可见兮,只有痛哭。葬我于高山之上兮,望我故乡。故乡不可见兮,永远不忘。天苍苍,野茫茫,山之上,国有殇。"这是多么震撼中华民族的歌词。②

◆ 在回答香港文汇报记者的提问时,温家宝说:"中国的总理懂得一个道理,就是知难不难,迎难而上,知难而进,永不退缩,不言失败。"③

其中"知难不难"出自《儒林外史》第二十二回所引对联"读书好,耕田好,学好便好;创业难,守业难,知难不难。"

◆ 在回答新华社记者的提问时温家宝总理说:"我想集中回答一下关于解放思想这个问题。一般的道理大家都知道。我想从中国的文化、传统和历史上讲一点自己的看法。我一直很重视两句话:一句话来自《诗经》,一句话来自《诗品》,就是周虽旧邦,其命惟新,如将不尽,与古为新。"④

大意是说大自然中蕴藏的美景难以穷尽,诗人只要深入地体察、体现,就能不断创造新的诗境。即使古人写过的题材,也能"与故为新"不断创造新的意境。诗以言志,诗以咏物,诗以抒情,不学诗无以言。诗词名言,信手拈来,运用之妙,存乎一心。

◆ 在回答有关税费改革问题时,温家宝引用中国古代《大学》一文中的话说:"生财有道,生之者众,食之者寡,为之者疾,用之者抒。现在在农村倒过来了,'食之者众,生之者寡'……如果不精简机构,不减少人员,农民的负担不可能得到彻底解决。"⑤对百姓生活的体察与关切溢于言表。

◆ 2008年温家宝总理答中外记者,抗击雪灾:温总理引用了王安石的名言,"天变不足

---

① 2006年3月14日十届全国人大四次会议在人民大会堂举行记者招待会。
② 2006年3月14日十届全国人大四次会议在人民大会堂举行记者招待会。
③ 2003年3月18日十届全国人大一次会议在人民大会堂举行记者招待会。
④ 2003年3月18日十届全国人大一次会议在人民大会堂举行记者招待会。
⑤ 2003年3月18日十届全国人大一次会议在人民大会堂举行记者招待会。

畏，祖宗不足法，人言不足恤"，表明了中国人民义无反顾，坚持发展经济的决心。

◆2009年温家宝总理答中外记者，面对经济危机："莫道今年春将尽，明年春色倍还人"，沉着应对，鼓舞士气。

五、言辞精美　文采飞扬

言辞精美，幽默风趣。温总理的优美语言，如流水之柔，刚中有柔，柔中有刚，刚柔相济，游刃有余。其语言锐利而不失和气，针锋相对而不失委婉，绵里藏针而不失幽默。同时也显示出温家宝总理的思想之光和文采之美：

2008年3月18日温家宝总理会见中外记者时说："我从群众的意见中感受到大家对政府工作的期待和鞭策，也看到了一种信心和力量。我们的国家和民族正站在历史的新起点上，面对新的任务，需要更加清醒、更加坚定、更加努力。"

清醒，就是要认识到我们已经取得的成绩只是在现代化进程中迈出的第一步，今后的路还更长，更艰苦。形势稍好，尤须兢慎。思所以危则安，思所以乱则治，思所以亡则存。坚定，就是要坚定不移地推进改革开放，走中国特色社会主义道路。前进中尽管有困难，但不能停顿，倒退没有出路。

努力，就是要准备应对各种困难和风险。困难和风险有些是可以预料到的，有些是难以预见的。我们民族生生不息，就在于她的刚健自强、百折不挠、艰苦奋斗，更加清醒、更加坚定、更加努力。

三个排比句，似排山倒海给人以坚定信念和力量。信念是世界上最伟大的力量，信念是生命，也是我们的使命。使命领导责任，责任完成使命，当大家都认准一个正确方向，树立信念，高擎战旗，结合群力，使命一定就去拼命，不达目标，绝不罢休，还有什么是不可战胜的吗？

2007年3月16日温总理在会见中外记者时说："一个舰队决定它速度快慢的不是那个航行最快的船只，而是那个最慢的船只。如果我们改善了困难群体的生活状况，也就改善了整个社会的生活状况，解决民生问题让人民生活得快乐和幸福。这就要保障人民的民主权利，在社会推进公平与正义。"记者也许问，什么叫快乐？我可以借用艾青诗人的一句话："去问开化的大地，去问解冻的河流"。

"值此香港回归十年之际，我请你转达对香港同胞的问候，我衷心希望香港更加繁荣，更加开放，更加包容，更加和谐！紫荆花盛开了，今年花儿红了，明年花更好！"

鲁迅先生说，字的修辞要做到三点："音美以感耳，形美以感目，意美以感心"。只有这样推敲文字，做到音美、形美、意美，才能收到美化语言，交流思想，说服他人的效果。在温总理答中外记者运用语言艺术的过程中，无论是句式的选择，句意的酝酿，还是准确的措词，可以说都是匠心独运，精妙构思，千锤百炼，并达到炉火纯青、美自天成的境界。更能给人以美的欣赏、善的本质、真的自我、新的启迪。同时也达到潜移默化，润物无声的效果。

多年来，日理万机的温家宝同志作为一个大国总理，在其位、谋其政、尽其责、效其力、善其事的敬业报国情怀，甘为人民孺子牛的精神非常值得我们学习。温家宝同志不仅具有哲学家的思维，政治家的头脑，军事家的谋略，外交家的口才，宣传家的技巧，慈善家的情结，而且具有文学家的素养和诗人般文采。极具个性而又温文尔雅的语言，晓之以理，动之以情，感之以人，导之以行。不仅是"坦诚睿智、情动云天"的典范，也体现了温总理知识的渊博，文辞的精美和立意的深刻，令人钦佩，令人折服，令人赞叹，令人堪羡。

（资料来源：张国良："为民忧而所思 为民思而所行"，《现代交际》2010 年 2 月第 280 期，本书作者做了进一步修改补充）

⊞⟶【专题讨论 10-3】 营销沟通语言七忌

营销沟通是经济合作双方为实现某种交易或为了解决某种争端而进行的协商洽谈活动。沟通双方的说话方式与言谈技巧，对于沟通的进程与结果都起着举足轻重的作用。根据商务沟通的特点和实践经验，特提出营销沟通语言的"七忌"，以帮助商务沟通人员减少语言失误，提高语言技巧。

一忌欺诈隐骗。有些人把商务沟通视为对立性的你死我活的竞争，在具体洽谈时，不顾客观事实，欺、诈、隐、骗，依靠谎言或"大话"求得自身的沟通优势。如一位业务员同一家商店进行推销洽谈，业务员为了促销，在介绍产品质量时声称已经获得"省优"和"部优"，商店看样后认为有一定市场，于是双方达成买卖意向。商店后来了解到这种商品既非"省优"也不是"部优"，产品虽适销，但商店也怕上当受骗，于是未签订合同，一桩生意告吹。可见欺骗性的语言一旦被对方识破，不仅会破坏沟通双方的友好关系，使沟通蒙上阴影或导致沟通破裂，而且也会给企业的信誉带来极大损失。所以说，沟通语言应坚持从实际出发，应给对方诚实、可以信赖的感觉。

二忌盛气凌人。有的沟通者由于自身地位、资历"高人一等"或沟通实力"强人一筹"，在沟通中往往颐指气使，说话居高临下、盛气凌人。有一位大公司的业务经理在同另一家企业沟通出售产品时，发现对手是几位年轻人，随口便道："你们中间谁管事？谁能决定问题？把你们的经理找来！"一位年轻人从容答道："我就是经理，我很荣幸能与您洽谈，希望得到您的指教。"年轻人的话软中带硬，出乎这位业务经理的意料。这位业务经理本想摆摆谱，没想到沟通刚开始就吃了一个小小的败仗。盛气凌人的行为易伤对方感情，使对方产生对抗或报复心理。所以，参加商务沟通的人员，不管自身的行政级别多高，年龄多大，所代表的企业实力多强，只要和对方坐在沟通桌前，就应坚持平等原则，平等相待，平等协商，等价交换。

三忌道听途说。有的沟通者由于与社会接触面大，外联多，各种信息来源渠道广，在沟通时往往利用一些未经证实的信息，如"据说"、"据传"等作为向对方讨价还价的依据，缺乏确凿的实际材料，其结果很容易使对方抓住你的谈话漏洞或把柄向你进攻。就个人形象来讲，也会使对方感到你不认真、不严谨、不严肃，不值得充分信赖。在一次业务洽谈中，某买方代表为了迫使对方降价，信口便说："据说你们单位的产品返修率一直高于同类产品，能否给我们在维修费用上再提高 2 个百分点？"卖方回答："这说明您对我们的产品并不了解，据最近统计，我们的产品返修率仅为 1‰，大大低于同类产品，我们不但不能提高维修费，正设想在原来的基础上降下 1 个百分点。"买方遭到迎头痛击。

四忌攻势过猛。有的沟通者在沟通桌上争强好胜，一切从"能压住对方"出发，说话锋利刻薄，频繁地向对方发动攻势，在一些细枝末节上也不甘示弱，有些人还以揭人隐私为快。一位年轻采购员在采购某商品时，自认为生产厂家有求于零售商店，在洽谈交易条件时不断向对方发动攻势："第一，产品必须实行代销；第二，厂家必须对产品实行'三包'；第三，厂家必须送货上门；第四……"最后对方说："上述条件我方均可以破例接受，鉴于我方产品在市场上的优势地位,我方只有一个条件,即贵方必须保证设专柜销售本厂产品并保证高质量的售后服务,否则我们将寻找新的合作伙伴。"结果使采购员很被动。在沟通中攻势过猛的做法极容易伤害对方自尊心,遇到生性懦弱的人可能一时得逞;遇到涵养较深的人,尽管暂时忍让,让你尽情表演,但他欲擒故纵,到关键时刻将迫使你付出代价;遇到强硬、进攻性很强的对手,小的进攻就会惹起更大的反击,反而对自己不利。因此,在沟通中说话应该委婉,尊重对方的意见和隐私,不要过早锋芒毕露、表现出急切的样子,避免言语过急过猛、伤害对方。

五忌含糊不清。有的沟通者由于事前缺乏对双方沟通条件的具体分析,加之自身不善表达,当阐述自身立场、观点或回答对方提出的某些问题时,或者语塞,或者含含糊糊、模棱两可,或者前言不搭后语、相互矛盾。如:"我们这种产品出厂价是每吨1000元上下""运输费用应该由我们负担,但你们也应该负担一部分""同行业的盈利水平大约是15%,我们可以低于这个水平出售"等等。这些模棱两可的语言容易给对方留下一种"不痛快"、"素质不高"的感觉,也容易使对方钻空子,使自己陷入被动挨打的境地。所以,沟通者事前应做好充分的思想准备和语言准备,对沟通条件进行认真的分析,把握住自身的优势和劣势,对沟通的最终目标和重要交易条件做到心中有数,同时做一些必要的假设,把对方可能提出的问题和可能出现的争议想在前面,这样,在沟通中不管出现何种复杂局面,都可以随机应变,清楚地说明自己的观点,准确明了地回答对方的提问,尤其是在签订沟通协议时,能够把握关键,使合同条款订得具体、完善、明确、严谨。

六忌枯燥呆板。有些人在沟通时非常紧张,如临战场,因此说话时表情呆板,过分地讲究针对性和逻辑性。这对沟通是很不利的。营销沟通不同于某些对立性强的军事、政治沟通,它是一种合作性交往,应该在一种积极、友好、轻松、融洽的气氛中进行。因此,沟通者在正式沟通开始前应善于建立一种良好的沟通气氛,比如随便谈谈双方的经历,谈谈对方感兴趣的社会热点、趣闻轶事、典故等,使沟通自然地进入正题;在正式沟通过程中也应恰当地运用一些比喻,善于开一些小玩笑,使说话生动、形象、诙谐、幽默、有感染力。通过活泼的语言创造并维持一种良好的沟通气氛,这对整个沟通格局及前景会起到重要的促进作用。

七忌以我为主。在人际交往中说话以我为主、以我为中心,这是有些人的通病,在商务沟通中表现更突出。在洽谈时,有些人随意打断对方谈话,抢话说;有些人在对方说话时左顾右盼,或不屑一顾;有些人自己说话时滔滔不绝,不考虑对方的反应和感受;尤其当洽谈某些交易条件时,只站在自己的立场上,过分强调自身的需要,不为对方着想。如当一场沟通开局时,一方夸夸其谈,离题万里,无法进入正题,另一方打断对方说"行了,我没有时间听你的天方夜谭,还是来真格的吧!"这种作法极不礼貌,极容易引起对方反感。所以,沟通者应学会倾听别人谈话的艺术,对别人的谈话应表现出浓厚的兴趣,多进行一些角色互换,语言应委婉,留有商量的余地,这样既表明自己有修养,容易赢得对方的喜爱,同时也能更好地了解对方,摸清对方的底细和意图,一举多得。

(资料来源:百度文库)

附录一

全国大学生创业大赛"挑战杯"金奖文本 ≫ ≫ ≫　≫

第一章　执行总结

2008年党中央国务院又坚持了一贯对"三农"问题的高度重视和密切关注,明确提出要强化农业的基础地位,解决好"三农"问题,作为全党工作重中之重的要求。而农药是目前世界农业生产活动中最重要的技术手段和生产资料之一。但是传统农药对环境的破坏和病虫害越来越高的抗药性,造成了农业生产的重大损失和社会成本的增加,不利于绿色农产品的生产与高效生态农业的可持续发展。

1.1　公司概况

浙江绿达生物科技有限公司设立在素有"中国山核桃之乡"美称的临安市。工厂选址在交通便利、环境良好的临安城镇边缘锦城街道横溪工业园区,属高新技术型企业。公司关注民生,服务三农,所处的是农药行业。本公司秉承"绿色农药,情系三农,福泽民众,达善社会"的宗旨。主要致力于高效广谱木本植物源杀菌剂的研究开发与推广运用。

1.2　产品介绍

浙江绿达生物科技有限公司的产品是山核桃果皮素杀菌剂,是由废弃的山核桃外果皮提取物加工而成,对环境及人畜无影响,无残留、无污染、无公害。可广泛用于蔬菜、花卉、水果和茶叶等经济作物的病害防治,是一种具有很大开发潜力的植物源杀菌剂。

产品特点:

☆ 纯植物制剂　　☆ 药效显著　　☆ 适应范围广

☆ 环境相容性高　☆ 经济适用　　☆ 选择性较强

☆ 使用性能好

产品优势:

★ 变废为宝——公司充分利用山核桃外果皮(污染环境且被人弃置的废料)这一天然资源,将其开发成为高效低毒、环境友好型的植物源杀菌剂。

★ 绿色环保——公司在生产植物源杀菌剂同时产生的残渣,是一种高效的有机化肥。

★ 科技先导——山核桃果皮杀菌剂已完成全部研究工作,产品技术国内首创、国际领先。并已推广应用 4 万多亩。公司将与浙江林学院林业与生物技术学院展开技术合作,并将建立长期合作关系。

★ 生态高效——它是一种取之于然,用之于然的制剂。对病害有很高的预防与治疗效果。

公司优势说明:

★产品优势:变废为宝、绿色环保、科技先导、生态高效。

★技术优势:已申请相关技术专利,公司依托浙江林学院强大的科研队伍,时刻保持技术领先。

★区位优势:公司位于原材料集中地,资源丰富,对原材料控制能力强,交通运输便利。

1.3　市场分析

国家对高毒、高残留化学农药的替代工作正在逐步推进。取代化学农药的将是高效、无毒、无残留的生物农药。

行业概况:

★生物农药市场:统计数据表明,目前全球生物农药需求量正以每年 5.6% 的速度增长。预计到 2008 年我国生物农药的销售收入将接近 90 亿元。

★杀菌剂市场:国际、国内杀菌剂需求量持续稳定增长。

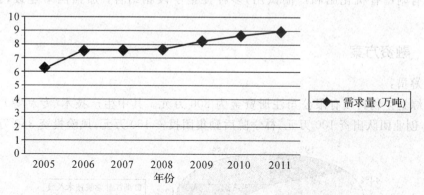

图 1-1　2005—2011 年杀菌剂需求量走势图

目标市场与定位:

按对产品的需求程度不同,可以分为两类:种植园基地,属于中高端市场,对农药的需求大,对产品的总体性能要求较高;普通农户,属于低端用户,农业生产的环保意识较薄弱,但正在不断加强中。

公司产品主要面向中高端市场,并以种植园基地作为主要客户群体。公司将华南、华东作为准入市场,根据公司战略将华中、华北、西南、西北列为公司发展中的开拓市场区域。

1.4　竞争分析

在与传统主流杀菌剂的比较中,公司产品具有明显的技术优势。在与国内只有 2 家生物杀菌剂生产商产品比较中,本公司产品在价格上具有无可比拟的优势。

公司主要利用较高的技术壁垒,产品的技术和价格优势参与市场竞争,同时进一步加强对产业上游的控制以及与各科研机构的合作,拓展原有产品,研发开拓新产品。

1.5　市场营销

公司以"三农的需求,我们的追求"为营销理念,将"科技兴农"贯穿于市场营销活动的整个过程。

营销计划:

今后 5 年的发展中,公司目标是实现销售区域由浙江→长江三角洲→全国的拓展。

产品与价格策略:

结合市场实际,结合成本定价和竞争定价两种方式产生产品的销售价格。并针对不同类型的客户使用特定的产品服务策略。

营销渠道:

★直销渠道:公司直销队伍以及网络直销

★分销渠道:省级批发商、市级批发商、县级批发商……

根据公司实际发展情况,初期以分销渠道为主,随着公司发展,逐渐加强与消费者的直接联系,加强直销渠道的销售。

促销策略:

主要有附赠有机化肥和产品试用,多种促销手段相结合,加强网络建设,扩大经营阵地。

1.6　融资方案

资金筹措:

浙江绿达生物科技有限公司注册资金为 800 万元。其中生产技术(专利等)技术入股 200 万元,创业团队出资 100 万元,林学院后勤集团投资 150 万元,风险投资 350 万元。

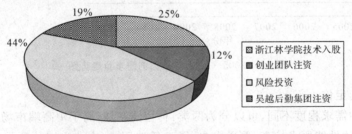

19%　25%　44%　12%

☒浙江林学院技术入股
■创业团队注资
□风险投资
▨吴越后勤集团注资

图 1-2　公司股本结构

投资方式:

风险投资家及创业团队以资本入股,技术提供者以技术作价方式入股,成为公司股东,享有股东权益。

退出方案:

风险投资退出的原则是以更小的成本获取更大的收益。公司视实际情况,拟定在第 5 年,争取以 IPO 的形式实现风险退出。

1.7 财务分析

表 2-1 财务分析 单位:万元

项目 年份	第一年	第二年	第三年	第四年	第五年
销售收入	600.00	1200.00	2700.00	4500.00	7500.00
净利润	23.91	168.47	450.46	895.90	1792.13

1.8 结束语

我们坚信绿达高科技生物药品有限公司顺应天时,善择地利,凝聚人和,将凭借其独特的产品和优秀的创业团队,在植物农药领域开辟一片绿色新天地! 为我们的"米袋子"、"菜篮子"工程添砖加瓦,做绿色农产品的忠诚卫士!

第二章 产业背景

2.1 传统农药使用概况

随着绿色农业迅速发展,高毒、高残留农药对环境的污染已被人们普遍认识,高毒、高残留化学农药正在逐渐被人们淘汰。取代化学农药的将是高效、无毒、无残留的生物农药。

化学农药的长期、大量和反复使用,给当代农业的发展带来了一系列的问题,这些问题急需解决,才能保持自然界的稳定平衡和人类的可持续发展。

由于化学农药易使病原菌产生抗药性,因此在过去的几年中很多地区不得不加大农药的施用量和频率,最终造成化学农药应用的恶性循环。传统化学农药所造成的恶性事件数不胜数。同时,由于农药的管理和使用不当而造成的突发性事件也威胁着务农人员的生命安全。图 2-1 和图 2-2 分别显示了由于农药引起的急性中毒事件各种后果比例和不同种类农药造成急性中毒事件比例:

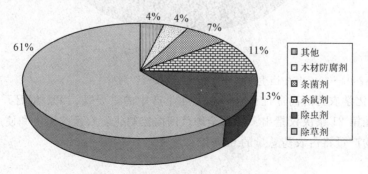

图 2-1 急性中毒事件中不同病状比例

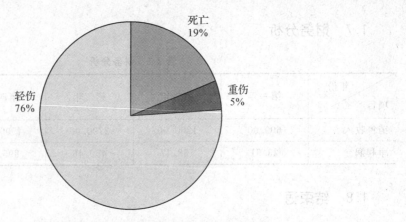

图 2-2　不同种类农药造成急性中毒事件比例

（来源：2007—2008 年中国生物农药行业发展及投资咨询报告）

　　而与传统农药造成的巨大危害相对应的，每年的病虫害对农业生产造成的损失也是巨大的。图 2-3 和图 2-4 分别表示了病害对不同作物造成的减产情况。

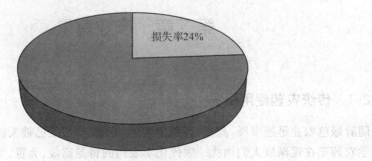

图 2-3　病害对蔬菜和水果的影响

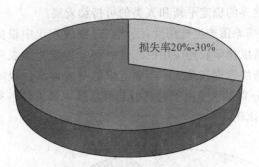

图 2-4　病害对棉花的影响

（数据来源：2007—2008 年中国生物农药行业发展及投资咨询报告）

　　鉴于传统化学农药的高危性和农药在农业生产中的重要性，1992 年召开的"世界环境与发展大会"在第 21 条决议指出："要在全球范围内控制化学农药的销售和使用，到 2010 年初，生物农药的产量将占农药总量的 60％"。

2.2　世界农药使用与贸易壁垒状况

美国、西欧和日本等一直是全球主要的农药消费市场,其中欧洲农药市场占全球的29％,北美和亚洲市场各占25％,南美占17％,中东和非洲占近4％。

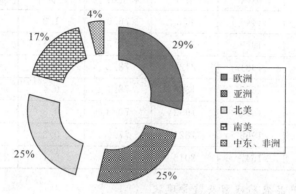

图 2-5　全球农药市场分布图

全球农作物中用药最多的是水果和蔬菜,每年用于水果和蔬菜的农药销售额占26％—28％。农业生产中主要使用的农药种类有除草剂、杀虫剂和杀菌剂,在谷物上,除草剂和杀菌剂占90％以上。

2.2.1　美国农产品农药残留及监管现状

美国是世界上农药消费最大的国家之一,因此也是较早开展农产品农药残留管理和监测的国家之一。美国建立了一整套比较完善的农产品农药残留标准、管理、检验、监测和信息发布机制。为了提高农产品安全管理效率,加强各监管机构之间的协调与联络,美国先后成立了"食品传染疾病发生反应协调组"和"总统食品安全委员会",并组建了食品安全风险评估委员会。

对农产品农药残留实施制度化的监控计划是美国确保农产品质量安全的重要措施。通过检测发现,在有农药残留的样品中,含多种农药残留的样品均高于单种农药残留的样品数,监测结果间接说明了目前美国农产品中农药残留得到了有效遏制,但农药残留形势不容乐观。

2.2.2　英国农产品农药残留及监管现状

英国相对其他欧美国家是一个食品安全问题比较严重的国家。从1984年开始分别制定了《食品法》、《食品安全法》、《食品标准法》和《食品卫生法》等,同时还出台许多专门规定,涵盖了从农田到餐桌整条食物链的各个环节。为强化监管,英国政府于1997年成立了食品标准局,负责食品安全总体事务和制定各种标准,2000年又将以往纷繁复杂的农产品卫生认证标准整合为英国食品标准体系,对认证实行统一管理。

英国农药残留委员会(PRC)下属各检测机构每个季度从英国各地随机抽取水果、蔬菜、谷物和谷物产品、动物产品进行农药残留检测,并向社会发布季度监测报告。与国产农产品相比,进口农产品中农药残留检出率、超标率较高。特别是2005年,农药残留检出率、超标率显著高于国内农产品,分别为39.2％、3.2％,进口农产品超标率几乎是国产农产品的11倍。

表 2-1　2000—2006 年英国农产品中农药残留检测结果(个,%)

年度	样本数量			国产样本检测结果		进口、未知来源样本检测结果	
	样本数	国内	国外	未检出率	超标率	未检出率	超标率
2000	2304	1446	858	76.0	1.0	62.0	2.0
2001	4003	1939	2064	74.5	0.5	70.6	1.0
2002	4105	1981	2124	78.1	0.3	61.0	2.0
2003	4071	1687	1316	78.1	0.4	73.0	1.0
2004	3854	1862	1992	70.8	0.3	67.2	1.9
2005	3787	1966	1821	77.9	0.3	57.6	3.2
2006	3562	1547	2015	73.4	0.1	58.9	2.9

2.2.3　欧盟农产品农药残留及监管现状

欧盟的农产品链迄今为止仍被认为是世界上最为安全的生产链。到目前,欧盟总共拥有 10 多万项技术标准,其中涉及农产品的约占 30%。近年来,在农产品安全以及化肥、农药残留限量控制和检测方面,欧盟不断增加各种法规和辅助控制标准,现已达到 23 万多项。

为系统评价欧洲食物农药暴露情况,欧盟于 1996 年开始实施滚动的欧盟协同监测计划,监测对象涵盖所有主要农药和农产品,参与国家包括欧盟 15 国及挪威、冰岛等欧洲自由贸易区国家,欧盟委员会通过食品与兽医办公室制定审计与检查方案,并在其网站上发布年度检测报告。1996—2005 年度欧盟原产植物产品的农药残留检测数据显示(见表 2-2),随着检测样本的增加,农产品中农药残留未检出率和超标率呈持续上升趋势,近年来欧盟农产品农药残留形势严峻。

表 2-2　欧盟 1996—2005 年农产品农药残留检测结果(个,%)

年度	样本总数	未检出数	未检出率	<MAL 样本数	>MAL 样本数	超标率	>欧盟标准
1996	41232	24027	58.3	15996	39.0	1209	3.0	1.0
1997	45888	27701	60.4	16638	36.0	1549	3.4	2.3
1998	44092	26825	61.0	15962	36.0	1305	3.3	2.1
1999	40557	25837	64.0	13003	32.0	1737	4.3	3.5
2000	45213	27672	61.0	15585	35.0	1956	4.3	3.2
2001	46149	27560	60.0	16909	37.0	1680	3.6	3.0
2002	46152	26618	58.0	17159	37.0	2375	5.1	3.4
2003	47460	27645	58.0	17373	37.0	2433	5.1	3.3
2004	60450	33607	55.6	23997	39.7	2846	4.7	2.9
2005	62569	33997	54.3	25631	41.0	2941	4.7	2.9

国际上对农作物农药残留的检测已经建立了一系列的体系和绿色贸易壁垒。不仅仅是发达国家内部需要合格的农药产品用来保障食品的安全,我国的农产品想要打入国际市场,也需要面对日益严格的绿色壁垒。因此,国际社会对生物类农药的需求总体上呈

上升的趋势。

2.3　中国农药行业现状

在经历了 2007 年高毒农药退市、出口退税调整等重大事件之后,2008 年国内农药行业又面临原料涨价、新监管政策出台等新情况。据预测,2008 年全国农药需求总量为 29.82 万吨。其中,杀虫剂需求总量预计为 14.01 万吨,比 2007 年减少 3.24%;杀螨剂需求大幅度上升,总量预计为 1.06 万吨,比 2007 年增加 15.84%;杀菌剂需求与 2007 年持平,预计为 7.60 万吨。

2007 年农药行业在持续多年全面增长的基础上又创佳绩,产销两旺,进出口贸易活跃,经济效益全面快速增长,产品结构调整取得重大进展,实现了又好又快发展。一是农药产量再创新高,品种结构更趋合理。根据国家统计局统计,2007 年共完成农药总产量 173.1 万吨,比 2006 年(下同)增长 24.3%,居世界第一位。二是农药进出口取得佳绩,消化了出口退税率降低的影响。据海关统计,2007 年我国农药出口快速增长,进口下降。2007 年,我国共出口农药 47.7 万吨,价值 13.5 亿美元,分别增长 19.9% 和 29.8%,出口平均吨价 2830 美元,增长 8.3%。同时,我国进口农药 4.1 万吨,下降 4.4%。三是农药价格总体稳中略升,产销率有所提高。2007 年农药价格同比上升 1%～7%;产销率比 2006 年有所提高,整体水平达到 97.4%,尤其是年末 11 月和 12 月产销率均超过 100%。2007 年农药行业主要经济指标及经济效益完成情况良好,全面大幅增长,达到新高。(来源:2008 年中国农药行业研究咨询报告)

我国是世界第一大农药生产国和出口国。2008 年尽管还存在能源、原材料等方面的困难,但农药行业总体外部环境仍显良好,将继续推动农药生产和销售市场的提升和活跃,农药工业仍将继续延续良好发展势头。

2.4　农药行业"十一五"发展规划

农药行业确定的"十一五"目标:

(一)原药产能 100 万吨,

(二)销售额 55 亿元,

(三)出口创汇 15 亿美元。

"十一五"期间,我国农药工业继续深化高毒农药替代工作。科技部为贯彻《国家中长期科学和技术发展规划纲要(2006—2020 年)》,将"农药创制工程"项目列入"十一五"国家科技支撑计划。未来国家在农业产业将大力发展高效、安全、经济和环境友好的新品种、新剂型和新制剂,高毒品种所占的比例将由目前的 40% 下降到 5% 以下。行业总产能维持在 85—90 万吨/年,杀虫剂、杀菌剂和除草剂比例定位在 50%、15% 和 25%。产业调整重点是发展替代高毒杀虫剂的新品种、新型水田和旱田除草剂、水果蔬菜用杀菌剂和保鲜剂等。增加地下害虫防治和生物杀虫剂的新品种,增加水果蔬菜用杀菌剂和线虫防治剂的品种和产量是重要方向。

第三章   公司产品与技术

目前浙江省临安市山核桃种植面积超过50万亩,年产量达4.7万余吨,副产物山核桃外果皮达3.5万余吨。山核桃外果皮的处理问题一直困扰着当地政府和农民,当前尚未有理想的处理方法,绝大部分外果皮都是随意倾倒于河边、路旁,任其腐烂发酵被河水冲走,对周围生态环境产生严重的危害。如果将这些废弃物收集起来,可以做成什么呢?

经过科学试验,反复实践证明山核桃外果皮中富含多酚类单宁、有机酸、甙类、生物碱等多元有机化合物,粗提液对小麦赤霉病、水稻纹枯病等病原真菌有明显的杀菌效果,具有开发成为植物源杀菌剂的潜力。

图3-1   山核桃外果皮腐烂对周围生态产生危害

3.1   产品介绍

3.1.1   公司产品

本公司主要产品0.1%山核桃果皮素杀菌剂,对小麦赤霉病、水稻纹枯病、蔬菜灰霉病等多种植物病原真菌有显著的防治效果,对环境、人畜影响小,无残留,可广泛用于蔬菜、花卉、水果和茶叶等经济作物的病害防治,是一种环境相容性很高的生物源杀菌剂。

3.1.2   作用机理

山核桃外果皮杀菌剂对植物病原菌以预防作用为主,主要影响病菌孢子在植物上的附着过程,影响病菌孢子附着器官的形成;同时可以抑制病菌菌丝生长,影响菌丝细胞胞壁物质的合成,致使细胞壁的渗透性改变,最终导致病原菌死亡。

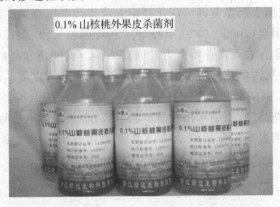

图3-2   0.1%山核桃果皮素杀菌剂

3.2 产品状况

3.2.1 产品规格、型号

表 3-1 产品规格、型号

主要产品	规格	价格
0.1 ％山核桃果皮素杀菌剂	60ml/瓶，1000ml/瓶	2.46 万/吨

3.2.2 产品特性

表 3-2 产品特性

外 观	棕色均一液体	有效成分	山核桃果皮素
有效成分含量	0.1 ％	冷、热贮稳定性	合 格
pH 值	5－5.6	产品保质期	二年

3.2.3 产品特点

图 3-3 山核桃鲜果图

(1)纯植物制剂：山核桃外果皮杀菌剂所含的主要有效成分为山核桃果皮素，它是一种天然物质，故施用后在自然界有其自有的降解途径，对环境污染小，是一种取之于自然，用之于自然的制剂。

(2)药效显著：其杀菌活性成分较多、作用方式独特，病原菌较难产生抗药性。

(3)广谱。

★适用作物：水稻、小麦、玉米、茶苗、甘蔗、甘薯、烟草、花生、大豆、杨梅、甜瓜、猕猴桃、桃、棉花、高粱、马铃薯、甜菜、黄麻、香蕉、菠萝、柑桔、番石榴、火龙果、番茄、西瓜、辣椒、茄子、红萝卜、葡萄、草莓、黄瓜、南瓜、菊花等。

(4)环境相容性高：对环境及人畜无影响、无残留、无污染、无公害。

(5)经济适用：由于山核桃外果皮是一种被人弃置的废物，将这些废物回收利用，山核桃外果皮原料平均成本0.8万元/吨，制成的0.1%山核桃果皮素杀菌剂产品价格为3万元/吨，亩用量60 ml，使用成本2.0元/公顷，低于一般的化学农药品种。所以成本低廉，用量省，独具优势。

(6)选择性较强：产品的有效成分为天然化合物，对人、畜及天敌毒性低。

(7)使用性能好：与其他农药相容性较高，可混合使用，并有明显的增效作用。

3.2.4　产品功效

该产品可有效防治水稻稻瘟病、番茄灰霉病、黄瓜白粉病、黄瓜霜霉病和苹果腐烂病等植物病害，杀菌谱广。

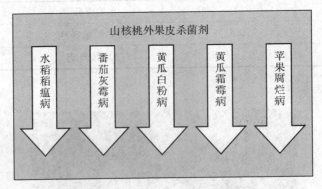

山核桃外果皮杀菌剂的杀菌谱

药剂处理

清水对照

3.2.5　使用方法

表3-3　使用方法

防治对象	防治时期	稀释倍数	使用方法
水稻稻瘟病		1000 倍	
番茄灰霉病		1000 倍	
黄瓜白粉病	发病初期	800 倍	喷雾
黄瓜霜霉病		600 倍	
苹果腐烂病		800 倍	

3.3　技术描述及技术持有

3.3.1　山核桃杀菌剂有效成分的确定

以山核桃外果皮为原料,经系统溶剂提取,根据各溶剂提取相对植物病原菌活性,确定甲醇为适宜的提取溶剂。

采用活性示踪法,从山核桃外果皮甲醇提取物中分离鉴定出8个活性化合物,确定2,6-二羟基-3-苯基-4-甲氧基苯并呋喃苯丙烯酮为主要活性化合物,命名为山核桃果皮素。

3.3.2　山核桃果皮素杀菌剂原药流程简介

以甲醇为提取溶剂,经过实验室小试和中试,得出其提取工艺为:山核桃外果皮经晾干,粉碎;用一定量的甲醇,在一定温度下,提取若干小时,滤出提取液;在相同工艺下,重复提取,将提取液浓缩,得到山核桃果皮素原药。

3.3.3　山核桃果皮素杀菌剂的配制

山核桃果皮素杀菌剂中,有效成分含量为0.1%。根据产品技术标准,在反应釜中,按制剂配方加入山核桃果皮素原药、乳化剂、溶剂、增效剂等助剂,以60转/min转速搅拌,于40℃下搅拌1小时,即可得到0.1%山核桃果皮素杀菌剂。

山核桃果皮素杀菌剂的生产工艺,已通过中试生产,具备产业化开发的条件。

3.4　正在开发、待开发产品简介

表3-4　正在开发产品

1	山核桃外果皮杀菌剂微乳剂
2	山核桃外果皮有机肥料

表3-5　待开发产品

1	植物源杀菌剂系列产品
2	新型微生物源杀虫剂

3.5　无形资产

公司将依托浙江林学院的科研技术力量,致力于新产品开发。通过不断的研发,形成在生物源农药方面的知识产权集成保护。

公司已申请山核桃果皮素杀菌剂国家新农药发明专利,并拟注册"绿达NATIVE"商标,品牌发展方向:品种适销对路,技术优良可靠,市场久畅不衰,企业服务周到,而且家喻户晓,信誉卓著。公司将形成自有知识产权体系,并逐步申请国际专利,为公司的发展壮大争取更大的空间。公司将以"绿达"为品牌,开拓市场,创出品牌,树立公司形象。

第四章　公司战略

4.1　战略环境分析

4.1.1　PEST 分析

表 4-1　宏观环境(PEST)分析模型

因素	主要利好因素	主要利差因素
P-政治法律环境	➤"世界环境与发展大会"指出:"要在全球范围内控制化学农药的销售和使用,到 2010 年初,生物农药的产量将占农药总量的 60%" ➤国家有关"三农"的路线、方针和政策(见附录) ➤农业部发出通知,全面推进"无公害食品计划",同时加快农药产品结构调整,促进生物农药的发展 ➤科技部将"农药创制工程"项目列入"十一五"国家科技支撑计划 ➤浙江省政府颁布《关于禁止销售和使用部分高毒高残留农药的意见》	
E-经济环境	➤"十一五"期间,国家经济建设将保持快速发展,人民生活水平继续提高,更加注重"绿色消费" ➤中国加入 WTO,有利于农药产业充分利用国际市场的资源和技术,也有利于扩大我国农药产业的国际市场	➤"三农问题"存在,农民收入水平低 ➤国外厂家的进入贸易壁垒有减弱的趋势
S-社会文化环境	➤21 世纪是绿色世纪,人们越来越关注人与自然的共同发展问题,"绿色需求"是现代人类最基本的需求 ➤北京奥运的举办,必将会促进"绿色消费理念"的持续升温	
T-技术环境	➤农药的科技开发竞争日趋激烈 ➤我国农药产业加大了研究开发的步伐,对外合作与贸易稳步增长	➤我国研究经费严重不足,制约了农药的科技进步 ➤国外竞争厂商技术力量雄厚,研发能力强

4.1.2　SWOT 分析

表 4-2　SWOT 分析

（优势）S（劣势）W　　O（机会）T（威胁）	S（优势） ● 技术领先。 ● 原料与成本控制能力强,具有明显价格优势。	W（劣势） ● 企业资金不够充足。 ● 品牌知名度低。 ● 先期产品品种单一
O（机会） ● 中国杀菌剂市场有空缺,市场前景广阔。 ● 世界环境和发展大会要求控制化学农药使用,增加生物农药产量,生物农药已经成为未来发展趋势。 ● 国内生物农药的研发和生产还处于初级阶段,市场竞争较小 ● 国际绿色贸易壁垒强化,对农产品的要求更加严格	➤利用价格优势,迅速占领市场份额。 ➤利用研发优势不断更新完善产品,保持技术领先。 ➤利用原料的特殊性,限制其他企业的模仿。	➤加快企业发展,通过利润来弥补资金的不足。 ➤采用针对性较强的宣传手段,利用口碑宣传提高公司的形象。 ➤加强与政府的合作,利用政策倾向,提高企业公信力
T（威胁） ● 我国加入 WTO 后,国外农药厂家进入中国市场,导致竞争加剧 ● 国外生物农药公司资金、实力雄厚,形成潜在威胁 ● 国内科研机构开始研发相关产品,新产品将开始冲击市场	➤主动与主要科研机构合作,提供公司研发能力的同时减少可能出现的竞争对手。 ➤利用企业自身竞争优势,积极参与市场竞争。	➤有效规划企业的资金分配,加快企业发展,应对市场竞争压力。 ➤打开市场后加紧后期研发,增加、补全农药品种。

4.2　公司战略

战略愿景:为农业增产,为农民增收,为农村致富,做绿色农产品的守护神。

企业宗旨:绿色农药,情系三农,福泽民众,达善社会

战略目标:打造中国木本植物源杀菌剂第一绿色品牌。

表 4-3　公司战略规划

发展阶段	时间	具体战略
初创期	2008—2010 年	➤公司创办,办理相关手续; ➤加大技术研发投入,完善产品; ➤做好公关工作,赠送试用产品,树立品牌形象,扩展市场。
发展期	2011—2013 年	➤强化新产品研发,拓展产品线; ➤加强客户关系管理,稳固营销渠道; ➤争做行业领先,打造名牌企业
成熟期	2014 年—	➤开发相关领域新产品,提高竞争力; ➤稳定国内市场,拓展国际市场

依据上述分析，制定公司未来5年的发展目标。

主要产品：五年内不断完善"杀菌剂"的效果，使产品不断趋于成熟。

市场范围：初创期紧紧把握长三角洲市场，发展期为迅速抢占全国市场，不断扩大市场份额做准备，并相应地调整研发和市场战略。

市场目标：5年内成为省级生产商，10年内成为国内市场的知名品牌。预计杀菌剂市场份额将实现从第一年的0.47%到第5年的5.8%。

研发目标：保持"植物源杀菌剂"在技术上的领先地位和成本优势，积极开发新品种。正在开发的产品有：山核桃外果皮杀菌剂微乳剂、山核桃外果皮有机肥料；待开发产品有：植物源杀菌剂系列产品、新型微生物源杀虫剂。

财务目标：争取在第3年收回投资额，第5年以MBO的形式1∶5溢价收购风险投资家拥有的股份。

4.3　战略控制

公司在企业经营战略实施过程中，为保证实际的成果符合预先制定的目标要求，必须进行战略控制，发现偏差，纠正偏差。

公司的战略控制将从控制的切入点着手，主要有以下五个方面：

(1)财务控制

公司采取预算控制和成本利率控制。对产品生命周期的各阶段进行控制，以保持现金流的良好运行。

(2)生产控制

根据市场规模以及消费者的反馈，在各个战略实施阶段对产品的品种、数量、质量、成本、交货期及服务等方面进行控制，以保证小库存、低成本、高收益。

表4-4　公司五年内推广计划(单位：万亩)

年　份	第一年	第二年	第三年	第四年	第五年
预计推广面积	50	150	250	400	600

(3)销售规模控制

销售规模太小会影响经济效益，太大会占用较多的资金，也影响经济效益，为此要对销售规模进行控制。公司根据市场调研对各年销售量做出如下预测：

表4-5　公司五年内销售计划(单位：吨)

年　份	第一年	第二年	第三年	第四年	第五年
预计销售量	200	400	900	1500	2500

(4)质量控制

公司在质量控制方面主要是对企业工作质量和产品质量的控制。工作质量包括生产工作及领导工作、设计工作、信息工作等一系列非生产工作的质量；产品质量的控制主要是对"植物源杀菌剂"产品的菌种含量以及生产发酵过程中的质量控制。

（5）成本控制

公司成本控制不仅包括对生产、销售、储备等有形费用的控制，而且还包括对会议、领导、时间等无形费用的控制。通过成本控制使各项费用降到最低水平，达到提高经济效益的目标。

第五章　市场分析

5.1　市场容量

5.1.1　我国农药市场总容量

目前，在国内使用的约250余种农药中，高效低毒农药品种只占15％左右。一些发达国家早已不用或限用的剧毒、高残留农药在我国农药生产中仍占很高比例。我国现有的各类生物农药施用面积仅占病虫害防治总面积的15％左右，销售收入所占的市场份额更为有限。导致这种情况的原因有很多方面，而生物农药制造成本高，销售价格高是其中一个很重要的问题。总体上，农药总量再次持续增加。2007年，我国农药比上年同比增长15.1％。杀菌剂占农药总产量的10.74％，比去年增长4.26％。

表 5-1　2005—2007 年我国农药、杀菌剂（农用）产量

年份	农药（单位万吨）	杀菌剂（单位万吨）
2005	78.18	6.25
2006	82.87	7.54
2007	86.92	8.76

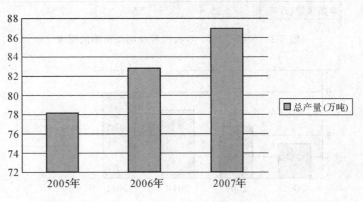

图 5-1　2005—2007 年我国各年农药产量

5.1.2　我国杀菌剂（农用）市场容量。

2007年农药市场基本平稳，但结构发生变化，一些质优价廉、低残留、药效好的新型杀菌剂销售数量明显上升。具体来说，整个市场呈现出三种明显的特点：

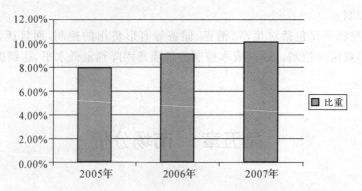

图 5-2　2005—2007 年杀菌剂(农用)占农药比重
(来源:2008 年中国农药行业研究咨询报告)

(1)杀菌剂销售呈上升态势。

(2)高效、低毒、低残留农药已逐渐成为农户选择的主导产品。

(3)生物农药销售量呈现逐年递增趋势。

杀菌剂需求量在近年保持平稳,但据资料分析,未来将有一波较大的需求增长。图 5-3 显示的是 2005—2007 年我国对农用杀菌剂的需求增长情况。

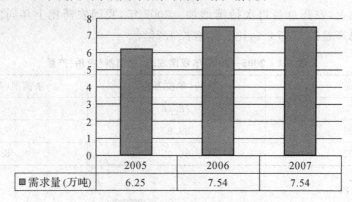

图 5-3　2005—2007 年我国对农用杀菌剂的需求

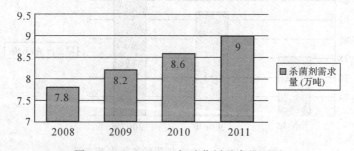

图 5-4　2008—2011 年杀菌剂需求量预测
(数据来源:2007—2008 年中国杀菌剂农药行业展望与市场预测报告)

5.1.3　国际杀菌剂(农用)市场概况

截至 2007 年 7 月份,全球杀菌剂市场增长最快,15 年的年均增长率为 2%,近 5 年的快速发展,一方面是由于导致作物病害的病菌容易获得抗性,新产品有持续的需求;另一方面是由于全球农作物种植结构的调整以及各类经济作物种植种类和种植面积的扩大,增加了对杀菌剂的需求,其受转基因作物的影响很小。

5.2　产品定位

山核桃果皮素杀菌剂在技术和价格上的优势使得它具有中端市场的价格的同时拥有高端市场的性能(表5-2说明)。因此公司将其定位为高效、平价的生物杀菌剂。

表 5-2　产品定位示意表

效　用 ＼ 价　格	高	中	低
高		山核桃果皮素杀菌剂	
中			
低			

5.3　目标市场

5.3.1　客户市场细分

我国农药产品的市场是广大农村,由于农药产品的特性以及我国的特殊国情,我国农药市场具有不同于国外市场,不同于其他农资产品市场的特征。

- 市场广阔而分散。种植单位小,用户数量大,农户是农资产品购买的基础。
- 市场教育底子薄,信息不对称。单位购买量小,价格敏感度高。
- 明显的季节性。3至9月是生产销售旺季。

结合中国国情,我们将目标市场分为三大类:无公害生产基地(高端、中端用户)和普通农户(低端用户)以及战略客户。以下是客户特征分析表:

表 5-3　客户特征分析表

特征项目	大型国有农场	无公害种植基地	普通农户
品牌忠诚度	高	较高	较低
品牌重视度	高	一般	较低
价格敏感度	较低,但要保证产品质量	较高,但更重要的是产品使用后能符合无公害标准	较高
品质重视度	对产品的效果有很高的要求	要保证产品使用后能符合无公害标准	首要重视价格,其次是品质
经销商影响程度	一般	一般	较高

(数据来源:2008年中国农药行业研究咨询报告)

①无公害生产基地(高端、中端用户):

无公害生产基地作为市场细分的一个部分,对于新型杀菌剂的需求正好符合公司产品

的特性,是最现实的客户群体。这部分客户群体主要有以下几个特点:

- 集中购买,一次性购买量大
- 对产品性能要求高
- 文化水平较高
- 有较高的品牌认知性和自行判断能力

影响其购买的主要因素有:

- 使用习惯
- 药效
- 价格
- 同行推荐
- 广告

无公害生产基地具有使用量大,采购集中的特点。同时市场的主体也非常明确,有利于针对性的市场营销工作的展开。中国主要无公害生产基地的分布情况:

浙江地区是我们最初开展产品推广的地方,而浙江省在"十五"末,共建设无公害蔬菜基地 250 个,生产面积达 500 万亩,无公害茶叶基地 350 个,面积达 130 万亩,无公害水果基地 250 个,面积达 150 万亩,无公害稻米基地 100 个,具有很大的市场。

②普通农户(低端用户):

普通农户主要指广泛分散在全国的个人小规模种植户。这部分客户群体主要有以下几个特点:

- 对新事物接受太慢,不轻易改变自己的习惯
- 对价格较为敏感
- 文化水平低

影响其购买的主要因素有:

- 使用习惯
- 价格
- 零售商推荐
- 广告

③战略客户:

据《2007 年中国统计年鉴》资料显示,2006 年中国国有农场耕地面积达到 7780.5 万亩,国有大型农场的农药使用量大,而且具有很强的带动当地农药使用习惯的效应,因此将国有大型农场作为战略客户,能够为企业带来更多的战略利益。这部分客户群体主要有以下几个特点:

- 采购量巨大
- 受政府政策导向影响较大
- 有专门的农药采购部门

影响其购买的主要因素有:

- 与原有客户的合作关系
- 价格
- 采购部门意见

- 广告

5.3.2 区域市场细分

公司坚持"有利于企业自身管理"、"有利于市场和渠道管理"、"有利于产品销售推广、流通"的原则。根据区域划分原则将全国市场分为如下区域:华南市场(粤、桂、琼、闽)、华东市场(江、浙、沪、皖、鲁、赣)、华北市场(黑、辽、吉、蒙、冀)、华中市场(豫、鄂、湘)、西北市场(陕、甘、宁、青、新)、西南市场(川、滇、渝、贵)。

5.3.3 市场选择

结合公司产品实际,客户目标市场选择如下:

①主要目标市场:

高端市场:对农产品的相关农药检测具有严格的要求,已经与农产品收购商签订严格的无公害合同的农产品生产单位。

中端市场:对农产品的检测具有较高要求,但还未实施严格的相关农药检测措施。

②次要目标市场:

低端市场:对农药相关检测无要求,追求高效、低价。在实际客户的选择上,我们将实行以种植园基地为主,普通农户为辅的策略。

公司从产品本身的适销角度和替代产品的推广角度考虑,区域目标市场选择如下:

- 准入市场:华南、华东(主要包括江苏、浙江、上海、福建等地区)
- 待开拓市场:华中、华北、西南、西北(主要包括湖南、湖北、四川、甘肃、山东、辽宁等地区)

对于一些有强势品牌占据市场的区域,需要暂时放弃但不退出,可以进行针对性的开发市场、开发培育客户。

5.4 市场调研说明

对于市场实际情况,我们进行了针对性的抽样调查。以下是调研结果说明:

为了解客户对公司产品的需求,我们选择对公司的两大客户群体,即种植园基地和普通农户进行随机抽样调查。

(一)调查目的

了解客户对公司产品的需求,通过实地调查,切实掌握种植园基地和普通农户对农药产品的需求。

(二)调查计划

1.调查方法:问卷调查法、访谈法。

2.调查费用预算:3000元

3.调查进度规划:3月5日—3月10日完成问卷发放和回收。

3月11日—3月13日完成问卷整理和问卷分析。

3月14日—3月19日选择访谈对象,并完成访谈。

3月20日—3月22日完成调研的综合分析,形成调研报告。

4.调查对象:果蔬种植基地;普通农户

5.调查区域:宁波、舟山、临安、昌化

6.调查时间:2008年3月5日至2008年3月22日

（三）调查结果

共发放调查问卷 500 份，收回 400 份，有效问卷 389 份。其中种植园调查问卷 250 份，有效问卷 200 份；普通农户调查问卷 250 份，有效问卷 189 份（调查表见附录）。

现对公司主要客户即种植园基地的情况进行列图说明：

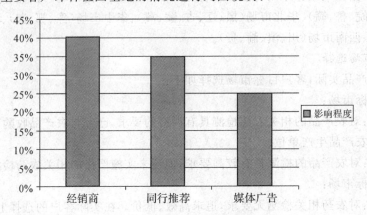

图 5-4　常用的农药产品了解渠道

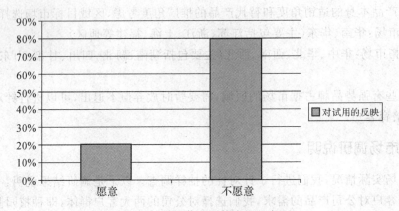

图 5-5　对新药试用的欢迎程度

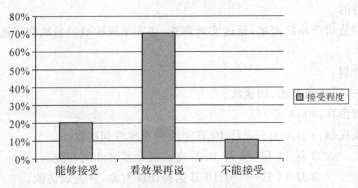

图 5-6　对产品价格的接受程度

第六章　竞争分析

截至 2008 年 5 月,我国农药生产企业 3000 余家,常年生产 250 多种原药。前 20 家企业的农药量占总产量的 30％左右,而国际前两大农药生产商却占有国际份额的 36％以上。由此可见,我国农药生产企业的规模普遍相对较小,行业集中程度很低。

图 6-1 显示的是通过改良后的波特模型(增加协同者因素)。本公司将针对自身进行竞争分析。

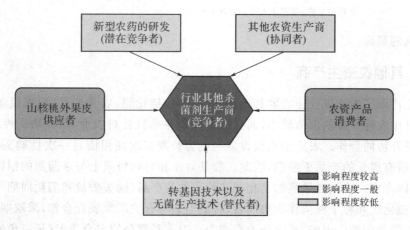

图 6-1　0.1％山核桃果皮素杀菌剂竞争模型

6.1　原料供应商

0.1％山核桃果皮素杀菌剂的原料是山核桃外果皮,现在仍属于山核桃生产过程中的废弃物,原料收购的成本非常低廉。山核桃是临安等地的特产,主要分布在天目山一带,包括浙江的临安、淳安、安吉及安徽的宁国、绩溪等县市,平均年产量 7500 吨左右,最高年产量12000 吨。其中浙江临安的面积、产量分别为全国的 50％以上。图 6-2 显示临安山核桃产量情况:原料供应地集中而且货源充足,完全可以保证原料的正常供应。以原料和成品的换算比例计算,临安地区在 2007 年就能为企业提供生产 8750 吨产品所需的原料。外果皮一般由种植户直接提供,在和原料供应商谈判的过程中,公司具有很大的优势。

6.2　潜在竞争者

生物型杀菌剂的研发还属于起步阶段,而且研发需要投入大量的经费和时间。我国现有南北方两个农药创制中心:北方农药创制中心以沈阳化工研究院、南开大学为基地;南方农药创制中心以江苏农药研究所、上海农药研究所、浙江化工研究院和湖南化工研究院为基地。除了这两个基地外还有其他科研机构也在进行这方面的研究,因此市场上出现新的成品是必然的。绿达所需要做的就是在新产品出现之前尽快占领现有市场,形成前期优势。同时我们将有选择地与潜在新产品的研究机构开展合作,扩展企业的成品种类,将潜在竞争

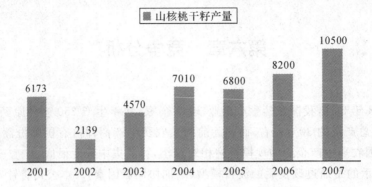

图 6-2　2001—2007 年临安山核桃干籽产量走势图
（数据来源：临安市人民政府网站）

转化为共赢的局面。

6.3　其他农资生产商

农业生产除了农药以外还需要其他农资产品，包括化肥、农耗产品、机械设备以及种子种苗等。其中农耗产品的价值较小，而且销售对象并非只针对农业，因此协同性较差，暂不予以考虑展开协同合作。农业中机械设备一般为长期多次使用而且一次性购买数量较少，一旦购买，将有很长的产品更换期，因此在数量对比和时间协同上与杀菌剂的销售同步性较差，也不予以考虑。协同性最高的是化肥和种子种苗产品（购买数量和消耗周期与杀菌剂相近）。我们把化肥和种子种苗作为协同者，将适当地与有关厂家展开合作，采取捆绑赠送、联合销售等手段共同推广市场、扩大企业影响力。以下是部分拟定合作者（长三角地区）。

表 6-1　拟定合作者列表（长三角地区）

企业名称	所处地域	生产类型	简要介绍
新化化工有限责任公司	浙江省	化工肥料	企业总占地面积 1200 余亩，现有员工 1000 余人
恒盛化肥集团有限公司	江苏省	化工肥料	企业占地 70 多万平方米，现有员工 2200 余名
上海农科种子种苗有限公司	上海市	种子种苗（蔬菜、瓜果）	上海市绿叶蔬菜良种繁育中心、上海市设施园艺技术重点实验室
江苏省高科种业科技有限公司	江苏省	种子种苗（水稻、小麦）	良种繁育基地 20 余万亩
杭州泛亚种苗有限公司	浙江省	种子种苗（蔬菜）	台湾合资企业

6.4　替代品

本产品的替代品主要是转基因作物和无公害生产技术的使用。由于至今达到商品化种植的转基因抗病作物还很少，杀菌剂市场受到的影响很小。而无公害生产技术由于受到各种条件（成本要求，技术要求，地理条件，产量限制）的限制，只适合部分农业生产者，对于主流的杀菌剂市场并不构成重大影响。

6.5 同行业竞争

6.5.1 传统化学农药

生物农药与传统农药相比具有不可比拟的优势(图 6-3)。

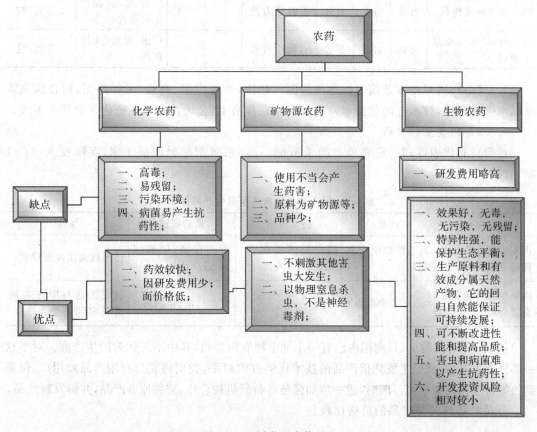

图 6-3 不同类型农药对比

大部分化学农药由于存在致命缺陷必将逐渐退出市场,但是在现行条件下公司仍需要将具有代表性的传统农药种类,特别是和公司产品具有类似治疗效果的杀菌剂,作为市场的竞争者加以分析。农药市场杀菌剂预计需求量最大的品种有代森类、多菌灵等,我们将选择以多菌灵(年需求量 8000 吨)为主要的传统农药竞争者进行对比(表 6-2)。

表 6-2 传统农药(同效)价格对比表

名称	效果							备注	价格
	稻瘟病	灰霉病	白粉病	霜霉病	腐烂病	叶斑病	软腐病		
40%稻瘟灵	有效								2.5 万元/吨
96%天达恶霉灵		有效							2 万元/吨
15%三唑酮粉剂			有效						1.3 万元/吨

续表

名称	效果							备注	价格
	稻瘟病	灰霉病	白粉病	霜霉病	腐烂病	叶斑病	软腐病		
25％福美砷粉剂					有效				1.4万元/吨
50％的多菌灵粉剂	有效	有效	有效	有效	有效			广谱、低毒、易产生抗药性	2万元/吨
0.1％山核桃果皮素杀菌剂	有效	有效	有效	有效	有效			广谱、低毒、无抗药性	3万元/吨

0.1％山核桃果皮素杀菌剂与传统杀菌剂相比,杀菌广谱、高效、无毒环保,而且病虫害难以产生抗药性,技术上的优势非常明显。而在价格上,公司产品与传统化学农药并不大。

6.5.2 同类生物农药

目前具有代表性和一定竞争力的杀菌剂厂商(杀菌剂临时注册4家,实际投入生产2家)有:

表6-3 国内主要生物杀菌剂生产商列表

公司名称	产品	公司规模	销售渠道	备注
山东京蓬生物药业股份有限公司	人工模拟银杏杀菌剂	固定资产2亿元、员工2000人	自产自销、代理销售、经销商	已形成集团发展模式
南通神雨绿色药业有限公司	0.3％丁香杀菌剂	公司年生产量在10000吨以上	自产自销、经销商	由先正达与中方共同投资8500万美元建立

从表6-3可以看出,目前国内已有一小批生物农药公司,其中不乏优秀的生产商。对于这一部分竞争对手,我们主要凭借产品的技术优势打败对手,我们将充分利用产品效用广、保质期长等特点提高竞争力。同时,进一步加强与各科研机构合作,完善原有产品,并研发新产品。

公司产品与同类产品的价格比较:

表6-4 现有生物农药竞争对比表

产品名称	主要产地/企业	类型	主治范围	备注	适用作物	市场价格
20％银果可湿粉	山东/山东京蓬生物药业股份有限公司	仿生杀菌剂	1 灰霉病 2 白粉病 3 腐烂病 4 干腐病	广谱	果树、蔬菜、烟草、中草药、大田作物	4.5万—5万元/吨
0.3％子丁香酚可溶液剂	江苏/南通神雨绿色药业有限公司	植物源杀菌剂	1 灰霉病 2 白粉病	广谱	瓜类、茶树、果树、花卉、番茄、青椒、辣椒	5万—5.8万元/吨
0.1％山核桃果皮素杀菌剂	浙江临安/绿达生物科技有限公司	植物源杀菌剂	1 稻瘟病 2 灰霉病 3 白粉病 4 霜霉病 5 腐烂病	广谱	果树、蔬菜、烟草、茶树、瓜类、花卉、大田作物	3万元/吨

　　从表6-4上的对比可以看出,同类生物杀菌剂相比,0.1‰山核桃果皮素杀菌剂原料成本低,在技术优势不明显的情况下,具有明显的价格优势。

6.6　竞争优势总结

　　0.1‰山核桃果皮素杀菌剂的效果好、成本低,不论是在传统杀菌剂领域还是同类广谱杀菌剂领域都有明显的竞争优势。山核桃外果皮杀菌剂的目标就是让我们的客户能够以传统农药的价格购买到高端高效生物农药的价值。

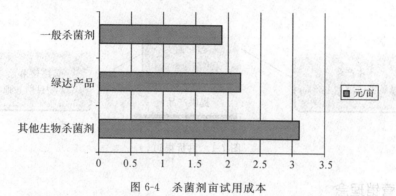

图 6-4　杀菌剂亩试用成本

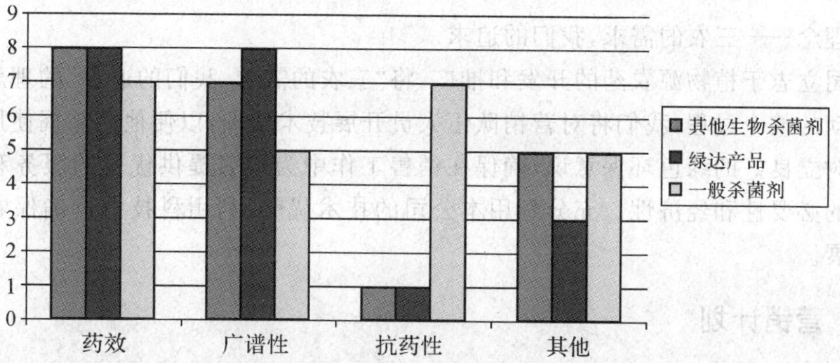

图 6-5　技术功能对比

　　生物杀菌剂领域的研究还处于起步阶段,国内研究开发生产植物源杀菌剂的企业很少,规模不大,特定的科研环境又决定了起点较高的进入门槛,而本产品恰好填补植物源杀菌剂市场的空白。随着国民环保意识的增强,"绿色食品"日益普及,"无公害蔬菜"、"无公害水果"基地面积扩大,对"环境友好杀菌剂",特别是对植物源杀菌剂的需求将更多,市场更广大,前景广阔。

第七章　市场营销

7.1　市场特征

　　植物源杀菌剂作为植物源农药的主要部分,其最终使用者是大型水稻、蔬果种植基地

（其中包括国有农作物生产基地）及相关普通农户。在生物农药行业，植物源杀菌剂的直接购买者是大型水稻、蔬果种植基地及各省市分销商。市场特征呈现出部分使用者与购买者相分离的特性。最终使用者的要求决定植物源杀菌剂生产商的生产方向和研发方向。

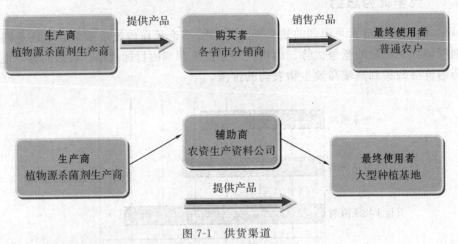

图 7-1　供货渠道

7.2　营销理念

营销理念——三农的需求，我们的追求

本公司立志于植物源农药的开发和推广，将"三农的需求，我们的追求"的理念贯穿于市场营销活动的整个过程，我们将对营销队伍人员开展技术培训，以便他们掌握使用公司产品的技巧和树立良好的绿色环保意识，确保在销售工作中为顾客提供优质的服务和传递使用绿色农药的必要性和经济性。充分利用本公司的技术优势，利用科技力量确保农业生产的可持续发展。

7.3　营销计划

在今后的 5 年发展中，我们的目标是实现销售区域由浙江开拓至长江三角洲再扩张至全国。目标市场主要为 1000 多个无公害果蔬生产基地及华南和华东地区的个体农户。预计杀菌剂市场份额将实现从第一年的 0.47% 到第 5 年的 5.8%，销售利润从第一年的 100 万元到第五年的 2700 万元。

表 7-1　营销目标

年份	第一年	第二年	第三年	第四年	第五年
范围	浙江	浙江	长三角	长三角	全国
推广面积（万亩）	50	150	250	400	600
预计销售量（吨）	200	400	900	1500	2500
市场份额（占农药）	0.06%	0.12%	0.27%	0.45%	0.75%
市场份额（占生物农药）	0.14%	0.28%	0.62%	1.03%	1.72%
市场份额（占杀菌剂）	0.47%	0.94%	2.1%	3.5%	5.8%

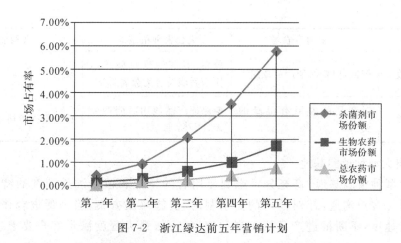

图 7-2 浙江绿达前五年营销计划

7.4 产品(Product)策略

7.4.1 产品发展策略

公司起步初期,核心产品为 0.1‰山核桃果皮素杀菌剂,辅助产品为山核桃外果皮有机肥。根据市场分析,针对目标使用客户要求,我们将对核心产品设计生产两种规格:60ml/瓶和 1000ml/瓶。

- "绿达"60ml/瓶型号产品主要为满足普通农户使用量小的要求,售价为 2 元/瓶。
- "绿达"1000ml/瓶型号产品一方面可满足大型水稻、果蔬种植基地用量大的要求,又可以减少包装及包装工序等成本,提高顾客让渡价值。售价为 20 元/瓶。

为获得更大的市场份额和利润并分散公司风险,公司在发展到中期将拓宽产品组合的宽度,充分利用原有的技术、特长和市场经验,开发基于 0.1‰山核桃果皮素杀菌剂技术的其他产品,实现资源共享,从同一圆心向外扩大业务经营范围。

表 7-2 正在开发产品

1	山核桃外果皮杀菌剂微乳剂
2	山核桃外果皮有机肥料

表 7-3 待开发产品

1	植物源杀菌剂系列产品
2	新型微生物源杀虫剂

7.4.2 产品服务策略

产品的服务策略也将针对不同的目标使用客户的不同特点设计。

表 7-4 客户特征分析表

特征项目	大型国有农场	无公害种植基地	普通农户
品牌忠诚度	高	较高	较低
品牌重视度	高	一般	较低

续表

特征项目	大型国有农场	无公害种植基地	普通农户
价格敏感度	较低,但要保证产品质量	较高,但更重要的是产品使用后能符合无公害标准	较高
品质重视度	对产品的效果有很高的要求	要保证产品使用后能符合无公害标准	首要重视价格,其次是品质

① 面向大型种植园基地

针对大型种植园基地,将充分考虑到使用者的特性和植物源杀菌剂的特殊性,公司将积极与目标客户沟通,针对他们的需求制定、实施解决方案,极力促进合作,加快产品更新和研发速度,不断推进产品线扩展和宽度扩展,最大程度度满足客户要求。具体方案如下:

专场讲座:

在农作物病害高发季节,在主要目标市场开展专场讲座,邀请各大型种植源相关人员参加,并开展各项专题讨论,特别是在立春时节本公司产品作用病害频发时期,确保本公司产品及时有效地防治各类病害的发生。

技术人员指导:

利用浙江林学院科技指导服务队伍适度为各大型种植园基地提供技术人员售后服务,并设立热线电话和网站论坛为客户提供免费服务,一方面促进公司业务销售,另一方面提高企业形象。

送货上门:

本公司针对各地大型种植园基地采用统一交货定价策略,提供送货上门服务,并拟定与第三方物流实行合作计划。降低成本、降低风险、促进企业核心业务发展。

② 面向普通农户

普通农户是我们目标客户中的特殊群体,他们有其特殊性,比如个体分散、相对人数多、耕地面积小、消费观念比较落后、环保意识薄弱、科学文化水平相对较低等,公司将充分考虑这些特征对农户提供优质的服务。具体方案如:

普通讲座:

积极向农民介绍有关农资使用知识,解决技术难题,让个体农户充分认识到农药产品的发展和本产品相对于传统农药的优点,并免费为农民提供咨询机会,真心热情地帮助农民解决问题,在农民心中树立好企业形象。

农资下乡服务队:

定期到刚开拓和主动提出邀请的农村进行实际指导工作,解决农民实际遇到的问题,并根据情况向受害严重的农作物种植园提供免费服务,建立良好的公司公共形象。

7.4.3　产品品牌策略

公司起步采用单一品牌策略,品牌名称"绿达",有利于树立明确的名牌形象:绿色农药、服务三农、福泽民众、达善天下。品牌发展方向:品种适销对路,技术优良可靠,市场久畅不衰,企业服务周到。而且家喻户晓,信誉卓著。

根据美国著名市场营销专家菲利普·科特勒品牌内涵理论,本公司分析并确定了"绿达"品牌的内涵为：

- 客户：普通农户和大型种植园基地
- 属性：中国木本植物源杀菌剂第一绿色品牌
- 利益：绿色、经济、广谱、高效
- 价值：三农的需求、我们的最求
- 文化：体领沟通、和谐永恒

7.5　价格(Price)策略

本公司拟采用"成本加成定价"与"竞争定价"相结合的方法。成本是价格的底线，保证公司利润来源。竞争者价格为价格的最高限度，确保顾客让渡价值存在。此外，本公司产品0.1%山核桃果皮素杀菌剂基于市场现有杀菌剂有高效、广谱等优势，最终定价也将考虑市场的需求和消费者可以接受的价格范围。

7.5.1　成本加成定价

本公司生产的0.1%山核桃果皮素杀菌剂根据成本导向定价法第一年成本为2.45万元/吨，理想的根据成本预算定价方案本公司产品第一年的销售单价为3万元/吨，第2,3,4,5年销售单价不变。另外公司将根据产品推出的周期性，考虑适度降价，确保产品顺利打开市场。

7.5.2　竞争定价

目前市场上销售的与本公司生产的0.1%山核桃果皮素杀菌剂有相似杀菌效果的传统农药有10多种，其中以多菌灵最具代表性，也是相对于本公司产品比较有竞争威胁的传统农药品种，而与本公司相类似的植物源杀菌剂有下面2类。

表7-5　相似产品价格表

公司名称	产品	备注	市场价格
山东京蓬生物药业股份有限公司	人工模拟银杏杀菌剂	已形成集团发展模式。	4.5万—5万元/吨
南通神雨绿色药业有限公司	0.3% 丁香杀菌剂	由先正达与中方共同投资8500万美元建立，是国内最大的农化项目	5万—5.8万元/吨

定价：经过以上两种方法分析，"绿达"0.1%山核桃果皮素杀菌剂最终定价为3.0万元/吨，60ml装销售单价为2.0元/瓶，1000ml装销售单价为20.0元/瓶。将获得极大的价格竞争优势，为公司进入市场和提高占有率提供坚实保障。

7.6　渠道(Place)策略

公司将充分考虑各类分销商的特征及不同的客户群体的特性，对不同的客户设计相适应的销售渠道：

表 7-6　中间商特性

中间商类别	主要特征
农资生产资料公司	网络分布广、资金力量雄厚
农业技术推广部门	有明显技术推广优势、但资金不足
个体经销商	覆盖面广、信誉好、直接面向农民

表 7-7　客户特征分析表

特征项目	大型国有农场	无公害种植基地	普通农户
品牌忠诚度	高	较高	较低
品牌重视度	高	一般	较低
价格敏感度	较低，但要保证产品质量	较高,但更重要的是产品使用后能符合无公害标准	较高
品质重视度	对产品的效果有很高的要求	要保证产品使用后能符合无公害标准	首要重视价格,其次是品质

7.6.1　销售渠道设置

针对大型果蔬种植园基地(包括国有大型农场):

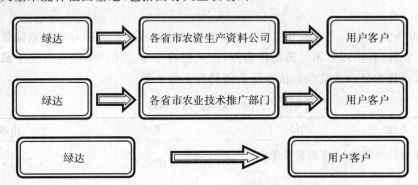

图 7-3　大型种植园销售渠道

针对普通农户:

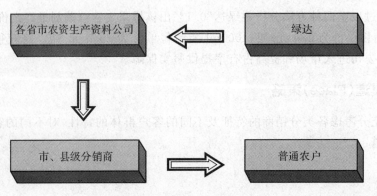

图 7-4　普通农户销售渠道

7.6.2 直销

公司将根据具体的发展状况考虑建立完善的直销队伍,预计销售人员为20至25人,以区域划分为原则进行人员分组。通过这支营销队伍直接上门、电话、网络等各种途径与各地大型种植园基地取得联系并进一步达成销售协议,顾客可直接到本公司选购产品或下订单后由公司配货送货上门。

直销队伍结构设计如下:

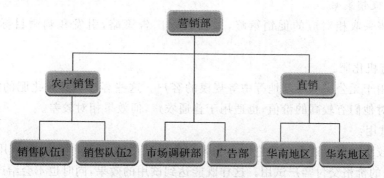

图 7-5 直销队伍结构

客户的订单将和特定的人员统一成一体,销售人员担任客户服务的同时将与客户保持良好的关系,并以此作为衡量业务人员业绩的重要组成部分,给予销售人员销售额3%—5%的销售报酬。

7.7 促销(Promotion)策略

7.7.1 广告

当前我国一些目标客户缺乏环保和长远意识,造成植物源农药在国内推广缓慢。另外,多年使用传统农药的习惯难以改变,加之用户缺乏对这些植物源的认识与使用技能。故广告的侧重点应在于植物园杀菌剂的工作原理、与传统农药相比的优点以及植物源农药的可持续发展性。

- 企业形象广告

在目标市场的乡镇大众媒体和专业媒体上发布制作精良的企业形象广告,广告力求信息传达准确到位。并向主要的大型种植园基地发放每月一份的公司宣传杂志。

- 产品广告

本公司产品广告坚持"绿色高效,生态环保",有以下三种类型:

表 7-8 产品广告策略

广告类别	广告内容
户外广告	在个体农户客户集聚程度高的乡镇街道、住房墙体、田间小路设立显而易见、通俗易懂的户外广告,这也将是我们针对个体农户主要的广告形式。广告形式以费用低廉,效果较好的墙体广告为主。
电视广告	在目标市场的乡镇电视台,适度播放产品广告,广告主要目的在于介绍产品性能和优势。在条件允许的地区赞助连续剧的播放,理想的电视剧为反映农民生活的纪录片,以情动人,使公司与产品深入人心。

续表

广告类别	广告内容
广播广告	通过与目标市场地区广播电台的协商,在农民收听率较高的时间段播放本公司产品广告。广告力求幽默、给人以深刻印象。

本公司所有广告将紧密联系公司的服务理念"三农的需求,我们的追求"。

7.7.2 促销策略

本公司将采取相对应的促销策略,并辅助以广告策略,引发和刺激目标客户的购买行为。

- 附赠有机化肥:

主要运用于无公害生产基地等中等规模的客户。这些客户本身对化肥的需求较大,赠送有机化肥对他们有较高的价值,也适用于普通农户,但效果相对较差。

- 产品试用:

试用量较小时可以进行免费施用。当客户要求试用的产品量较大时,采用高额折扣的方式,以较低的价格交付客户试用。这样既能达到试用的效果,同时也不会给产品现有的市场价格带来调整的压力。这样的促销方式能够使客户真实地感受到产品的优越性,从而购买本公司的产品。

以上两种促销手段可以灵活运用,相互配合,从而达到预定的销售目标。

7.7.3 公共关系策略

公司的公共关系对象有:政府、农业生产资料公司、农业技术推广部门、经销商、媒体及公众。

由于植物源杀菌剂是高科技生物农药,使用者对公司产品的购买行为将一定程度上受国家、地方政策影响,而国有大型种植基地和大型水稻、蔬果种植基地又是本公司大量的产品最终使用者,故公司将正确处理与政府部门的公共关系,一方面促进国有大型种植基地采用本公司产品,并利用部分地区示范工程产生雪崩效应,辐射周边地区的政府部门及私有大型水稻、蔬果种植基地采购本公司产品,以获得更多政府订单,促进产品销售。另一方面,密切了解政策走向,以便更好调整产品组合。

公关流程:

图 7-6 政府"示范工程"启动流程

另外,公司也将积极处理好与农业生产资料公司、农业技术推广部门、经销商、媒体及公众的关系,协助公司顺利运营。

7.8　网络交易平台

农药的网上采购程度比较低,但随着互联网的发展,网络销售将成为一种趋势,因此公司需要在利用互联网上现有的平台展开网上宣传和销售,为推展网上销售渠道打下基础。现有的农业类交易平台也还处于发展初期,因此一般都可以注册免费会员,营销成本很低。

表 7-9　进驻的主要网络交易平台列表

网站名称	网址	网站说明	进驻方式
中国农业信息网	http://www.agri.gov.cn/	农业部开设的官方网站	免费发布供求信息
中国农药信息网	http://www.chinapesticide.gov.cn/	农业部农药检定所网站,具有政府背景	免费发布供求信息
阿里巴巴	http://www.alibaba.com.cn	阿里巴巴是中国著名的综合性网上交易平台	前期加入普通会员。后期加入中国供应商
中国生物农药网	http://www.3521com.cn/	虽然规模较小,但具有较强的专业性	注册免费会员
中国蔬菜网	http://www.vegnet.com.cn/	虽然不是专业性的农药销售平台,但在农业领域具有一定的知名度	注册免费会员
中国农业商务网	http://sw.ag365.com/	较为知名的农业类网站	注册免费会员
中国农药网	http://www.ny3721.com/	较为知名的农业类网站	注册会员
全国地县农业部门网站			免费发布供求信息
各地区本地信息港			免费发布供求信息

第八章　公司介绍

8.1　公司简介

浙江绿达生物科技有限公司属高新技术企业。主要致力于高效广谱木本植物源杀菌剂的研究和开发。公司将充分进行科技开发、提高技术创新能力,不断推进科研成果的产业化,从而实现"绿色农药,情系三农,福泽民众,达善社会"的宗旨。

公司拟建于山核桃产地集中,交通便利,环境优良的临安。选址临安,除了原料集中外,也可以充分利用浙江林学院强大的科研实力。同时,也可以享受杭州市政府对创办高新技术企业的各种优惠政策(参见《关于鼓励科技人员在杭创办高新技术企业的若干意见的通知》)。

8.2　公司结构

8.2.1　公司组织结构

起步期:公司产品单一,为确保高层管理者的权威性及员工的积极性,因此在创业初期,公司部门较精简,并采用扁平式的结构,在发展期对部门进行适当的扩充。

成熟期:随着公司的发展,产品实现多样化,研发要求进一步提高。公司的部门也逐步完善(如图 8-1)。

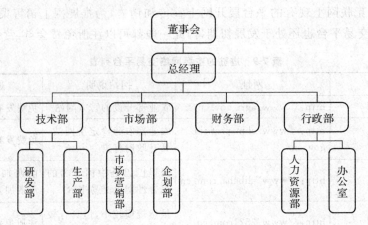

图 8-1　公司组织结构图

8.2.2　部门职能

总经理:
- 负责对公司发展方向的把握;
- 负责制定公司年度工作计划和长期奋斗目标;
- 负责公司新产品开发的项目管理。

研发部:
- 负责公司产品的开发和工艺技术的开发

生产部:
- 负责公司产品的生产装配;
- 负责公司产品的物流工作;
- 负责产品的售后服务工作。

市场营销部:
- 负责市场调查与信息收集、销售管理和市场开发;
- 负责产品营销策略的制定、实施和调整。

企划部:
- 负责分析市场环境,发展机会,设计商业推广模式;
- 负责公司企业形象和企业文化的设计宣传工作。

财务部:
- 负责处理本公司的财务事务,工资发放和日常工作的经营事务;
- 负责财务核算、监督;
- 负责财务战略研究,为公司投资融资、奖金运作等提出建议。

人力资源部:
- 负责公司人员招聘、选拔、培训和上岗工作;
- 负责制定员工绩效考核标准及激励制度;

- 负责公司劳动合同管理、劳务管理、人事档案工作等。

办公室：

- 负责起草公司内部管理的各项规章制度、文件；
- 负责公司的法律事务；
- 负责公司的日常工作并协调各部门工作。

8.2.3　团队介绍

- 总经理：李旭芳，女，浙江林学院环境科技学院资源环境与城乡规划管理专业06级本科生，获浙江林学院一等奖学金，三好学生，优秀学生干部等荣誉。为人严谨，责任心强，具有很强的领导能力。
- 技术部经理：李桥，男，浙江林学院林业与生物专业研究生，专业成绩优秀，参加了本项目有关的学术研究课题，本科期间曾获优秀学生一等奖学金、二等奖学金等荣誉。
- 生产部经理：王春燕，女，浙江林学院经济管理学院工商管理06级本科生，浙江林学院新青年人才学院三期学员，浙江林学院学生会主席，获一等奖学金，二等奖学金，认真务实，学习能力强，具有较强的领导能力。
- 市场营销部经理：缪麒麟，男，浙江林学院经济管理学院电子商务专业05级本科生，浙江林学院新青年人才学院二期学员，任浙江林学院外联部部长，邓小平理论研究学会会长，获电子商务师资格，热情有活力，知识面广。
- 企划部经理：杨武，男，浙江林学院经济管理学院国际贸易专业05级本科生，浙江林学院新青年学院二期学员，曾获浙江林学院优秀团干部，三好学生等称号。具有丰富的社会实践经验，获优秀暑期社会实践个人。
- 财务部经理：徐超，女，浙江林学院经济管理学院会计专业05级本科生，浙江林学院新青年人才学院二期学员，社团联合会副主席，获两次一等奖学金，一次二等奖学金。具有较强的金融业务处理能力，曾在浙江金汇联合会计师事务所实习。
- 行政部经理：薛欣，女，浙江林学院经济管理学院工商管理专业05级本科生，获一等奖学金，二等奖学金，优秀学生干部，三好学生荣誉，担任浙江林学院管理研究会会长，拥有较强的组织协调管理能力。

指导老师：张国良（浙江林学院经济管理学院教授）

技术总监：张立钦（浙江林学院副校长）

技术指导：黄坚钦（林业与生物技术学院院长）

陈安良（林业与生物技术学院教授）

魏任斌（中国飞来投资有限公司总裁）

8.3　员工激励制度

激励对管理，特别是人力资源管理的重要性自不待言。员工是公司最大的资产，因此公司采取以下激励机制激发员工的干劲，吸引并保留人才。

- 新员工：

对新员工进行就业指导，介绍公司文化、组织结构、规章制度、薪酬制度等，使员工对公司有一个全面的了解，以最大的热情快速投入到工作中。

- 老员工：

　　根据员工的工作绩效,按照奖惩制度给予相应的报酬,可以是经济性福利、带薪休假、员工保险,也可以是工作自主权、地位与身份等。同时可根据实际需要对员工进行相关培训。

第九章　生产管理

9.1　生产概述

　　山核桃外果皮(山核桃外果皮构造如图 9-1)晒干后经一定的提取工艺制成山核桃果皮素杀菌剂,提取后剩余的残渣可开发为一种优质有机肥料。整个过程对资源的综合利用率很高,无废料产生,可以实现产品的"绿色"生产。

9.2　生产规模

　　本项目的设计生产能力是年处理山核桃外果皮 2500 吨,年产 0.1‰ 山核桃果皮素杀菌剂产品 2500 吨,副产品有机肥料 15000 吨。

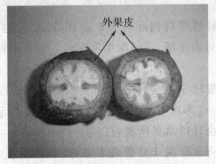

图 9-1　山核桃鲜果的内部结构

图 9-2　公司主要生产设备

9.3　工艺路线

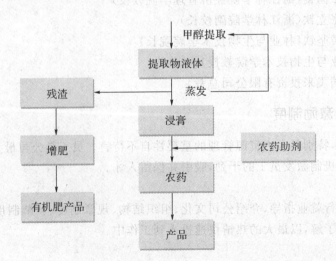

表 9-1 主要设备介绍

类别	序号	设备名称	规格型号	单位	数量	单价（万元）	总价（万元）
生产包装设备	1	粉碎机	SWP500 型	台	2	2	4
	2	回留提取釜		套	1	8	8
	3	过滤器		台	3	3	9
	4	蒸发器		台	1	22	22
	5	干燥塔		台	1	22	22
	6	多功能反应釜		套	1	5	5
	7	匀浆机		台	2	6	12
	8	高速剪切机		台	1	12	12
	9	自动灌装线		套	1	18	18
动力设备	10	4T 蒸汽锅炉		台	1	8	8
	11	变压器	100KW	台	1	11	11
化验设备	12	高效液相色谱仪	HP	台	1	10	10
	13	气相色谱仪	HP	台	1	8	8
机修设备	14	台钻		台	1	1.5	1.5
	15	台钳		台	1	0.3	0.3
	16	电焊机		台	1	0.6	0.6
	17	常用工具		套	2	0.3	0.6
运输设备	18	5T 东风		辆	1	10	10
	19	客货两用		辆	1	4	4
合计							166

9.4 原料供应

山核桃外果皮为山核桃生产过程中的废弃物。山核桃是浙江省特色干果，全省种植面积超过 70 万亩，年产量达 8000 余吨，随之生产的山核桃外果皮达 40000 余吨。生产中所需要的农药助剂、溶剂均可从化工市场上购买。生产原料丰富。

9.5 产品标准、质检和生产成本控制

制定 0.1％山核桃果皮素杀菌剂产品企业标准，通过浙江省农药鉴定检验局备案。生产质量严格按照产品标准进行生产和质量检验。建立各生产环节的操作规程及质量检验标准，优化操作，通过生产过程控制达到对生产成本的控制。

9.6 包装与储运

0.1％山核桃果皮素杀菌剂第一期产品为乳油制剂。包装采用聚氨酯塑料瓶，每瓶

50ml,外包装采用硬纸包装箱,每箱 100 瓶,每箱 5kg。

9.7　环境保护

本项目产品生产过程无工业废气、废渣产生。提取溶剂将进行有效的循环使用,这也是降低产品成本的重要手段;提取后的果皮废渣沤制后可加工成复合有机肥,是药材、蔬菜、果树的优良肥料。生产过程均在常温、常压下进行,安全系数高;环境负荷主要来自于原料挥发的气体,生产中将在反应器等设备的轴封处采用机械密封等措施,以减少物料挥发量。投产后,将不断进行技术改造,力求使产品实现"绿色生产"。

9.8　安全及工业卫生

公司在选址、工艺设计及生产管理中,遵循安全第一的原则。公司地址与居民区远离,并设置相应的隔离措施,除生产管理人员,其他人不得进入生产区域。在生产中,将严格按照中华人民共和国"劳动保护法",保障生产人员的安全和身体健康。

第十章　投资与财务分析

10.1　融资方案

公司拟通过创始股东投资,吸收风险投资的形式进行融资。本公司注册资本为 800 万元,其中生产技术(专利等)入股 200 万元,创业团队出资 100 万元,林学院后勤集团投资 150 万元,风险投资 350 万元。公司成立后,股东共享收益,年终以净利润减去盈余公积余额的 20%分红,股东按持股比例享受年终红利。

表 10-1　公司资本结构

资金来源	公司注册资金			
资本规模	浙林院技术入股	创业团队注资	林学院后勤集团注资	风险投资
金额(万元)	200.00	100.00	150.00	350.00
占权益资本(%)	25.00	12.50	18.75	43.75

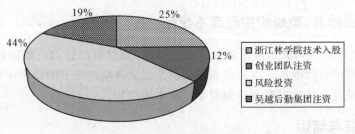

图 10-1　公司股本结构图

10.2 风险资本的退出

随着股票市场的发展和成熟,特别是 2008 年国家将可能建立创业板块,因此首选股票公开上市的方式退出。为实现公开上市,公司将在第三年开始向外公布有关财务、发展战略等信息,以使投资者能充分了解公司的真实经营情况,避免由于信息不对称而使公司股票在 IPO 时被低估。

公司实际情况可能会出现变更,因此公司也同时考虑使用股权转让、股权回购、利润分红等方式实施风险退出。风险退出的时限拟定在公司成立后第 5 年。

10.3 投资收益与风险分析

基本假设:公司组建顺利,在第一年能够开始正常运行,且公司的产品生产与销售能够实现良好的衔接,产品适销对路,企业租用厂房,生产车间及办公大楼。

A. 投资净现值

每年的现金净流入量(NCF)为:

表 10-2　现金流量表　　　　　　　　（单位:万元）

第一年	第二年	第三年	第四年	第五年
110.11	303.93	849.36	1551.94	2837.13

假设贴现率为 10％,该投资前 5 年的投资净现值(NPV)为:3010.84 万元

由于投资净现值 NPV 大于 0,所以该投资方案可行。

B. 投资回收期(PP)

表 10-3　投资回收期

年份	年初投资未收回额 （万元）	复利因素	年现金净流入量	年末投资未收回额 （万元）
1	800	1+10％	110.11	769.89
2	769.89	1+10％	303.93	542.95

投资回收期＝2.70 年

C. 内含报酬率(IRR)

由于净现值大于零,考虑到目前资金成本较低,以及资金的机会成本和投资的风险性等因素,当 R＝10％时,NPV＝3010.84 万元,当 R＝70％时,NPV＝−71.99 万元。

经计算,得 IRR＝68.60％,远超过设定的贴现率 10％,因此项目是可行的。内含报酬率之所以这么高,是因为本公司所采用的原材料成本低,生产技术在国内又处于领先地位,该技术生态环保,风险不大,具有广阔的市场前景,前 5 年内市场增长性很好。

10.4　盈亏平衡分析

表 10-4　成本费用核算表　　　　　单位:万元

序号		第一年	第二年	第三年	第四年	第五年
0	生产量(吨)	200.00	400.00	900.00	1500.00	2500.00
1	生产成本	413.89	781.01	1647.79	2667.15	4342.75
1.1	原材料	320.00	640.00	1440.00	2400.00	4000.00
1.2	生产人员工资	54.00	100.00	154.00	210.00	280.00
1.3	外购燃料动力	1.12	2.24	5.04	8.40	14.00
1.4	租用厂房	3.00	3.00	5.00	5.00	5.00
1.5	固定资产折旧	15.77	15.77	23.75	23.75	23.75
1.6	无形资产摊销费用	20.00	20.00	20.00	20.00	20.00
2	管理费用	32.00	47.06	114.00	129.06	94.12
2.1	管理人员工资	21.60	25.00	34.00	42.00	50.00
2.2	技术研发费用	0.00	0.00	50.00	50.00	0.00
2.3	其他	10.40	22.06	30.00	37.06	44.12
3	销售费用	44.00	68.00	83.00	146.00	226.00
3.1	销售人员工资	19.20	38.40	57.60	96.00	144.00
3.2	其他	24.80	29.60	25.40	50.00	82.00
4	财务费用	0.00	0.00	5.85	5.85	0.00
5	总成本费用	489.89	896.07	1850.64	2948.06	4662.87
5.1	固定成本	135.77	135.77	135.77	135.77	135.77
5.2	变动成本	354.12	760.30	1714.87	2812.29	4527.10
6	单位成本	2.45	2.24	2.06	1.97	1.87

原材料为干的山核桃外果皮,收购价 0.8 万元/吨,杀菌剂提取物由 10% 的原材料转化而成。

根据产品的成本构成,定五年平均生产成本的 1.4 倍为其销售单价,销售单价为 3.00 万元/吨,假设经营期内,销售单价不变。

10.5　敏感性分析

价格、投资、成本分别变动 10%,所引起的净利润总额、内含报酬率的变动情况如下表:

表 10-5　敏感性分析

项目	价格		投资		成本		对比栏
	10%	−10%	10%	−10%	10%	−10%	
净现值总额(NPV)(万元)	4140.37	1881.31	2930.84	3090.84	2262.39	3759.28	3010.84
内含报酬率(IRR)	72.52%	61.50%	67.04%	70.16%	64.30%	71.53%	68.60%

由以上分析可知,产品对价格的变动最为敏感,其次为成本。在变动范围内,内含报酬率高于资本成本率(10%),投资有一定的收益。

10.6　主要财务假定

本公司属高新技术企业,享受"两年免征所得税"的税收优惠政策。即在公司成立自盈利起两年免征所得税,正常税率为25%。

10.7　会计报表分析

表 10-6　利　润　表　　　　　　单位:万元

	第一年	第二年	第三年	第四年	第五年
一、产品销售收入	600.00	1200.00	2700.00	4500.00	7500.00
减:销售成本	489.89	896.07	1850.64	2948.06	4662.87
销售税金及附加	10.20	20.40	45.90	76.50	127.50
二、产品销售利润	99.91	283.53	803.46	1475.44	2709.63
减:销售费用	44.00	68.00	83.00	146.00	226.00
管理费用	32.00	47.06	114.00	129.06	94.12
财务费用	0.00	0.00	5.85	5.85	0.00
三、利润总额	23.91	168.47	600.61	1194.53	2389.51
减:所得税	0.00	0.00	150.15	298.63	597.38
四、净利润	23.91	168.47	450.46	895.90	1792.13

主要编制说明:

1.公司盈利的两年免征所得税,第四年所得税率为25%。

2.初始的生产成本为2.45万元/吨左右,当产量提升时,由于固定资产折旧的存在,其生产成本每年都有小幅度变化(假定原材料价格上涨幅度很小,可忽略),并由于以销定产的生产方针,将销量定为等同产量,每年销量分别为200吨,400吨,900吨,1500吨,2500吨。

3.销售费用主要是广告费、推广费及销售人员工资等,管理费用的波动多为人员增加及工资变化。

表 10-7　现金流量表　　　　　　单位:万元

	第一年	第二年	第三年	第四年	第五年
一、经营活动产生的现金流量					
会计利润	23.91	168.47	450.46	895.90	1792.13
加:应付账款增加额	16.00	16.00	40.00	48.00	80.00
折旧	15.77	15.77	23.75	23.75	23.75
摊销	20.00	20.00	20.00	20.00	20.00
财务费用	0.00	0.00	5.85	5.85	0.00

续表

	第一年	第二年	第三年	第四年	第五年
减:应收账款增加额	60.00	72.00	165.00	198.00	330.00
经营活动产生的现金流量净额	15.68	148.24	375.06	795.50	1585.88
二、投资活动产生的现金流量					
购建固定资产所支付的现金	166.00	0.00	84.00	0.00	0.00
投资活动产生的现金流量净额	166.00	0.00	84.00	0.00	0.00
三、筹资活动产生的现金流量					
吸收权益性投资所收到的现金	800.00	0.00	0.00	0.00	0.00
借款所收到的现金	0.00	0.00	100.00	100.00	0.00
现金流入小计	800.00	0.00	100.00	100.00	0.00
偿还借款所支付的现金	0.00	0.00	0.00	100.00	100.00
偿付利息所支付的现金	0.00	0.00	5.85	5.85	0.00
偿付股利所支付的现金	0.00	4.06	28.64	76.58	152.30
现金流出小计	0.00	4.06	34.49	182.43	252.30
筹资活动产生的现金流量净额	800.00	−4.06	65.51	−82.43	−252.30
四、现金及现金等价物净增额	409.37	465.62	535.17	726.50	971.62

表 10-8　资产负债表　　　　　　　　　　　　　　　　单位:万元

	第一年	第二年	第三年	第四年	第五年
资　产					
流动资产:					
货币资金	409.37	465.62	535.17	726.50	971.62
应收账款	60.00	132.00	297.00	495.00	825.00
存货	36.25	79.75	179.00	251.13	443.64
流动资产合计	505.62	677.37	1011.17	1472.63	2240.26
固定资产:					
固定资产原值	166.00	166.00	250.00	250.00	250.00
减:累计折旧	15.77	31.54	55.29	79.04	102.79
固定资产净值	150.23	134.46	194.71	170.96	147.21
无形资产:	200.00	200.00	200.00	200.00	200.00
减:累计摊销	20.00	40.00	60.00	80.00	100.00
无形资产净值	180.00	160.00	140.00	120.00	100.00
资产合计	835.85	971.83	1345.88	1763.59	2487.47
负债及权益					
流动负债:					

续表

	第一年	第二年	第三年	第四年	第五年
应付账款	16.00	32.00	72.00	120.00	200.00
短期借款	0.00	0.00	100.00	100.00	0.00
负债合计	16.00	32.00	172.00	220.00	200.00
所有者权益:					
实收资本	800.00	800.00	800.00	800.00	800.00
盈余公积	3.59	25.27	67.57	134.38	268.82
未分配利润	16.26	114.56	306.31	609.21	1218.65
所有者权益总计	819.85	939.83	1173.88	1543.59	2287.47
负债及所有者权益总计	835.85	971.83	1345.88	1763.59	2487.47

注:1.无形资产按10年摊销,开办费按5年摊销,期末均无残值,按直线法计算。

　　2.应收账款按销售收入的10%计提。

　　3.应付账款按采购额的5%计提,并于下一年还清上一年的应付款。

　　4.由于第一年公司刚刚起步,故不进行利润分配,盈余公积按税后利润的15%计提。

　　5.固定资产按直线法计算,残值率取5%,平均折旧年限按10年计算。

10.8　比率与趋势分析

	项目	第一年	第二年	第三年	第四年	第五年
营运能力分析	总资产周转率	1.44	1.33	2.33	2.89	3.53
获利能力分析	销售净利率	3.98%	14.04%	16.68%	19.91%	23.90%
偿债能力分析	资产负债率	1.91%	3.29%	12.78%	12.47%	8.04%

第十一章　关键风险分析与对策

11.1　市场风险

11.1.1　原材料风险

浙江绿达生物科技有限公司总部设立在临安,地处浙江省府杭州的西郊,长江三角洲区域带,北有上海、南京,南有温州、宁波,地理位置交通都极其方便。在企业的创建发展中必须考虑企业生产不确定性风险,本公司生产不确定性风险来自原材料供应不确定性引发的风险:

浙江省虽然山核桃丰富,但开采都是有季节性或者说是有时间段。淡季与旺季的原料供应数量直接影响生产规模的大小,原料供应商的合作关系将会影响公司产品的生产。可供原料数量、价格的多少等因素将直接影响公司原料的采购成本。

下图为2001—2007年临安山核桃干籽产量趋势图:

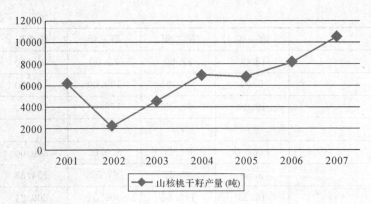

临安 2001 年到 2007 年平均可产干籽 5483.14 吨(转化到湿的山核桃外果皮为24369.5 吨)。根据生产流程,生产设备最高产量是 2500 吨。需要原料(湿的山核桃外果皮)13333.3 吨,原料完全满足我们的生产需要。针对自然灾害等突发原因造成的原料减产,我们采用下面应对措施。

公司建立储备体制,储备原料;公司扩大采购范围,除了临安还有淳安、安吉,安徽的宁国、绩溪等县市,平均年产量 7500 吨左右,最高年产 12000 吨;签订收购协议:初步拟定与山核桃种植面积在 20 亩以上的农户签订外果皮收购协议。

11.1.2 市场营销风险

市场营销风险的大小主要取决于三个基本因素:

(1)市场竞争的规模

竞争双方投入的竞争力量和成本越大,竞争规模越大,市场风险就越大。

(2)市场竞争的激烈程度

市场竞争的激烈程度主要表现为企业间在争夺市场占有率、提高销售额和盈利率等方面的抗衡状态。市场竞争越激烈,竞争双方所面临的风险就越大。

(3)市场竞争的方式

特别是农药行业的销售渠道具有一定的封闭性,在进入一个地区时往往会出现短时间内无法融入现有销售体系的问题。这个问题会导致产品在某一地区出现阻碍,甚至直接影响企业销售目标的实现。

应对措施:营销公关:向各地区农药管理部门展开有效公关,争取与当地政府的合作,打通销售渠道。市场把握:坚持以市场为中心,及时掌握市场信息,根据消费者的需求变化,调整产品性能。本公司"先条条,后块块"、"抢占地盘"、"参与社会热点"等策略加上一些促销策略(①附赠有机化肥②半免费试用)。个体农户:★专家定期指导讲座★便民服务。大型种植园基地:★公司杂志分发★展销会。

11.2 财务风险

11.2.1 外部融资风险

公司的开办仅仅依靠创业团队自己的资金是远远不够的。因此,风险投资资金能否顺利到位将是公司要首先面临的风险。

另外,在公司的营运过程中,由于必须维持技术优势需要大量研发投入,若是公司规模扩张过程中急需要资金的时候,营运现金流量便可能出现紧张的情况。

应对措施:与风险投资商订立合同,加强沟通,督促资本金的及时到位。在公司的运营过程中,除了采取内部融资,本公司拟再次吸收外部资金,方式可以采取股权融资或者债务融资。股权融资的对象除了原有股东之外,可以配合员工激励计划,公司员工也是潜在募集资金对象,债务融资可以以资产作为抵押向银行申请贷款。

11.2.2 流动性风险

即便业绩再好的企业,若是流动性管理不当,就是可能遭逢流动性危机。许多倒闭的公司不是由于不能盈利,而是因为资金周转不灵而被迫破产,在公司所在的行业中流动性问题依然存在。

应对措施:公司将建立良好的流动性管理系统,制订现金预算表,在应收款及应付账款的管理方面也必须注意,以缩短现金转换循环为最高目标。同时与商业银行建立良好的合作关系,保持较高的信用等级,利用有关鼓励中小企业发展的法律政策,获得担保贷款。

11.3 技术风险

本公司后续研发的其他类型的植物源杀菌剂、杀虫剂,可能会因为研发失败或研发周期的延长占领市场。

应对措施:加大研发资金的投入,加强与高校的合作,同时不断吸引优秀人才,增强公司的研发能力。

该文本在 2008 年夺得全国大学生创业大赛"挑战杯"金奖,载誉而归。张国良教授即兴赋诗表示祝贺。

喜迎"绿达"载誉归

创业挑战夺金牌
绿达团队载誉归
植物农药出精品
情系三农主旋律
人本理念食为天
呵护绿色系安危
生态育人筑和谐
创新强校谱新曲

附录二

伊利集团企业文化大纲　≫≫≫≫

文化赋予企业灵魂
文化铸就企业品格
文化凝聚企业力量
文化指引企业航向
文化描绘企业宏图

前　言

　　茫茫草原,巍巍青山,碧海连天,牛羊如云。在这片属于英雄的土地上,马背上的民族谱写着璀璨的草原文明,在华夏五千年历史上留下了浓墨重彩的篇章。天行有健,君子自强不息;沧海横流,方显英雄本色。在古老温润的土默川平原上,在劲骨连绵的大青山下,一颗光彩夺目的塞外明珠冉冉升起。

　　伊利,这个来自大草原的企业,这个创造了一个又一个奇迹的企业,正向世人健步走来。她像一匹骏马,气贯长虹;她像一头劲牛,势不可挡;她像一只雄鹰,志在苍穹。十年卓绝历程,伊利从默默无闻的星星之火变成了民族乳业的导航火炬,从微不足道的原上寸草成长为泽被神州的参天大树。

　　十多年风风雨雨,十多年春华秋实,伊利披荆斩棘,苦尽甘来。既有过创业时期的艰苦拓荒,也有过辉煌时刻的万丈豪情;既有过十字路口的彷徨抉择,也有过康庄道上的豪迈奔腾。如今,伊利的主营业务收入稳居全国同行业第一,战略扩张稳步推进,市场份额遥遥领先,品牌价值扶摇直上,成为名副其实的中国乳业第一品牌!

　　在新的发展阶段,伊利居安思危,主动求变,酝酿更高起点上的再次腾飞。文化,作为推动伊利前进的强大动力,也将适应环境与战略的需要,进行科学更新和发展。新时期伊利文化突出创新求变、超越进取的时代精神,对内凝聚人心、统一行为,对外树立形象、铸造品牌,最终使伊利得以永续发展,永葆基业长青。

　　在经验提炼和理念整合的基础上,伊利以理性和实战为基点,制订出这套文化大纲。大纲以"创新、进取、高效、自我超越"为主基调,保持伊利绩效导向的文化特征,牢固树立精确管理理念,融入了充满活力的新的文化因素,具有鲜明的时代特征。大纲明确了伊利的愿景、使命、价值观念、企业风格、战略思想、管理理念和行为理念;是伊利人的行动指针,是统领伊利各项政策、制度、规范的基础法则。每个伊利人都要思悟其中,行尊于思。

从战略的高度上看,文化描绘企业宏图,文化指引企业航向;从发展的现实需求上看,文化激活心智模式,文化凝聚企业力量。而从最根本的意义上讲,文化铸就企业品格,文化赋予企业灵魂!

第一章　价值篇

第一条　伊利愿景

引领中国乳业　打造世界品牌

这一愿景目标分为两个阶段实现:

2010 年,实现销售收入 300 亿元人民币,在国内乳品行业市场占有率最高,品牌知名度、美誉度、忠诚度最高;全面推进国际化经营战略,进入世界乳业 20 强,成为中国最有竞争力的企业之一。

2015 年,实现销售收入 500 亿元人民币,进入世界乳业 10 强,成为全球最具竞争力的大型乳业集团之一。

第二条　伊利使命

不断创新,追求人类健康生活

• 奉献健康,共享幸福

伊利存在的价值和追求就是人类的身体健康和生活幸福,伊利致力于改善人类营养结构,增进人类身心健康,提高人类生活质量,塑造现代生活方式。

• 追求健康,永无止境

伊利为了消费者而不断创新,进取超越,将高科技和纯天然完美结合,向社会提供优质、营养的产品,品类不断更新,品质恒久卓越。

• 同享成功,共赢未来

"同享、共赢"是伊利对消费者、员工、股东及社会的郑重承诺,伊利为消费者提供持续的营养,为员工提供持续的发展,为股东提供持续的收益,为社会提供持续的关爱。

第三条　伊利核心价值观

Health——健康兴旺,基业长青

伊利人(Human)、效率(Efficiency)、创新(Alteration)、责任(Liability)、团队(Team)、诚信(Honesty)

伊利以追求人类健康生活为使命,为消费者提供天然、营养的产品,和全人类共享康乐、和谐的美好生活。

伊利通过不断变革来实现自身的健康成长,科学运作,规范管理,促进企业稳健、有序的发展。

伊利以中国乳业的振兴为己任,永葆基业长青,构筑持续繁荣。

1. 伊利人

伊利重视人、关心人、尊重人、凝聚人、成就人,实现员工和伊利的共同发展。伊利兼收并蓄,广纳人才,采用内部培养、社会招聘、校园招聘等多种形式吸引和招聘不同地区、不同专业的优秀人才。伊利关心员工需要,为员工提供具竞争力的薪酬和福利,为员工创造丰富的培训学习机会和广阔的职业发展空间。

伊利人要爱岗敬业,恪尽职守,认同并坚守伊利的价值标准,遵奉"效率、创新、责任、团队和诚信"的价值观,和伊利一起发展,和伊利共同成功。

2. 效率

果断决策,快速反应。真正可持续的竞争优势源于快速地适应行业变化,伊利以最快的速度对消费者需求、市场变化和内部的问题采取有效行动。

"三效"并重,结果导向。伊利杜绝拖拉和官僚,强调快速有效地解决问题,效率、效果和效益"三效"并重。规范管理,统一指挥,令行禁止,步调一致;倡导简约、务实的作风,处理问题抓本质、求实效;坚持勤俭节约的优良传统,树立全面成本管理的意识,以最小的成本争取最大效益。

3. 创新

求变超越,与时俱进。伊利紧密关注环境变化,准确判断行业、市场发展方向,调整自我,适应形势,引领行业发展新趋势。

勇于探索,敢于打拼。不断挑战陈规,持续突破自我,抛弃"守"的心态,树立"拼"的精神,敢为天下先,通过持续变革不断巩固竞争优势。

转变旧观念,创造新思维。广泛学习和借鉴当代科学的新思想,通过思想的创新实现技术、产品、营销、管理、体制等方面的创新。

变革不停息,创新无极限。持续成功的唯一途径就是永无止境地创新,通过持续的自我评估和批判,发现新问题,寻找新需求,开辟新途径,创造新境界。

4. 责任

责任如同生命。伊利的事业伟大而神圣,伊利的责任重大而艰巨,伊利在追求人类健康生活的道路上全心全意,倾力以赴,勇于担当,责无旁贷。

责任重于泰山。伊利以消费者的健康为己任,以消费者的满意为标尺;伊利忠实履行自己的社会责任,依法纳税,为国计分忧;扶助三农,为民生担责;奉献公益,为众生倾情;致力环保,为生态尽责。

责任从我开始。伊利人恪尽职守,高度负责,用全部的热情与智慧去承担自己的职责;以推卸责任为耻,以尽职尽责为荣,竭尽全力做好本职工作。

责任没有终点。伊利人执著坚韧,孜孜以求,对细节精雕细琢,对工作精益求精;永不自满,永不懈怠,以积极的心态承担新的责任,开拓新的事业。

5. 团队

同心同德。伊利人拥有一致的目标与价值取向,有相同的行动准则与精神,对企业具有高度的责任感、荣誉感和归属感。

大局为重。伊利人摒弃私己观念和本位主义，提倡个人服从整体，局部服从全局，整体利益高于一切。

坦诚沟通。伊利人提倡在彼此信任的基础上进行坦诚沟通，通过真诚、开放、有效的沟通消除误解，增进理解，促进配合，提高效率。

和衷共济。伊利人摒弃个人英雄主义，强调人与人之间、部门与部门之间的协作配合，追求团队整体的合力和战斗力。

6.诚信

信守原则，尽忠职守。伊利人坚持自己的价值观和原则，热爱企业，热爱本职工作，热爱自己的事业。

恪守承诺，言行一致。伊利人言出必行，行则必果，对同事、对股东、对消费者、对合作者、对社会严格履行承诺。

开诚布公，坦诚正直。伊利人坚持公开、公正的工作原则，提倡讲真话，反对假话、空话、大话、套话，崇尚诚实正直，坦率待人。

第二章　风格篇

第四条　伊利企业风格

Active——积极主动，勤勉进取

进取（Aggressive）、协作（Cooperative）、务实（True）、高效（Immediate）、敬业（Votive）、严谨（Elaborate）

伊利企业风格三字经：

勤进取、齐协作

讲务实、求高效

共敬业、重严谨

1.勤进取——成绩只能代表过去

追求永无止境。满足如一潭死水，进取是源头活水。伊利人永不自满、永不守成，以无限的激情投入工作，不懈探索、革故鼎新、挑战自我、超越自我。

2.齐协作——人和万事兴

人心齐，泰山移。伊利人坚信集体与个体价值相统一的群己和谐之道，珍视团队，信赖同事，依靠团队的力量去解决问题，将团队的整体利益放在首位。

3.讲务实——快速解决问题

要解决问题，不要解释问题。伊利人反对形式主义，摒弃繁文缛节，提倡执行中的简约、务实；始终坚持绩效导向，注重结果，讲求实效。

4.求高效——快人一步一重天

效率是做好工作的灵魂。伊利人倡导雷厉风行的作风，反对拖拉和优柔寡断，注重果决、迅速、简明、利落的执行力。

5.共敬业——工作高于一切

激情面对事业,勤恳面对工作。伊利人爱岗敬业,吃苦耐劳,恪尽职守,勤耕不辍,将个人的才智和情感融入到伊利的崇高事业中。

6.重严谨——精确到每一细节

卓越来自对每个细节都苛求完美。天下大事必作于细,伊利人以严谨的态度履行职责,一丝不苟地按流程办事;力争将小事做好,把细节做精。

第三章　战略篇

第五条　伊利核心经营思想

客户至上,品质为本

1.客户至上

"同享、共赢"是伊利对客户的郑重承诺,令客户满意是伊利永恒追求的目标。我们的客户包括消费者、股东、社会、合作者以及伊利员工,我们与客户结成利益共同体,以此来保证共同的持续发展。

对消费者:消费者是伊利的衣食父母

不断满足消费者的需求是伊利得以生存和发展的源泉。我们以消费者的需求为中心,时刻关注消费者需求的每一点变化,并千方百计地满足这些需求。我们生产健康、优质的产品以提高消费者的生活品质,为消费者创造健康幸福的生活。

对社会:社会是伊利生存发展的平台

我们以富有责任感的行为与我们所处的社会共同成长、共同兴盛。我们时刻关注环境,绝不把经济利益列于安全、健康和环境保护之上;我们重视公益事业,支持社会正义,关注社会中的弱势群体,提供力所能及的帮助;我们以诚实缴税回报社会,支持所在区域经济建设;我们以不断地创新与科技引领乳业的发展,带动所在区域经济的发展。

对股东:股东是伊利事业的坚实后盾

伊利以高度的责任心保障股东的长远利益,以科学的决策和持续的创新努力降低投资风险,不断拓展增值空间,以规范的管理与合法的经营保证持续盈利,以此保障股东收益的长期化与最大化。

对合作者:合作者是伊利的事业伙伴

伊利提倡在平等互利的基础上开展竞争与合作,结成策略联盟,实现彼此持续的成长。合作伙伴是伊利扩大整体规模,增强综合实力,分担市场风险的忠实同盟。通过真诚合作和用心服务,伊利满足合作者合理的利润要求,实现多赢与价值共享。

对员工:员工是伊利基业长青的根本保障

伊利坚持以宏大事业感召人,优厚待遇吸引人,优秀文化凝聚人,创造条件成就人,使员工始终处于激活状态。伊利员工必须深刻理解并融入伊利文化,将个人发展融入伊利的发展中。伊利尊重员工,鼓励员工充分发挥他们的创造性并激发他们的内在潜力。伊利将努力在集团内部营建多元文化,吸引更多优秀的人才,成为伊利发展的根本动力。

2.品质为本

质量是伊利生存的基础。安全和健康永远是伊利摆在第一位的大事,伊利决不为短期利益而降低质量标准,放松质量要求。

伊利人承诺:奉献"精良品质",共享健康生活。

伊利将产品品质看作自己的生命和尊严,"为消费者提供 100％安全、100％健康的优质产品"是每位伊利人的不懈追求。伊利通过"精良品质"的产品向社会倡导全新的健康文化,普及健康生活观念。

伊利将质量控制贯穿到研发、采购、生产和服务的全过程。控制质量从源头抓起,生产、质检管理和技术管理是稳定质量的关键,售后服务是提升质量内涵的有效手段,客户满意是检验质量的最终标准。

第六条　伊利战略定位

1.专注乳业,做乳品专家

伊利的业务运作紧紧围绕着公司愿景和战略,在较长时间内专注于乳制品及食品主业。我们将所有资源和精力投入到乳制品和食品主业,我们只做也只争取做促进主业发展的工作;我们抵制任何业务多元化的诱惑。

伊利相信,专注将使我们在中国乳品行业中最具专业优势,成为行业标杆,领导中国乳品行业的发展新趋势。

2.立足中国,放眼世界

立足中国、走向世界是每一位伊利人的追求与梦想。伊利的国际化战略是稳健与渐进的,首先在国内市场上获得扎实的积淀和充分的发展,继续巩固行业领袖的地位;在此基础上,适时、稳妥地推进国际化进程。

资源国际化与管理国际化是伊利国际化的基点。伊利通过引进国际上最先进的技术与设备资源,实现技术、产品和生产手段的国际化;通过引入国际化运营模式、方法和经验,使伊利的管理和经营与国际接轨。

品牌国际化是伊利国际化的关键。通过伊利品牌在中国本土市场上的国际知名度、美誉度的培育,推进产品国际化和市场国际化,最终塑造国际化的伊利、世界的伊利。

第七条　伊利发展观

1.做长青企业

可持续的发展保证伊利的基业长青。永续经营、持续卓越是伊利发展的重要命题,我们追求的不是短期增长,而是长期的可持续发展。

持续发展是稳健、协调、全面的发展,而非短暂的、局部的、跳跃式的发展。我们深知企业的发展受制于公司最薄弱的环节,所以我们立足于公司的整体发展,不断发现公司发展的"短板",追求公司在不同环节、不同方面、不同层面、不同业务领域之间的和谐与平衡,促进企业全面协调的发展。

持续发展是理性思维与创业激情的结合,其基础是个人理性转为集体理性,资源导向转为价值导向。

2. 先做强，再做大

伊利强调做精做强，在做强的基础上做大。求快求大只是伊利阶段性的发展策略，不是伊利发展的最终追求。伊利追求以企业价值最大和规范管理为基础的快速成长。

"做强"首先要打造伊利的核心竞争能力，强化竞争优势，努力获得企业价值最大化。"做大"是在赢利的情况下不断扩展，实现资源共享，发挥整体优势，培植和增强企业的核心能力与竞争优势。

企业价值最大化是企业销售收入、利润和自由现金流三个重要子目标之间有效动态平衡的实现。因此，伊利追求整体效益最大化而非局部效益最大化，不计较一时一地的得失；伊利追求长期效益最大化而非短期效益最大化，短期效益决不以牺牲长远绩效为代价。

3. 创新铸就成功

创新是伊利持续发展的不竭动力，是伊利经营管理过程中恒久不变的主旋律，技术、产品、营销、服务、管理、文化等方面的创新是伊利成功的前提。

伊利的创新包括资源模式的创新——以新的方式和途径开发、增加伊利所拥有的各类资源，尤其是具有独特价值的资源；商业模式的创新——改变市场游戏规则，创立或导入新的商业运作方式；产品的创新——开发新的产品和项目，引导市场潮流；管理的创新——确定新的管理思想，变革管理制度、流程与手段。

员工的创新意识、组织的创新机制和团队的创新能力是三位一体的创新体系。伊利进行不断的自我评估，鼓励创造性思维，不断改进工作流程和提高技术水平，力求在发展上有新思路，在改革上有新突破，在工作上有新举措，在文化上有新气象。

4. 学习赢得明天

知识经济时代，企业的持续成功来自于学习的意识和能力。伊利强调比竞争对手学得更快、更好，倡导主动学习、全员学习、终身学习、全过程学习、团队学习；伊利倡导向优秀企业学习，向竞争对手学习，也从所犯的错误中学习。伊利营造"工作＋学习"的氛围，鼓励每一名员工通过学习持续自新，不断超越。伊利开发新的学习模式，实现学习互动和知识共享，以团队学习激发群体智力。通过持续的学习，使个人更立远志，团队更具远识，企业更展远景。

第八条　伊利市场竞争观

"直面竞争"是活力，"领先一步"是法宝，"共同成长"是主题

1. 直面竞争

企业的活力来自竞争，来自企业面临的市场压力。没有竞争的行业是没有前景和希望的行业，我们的活力存在于竞争对手身上。我们必须通过有效的机制设计和制度安排，引入内部竞争机制，将来自于市场的竞争压力有效地传递给企业中每一个成员，使我们的员工队伍永远处于激活状态。

2. 领先一步

伊利将秉承"两军相遇勇者胜，两勇相遇智者胜，两智相遇先者胜"的竞争理念，发扬敢为天下先的精神，以斗志取胜，以策略取胜，以速度取胜。伊利时刻跟踪市场变化，以战略的眼光去感知机会、把握机会；以理性的眼光去分析机会，正确判断未来趋势，聚焦核心及最具

成长性的业务;以敏锐的眼光去捕捉时机,迅速调配和组织资源,以最快的速度满足市场需要。

3.共同成长

以合作和学习的态度面对竞争,吸收行业先进的技术与管理经验,为我所用。作为行业的领先者和主导者,我们从维护行业大局出发,立足于通过不断创新的业务和优质的服务增强竞争力,以竞争为动力将整个行业引导至更为广阔的价值创造领域,促进乳品行业健康、持续的发展。

第九条 伊利资源观

1.得资源者得天下

伊利的资源不仅包括优质的奶源、先进的设备、充足的资金和一流的人才,还包括品牌价值、市场资源、消费者信赖、政府支持及社会的高度认同。

优质的奶源是伊利最基本的资源,得奶源者得天下;伊利的持续发展依赖充沛的奶源,伊利坚持长期的奶源基地投入和持久的基地维护,始终将优质奶源的培育与投入放在重要位置。

人力资源是伊利最核心的资源,也是伊利可持续发展的内在动力。伊利从战略的高度将人才的吸纳、培育当作一项长期的系统工程,实现伊利人和企业的共同发展。

2.变有限资源为无限

伊利的资源是宝贵而有限的,因此我们将有限的资源放在最能帮助企业成长的地方。我们强调资源合理配置与有效利用,对重要的人力资源、财务资源和组织资源采取集中统一的配置原则,突出重点,注重强化公司在重要竞争领域的优势;同时对相关领域进行适当匹配,促进战略任务的整体推进。

我们要有效地开发运筹资源,以现有的资本要素为基础,在更为广阔的空间内整合利用更为丰富和博大的资源,以"小资本"驱动"大资本",以"无形资本"驱动"有形资本",将有限的资源无限地增多和增值。

第十条 伊利风险观

居安思危,随机而动

没有危机意识就是最大的危机,沉醉于成功必将导致没落,唯有时时保持危机感才可能保持长期的成功。

我们正视风险,建立全方位的风险防范机制,经常审视个人与公司的行为,主动防范风险;我们建立风险预警系统和快速反应机制,处理公司不测事件和其他影响公司形象的重大突发事件;我们快速把握风险中所蕴含的发展机遇,变危机为机遇。我们力求及时地了解客户及其不断变化的需要,随时关注竞争对手的动向,积极分析环境变化对我们业务潜在的影响,随时准备调整战略,随时准备进行业务和管理变革以规避风险、把握机遇。

第四章　管理篇

第十一条　管理思想

精确管理：规范、精确、严格、高效

规　　范：制度管人　流程办事

精　　确：量化细节　精益求精

严　　格：严格管理　恪尽职守

高　　效：快速响应　立即行动

管理到方方面面　精确到每个细节

管理精确化是伊利管理创新的重要内容，是伊利实现由规模化向效益化发展转变的主要方式。

精确管理的起点在于细节管理。改善管理首先必须善于从小事抓起，从细微处做起。执行力来自于对细节的计算和周密考虑，任何一个环节上的执行不力都会影响整体策略的有效实施，影响运作效率的提高。

精确管理的目标在于管理能力与管理效益的提升。管理能力与效益的提高来自于对每一个细节的有效执行，严格规范的制度与流程是有效执行的有力保障。从客户需求出发，通过优化流程将管理经验与知识固化下来，这是伊利精确管理的基础；以此为基础，才能提高运行的速度，有效地配置资源，最大限度地挖掘内部管理效益，实现"从规模要效益"到"从管理要效益"的重要转变。

严格的管理、快速的行动是确保精确管理得以落实的关键手段。严格管理强调制度的权威性和考核监督的严肃性，做到凡事有章可循、有据可查、有人负责、有人监督。快速的行动要求对每一个阶段、每一个细节上的任务做到立即行动，执行到位。

第十二条　组织管理理念

1.组织原则

战略导向

组织建制应适应伊利战略发展的要求，有利于战略目标的实现。

精干高效

提倡人人有事干、事事有人管，做到以事为中心，因事设岗，人职匹配，力求减少管理层次，精简机构和人员。

统一指挥

我们强调组织内部统一的指挥系统，各级机构以及个人必须服从上级的命令和指挥。

授权有度

逐级授权，按岗授权。授权的力度取决于完成任务的需要、被授权人的管理素质以及公司监控系统的完备程度。

责权对等

部门设置和职务设计先有责任,后有权力,两者必须对等。

分权制衡

决策部门/岗位、执行部门/岗位、监督部门/岗位应分而设之。

流程驱动

通过不断的流程优化,减少部门间的接口。处于业务流程中各个环节上的责任人,无论职位高低,都要遵从流程的制约,承担流程规定的责任,行使流程规定的职权。

客户导向

各级机构应以满足外部市场的需求为目的,将外部市场需求转化为内部业务责任,提高组织整体对市场的响应速度。

整体合作

各级机构应从公司整体利益出发,互为补充、共求发展,将自身目标与行为纳入到公司整体战略和运行秩序的轨道上来。

持续改进

持续发现并改善组织系统中缺乏效率的环节。衡量系统是否有效的根据是绩效改善情况,优良的运营系统必须能协助公司降低成本并提高竞争力。

2.决策

详细分析,科学论证:各项重要决策必须建立在充分论证和深入分析的基础上,实事求是,广泛听取相关人员的意见和建议,避免盲目决策和冒进决策。

团队决策,专家辅助:规范决策程序,坚持团队决策,将合理决策建立在集体智慧的基础上;此外,对于紧急的突发性事件,决策者应该当机立断。决策过程应适时地引入专家辅助决策系统,借助外脑来保证决策的科学性。

3.计划/预算管理

全面预算管理是精确管理的重要手段。

目标指引,动态管理:以公司战略目标为指引,通过自上而下的逐级目标分解和自下而上的计划编制建立完善的计划管理体系,保证公司战略目标层层落实到部门及岗位。同时,将各项业务计划进行价值量化以建立全面预算管理体系,促进对公司资源的系统规划和安排,强化事前、事中、事后的全程控制,提高组织整体对环境的预测力与适应力。

4.沟通协调

沟通无处不在。员工之间、上下级之间、企业与客户、企业与社会公众之间都需要时时的沟通。提倡客观公正、坦诚互动的沟通,反对官僚主义、虚假和气的沟通,鼓励员工说出自己真实的想法。

有效的沟通创造无限价值。倡导通过有效的沟通加强组织内部的联系,密切组织内部成员之间的关系,强化员工对公司的责任感、认同感和归属感,通过沟通化解矛盾,澄清疑虑,消除误会。

宽道窄距的沟通渠道。公司要构建多通道的沟通渠道,并使之制度化、固定化,沟通的路线必须尽可能地直接或短捷。

消除信息孤岛。各部门要充分开放各种资源,也要充分利用各种资源。任何部门和个人都不能将资源、经验或教训私有化,不让其他部门使用、学习、借鉴。

消除本位主义。部门间的工作采取先协调、再上报的处理方式。协调要以公司整体利益为出发点,杜绝本位主义,积极倾听,并以换位思考的方式,寻求共同的解决之道。

5. 执行

正确的方向,正确的方法。在正确的方向上做正确的事,用正确的方法把事做正确。

不折不扣地做:有制度按制度和流程执行,无制度按上级指令执行。制度执行过程中必须有法制观念,没有任何人可以凌驾于制度之上。即使制度有不合理之处,先按照制度办理,而后再提出修改意见。

积极主动地做:每天多做一点,在工作过程中保持适度的紧迫感,主动承担工作,主动反省过失,不计较,不推诿。

快速高效地做:把最重要的事情放在第一位,要及时解决工作中遇到的各种问题,迅速纠正各种错误。

深思熟虑地做:必须对需执行的任务进行再思考,将任务和具体环境创造性地结合,拿出切实可行的方案。真正的执行不在于亦步亦趋的执行,反对不动脑筋、机械执行任务的偷懒行为和粗放行为。

团结协作地做:强调"整体利益为先导",反对"自我为中心",倡导"有人负责我服从,无人负责我负责"的精神。

注重反馈地做:注重执行意见和建议的反馈、执行结果的反馈、经验总结的反馈。

6. 监督控制

控制关键点,找差距查原因

找出关键业绩指标的控制点,特别关注资源浪费或无效使用、资产流失、损坏的情况。分析差距产生原因,提出创造性的解决之道,并且快速落实。

分层管理,分类控制

分层实施,确保各层管理者的责、权、利相匹配。根据部门和任务不同的性质,实行分类控制。

科学监督,信息控制

通过业务流程的分析再造和管理信息系统的完善,构建定性和定量相结合的客观评估、分析、控制体系。

严格自律,主动行动

自律是最好的控制。监督控制的最终目标是员工"自律",控制不是目的而是保证工作顺利开展的手段。员工对工作中遇到的问题,要更多地从自我做起,关注细节,把小事做精。

7. 制度建设

伊利按"先规范、后优化、再固化"的原则构建制度体系,用制度规范企业经营管理活动,保证企业有序运作和健康发展,并根据企业运营状况和环境变化不断改进、完善制度体系,确保制度的针对性和有效性。

制定制度从细,执行制度从严:伊利坚持制度管人、依法办事的规范管理原则。制度是企业内部的"法律",是伊利人意志的载体。伊利的日常经营管理必须以制度为准绳,让制度时时刻刻存在于员工的意识中,做到制度内化为信念,外化为行动。

制度面前人人平等:必须保证制度不受管理者情感的影响。制度高于上级指示,下级只对不违反制度的上级指示负有执行责任,上级指示只有通过法定程序才能成为制度;制度优于同事情感,当情感判断和制度规定不一致时,以制度为准。

第十三条　人力资源管理理念

伊利人力资源管理"一总则":以德取才,以能用才,以需育才,以信留才;

伊利人力资源管理"二基点":既要用人之力,更要用人之智;

伊利人力资源管理"三部曲":信任、约束、成长。信任是前提,约束是保障,成长是归宿。

1.选人——以德为先,以才为上

人才选拔坚持以德为先、以才为上的原则。人才选拔的过程公平、公正、公开,通过平等竞争、全面考核的方式择优录用。

公司重视学历,但不唯学历,重视经验,但不搞经验主义,重视资历,但不能摆老资格。对于具备较高能力或潜力的人员,公司都将不拘一格,因材适用,给予充分的施展才华的机会。

2.用人——汰弱留强,以能用人

伊利坚持"发现人才、知人善用、人尽其才、才尽其用"的用人政策。鼓励多出成绩,允许犯错误,但不允许犯同样的错误。

鼓励公平的内部竞争,坚持优胜劣汰的原则以岗择人,做到能者上,平者让,庸者下,不得因人设岗。

3.育人——内修外补,以需育才

我们将持续的人力资源开发作为实现人力资源增值的重要条件,同时也是提高员工职业能力的重要手段。

我们实行内部培训与外部培训相结合,以内部培训为主。提倡:人人受培训,人人培训人。培训应根据公司战略目标的要求,按照"岗位需要为主,兼顾潜能开发"的原则建立分层分类的人力资源培训开发体系。

主动学习,在工作中不断总结经验与教训是员工自我开发的重要方式。

伊利设置多个职业发展通道,建立不同层次的人才梯队,通过自上而下,从重点到一般的方式,逐步推行职业生涯计划。

4.绩效管理——以绩论效,公平透明

绩效管理的目的是提高公司及个人绩效。通过绩效管理,指出长处,坚定信心;指出不足,明确努力方向;指出业绩差距,达到公平分配。

建立以目标责任为核心的绩效评价机制,通过目标分解,延伸为内部市场价值链。

绩效评估结果是计算绩效薪金、岗位变动和实施培训的重要依据。伊利遵循"客观、科学、公正、公开"的原则,努力做到真实地反映被评估人员的实际情况,避免因主观因素影响绩效评估结果。

5.薪酬激励——以岗定薪,激发潜能

伊利尊重员工合理的利益要求,建立以业绩、能力为导向,以物质激励为主、精神激励为辅的多元价值分配体系,让真正为公司做出贡献的人得到合理的回报。

伊利按照市场原则、公平原则、激励原则和成本原则确定薪资水平与福利体系。根据不同的工作性质和工作类别,建立报酬制度体系;薪酬标准的确定基于岗位价值,实际收入与绩效结果密切相关。

伊利采用包括物质激励、精神激励、参与激励，以及正激励与负激励、长期激励与短期激励等多种激励措施和手段，力图达到最佳的激励效果。

第十四条　财务管理理念

全面管理　精打细算

伊利遵循从紧、从严、从细的财务原则，坚持财务管理全面参与企业经营管理的原则，充分发挥财务管理对企业经营的服务、引导、参谋和监督作用，确保企业战略目标的顺利实现。

在财务管理中贯彻"精确管理"思想，以"细"为起点，做到精打细算。应用科学的分析方法，充分考虑经营活动中的收益与风险，强调预防为主，监督前移，通过有效的财务控制手段实现企业价值最大化。

构造以资金管理为中心、以成本费用管理为基础、以利润管理为重点的全面财务管理制度体系，将财务管理的触角延伸到企业的各个经营领域，挖掘财务活动的潜在价值，实现战略财务管理。

第十五条　审计监督理念

全程审计。经营审计、管理审计、行为监察是审计的全部内容，事前审计、事中审计、事后审计是审计的全部过程，审计的重点是事前监督和经营风险控制。

客观、公正、独立、保密。以第三方的客观视角、公正的态度，独立工作，严守秘密，既是审计工作的基本原则，也是审计人员的职业道德。

完整性、有效性、适度性是审计的工作准则，完善内部评审系统，并适时引入外部评审，寓监督于服务，提高审计效果。

审计、反馈、改进是审计的闭环优化机制，确保审计纠正行动的跟踪落实，持续优化并提升公司的经营运作水平，增强岗位人员对审计监控点的敏感度和自律性。

第十六条　成本管理理念

省钱就是赚钱：控制成本是我们的成功之本，节俭是我们推崇的美德。成本领先是伊利在行业内立足的重要基点。

全面管理：从业务价值链的角度，优化成本结构，优化资源利用，降低生产成本，加强成本控制的反馈，并据此不断改进成本管理体系，建立成本领先的市场竞争优势。注重各流程中人、财、物、信息、市场等资源的共享，发挥集团的规模效益和协同效应。

事先预防：事先预防比事后控制更重要，避免成本费用比节约成本费用更有效。

分级控制：分析各项成本特性，确定成本控制重点。每一部门都是成本、费用控制中心，对职责范围内的成本、费用负责。

全员参与：将人的观念作为挖潜节约的最大源泉。我们要求员工从自身做起，从点滴做起，从现在做起，控制费用，降低成本，节约开支，杜绝浪费，最大限度发挥企业的资源效率。

第十七条　资本运作理念

1. 资本运作思想

专注：抗拒一切多元化经营的诱惑，专注于乳业领域；

审慎：充分论证，审慎决策，周密筹划，严密实施；

稳健：头脑冷静，抵制冒进，稳步扩张，健康发展。

2.资本运作原则

伊利的一切投资活动要按"三个有利于"原则进行：

(1)有利于实现伊利的使命、愿景，确保我们做正确的事情(方向正确)；

(2)有利于企业价值的最大化(经济利益性)；

(3)有利于增强伊利的核心竞争力(立足于竞争和发展)。

3.资本运作策略

打造资本运作平台，优化资本结构，整合产业资源，注重文化融合

打造资本运作平台，不断拓展融资渠道，提高融资能力，持续优化资本结构；积极运用并购、重组、联盟、合作、参股等多种资本运作方式，整合产业资源，寻求战略规模优势和协同效应，实现低成本扩张。

在资本运作和产业扩张过程中，伊利注重能力与资源的优势互补，更注重相互之间的文化融合，将文化改造和并购重组有效地结合起来。

第十八条　产品理念

伊利向消费者奉献"精良产品"

精良产品＝人本化＋精品化＋天然性＋健康性＋创新性

1.人本化

以消费者为本，敏锐捕捉消费者需求和消费观念的变化，细分消费者群体，提供差异化的乳品系列，满足消费者的多样化需求。

全方位满足消费者的需求：通过产品的功能满足消费者健康需求，通过产品品牌建设、企业文化建设满足消费者的情感需求。

2.精品化

高性价比是伊利产品的追求。严格的原料挑选、高科技的技术与生产手段、严格的管理保证产品质量的尽善尽美。

3.天然性

伊利生产天然、绿色、无污染的乳业精品，纯天然的乳品保证了产品口味纯正、口感上乘。

4.健康性

伊利生产营养、安全的乳业精品，使人们得到强壮的骨骼和均衡的营养。

5.创新性

产品是有生命的，行业是永恒的。伊利将通过不断的产品创新做永恒的乳品行业领导者。客户的需求是产品创新的出发点和归宿。伊利将通过"人无我有、人有我新、人新我优"的科技创新产品，引领市场新需求，引领行业发展新趋势。

第十九条　品牌理念

1.品牌就是价值

伊利品牌是伊利的宝贵资源，是伊利生存和发展的关键。打造世界知名品牌是伊利人

孜孜不倦的追求。

产品是品牌的基础,品牌是产品的灵魂。伊利旗下的所有产品都是品牌的重要载体,对品牌的培育具有义不容辞的责任。伊利产品的共同目标是打造客户信赖的品牌,以品牌拉动销售,创建可持续的发展。

2.伊利品牌建设目标

"三度＋三性":知名度、美誉度和忠诚度;获利性、拓展性和持续性。

3.伊利品牌建设线路

由产品品牌到企业品牌,由行业品牌到社会品牌,由中国品牌到世界品牌。

4.伊利品牌建设法则

"1234 简单品牌法则":一个中心、两个基本点、三大纪律、四项基本原则

一个中心:伊利品牌精髓——帮你实现梦想。伊利就是牛奶,而牛奶孕育了可能。"可能"意味着机会、梦想、理想、成就、未来、期盼、突破等等人类的美好憧憬。

两个基本点:品牌基础建设和品牌推广。品牌基础建设:塑造精良品质,统一品牌精髓,突出品牌差异,传播品牌形象,创造客户满意。品牌推广:360 度加 24 小时不间断之推广法,产品的诉求、员工的精神、伊利的文化和社会责任等都是品牌推广的内容。

三大纪律:坚守诚信,确保质量,形象一致。

四项基本原则:消费者导向原则、个性化原则、分品牌原则、延伸有度原则。

(1)消费者导向原则

关注并满足消费者的需求,响应消费者的心理和情感诉求,加强品牌与消费者的沟通,为了消费者而进行品牌的动态更新。

(2)个性化原则

个性化是品牌建设与传播的基础,要以伊利品牌精髓为主旨,突出伊利特色,传递伊利主张,打造强势的个性化品牌。

(3)分品牌原则

明确"帮你实现梦想"的主品牌形象,统领各子品牌的建设和传播;子品牌的塑造要对主品牌形成有效的累积和支持,促进主品牌和子品牌的良性互助。

(4)延伸有度原则

在乳品领域进行合理的品牌延伸,通过品牌的有机更新来保持活力;以"专注乳业"为指针,限定品牌延伸的半径和边界,防止过度延伸和盲目多元化。

第二十条　质量管理理念

"为消费者提供 100％安全、100％健康的优质产品"是伊利的质量目标,而消费者满意是质量检验的最终标准。

伊利建立全过程、全方位、全员的"三全"质量管理体系,以确保质量目标的实现。

全过程质量控制:质量控制不仅包括产品生产的全程控制,也包括对供应链中奶农、牧场、奶站、供应商、加工厂、经销商、服务商的质量全程控制。

全方位质量控制:以国际一流的先进设备和不断创新的科研技术持续提升产品质量,引进世界一流水平的检测设备,坚持国际最严格的质量检测标准。完善质量预警系统,内部质量监督与第三方质量审核监督相互结合。

全员质量控制：建立完善的质量管理责任制，实行管理到位、责任到人，各企业、各单位都必须严格按照"为消费者提供100％安全、100％健康的优质产品"的质量目标，保证产品质量零缺陷，售后服务零抱怨。

第二十一条　营销管理理念

1. 市场观

优秀的企业满足市场，卓越的企业创造市场。

市场是企业生存发展的出发点和归宿，满足市场是我们的第一要务；市场需要不断地挖掘和开拓，伊利通过市场细分引导需求，依靠个性化、差异化的产品打动客户，通过卓越的产品影响市场、创造市场。

没有淡季的市场，只有淡季的产品。

市场观之达维多定律：一个企业要想在市场上总是占据主导地位，就要做到第一个开发出新产品，又第一个淘汰自己的老产品。伊利坚信，市场每天都是旺季，通过持续的产品创新，伊利在市场竞争中无时无刻不去抢占先机，以获取较大的份额和较高的利润。

2. 营销管理

严格制度建设、简化业务流程、规范营销渠道、加强终端控制、整合营销手段、打造营销队伍。

第二十二条　服务理念

全面服务模式：行行都是服务业，环环都是服务链，人人都是服务者。

服务之"四维度"：对消费者的服务、对合作伙伴的服务、对社会的服务、对内部客户的服务。

伊利服务的"五心"标准：客户1％的不满意等于100％的不满意，在整个服务链上我们确保服务的精致性，不漏掉一个问题，不放过一个细节。

诚心——服务诚心诚意；

贴心——站在对方角度考虑问题，以心换心；

细心——细致周到，不漏掉一个问题，不放过一个细节；

耐心——始终保持服务耐心，最苛刻的客户是我们最好的教练；

舒心——客户放心，更开心。

1. 对消费者服务

真诚无限、服务无限是伊利对消费者恪守的承诺。

伊利追求比消费者更了解消费者，时刻把满足消费者的需求放在第一位，通过精良产品向消费者传递热忱服务和美好体验，为消费者提供一种健康生活方式，帮助消费者实现理想与梦想。

2. 对合作伙伴的服务

伊利注重对上游供应商特别是奶牛养殖户提供真诚的服务，帮助他们走上科学发展道路，在带动他们发展的同时保证优质奶源、优质原辅料。

伊利注重与下游经销商之间结成亲密的合作伙伴关系，相互提供优质、快速的服务，创造共赢局面。

3.内部客户服务

伊利倡导"下一环节就是客户"的内部客户服务理念,在同事之间、上级与下级之间、部门之间、不同业务单元之间、总部与业务单元之间树立互相服务、彼此协作的思想,以解决服务对象的实际问题为工作导向,摒弃官僚主义作风,形成"上游为下游,职能为直线"的服务链,协力将满意服务传递给终端客户。

4.社会服务

积极参与社会公益活动,改进社区环境,承担伊利对社会、城市、社区的社会责任,提高伊利的社会形象和品牌价值,体现公司的使命追求。

第二十三条　信息化管理理念

信息化的"四化"建设:自动化、智能化、数字化、网络化。信息化建设是实现伊利精确管理的重要手段。通过导入先进而适用的信息系统,构建信息网络平台,实现信息交流扁平化、透明化,从而提高内部管理的精确性和外部市场的反应速度。

第二十四条　生产管理理念

伊利实施精确的生产管理,严格、规范、节俭、安全,力求细节尽善尽美。

严格:以严密的标准体系为准绳,以严格的生产管理制度为保障,奖罚分明,严把每个环节,规范每项操作。

规范:伊利采取 6S 管理,强化现场管理力度,改善企业的生产环境,培养员工良好的工作习惯、组织纪律和敬业精神。

节俭:我们加强原辅材料的消耗管理,加强设备及能源管理,降低质量管理成本,提高设备的使用率及效能。

安全:提高全员安全防范意识,制定全面安全保障制度,完善职工安全操作流程,定期实施安全检查工作,强化综合治理,保证制度落实,实现安全生产。

第二十五条　采购管理理念

伊利坚持采购规范、合法竞争、全程透明;伊利要求采购人员必须遵守职业道德,廉洁奉公;伊利通过日益完善的采购规章制度,规行矩步。

集中统一招标:重要物资采购实行集中统一招标,实现资源整合。招标过程中坚持同样产品比质量、同样质量比价格、同样价格比服务、同样服务比信誉。

廉洁自律:采购人员要自觉抵制诱惑,抗拒腐败,遵守职业道德,廉洁奉公。

精通专业:要像供应商的销售人员一样专业,不仅要熟悉所采购物料的使用要求、品质检验标准和市场供应状况,而且要熟悉其技术工艺、构成原料的供应情况、供应商的生产状况和生产成本。

规范管理:完善采购制度体系,强化监督管理,建立健全供应商档案。用制度的约束铲除滋生腐败现象的土壤,严惩违规之举,最大限度地防止损害企业利益的行为发生。

第五章　行为篇

第二十六条　管理者的职业规范

1.塑好人品——六字箴言

管理者品格之"六字箴言":信、正、廉、敬、严、行。信以致远,正以服众,廉以生威,敬以招贤,严以臻善,行以垂范。

(1)信

诚信是一个人最可宝贵的"无形资产"。管理者必须要长期培养、小心维护自己的个人信用。谨记:管理者最大的破产是丧失信誉。

(2)正

上梁不正下梁歪。管理者要公正无私,正直不阿;外圆内方,一身正气。谨记:其身正,不令而行;其身不正,虽令不从。

(3)廉

明生敬,廉生威。管理者要明正廉洁,两袖清风;清白做事,坦荡做人。谨记:品德为首,廉明是根。

(4)敬

我敬人一尺,人敬我一丈。管理者要尊重员工,体恤下属,感情带兵,凝聚人心。谨记:尊重是信任的前提,信任是管理的基础。

(5)严

严格是负责,纵容是犯罪。管理者要严于律己,以最高的职业标准要求自己和下属。谨记:从严治军近乎苛刻,才能锻造出优秀的人才和强大的团队。

(6)行

行动是最好的教材。员工通常不是听领导说什么,而是看领导做什么。因此,管理者要率先垂范,身体力行。谨记:躬自厚而薄责于人,则远怨矣。

2.练好本事——四"力"并重

(1)思考力——思维创造世界

思考的意义:强大的领导力来自于强大的思考力。善于管理,首先并不是善于做事,而是善于思考。

思考的基础:吸纳新知。思考不是依据已有经验的判断,而是对新知识的吸纳和再造,管理者要不懈学习,持续提高思考力。

思考的路径:整合众人的智慧。聚人之力则强,聚人之智则盛。管理者应广开言路,集思广益,发动员工一起思考,而不是闭门造车,主观臆断。

思考的本质:用明天来思考今天。思考是思想上的前瞻性创新,所以管理者要立足高远,境界超前,用发展的眼光看问题,用创新的思维想问题。

（2）决策力——"三个反对"

反对武断决策，主观决策。决策关乎存亡，必须审慎论证；成功决策来自理性思维和开阔的视野，不能仅凭直觉和经验。谨记：错误的决策比贪污更严重。

反对好谋无断，拖延决策。决策是要在正确的时间做出正确的决定，所以必须当机立断。谨记：今天还是正确的事情到明天才决策，就可能变成致命的错误。

反对只管决策，忽略执行。决策的最终目的是解决问题，因此必须与执行紧密相连。谨记：不顾执行的决策是不负责任的，不能执行的决策是无用的。

（3）执行力——"四个杜绝"

杜绝阳奉阴违。对于上级的决策和指示，要严格地、不折不扣地执行。

杜绝拖拖拉拉。执行的关键是效率，管理者要有"快速地解决问题"的作风。

杜绝循规蹈矩。不但要严格执行、快速执行，还要主动执行、创造性地执行，管理者应该具备执行过程中的创造性思维。

杜绝华而不实。不发没用的文件，不开没用的会，不讲没用的话。

（4）感召力——威信来自于职务外的权力

● 重新认识你的权力

管理者权力分三种：一是职务权，即组织赋予的权力，它产生威严；二是专家权，即业务上的专业性，它产生权威；三是人格权，即人格魅力和感召力，它产生威信。威严→权威→威信，影响力逐渐增强，威信是最强大、最持久的权力。

● 正确树立你的威信

制度是管理的基础，但不是管理的全部，更不是管理的本质。制度虽严，但重在警示；权力虽大，不轻用其锋。谨记：轻用其锋，动辄伤人，是为凶器；韬光养晦，临机决断，是为利器。

管理者应该致力于成为专家，但更应该致力于培养专家。管理者应该提供条件让员工都成为专家，这才是合格的管理。谨记：用个人的智慧代替员工的专业是管理者常犯的错误。

威信来自于职务外的权力，即人格魅力和感召能力。它根基于员工对你的尊重和崇敬，体现在下属对你的信服和追随。垂范力、感召力和凝聚力是一种"软权力"，但却比职务权更强大。谨记：为政以德，譬如北辰，居其所而众星共之。

3. 带好队伍——六"要"六"不要"

（1）要把握方向，不要陷入琐碎事务

事必躬亲、包办一切的管理者是辛苦的，但却不是合格的，优秀的管理者应该通过激发员工的责任心和主动性来共同实现目标。谨记：时时提醒自己"今天的事我昨天已安排好，由下属去做；我要做的是安排明天、后天的事"。

（2）要善于合理授权，不要大权独揽

合理授权是对下属管理的关键。不能合理授权源自不信任下属，源自担心自己失去控制权，本质上是一种自私。

明确边界和规则。要让员工明白被授权限的边界，还要明确成功或失败带来的结果，包括奖励和惩罚。

进行结果导向的日程控制。给下属自主权来安排工作，让员工主动控制工作的进程。

（3）要明确制度，不要朝令夕改

明确制度并带头遵守。制度是游戏规则，是管理规范，明确规则是规范管理的前提，管理者要带头遵守制度。

把制度稳定下来。明确制度是为了防止因人而废事，如果朝令夕改，制度就成了管理者的游戏，就从根本上失去了意义。

（4）要敢于承担，不要推脱责任

负起责任来，不要找任何借口。谨记：不管你如何授权，你的下属的所有行为、你职权内的所有事情，最终的负责人只有你一个。

正确对待责任，主动承担责任，不逃避责任，不推脱责任。谨记：当你推脱责任的时候，就是上级怀疑你的时候，也是下级不再信赖你的时候。

（5）要公正严明，不要感情用事

杜绝偏袒护私。管理者对待下属要公平公正，处理问题要客观、理性。谨记：公正的天平一旦被打破，一切规则都失去意义。

杜绝好人主义。爱当"和事老"，善于"和稀泥"，最终目的是结党营私，最终损失则由企业来买单。谨记：好人主义的本质是不负责任。

杜绝博爱主义。严格的管理是效率和利润的保障。谨记：管理的基础是理性，而不是情感。

（6）要知人善任，唯才是用；不要妒贤嫉能，任人唯亲

敢于任用能力比自己强的人。管理者的职责之一就是整合人力资源。谨记：你的下属在各自的领域都比你强，你才是最强的管理者。

善于任用与自己意见不同的人。气度决定格局，管理者要包容并任用意见相左者。谨记：敢于对领导坚持己见的人，往往是负责任、有主见的人。

让没有本事的人恐慌起来。纵容庸才是对规则的挑战，是对有能力的人的不公平。谨记：要无情地淘汰庸才，除非他真的恐慌起来并决心成才。

给予员工舞台，赋予员工激情。了解下属最擅长、最喜欢做什么，并与其工作需要相结合。谨记：有激情的员工不需要监管，他会自己找到解决方案。

给员工第二次尝试的机会。容忍下属的失败是管理者应该承担的成本，所以要给失败者再次尝试的机会。谨记：要么就什么事都别干，要么就准备宽容失败。

第二十七条　员工的职业规范

1.道德品质

伊利人的道德宣言：先做伊利人，后做伊利事；欲出好产品，先塑好人品。

伊利人做人的四项"基本原则"：忠、诚、勤、俭。

（1）忠

受人之托，忠人之事。谨记：忠于原则，忠于事业，忠于企业，忠于团队。

（2）诚

不讲诚信，其道不正；不讲诚信，其财不远。伊利人坚持正确的是非观念，保持良好的伦理道德；实事求是，坚持真理。

谨记：一诈破百信，一贪丧百廉。

（3）勤

要想出头，必先埋头。业精于勤而荒于嬉，伊利人相信天道酬勤的法则，认准目标就埋头苦干，甘做平凡事，能耐寂寞苦。

谨记：让勤奋成为习惯。

（4）俭

节约每一滴水，节约每一张纸，节约每一分钱。艰苦朴素是优良传统，精打细算乃创收之道。谨记：任何节约都是在创收，任何浪费都是在犯罪。

2. 人际交往

伊利人人际交往的"十二点法"：

仪表雅一点，微笑多一点；

倾听多一点，空话少一点；

赞美多一点，猜疑少一点；

度量大一点，脾气小一点；

承诺慢一点，行动快一点；

自省多一点，指责少一点。

（1）保持良好的职业形象

良好的企业形象，来自员工的整体素质。伊利人要保持整洁、谦和、活力、严谨的职业形象。

- 保持仪表整齐洁净，衣着服饰大方得体；
- 微笑是最好的介绍信，在获得理解的同时，更给自己一个良好的心态；
- 永远保持乐观，永远激情饱满，永远热忱万丈；
- 一丝不苟，细致缜密，事求完美，守时守信。

（2）做一个好的倾听者

倾听是一种品质，更是一种艺术，良好的倾听能让人感觉到关心与理解。

谨记：上帝给我们一张嘴和两只耳，为的就是让我们少说多听。

（3）慎于言而敏于行

伊利人提倡少说多做，言行一致，不妄语，不夸口。没有用的话，最好不说；原则性的话，当说必说；别人的私事，不要评说；伤害人的话，决不能说；做不到的事，不要瞎说。

谨记：慎于言而敏于行。

（4）宽以待人，严于律己

伊利人于人于己的原则：于人则常怀仁德之念，宽以待人；于己则牢树自省之心，严于律己。

欣赏而不是挑剔，理解而不是为难，宽恕而不是忌恨；善于发现别人的优点，能够设身处地从别人的角度考虑问题，允许别人犯错并给人改过的机会。

严于自我管束，勇于自我解剖，勤于自我完善。克服自身的惰性和弱点，坚守自己的标准和原则，每天至少要有三次自我反省。

谨记：以恕己之心恕人，以律人之心律己。

（5）赞美和鼓励身边的人

不要吝啬赞誉和表扬，不要忘记同情和鼓励。赞扬是一种美德，能给别人带来无限的动力。

谨记:用心发现别人的优点并实施赞美,你会获得越来越多的爱。

3.人生哲学

(1)一颗感恩的心

当你以欣赏的态度去看一件事情,你会看到许多优点,以批评的态度,你便会看到无数缺点。谨记:你选择了什么样的心态,就选择了什么样的生活。

(2)命运就是你的自我意象

思想决定行为,行为养成习惯,习惯塑造性格,性格决定命运。命运就是你的自我意象,之所以能,是相信能;之所以成功,是因为志在成功。

谨记:改变命运从改变意念开始。

(3)物竞天择,适者生存

生活如逆水行舟,不进则退。残酷的竞争无处不在,无时不在;勇者直面危机,强者享受竞争。

谨记:在战战兢兢中兢兢业业,在激烈竞争中脱颖而出。

(4)优秀是一种习惯,自信是一种养成

任何的限制,都自内心开始。平凡首先并不是因为能力欠缺,而是因为你有一颗平凡的心,没有把每一件事都做到优秀的习惯。谨记:不为失败找理由,要为成功找方法。

强者源自意志,自信要靠养成。相信就是强大,怀疑只会抑制能力,而自信就是力量。所以,心有多大,舞台才有多大。没有天生的自信,只有不断培养的信心。

谨记:不要说"我不行",换成"我试试"。

(5)永远不要说放弃

三军可夺帅,匹夫不可夺志也。一个人最大的破产是绝望,最大的资产是希望。因此,成功与坚韧者同在,强者与压力同行,永远不言放弃。

谨记:成功是什么?走过了所有失败的路之后,只剩下一条路,那就是通向成功的路。

4.工作作风

(1)停止一切空谈

坐而论道,不如起而行之。所以,要证明自己,不要说明自己;既要有想法,还要有办法。

谨记:空谈无益,唯有实干;脱离了实际,一切都是无本之木。

(2)马上采取行动

最简短的回答就是行动。成功不是将来才有的,而是从决定去做的那一刻起,持续累积而成。

不要害怕失败,未曾失败的人恐怕也未曾成功过;不要等一切条件都完备了才开始做;事实上,没有完美的计划,只有完美的行动。

谨记:苦想没盼头,苦干有奔头。

(3)做好每一细节

成功源于对完美的苛求和点滴积累,失败则源于一系列细小错误的累加。

谨记:成功没有捷径,唯有精益求精;卓越源自严谨,重在细节完美。

(4)信赖你的团队

"人"的结构就是相互支撑,"众"人的事业需要每个人的参与。团队的成功体现了个人的成功,团队的失败意味着个人的失败。因此,信赖你的团队、融入你的团队,你才是海洋中的一滴水,永不干涸!

谨记:默契就是动力。

(5)不断重塑自我

成绩和荣誉只能说明过去,人不能总躺在功劳簿上。最大的敌人是自己,最难的事情是改变自己;战胜自己是最大的胜利,重塑自己是最大的智慧。伊利人永不自满,不断超越;一次做到最好,再次超越最好。

谨记:不断重塑自我,持续获得新生。

附　则

第二十八条　术语释义

愿景:阐述"我们要成为什么",是企业的发展蓝图,体现企业长远的追求以及企业在社会与行业中的地位预期。

使命:阐述"我们为什么存在,企业具有怎样的生存价值"。解释企业为实现愿景而承担的责任。企业使命的作用是让员工和其他利益相关者知道自己所从事工作的意义和价值。

文化基调:文化建设的主题和建设背景。包括文化特征、文化建设基础及环境对文化建设的要求等。

核心价值观:是企业评判是非的价值标准,是处理内部人与人之间关系、处理与外部各种不同利益主体关系的最高依据和准则,是企业的"做人"总原则。核心价值观有利于统一员工处理工作事务的原则、方式和做法。

企业风格:是企业核心价值观在实际工作过程中的直观体现,是企业成员一致的工作导向和行为作风,是企业做事的风格。在一定时间内,它呈现相对稳定的状态,形成了企业的独特"性格",集中体现了企业的个性和特色。

经营理念:核心经营思想是经营企业的总体方略和基本出发点,是企业的核心价值观与企业战略融合的产物,是核心价值观在具体经营活动上的体现,是用以指导全体员工展开日常经营管理活动的思想纲领。

管理思想:是基于核心价值观和企业战略规划确定的基本管理方针,是对全体员工进行内部管理的基本依据。

理念:是在经营实践中形成的关于企业发展以及企业与社会外界之间关系的基本认识、基本看法,它引导企业的经营行为。

(资料来源:北大纵横管理咨询公司,2006年1月)

【诗语点睛】

以文化人高水平

滴水穿石是柔情

未见其人得其心

未至其地有其民
物质层面为载体
精神核心塑灵魂
制度层面是保障
营造和谐方为本

后　记

＞＞＞　＞

马克思说:"商品价值的实现是惊险的跳跃",而营销策划是实现跳跃的关键。营销策划是商品流通前奏曲,它最先吹奏起流通的号角;营销策划是商品流通的桥梁,它是商品流通的必由之路;营销策划是"助跳器",它决定着商品跳跃成绩的高低优劣;营销策划是导航船,只有经过它的疏通引导,商海中商品的滚滚洪流才得以畅通无阻。任何成功的商品交换必然以成功的营销策划为前提,否则,商品交换便不能顺利完成。只有通过营销策划越过荒野,才能到达希望之乡。

营销策划要追求"四佳":最佳选择,最佳组合,最佳创意,最佳效益。创意为整个策划提供一条全新的思路。创意就是创造性的意念,虽然是一个小小的意念,犹如一粒树种,条件适当可长成参天大树。

本书的出版衷心感谢浙江农林大学天目学院院长石道金教授、修树东教授、李文莉副教授,还要感谢内蒙古财经大学李兴旺教授等多年来对我的支持和帮助。在本书的写作过程中还得到丁俊杰、赵峰两位老师及我的弟子硕士研究生张玉军同学的大力支持,在此深表谢意!

本书由浙江农林大学天目学院张国良教授统筹全稿,并编写第一、三、六、八、九、十章;天目学院经济管理系教师张付安编写二、四、五、七章;每章诗语导读与诗语点睛均由张国良教授创作。在写作过程中,参考并吸收了当前营销策划领域的优秀成果及其网络资源,谨向各位专家学者表示衷心感谢,恕不一一列出。在此特别感谢浙江省企业管理研究会会长(原浙江工商大学校长)博士生导师胡祖光教授在百忙中给该书作序,在此深表敬意!

在写作过程中,总的理念定位是理论系统、强化应用、身临场景、提升技能,商道诗情,诗语导读与诗语点睛前呼后应,欲以新思想、新体系、新面孔出现在读者面前。然而,由于作者学术水平有限,加之时间仓促,书中不当之处在所难免,敬请读者批评指正,不吝赐教。

作　者

图书在版编目（CIP）数据

市场营销策划 / 张国良, 张付安著. —杭州：浙
江大学出版社, 2013.5（2020.1 重印）
ISBN 978-7-308-11250-5

Ⅰ.①市… Ⅱ.①张… ②张… Ⅲ.①市场营销－营
销策划 Ⅳ.①F713.50

中国版本图书馆 CIP 数据核字（2013）第 042636 号

市场营销策划

张国良　张付安　著

责任编辑	周卫群	
封面设计	联合视务	
出版发行	浙江大学出版社	
	（杭州市天目山路 148 号　邮政编码 310007）	
	（网址：http://www.zjupress.com）	
排　　版	杭州中大图文设计有限公司	
印　　刷	杭州良诸印刷有限公司	
开　　本	787mm×1092mm　1/16	
印　　张	23.75	
字　　数	578 千	
版 印 次	2013 年 5 月第 1 版　2020 年 1 月第 2 次印刷	
书　　号	ISBN 978-7-308-11250-5	
定　　价	42.00 元	